青年法学学术著作
资助出版项目

青年法学学术著作
资助出版项目

国际海底区域矿产资源开发法律问题研究

Research on Legal Issues of Mineral Resources Development in International Seabed Area

林家骏 著

法律出版社
LAW PRESS · CHINA
—— 北京 ——

图书在版编目(CIP)数据

国际海底区域矿产资源开发法律问题研究 / 林家骏著. -- 北京 : 法律出版社, 2022
ISBN 978 -7 -5197 -6881 -2

Ⅰ. ①国… Ⅱ. ①林… Ⅲ. ①国际海域-海底-矿产资源法-国际公法-研究 Ⅳ. ①D993.5

中国版本图书馆 CIP 数据核字(2022)第 113106 号

国际海底区域矿产资源开发法律问题研究
GUOJI HAIDI QUYU KUANGCHAN ZIYUAN KAIFA FALÜ WENTI YANJIU

林家骏 著

策划编辑 赵明霞
责任编辑 赵明霞 魏艳丽
装帧设计 李 瞻

出版发行 法律出版社
编辑统筹 法商出版分社
责任校对 晁明慧
责任印制 胡晓雅
经　　销 新华书店

开本 710 毫米×1000 毫米 1/16
印张 22.25　**字数** 362 千
版本 2022 年 11 月第 1 版
印次 2022 年 11 月第 1 次印刷
印刷 天津嘉恒印务有限公司

地址:北京市丰台区莲花池西里 7 号(100073)
网址:www.lawpress.com.cn
投稿邮箱:info@lawpress.com.cn
举报盗版邮箱:jbwq@lawpress.com.cn
销售电话:010-83938349
客服电话:010-83938350
咨询电话:010-63939796

书号:ISBN 978-7-5197-6881-2
定价:98.00 元
凡购买本社图书,如有印装错误,我社负责退换。电话:010-83938349

青年法学学术著作出版基金
资助出版说明

法律出版社作为全国规模最大的法律专业出版机构，一直秉承“为人民传播法律”的理念，与学术界共同推动法学研究的繁荣与发展。2018年5月，法律出版社设立青年法学学术著作出版基金，用于资助法学学术著作出版和奖励优秀法学图书，旨在支持优秀法学学术著作出版，扶持具有较大潜力的青年学者。

经过法律出版社学术委员会委员推荐、专家匿名评审和法律出版社编辑委员会评审，共有5部作品获得法律出版社第三届（2020年）青年法学学术出版基金资助。

期待更多年轻法律人的优秀学术作品！

法律出版社

2021年5月

序

国际海底区域(以下简称“区域”)蕴藏着丰富的矿产资源和生物资源,被视为未来人类社会发展重要的资源来源地。新世纪以来,“区域”日益获得国际社会关注,规则和制度发展逐渐加快,也成为各国争取自身利益和话语权的博弈场所。伴随着“区域”内矿产资源商业开发日益临近,“区域”矿产资源开发规章的制定已被列为国际海底管理局的优先事项。

我国是“区域”的“先驱投资者”,拥有五块专属勘探矿区,具有较强的深海开发实力。但目前我国与“区域”矿产资源开发相关的国内立法和制度保障仍存在明显不足,主要立法限于《深海海底区域资源勘探开发法》,以及国家海洋局出台的一系列配套规范性文件。我国学界对“区域”法律问题的关注不够,研究成果较少,研究的深度仍待提升。

林家骏博士所著《国际海底区域矿产资源开发法律问题研究》,回应了“区域”矿产资源开发实践的需要,对相关法律问题进行了较为完整的阐释。相较于相关主题的研究,该书独特之处在于及时跟踪“区域”矿产资源开发的最新进展,研究了国际海底管理局新近出台的三个开发规章草案;以海洋命运共同体理念为指导,探究“区域”开发实操层面所面临的法律问题,包括开发技术能力发展、融资方式选择和惠益分享机制;在此基础上,探究我国参与“区域”资源开发的路径选择及其实现。作者研究范围覆盖国际海洋法、国际融资法和知识产权等多个领域,兼具学术价值和实践意义。

作者提出了一些较有见地的新观点。首先,在技术能力发展制度化部分,作者提出通过知识产权机制来确定联合项目中技术创新成果的产权和保护,在此基础上,还主张配套设计国际技术合作创新成果归属的多边协调机制、知识产权有效保护与公平合理商业条件的平衡机制。其次,在融资方式选择法定化部分,作者提出主权权力与主权权利作为主权行使权的两种直接形式，对应形成指定矿区开发的行为自由权及“区域”矿产资源使用权，构成承包者的项目融资权利来源，进而将开发合同担保的项目融资定性为一种采特许模式的契约型公私合作行为。再次，在惠益分享秩序规范化部分，作者提出在财政运行机制中设置缴费种类的理论基础是地租理论。最后，在我国权益维护的机制调适部分，作者提出应授予公共事业类“第三部门”承担行业协会的职能；授予公益企业类“第三部门”受政府委托执行国家作为承包者时的“区域”矿产资源开发项目。这些观点深化了我国学界在“区域”开发问题上的研究，对未来我国参与“区域”开发规章制定和开发实践提供了有益的理论参考。

该专著被列入法律出版社“青年法学学术著作出版基金资助项目”，并且是该基金创设以来唯一入选的国际法学著作，体现了法律出版社鼓励青年学者潜心治学、支持优秀法学学术著作出版的一贯宗旨。值此机会，推荐有志于深海事业的人士阅读本书，也期待这一基金未来能扶持更多具有学术潜力的国际法青年学者。

武汉大学国际法研究所副所长、法学院教授、博士生导师

2022年10月13日

目 录

引　言

一、选题背景与研究意义

(一)选题背景

国际海底区域矿产资源开发是21世纪这一"海洋世纪"国际社会关注的热点问题之一。全球矿业发展的历史经验表明,国际海底区域(以下简称"区域")将成为自恃技术和经济优势的海洋大国加速"跑马圈地"试图抢占资源利益先机的新战场,而国际社会普遍谋求全人类的福祉与共同发展的愿景使各国不得不冷静审思"区域"内活动的统一行为准则。1982年《联合国海洋法公约》(United Nations Convention on the Law of the Sea,以下简称《海洋法公约》)及1994年《关于执行1982年12月10日〈联合国海洋法公约〉第十一部分的协定》(Agreement Relating to the Implementation of Part Ⅺ of the United Nations Convention on the Law of the Sea of 10 December 1982,以下简称《第11部分执行协定》)形成了解决国际合作困境的集体行动制度框架,国际海底管理局(以下简称海管局)凭借法律论证的权威性和缔约国请托的代表性拥有了协调国际合作关系的政策话语权,成为"区域"全球治理的"助推器"。[1]

在大规模商业开发日益临近之际,"区域"矿产资源开发国际制度正迈向规范系统完善的发展轨道。"区域"矿产资源开发国际制度由海管局作为组织系统、国际机制作为规范系统构成。海管局在由国际机制安排产生后,便经由国际会议和国际组织的决策程序和运作模式之路径,完善旨在管理那些有意参与"区域"内活动行为体的规范系统,进一步推动行为体预期汇聚形成公认的行为模式。因此,从形式上讲,"区域"矿产资源开发机制的成员是主权国家,但受该机制管辖执行行动的当事方往往是私营实体。[2] 从《海洋法公约》的制度酝酿到《第11部分执行协定》的机制转变,从《"区域"内多金属结核探矿和勘探规章》《"区域"内多金属硫化物探矿和勘探规章》《"区域"内富钴铁

---

〔1〕 从1965年约翰·梅洛(John L. Mero)在其著作 *The Mineral Resources of the Seas* 中详细论述科学界对深海海底锰结核认识,到1967年第22届联合国大会上马耳他代表提出对"区域"资源勘探和开发议题的讨论,利益相关国开始就"区域"资源开发利用之议题进行讨论并发表有关利用"区域"资源的原则宣言,再到1982年《海洋法公约》的出台以及1994年《第11部分执行协定》的签订,"区域"资源勘探和开发法律制度开始形成。公约项下成立的海管局负责制定勘探和开发海底资源的规章,并最终形成"开采法典"(Ming Code)。参见张梓太、沈灏、张闻昭:《深海海底资源勘探开发法研究》,复旦大学出版社2015年版,第47-48页。

〔2〕 See Oran R. Young, *International Regimes: Problems of Concept Formation*, World Politics, Vol. 32:311, p. 332-333(1980).

锰结壳探矿和勘探规章》(以下简称三个探矿和勘探规章)相继制定到“区域”内矿产资源开发规章磋商步伐加快,“区域”矿产资源开发规范系统完善的动态发展提供了重塑私人与国家价值观念的逻辑进路,展示了政治、经济、技术、商业、环境等开发要素的内在关联,“开采法典”的制定成为核心着眼点。[1]这也表明,从海管局政策话语到国际规则的转换过程中,需要借助国际会议文件摸索和把握法律、政策与社会现实的关联互动,运用开发系统性的思维逻辑,从勘探、开采、加工、运输和销售等关键环节切入,整合“区域”矿产资源开发规范系统;不但要解决承包者所关注的准入资质和风险控制问题,而且需要将缔约国国内社会发展的现实境况与时代际遇置于人文关怀和代际正义之下,以普惠和绿色为目标推进“区域”治理能力发展和资源利益公平分享。

“区域”矿产资源开发尚未成为现实,规范系统的完善将对中国提出一系列新的要求和挑战。一方面,在海洋命运共同体理念指导下,如何动态平衡发展中国家的引领国责任与本国利益维护之间的关系,是我国今后推动“区域”矿产资源开发国际机制调整的根本立足点。批准加入《海洋法公约》以来,我国在“区域”全球治理中的国际地位不断提升,作为海管局 A 类理事国(矿产资源消费国),在共商当代“区域”矿产资源开发秩序的新形势下,我国不仅享有开创海管局有关“区域”矿产资源开发规章立法工作新局面的发言权,还有着相当权重的表决权和决策权;在充当发展中国家的引领国履行应有的国际义务之余,拓宽自身利益诉求的表达渠道时要准确认识其中的国家利益,在今后的国家利益界定中以战略性的眼光融合发展中国家和发达国家的利益,作为共同友好发展的“润滑剂”,践行人类命运共同体理念。[2] 2019 年 7 月,北京先驱高技术开发公司申获由国家担保的第五块勘探矿区,扩大了中国担保矿区数量全球第一的领先优势,而经海管局第 25 届大会批准,自然资源部将与海管局在中国建立面向国际社会(特别是发展中国家)开放的联合培训和研究中心。因此,推动“区域”矿产资源开发规范系统完善应当兼顾相关技术能

---

〔1〕“区域”“开采法典”的制定,采用“先分后总”“由分到总”的方式,逐一制定“开采规章”“环境规章”“海管局规章”,并在适当时机将这三个规章整合而成统一的“开采法典”。参见杨泽伟:《国际海底区域“开采法典”的制定与中国的应有立场》,载《当代法学》2018 年第 2 期,第 26–28 页。

〔2〕参见刘峰:《在深海规则制订中贡献中国智慧》,载中国社会科学网,http://www.cssn.cn/bk/bkpd_qklm/bkpd_bkwz/201706/t20170616_3552546_2.shtml。

力发展的国家利益与为国际合作研究开辟新渠道的引领国责任。另一方面，与发展中国家共享“区域”矿产资源开发惠益是引领国向世界贡献的集中体现；其中不仅包括国际发展援助的经济社会福利提供，还包括海洋命运共同体理念的普惠价值观传播。我国以无偿或贷款的对外援助方式履行引领国义务和责任具有悠久的历史，但在软服务援助方面的意识尚显薄弱。“区域”矿产资源开发机制的塑造不仅要求我国在对外交往时坚持正确义利观，[1]还要求将这种观念上升到海洋命运共同体理念的高度，使国家倡议目标的实现适应国际社会公认的行为模式。这意味着带有政治敏感性的国际发展援助不应囿于定势、授人以鱼，而应因势而谋、授之以渔，寻求国际发展援助与“区域”矿产资源开发惠益分享相结合，确保物质援助与精神援助相辅相成。为积极履行负责任大国的历史担当，我国向南太平洋的小岛屿国家提供了大量的援助和特惠贷款，却并未得到某些援助对象应有的尊重，也并未促使这些国家依托地缘优势主动地参与“区域”全球治理。缺乏法理支撑的政治谈判仅是权宜之策，有理、有利、有节地使其他国家认同新时代中国外交的理念创新，推动海洋命运共同体理念成为全球海洋治理共识，很大程度上依赖于国际机制的联动与支持，需要在“区域”矿产资源开发惠益分享的规范系统完善中存在更具适应性和包容性的中国方案。

（二）研究意义

1. 阐明海洋命运共同体理念在“区域”全球治理规则完善方面的导向性。海洋命运共同体理念是对人类命运共同体理念的丰富发展与细化阐述，是践行人类命运共同体的关键环节和重要内容，[2]由其指导构建“区域”矿产资源开发法律机制是我国参与“区域”全球治理的基本方案与立场。一方面，海洋命运共同体可为人类命运共同体提供建设性推进功能。人类命运共同体具有

---

[1] 习近平指出，处理对外关系时理应“找到利益的共同点和交汇点，坚持正确义利观”。所谓“正确义利观”，就是在国际交往中要讲求道义和公平正义，而不是只追求利益。特别是在同发展中国家交往的过程中，要坚持道义为先，重视和照顾其利益需求，多向他们提供力所能及的帮助。参见李海龙：《论中国外交之正确义利观的内涵与实践》，载《理论学刊》2016 年第 5 期，第 132 页。

[2] 参见屈广清：《构建海洋命运共同体的法治进路》，载《福建日报》2020 年 2 月 3 日，第 5 版。

人道基础,这反映出从利益共同体到责任共同体再到命运共同体的必然趋势。[1] 海洋命运共同体则不仅是一种理论,还是一种按照“共商共建共享”原则处理国家管辖范围外海洋资源开发问题的方法;[2]不仅是“人类命运共同体”思想的新发展,还构成了对“人类”及其“人类命运”本身的超越。基于“共商共建共享”原则推进人类命运共同体的构建,是从平等伙伴之对话协商到多边主义之共建共享的必然要求;[3]将国家海洋利益与全球海洋利益有机结合,将海洋未来命运同人类未来命运紧密联系,将海洋生产价值与海洋生态价值有机贯通,[4]从“大生命”——地球上和海洋里的一切生命的角度出发,深入、全面“认识海洋”,丰富海洋领域的国际规范和全球规范,[5]契合海底资源利益(基石)—海洋大国责任(担当)—全球海洋命运(理想)“三位一体”的共同体基本架构。另一方面,海洋命运共同体的建设性推进功能将为中国引领“区域”全球治理规则变革提供理念与制度上的驱动力。中国提出共建21世纪海上丝绸之路倡议,向国际社会不断输出公共产品的客观现实,决定了未来“区域”全球治理方案的中国元素不断凸显,以海洋为载体和纽带的市场、技术、信息、文化等合作日益紧密,也相应要求我国推动“海洋命运共同体”理念的制度化发展,并通过实践持续强化。因此,聚焦利益共同体共商《海洋法公约》相关制度和规则,形成“区域”开发秩序,使各国享有正义感和安全感;[6]提高责任共同体共建治理能力,应对各国经济发展不平衡及由此可能产生的“区域”生

[1] 国际人道主义精神是共建人类命运共同体的基本原则之一。英语词“humanitarianism”(人道主义)和“humanity”(人类)的同源性也揭示了人类命运共同体理念的人道基础。参见江河:《人类命运共同体与南海安全合作——以国际法价值观的变革为视角》,载《法商研究》2018年第3期,第154页。

[2] 参见陈秀武:《“海洋命运共同体”的相关理论问题探讨》,载《亚太安全与海洋研究》2019年第3期,第25-27页。

[3] 参见习近平:《习近平谈治国理政》(第2卷),外文出版社2017年版,第541页。

[4] 参见何广顺:《海洋命运连结人类命运》,载光明网,https://news.gmw.cn/2019-06/06/content_32899843.htm。

[5] 参见庞中英:《“海洋命运共同体”是中国“认识海洋”的又一里程碑》,载华夏时报网2019年4月29日,https://www.chinatimes.net.cn/article/86165.html。

[6] 参见姚莹:《“海洋命运共同体”的国际法意涵:理念创新与制度构建》,载《当代法学》2019年第5期,第143-144页。

态污染、资源安全等非传统威胁;[1]保障命运共同体共享普遍惠益,使人类共同继承财产原则由理想转为现实。这将确保"区域"全球治理体系更显科学严密、更具效率活力、更为成熟定型。

2. 促成"区域"矿产资源开发关系调整有机融入公、私法理论。海管局制定的三个探矿和勘探规章以及我国《深海海底区域资源勘探开发法》(以下简称《深海法》)在界定"勘探"用语时,都涉及"对开发时必须考虑的环境、技术、经济、商业和其他有关因素进行研究",反映出"区域"矿产资源开发关系调整的系统性。而以往"区域"矿产资源开发的制度研究多以国际海洋法原理的适用性为焦点,其面对国际社会构建多元化"区域"治理结构的普遍需要已渐呈疲态,"瓶颈"显露。"区域"矿产资源开发关系调整的系统性要求以集中和客观的视角,审视公法与私法的立法技术趋同性。鉴于公私划分在国际法学科分析逻辑上占据主导地位,本书以《海洋法公约》的强行规范为基础,充分考虑缔约国与私有组织在"区域"矿产资源开发中日益微妙的关系,以问题为导向凝练公法、私法的理论和原则作为"灵魂",立足"区域"矿产资源开发制度框架"骨骼",通过健全配套机制使其"血肉丰满"。由此,既在整体制度层面正确认识海管局的角色定位,关注国家间资源开发权益分配模式的正当性;也在局部机制领域深入阐释海管局的政策精髓,检视私有组织商业收益平衡的可行性。

3. 彰显陆海统筹战略指导完善国内"区域"矿产资源开发规范系统的作用。自党的十九大以来,"坚持陆海统筹,加快建设海洋强国"成为我党治国理政韬略的生动体现。以陆海统筹推进海洋强国建设,要不断加强对"区域"的探索与开发,相关技术装备租赁与融资渠道拓展构成了建设海洋强国的重要内容。[2] 而提高资源开发能力、发展海洋经济、保护生态环境、维护国家海洋权益等海洋强国战略的基本内容与《深海法》立法目的存在应然的包容关系;

---

〔1〕 非传统安全威胁从经济层面看,源自经济发展模式的缺陷与问题,具体表现为经济的低迷发展和发展不平衡、非可持续。某些国家如以"区域"矿产资源勘探、开采来弥补其在技术、资金方面的不足,这种经济发展的粗放型模式将破坏"区域"生态环境,并可能引致该地区极端自然灾害、环境灾难频发。参见葛红亮:《非传统安全与南海地区国家的策略性互动》,载《国际安全研究》2015 年第 2 期,第 143 – 144 页。

〔2〕 以陆海统筹建设海洋强国,要充分发挥陆海统筹的引领作用,构建现代化海洋经济体系,包括推进海底矿物商业化开采,培育海洋工程装备研发与应用等新兴产业,发展涉海金融等新兴海洋服务业,完善涉海金融服务体系等。参见史育龙:《充分发挥陆海统筹的战略引领作用》,载《人民日报》2018 年 7 月 1 日,第 5 版。

意味着国内“区域”矿产资源开发规范系统在与国际法制度接轨的同时,可立足于我国国情,从当前“区域”矿产资源开发秩序变革的参与者到引领者角色切换着眼,讨论国内“区域”矿产资源开发能力建设法律反馈的有效方式,确保我国《深海法》配套制度与社会形成互动状态,使国内“区域”矿产资源开发规范系统从“纸面上的法”迈向“行动中的法”。

4. 拓展我国“区域”矿产资源开发权益维护研究的深度。中国现已成为世界上海底矿种最全、矿区最多的国家;在充分享有各项权利的同时,也必须承担相应的义务。我国“区域”矿产资源开发的综合实力接近于发达国家,开采权益维护的立场主张与发达国家的利益需要存在某种契合;这从中国政府关于2018年版的《“区域”内矿产资源开发规章草案》(以下简称《开发规章草案》)的评论意见中可见一斑。[1] 同时考虑到我国引领其他发展中国家参与“区域”全球治理的责任担当,利益共享的诉求应兼顾其他发展中国家的实际需要。因此,通过加强对“区域”矿产资源开发惠益分享秩序规范化态势的跟踪研究,以国内层面利益共享制度合法化的思路,有的放矢地探讨符合中国国际地位的应对举措;类比域外缔约国管理模式的创新举措,以便厘清国内管理组织和第三部门之间的关系,统筹符合我国与其他发展中国家经济及财政利益共享实际需要的多元合作方案。这将为谋划中国参与全球海洋权益分配及海洋秩序调整的目标和路径提供法理支撑。

二、国内外研究现状综述

“区域”矿产资源开发关乎世界各国的发展利益,由此可能产生的诸多问题一直是国际社会关注的热点领域,不少国家和国际组织都相继开展了与此有关的国际政治、经济和法律的学科交叉课题研究。其中,“区域”矿产资源开发法律问题研究方兴未艾;国际法学者早在20世纪六七十年代就已经敏锐捕捉到该研究背后的伦理意蕴,并进行了积极的理论探索。《海洋法公约》的诞生明确兼顾了人类共同利益的海底资源开采和减少对环境的破坏;此后很长一段时间,学者们对“区域”矿产资源开发法律问题的研究多聚焦于阐释公约本身所承载的人类共同继承财产概念及其理论体系、资源开发制度等宏观法

---

〔1〕 各国在海管局的主持下,已经于2016年制定了第一个《开发规章草案》,并且在2017年、2018年和2019年均制定了《开发规章草案》。如无特殊说明,本书后文参考的都是2019年《开发规章草案》的内容。

律问题，产生了一批颇具影响力的学术成果，对本书的创作具有一定的启发意义和借鉴价值。

(一)国内学者的研究现状

关于"区域"矿产资源开发基本理论，张丹研究员有对"区域"外部界限受到沿海国大陆架外部界限影响的分析；[1] 金建才教授有对"区域"矿产资源与生物资源所作现场有形资源与后成资源等资源本身特性的比较；[2] 张涛研究员、蒋成竹博士对全球"区域"矿产资源潜力的探析不仅涉及多金属结核、多金属硫化物和富钴铁锰结壳，还包括了深海稀土。[3] 这些学者的研究为"区域"矿产资源的界定及经济属性的把握提供了研究方向的指引。梁淑英教授对人类共同继承财产原则含义的见解涉及国家管辖范围、共同管理和全人类共享开发利益并保证优先照顾发展中国家等三方面内容；[4] 金永明研究员对人类共同继承财产概念的共同共有、共同管理、共同参与和共同获益等重要特征作出归纳；[5] 高岚君教授从"公地悲剧"的隐喻角度解读全人类共同利益；[6] 张志勋研究员等强调财产权源于继承，以此对抗依据共有或者先占的资源利用行为；[7] 李志文教授对海管局的设置符合全人类在国际法视域下"国家联合"的身份转换。[8] 这些观点呈现了研究"区域"矿产资源法律属性的新视角。陈德恭先生描述的"单一开发制"重申了海管局确保自身直接有效控制开发活动；[9] 周忠海教授则指出了"平行开发制"下采矿的申请自由，但获批取得专属开发权仍要符合海管局制定的统一标准；[10] 张丹研究员分析了三个探矿和

〔1〕 参见张丹：《"区域"勘探开发制度及〈深海法〉探析》，载薛桂芳主编：《海洋法学研究》第 1 辑，上海交通大学出版社 2017 年版，第 138 页。

〔2〕 参见金建才：《深海底生物多样性与基因资源管理问题》，载《地球科学进展》2005 年第 1 期，第 14 页。

〔3〕 参见张涛、蒋成竹：《深海矿产资源潜力与全球治理探析》，载《中国矿业》2017 年第 11 期，第 14 – 15 页。

〔4〕 参见梁淑英：《人类共同继承财产原则的含义》，载《政法论坛》1990 年第 5 期，第 47 – 48 页。

〔5〕 参见金永明：《人类共同继承财产法律性质研究》，载《社会科学》2005 年第 3 期，第 61 页。

〔6〕 参见高岚君：《"全人类共同利益"与国际法》，载《河北法学》2009 年第 1 期，第 23 – 24 页。

〔7〕 参见张志勋、谭雪春：《论人类共同继承财产原则的适用困境及其出路》，载《江西社会科学》2012 年第 12 期，第 156 页。

〔8〕 参见李志文：《国际海底资源之人类共同继承财产的证成》，载《社会科学》2017 年第 6 期，第 91 – 93 页。

〔9〕 参见陈德恭编著：《国际海底资源与海洋法》，海洋出版社 1986 年版，第 266 页。

〔10〕 参见周忠海：《海涓集——国际海洋法文集》，中国政法大学出版社 2012 年版，第 279 页。

勘探规章中联合企业股份安排与公约所设计的制度存在的差距;[1]高之国教授认为共同开发与联合作业这两种共同经营类型在主体、本质和形式、主体事项、目的和功能等许多方面具有明显差异;[2]周勇博士对新资源规章引入"联合企业安排"将进一步冲击"平行开发制"进行了审思;[3]张善宝博士将联合企业制视为一种倒退和对人类共同继承财产原则的再次否定;[4]尹才砺研究员提出了全球股份制构想。[5] 这些观点为深入研究如何完善联合企业制并协调其与平行开发制的共存关系拓宽了思路。杨泽伟教授针对中国参与全球海洋治理体系变革的立场和主张单纯基于意识形态考量而未能注意短期利益与长远利益平衡,明析"全球海洋命运共同体"理念下的新时代中国深度参与全球海洋治理体系变革之路径,[6]为建立健全"区域"矿产资源开发法律机制提供了理论研究范式。

关于"区域"矿产资源开发技术能力发展制度化、融资方式选择法定化和惠益分享秩序规范化的研究成果数量稀少。首先,"区域"矿产资源开发技术能力发展制度化研究领域基本处于空白状态。国内学者普遍在海洋学、资源科学、矿业工程等领域研究国内外"区域"矿产资源开发技术装备的现状及发展;[7]在国际法学研究领域,丁丽柏教授梳理了国际海洋技术发展和转让的原则规定,并初步分析了有关"区域"内活动的技术转让规则。[8] 其次,"区域"

---

[1] 参见张丹:《关于国际海底区域法律制度的研究——以保留区及平行开发制为中心》,载《太平洋学报》2014 年第 3 期,第 16 页。

[2] 参见高之国、张海文、贾宇主编:《国际海洋法论文集(一)》,海洋出版社 2004 年版,第 48 - 50 页。

[3] 参见周勇:《国际海底"人类共同继承财产"原则的困境与原因》,载《国际论坛》2012 年第 1 期,第 10 页。

[4] 参见张善宝:《浅析国际海底生物资源开发制度的构建》,载《太平洋学报》2016 年第 3 期,第 4 页。

[5] 参见尹才砺:《对深海矿产资源开发的思考》,载《高科技与产业化》2009 年第 2 期,第 125 页。

[6] 参见杨泽伟:《新时代中国深度参与全球海洋治理体系的变革:理念与路径》,载《法律科学(西北政法大学学报)》2019 年第 6 期。

[7] 参见阳宁、夏建新:《国际海底资源开发技术及其发展趋势》,载《矿冶工程》2000 年第 1 期,第 1 - 4 页;刘淮:《国外深海技术发展研究(上)》,载《船艇》2006 年第 10 期,第 6 - 18 页;李颖虹、任小波:《深海的呼唤——深海技术发展现状及对策思考》,载《中国科学院院刊》2011 年第 5 期,第 561 - 569 页;吴波、程小明等:《深海采矿系统水动力技术研究综述》,载《中国造船》2016 年第 3 期,第 204 - 214 页。

[8] 参见丁丽柏:《国际海洋技术发展和转让的法律问题》,载《经济法论坛》2005 年第 00 期,第 451 页。

矿产资源开发融资方式选择法定化研究尚处在萌芽状态。孔庆江教授从促进私人投资者发挥主体作用角度出发，指出应制定一个保护“区域”资源开发投资的制度。[1] 萧汉强先生介绍了西方国家在“区域”开发实践中大多采用组建若干国际财团的方式来分散风险。[2]《中华人民共和国深海海底区域资源勘探开发法解读》指出承包者可将开采合同所赋予的专属权利作为资产进行抵押和转让。[3] 最后，“区域”矿产资源开发惠益分享秩序规范化研究逐渐趋热，呈现系统性和协调性的研究旨趣。系统性表现为统筹自然资源、矿产资源与生物资源种属关系的法理架构。王金强博士提出国际公共资源分配存在市场型和权威型两种分配结构：市场型以效率优先，其特性由技术与资本因素决定；权威型以公平优先，其随着国际组织的产生而出现，海管局在“区域”内活动中的主导权地位是典型体现。[4] 任秋娟教授、马风成博士指出“区域”矿产资源开发基于庇古理论的生物多样性补偿，不仅确保了消除生物多样性的净亏损，而且实现了在不同利益攸关方之间公平地分配开发利益及生态利益。[5] 协调性表现为兼顾国内管理体制的缔约国管理模式。翟勇教授考察了“区域”矿产资源开发的各国立法情况，指出各国对执法机构的选择存在差异性。[6] 王岚博士立足于域外国家立法中的国家担保制度比较，对 13 个域外国家的相关立法在通过时间、管辖范围和是否提及配合海管局等方面进行了分类。[7] 在此基础上，张梓太教授通过考察配合海管局协调和规范“区域”内活动的域外立法，指出“区域”矿产资源开发的国家担保制度由《海洋法公约》和海管局规章明确规定，并且大多数国家立法已确立了这一制度，未确立该制度的缔约

---

〔1〕 参见孔庆江：《深海资源开发：国际投资法新疆域》，载《人民论坛·学术前沿》2017 年第 18 期，第 22－28 页。

〔2〕 参见萧汉强：《深海底资源开发的法律争端与商业采矿前景》，载《高科技与产业化》2009 年第 2 期，第 119 页。

〔3〕 参见陆浩主编：《中华人民共和国深海海底区域资源勘探开发法解读》，中国法制出版社 2017 年版，第 94－95 页。

〔4〕 参见王金强：《制度变革与政策选择——基于国际公共资源分配问题的理论分析》，载《当代亚太》2013 年第 1 期，第 33－47 页。

〔5〕 参见任秋娟、马风成：《国际海底区域矿产开发的生物多样性补偿路径分析》，载《太平洋学报》2016 年第 11 期，第 1 页。

〔6〕 参见翟勇：《各国深海海底资源勘探开发立法情况》，载《中国人大》2016 年第 5 期，第 52 页。

〔7〕 参见王岚：《国际海底区域开发中的国家担保制度研究》，载《学术界》2016 年第 12 期，第 208 页。

国仍可通过许可证制度承担国家担保义务。[1]

关于我国“区域”矿产资源开发权益维护的机制调适，国内学界对相关问题的研究已初具规模，不乏颇有价值的学术成果。张丹研究员批判了发达国家实体“借壳上市”、恶意抢占保留区勘探开采权的“鹦鹉螺模式”，并建议我国宜利用发展中国家身份积极参与保留区资源的开发活动。[2] 杨震研究员、刘丹研究员指出我国海洋科技领域的现状与开发“区域”的目标不符；同时提到，我国虽然重视使用法律手段维护国家的“区域”开发权益，但相关法律体系方面依然存在不足，需要加紧研究开发利益分配制度。[3] 薛桂芳教授、徐向欣博士从适应性管理办法的内涵和外延切入，以使中国引领“区域”采矿国际规则制定为目标，针对海管局普遍实行适应性管理办法的五种可能路径，提出了相应解决措施和建议。[4] 李志文教授立足于不同国家在“区域”内活动中的不同地位和作用，指出应借助《海洋法公约》的推动作用，在“区域”开发制度中确立我国的引领地位。[5] 张梓太教授、沈灏博士认为，中国的“区域”矿产资源开发立法应在科学技术、资金、环境保护三方面引入激励原则。[6] 全国人大环境与资源保护委员会主任委员陆浩阐释了我国《深海法》第四章在能力建设方面的规定，指出未来该法的进一步完善取决于实践发展。[7] 刘画洁博士针对我国在“区域”矿产资源开发许可制度中存在的监管机构分立、许可类型单一、许可条件不完善和后续监督隐患等问题，建议我国应合理借鉴澳大利亚、库克群岛国内相关立法中的一般规律，在许可类型的创新设置方面引入保留租赁

[1] 参见张梓太：《构建我国深海海底资源勘探开发法律体系的思考》，载《中州学刊》2017 年第 11 期，第 53 – 54 页。

[2] 参见张丹：《关于国际海底区域法律制度的研究——以保留区及平行开发制为中心》，载《太平洋学报》2014 年第 3 期，第 17 页。

[3] 参见杨震、刘丹：《中国国际海底区域开发的现状、特征与未来战略构想》，载《东北亚论坛》2019 年第 3 期，第 121 – 122 页。

[4] 参见薛桂芳、徐向欣：《国际海底管理局适应性管理办法的推行及中国的应对》，载《中国海商法研究》2017 年第 2 期，第 52 页。

[5] 参见李志文：《我国国际海底资源开发法律制度中的地位探索》，载《社会科学辑刊》2016 年第 6 期，第 40 页。

[6] 参见张梓太、沈灏、张闻昭：《深海海底资源勘探开发法研究》，复旦大学出版社 2015 年版，第 218 – 220 页。

[7] 参见陆浩：《深海海底区域资源勘探开发立法的理论与实践》，载《中国人大》2016 年第 15 期，第 14 页。

(也可称为保留许可)。[1] 张辉教授认为中国在应对担保国责任制度发展方面,应有效分离"区域"内活动的监管者和承包者身份,从而隔断国家责任和承包者责任。[2] 王勇教授以中国稳步推进开发规章的制定进程为视角,指出中国应针对《开发规章草案》演变中出现的承包者权利与义务不对等的偏差,积极主张可扩大承包者权利内容的建议,包括细化"合营企业"与"产品分成"两种联合开发安排的具体比重与份额,以及对行为、信誉良好的承包者明确给予减税、免税等适当优惠,逐步使开发规章制定的深度参与成为构建人类命运共同体的重要内容之一。[3] 薛桂芳教授、张国斌博士通过规划并分析我国尚未出台的深海配套法律法规,梳理了我国深海法律体系应该具有的四个层级,包括已经颁行的《深海法》这部法律;亟待出台的"深海海底区域资源勘探开发法实施条例"(以下简称"深海法实施条例")这部行政法规;已出台或需要出台的《深海海底区域资源勘探开发许可管理办法》(以下简称《深海开发许可管理办法》)、《深海海底区域资源勘探开发样品管理暂行办法》(以下简称《深海开发样品管理暂行办法》)、《深海海底区域资源勘探开发资料管理暂行办法》(以下简称《深海开发资料管理暂行办法》)、"深海海底区域资源勘探开发活动应急处置管理办法"等部门规章;根据深海实践需要灵活出台"促进深海科学技术发展和人才培养的指导意见"以及深海海底区域资源活动的相关指南、规程、标准等规范性文件。[4]

(二)国外学者的研究现状

关于"区域"矿产资源开发基本理论,国外学界早在《海洋法公约》制定之前就展开了有益的探讨,并由此逐渐形成以开发制约因素为导向的"区域"制度分析层次。国外学者大卫·布朗宁(David S. Browning)从国际关系角度入手,指出在这一全球公域进行资源开发活动的国际法依据与制度体系确立的必要性,明确了"区域"与国家管辖的大陆架之间边界模糊;与大陆架的资源开

[1] 参见刘画洁:《国外深海底矿产资源许可制度比较与借鉴》,载《江苏大学学报(社会科学版)》2015 年第 2 期,第 69 页。

[2] 参见张辉:《论国际海底区域开发担保国责任制度》,载《人民论坛·学术前沿》2017 年第 18 期,第 50 页。

[3] 参见王勇:《国际海底区域开发规章草案的发展演变与中国的因应》,载《当代法学》2019 年第 4 期,第 90-93 页。

[4] 参见薛桂芳、张国斌:《我国深海法律体系的构建研究》,上海交通大学出版社 2019 年版,第 147-165 页。

发相比,一国对其沿岸数百英里以外的“区域”内活动主张直接和排他的利益更加复杂困难,合理的国际法制度将减少可能因此产生的国家利益冲突。[1] 马尔科姆·威尔基(Malcolm R. Wilkey)在“区域”制度与国际关系相互影响这一论断基础上,强调了开发资本和技术要素的制约性;重申无论为大陆架和“区域”制定何种法律制度,开发海洋矿产资源都需要资金和技术的投入,欠发达国家将向更先进的社会主义国家和发达的资本主义国家寻求本国所需的资本和技术诀窍。[2] 约翰·多姆布罗斯基(John E. Dombroski)则认为“区域”制度在内容上应服务于国际共识迅速形成的现实迫切需要。技术的飞速发展使可开发性成为主导,资源开发的国家边界从海岸线向外海稳步扩展,发展变化中的既得利益也将使国际共识变得越来越难以达成。从现实意义上讲,技术正在决定法律秩序,“区域”制度的缺失将加剧国际关系动荡,国际社会应迅速作出政策选择并将其固化为法律制度,以实现这些选择。根据公平合理的国际法制度,分配开发福利和负担成为必需,人类共同继承财产原则将转化为对拥有高新技术和雄厚经济实力的国家为国际社会福利考虑的一种呼吁。[3] 韦恩·史密斯(Wayne J. Smith)强调了市场因素是解决“区域”资源相关问题的关键。无论是在技术要求上的差异,还是在特殊的法律考量上的差异,甚至是在陆基和海基矿产资源开采和开采背后的人文主义理念上的差异,都将使世界金属市场面临共同的价格波动问题。因此,“区域”采矿政策的核心着眼点不是如何开采资源或如何明确“区域”范围,甚至不是确定谁应该是“区域”的所有者,而是这些矿物从“区域”矿产资源中提取后应如何使用。[4] 道格·班多(Doug Bandow)暗示了上述技术、法律以及市场因素制约下的开发福利分配制度应重点聚焦经济福祉的公平分享;其明确指出,“区域”矿产资源开发在技术、经济和法律方面的障碍,将使世界人民失去增进经济福祉的重要契

---

〔1〕 See David S. Browning, *Exploitation of Submarine Mineral Resources Beyond the Continental Shelf*, Tex. Int'l LF, Vol. 4:1, p. 19(1968).

〔2〕 See Malcolm R. Wilkey, *The Deep Ocean Its Potential Mineral Resources and Problems*, International Lawyer, Vol. 3:31, p. 47 – 48(1968).

〔3〕 See John E. Dombroski, *Exploitation of Seabed Mineral Resources Chaos or Legal Order*, Cornell L. Rev., Vol. 58:575, p. 583 – 589(1972).

〔4〕 See Wayne J. Smith, *International Control of Deep Sea Mineral Resources*, Naval War College Review, Vol. 61:520, p. 526(1980).

机。[1] 罗伯特·布鲁克(Robert L. Brooke)揭示了"区域"矿产资源开发问题的产生与国际法制度的内在联系。该学者不仅归纳分析了"区域"内活动面临的主要挑战为技术、融资、经济、政治/法律方面的问题,还强调了商业开采前这些问题都应在"区域"矿产资源开发法律制度层面得到充分考虑,因而"区域"制度的产生、发展和完善不仅与国际行动关系密切,在某种程度上说,其演进可以真实呈现"区域"采矿的实践进展。[2] 巴里·布赞(Barry Buzan)的"区域"制度分析层次展示了海底政治的简明模式对构建法律机制、解决开发问题的方向指引。该学者以编年纪事的形式叙述了技术与经济因素、各国的权利主张、各国际组织就海底问题采取的行动等三方面相互关联的发展过程,型构出一个海底政治的简明模式,进而以此为基础考察了与海底的所有权及控制权有关的三大基本问题,阐明了国际政治过程对健全国际法规则体系、实现国际组织政策目标的作用。[3] 建构与之类似研究体系的国外学者还有诺斯库特·伊利(Northcutt Ely)、[4]博维特(D. W. Bowett)、[5]威廉·马丁(William J. Martin Jr.)、[6]亨利·柯林斯(Harry M. Collins Jr.)、[7]威廉·布鲁尔(William C. Brewer Jr.)、[8]欧里庇得斯·埃夫里维亚季斯(Euripides L. Evrivia-

---

[1] See Doug Bandow, *Developing the Mineral Resources of the Seabed*, Cato J., Vol. 2:793, p. 793 (1982).

[2] See Robert L. Brooke, *The Current Status of Deep Seabed Mining*, Va. J. Int'l L., Vol. 24:361, p. 365 (1983).

[3] See Barry Buzan, *Seabed Politics*, Praeger Publishers Inc., 1976, p. 2 – 3.

[4] See Northcutt Ely, *United States Seabed Minerals Policy*, Natural Resources Lawyer, Vol. 4:597, p. 620 (1971).

[5] See D. W. Bowett, *Deep Sea – Bed Resources: A Major Challenge*, Cambridge Law Journal, Vol. 31:50, p. 53 (1972).

[6] See William J. Martin Jr., *Legal Aspects of Seabed Mineral Exploitation*, Int'l Bus. Law, Vol. 3:148, p. 157 – 158 (1975).

[7] 该学者并非以海洋法会议为起点,而是先从"区域"的物理特性入手,分析"区域"矿产资源的自然属性和社会属性,进而围绕"区域"矿产资源开发法律制度方案展开研究。See Harry M. Collins Jr., *Mineral Exploitation of the Seabed: Problems, Progress, and Alternatives*, Nat. Resources Law, Vol. 12:599, p. 600 – 692 (1979).

[8] 该学者也是以"区域"矿产资源所具有的独特物理性质为研究起点,在结论中强调了发展中国家与发达国家的"南北差异"不是唯一问题,而独特物理性质将造成法律适用的特殊困境。See William C. Brewer Jr., *Deep Seabed Mining: Can an Acceptable Regime Ever be Found*, Ocean Development & International Law, Vol. 11:25, p. 26 – 52 (1982).

des)[1]等。

关于“区域”矿产资源开发技术能力发展制度化、融资方式选择法定化和惠益分享秩序规范化,国外有系统的研究成果并不多见,解决相关问题的法律分析显得较为单薄。乔安娜·丁沃尔(Joanna Dingwall)认为,投资条约不太可能适用于承包者与其担保国关于“区域”内活动投资的争端,这类争端将主要由国内法加以管制,包括根据担保协议的条款。因此,希望确保投资保护的承包者在一开始安排其投资和选择担保国时,就能够根据担保协议的条款享有充分的保障,不受担保国的干涉。[2] 詹姆斯·哈里森(James Harrison)指出,投资条约一般不能解释为适用于“区域”内活动投资的条约。[3] 阿尔贝托·佩科拉罗(Alberto Pecoraro)提出国际投资法与承包者及其担保国之间的关系有关。承包者的外国股东是受国际投资法保护的投资者,在某些情况下,“区域”内活动可能构成在担保国领土上的投资。[4] 芭芭拉·艾伦·海姆(Barbara Ellen Heim)立足于“区域”采矿的成本效益分析,专门提出了对技术能力和经济能力以及环境方面的顾虑,隐含了对开发实体能力发展的关注,言明如果国际协议最终迫使那些花费时间和精力回收资源的开发实体放弃追求利润,那么可与陆基采矿相竞争的“区域”采矿实践发展将越发艰难;如果不充分解决“区域”生态系统所受到的开采扰动影响,也会导致严重后果。[5] 埃德温·伊及德(Edwin Egede)从欠发达国家实际出发,指出“区域”采矿作业将有助于国家海洋技术能力发展;申明虽然非洲大陆迫切需要解决扶贫、抗击艾滋病和基础设施建设等社会问题,但仍应通过国际合作适当参与“区域”采矿作业,突

---

[1] See Euripides L. Evriviades, *The Third World's Approach to the Deep Seabed*, Ocean Development & International Law, Vol. 11:201, p. 239 - 240(1982).

[2] See Joanna Dingwall, *International Investment Protection in Deep Seabed Mining Beyond National Jurisdiction*, Journal of World Investment & Trade, Vol. 19:890, p. 916 - 928(2018).

[3] See James Harrison, *International Investment Law and the Regulation of the Seabed*, in Catherine Banet ed., Law of the Seabed, Brill Nijhoff, 2020, p. 502.

[4] See Alberto Pecoraro, *Law of the Sea and Investment Protection in Deep Seabed Mining*, Melbourne Journal of International Law, Vol. 20:529, p. 530(2019).

[5] See Barbara Ellen Heim, *Exploring the Last Frontiers for Mineral Resources: A Comparison of International Law Regarding the Deep Seabed, Outer Space, and Antarctica*, Vand. J. Transnat'l L., Vol. 23:819, p. 823 - 824(1990).

破资金和技术的严重缺乏对"区域"内活动能力的限制。[1] 迈克尔·洛奇(Michael W. Lodge)从"区域"的管理者视角,聚焦海管局监管效率提升,隐含"区域"自然资源开发惠益分享综合管理的发展趋势预测。海管局未来的工作重点是完善"区域"采矿的监管制度,平衡资源开发和环境保护的关系。为此需要在区域一级制订全面的环境管理计划,并对正在进行的关于国家管辖范围以外区域海洋生物多样性养护和管理的国际争论作出回应。[2] 艾琳·杰克尔(Aline Jaeckel)等国外学者立足于人类共同继承财产原则的包容性,指向惠益分享方式多元、机制可塑;不仅强调了海管局的相关工作缺乏透明度将阻碍人类共同继承财产原则的实施,还说明了财政利益共享机制的建立过程应注重各国、私营部门、学术界、非政府组织和民间社会的普遍参与,彰显透明度,确定承包者遵守规定的适当方法,允许经济利益分享。[3] 伊莎贝尔·法伊赫特纳(Isabel Feichtner)分析了人类共同继承财产原则通过"区域"矿产资源开发的财政制度得到执行和具体化的过程,指出了海管局采用个人主义利益相关者导向,在政治上日益重视海洋作为经济增长来源的情况下,遵从商业盈利预期,进一步改变了人类共同继承财产和利益分享的概念,削弱了《海洋法公约》的再分配目标。[4]

关于"区域"矿产资源开发权益维护的机制调适,美国学界研究成果颇丰,并大多以国际法制度对国内法规则的塑造为视角。约翰·沃伦·金特(John Warren Kindt)反对美国以加入公约的方式维护权益,因为《海洋法公约》未能像美国《1980 年深海海底硬矿物资源法》(Deep Seabed Hard Mineral Resources Act 1980)那样促进"区域"采矿的投资规模扩大,不利于对矿产品稳定供应具有很强依赖性的美国工业的发展,其法律问题集中体现为《海洋法公约》框架

---

〔1〕 See Edwin Egede, *African States and Participation in Deep Seabed Mining: Problems and Prospects*, International Journal of Marine and Coastal Law, Vol. 24:683, p. 711(2009).

〔2〕 See Michael W. Lodge, *The International Seabed Authority and the Exploration and Exploitation of the Deep Seabed*, Rev. BDI, Vol. 47:129, p. 129(2014).

〔3〕 See Aline Jaeckel, Jeff A. Ardron & Kristina M. Gjerde, *Sharing Benefits of the Common Heritage of Mankind - Is the Deep Seabed Mining Regime Ready?*, Marine Policy, Vol. 70:198, p. 199 - 203(2016).

〔4〕 See Isabel Feichtner, *Sharing the Riches of the Sea: The Redistributive and Fiscal Dimension of Deep Seabed Exploitation*, European Journal of International Law, Vol. 30:601, p. 601 - 602 (2019).

内的制度和政策对美国开发权益维护的制约。[1] 持有相似立场的国外学者还有丹尼斯·阿罗(Dennis W. Arrow)、[2]大卫·卡伦(David D. Caron)、[3]查尔斯·道格拉斯·奥利弗(Charles Douglas Oliver)[4]等;持有相反态度的学者有乔纳森·查尼(Jonathan L. Charney)、[5]斯蒂文·莫利托(Steven J. Molitor)、[6]伊恩·贝兹帕尔科(Ian Bezpalko)[7]等。

(三)既有研究成果述评

根据目前所见的资料,国外学界对"区域"矿产资源开发问题的关注早于国内学界,既有研究成果具有学科交叉渗透知识融合的特点。国内学界有关人类共同继承财产原则的分析、开发制度模式的梳理等基本理论方面的研究成果数量可观。总的来说,国内外既有成果不仅为本书提供了有益素材,还拓展了研究思路。

第一,国内外成果基本都引入了《海洋法公约》的制定背景。除上文已提及的巴里·布赞、诺斯库特·伊利、博威特等国外早期学者外,以陈德恭先生、李红云教授、金永明教授等为代表的国内早期学者,研究内容也会涉及对海管局和国际海洋法法庭筹备委员会的工作及不同集团的立场作一扼要的叙述、

---

〔1〕 See John Warren Kindt, *Deep Seabed Exploitation*, UCLA J. Envtl. L. & Pol'y, Vol. 4:1, p. 4 - 12 (1984); See John Warren Kindt, *The Environmental Aspects of Deep Seabed Mining*, UCLA J. Envtl. L. & Pol'y, Vol. 8:125, p. 125 (1989).

〔2〕 See Dennis W. Arrow, *The Proposed Regime for the Unilateral Exploitation of Deep Seabed Mineral Resources by the United States*, Harv. Int'l. L. J., Vol. 21:337, p. 337 - 339 (1980).

〔3〕 See David D. Caron, *Municipal Legislation for Exploitation of the Deep Seabed*, Ocean Development & International Law, Vol. 8:259, p. 259 (1980).

〔4〕 See Charles Douglas Oliver, *Interim Deep Seabed Mining Legislation: An International Environmental Perspective*, J. Legis., Vol. 8:73, p. 92 - 93 (1981).

〔5〕 里根政府选择拒绝公约制度,支持同样不确定和更具争议的习惯法路线,这既没有增进"区域"采矿者的经济利益,也没有促进美国实现更广泛的海洋利益。See Jonathan L. Charney, *The Law of the Deep Seabed Post UNCLOS Ⅲ*, Or. L. Rev., Vol. 63:19, p. 21 (1984).

〔6〕 美国拒绝加入《海洋法公约》既错失了机会,也降低了其作为多边安排缔造者的地位,更可能会因此与其他大部分国家疏远;此外,与《海洋法公约》不符的承诺可能使美国损害其在国际法律秩序中的国家形象。See Steven J. Molitor, *The Provisional Understanding Regarding Deep Seabed Matters: An Ill - Conceived Regime for US Deep Seabed Mining*, Cornell Int'l L. J., Vol. 20:223, p. 251 (1987).

〔7〕 虽然公约内容"必须全盘接受"原则构成了不适当的限制,影响了人们接受这一保护海洋环境的最有用工具,但美国将自己置于联合国及其海管局制定的法律框架之外,该行为的选择无异于画地为牢。See Ian Bezpalko, *The Deep Seabed: Customary Law Codified*, Nat. Resources J., Vol. 44:867, p. 867 (2004).

分析和评价，并对《海洋法公约》第 11 部分“区域”所存在的问题、解决办法及《海洋法公约》制度体系的发展前景做出预判，[1] 人类共同继承财产原则成为国内外学者提供“区域”制度体系完善建议的基石。这丰富了本书的学科知识储备。

第二，国内学者所关注的落脚点往往在于“区域”制度发展的中国应对。大多数学者在分析论证《海洋法公约》体系下的某一“区域”制度特点后，并未陷入纯粹的文本主义制度性研究模式，而是聚焦我国深度参与“区域”全球治理的角色定位来驾驭这种借鉴，探讨国内法如何有效对接、转化相关国际法规则，不断推进我国深海法律体系建设，持续完善相关配套制度，促使我国深海大洋事业迈向健康、可持续发展的全球协同之路。这明确了本书的研究价值依归。

第三，国外学者的研究视角更显多元化。从上文的文献梳理看，国外有关“区域”矿产资源开发法律问题的研究，不仅关注《海洋法公约》与当代国际关系的互动关系，还侧重于探寻承包者的权利义务关系平衡，通过解析技术、资本、经济、环境、法律等多因素影响的开发效益内在关联，论述了国家、国际组织、承包者在国际合作开发行动中权利义务关系的互动过程，以及该过程对“区域”矿产资源开发制度体系完善的作用。这拓宽了本书论题的研究视域。

但是，国内外既有研究成果也存在一定不足，主要表现在以下几方面：

首先，未能结合海管局政策的发展趋势进行前瞻性研究。从研究成果的参考文献看，通过跟踪海管局出台的会议文件把握立法动向的成果并不多见，大多直接援引现有《海洋法公约》体系的基本内容及制度设置。法律具有稳定性，国际法规则完善更非一朝一夕之事；特别是“开采规章”的制定作为海管局的优先工作事项，涉及采矿、财务、环保、法律等诸多问题，尽管谈判进展缓慢，但海管局会议文件的内容相对灵活，连续 4 个版本的草案出台迅速，且覆盖面较大，更契合“区域”矿产资源开发的系统性及其法律保障措施的多面性特点。2019 年 5 月 3 日海管局公布的 2019 年至 2023 年高级别行动计划草拟稿，就涉及“区域”内海洋科学研究、环境保护、资源开发监管、发展中国家能力建设和

---

[1] 参见陈德恭编著：《国际海底资源与海洋法》，海洋出版社 1986 年版，第 3 页；李红云：《国际海底与国际法》，现代出版社 1997 年版，第 2 页；金永明：《国际海底区域的法律地位与资源开发制度研究》，华东政法大学 2005 年博士学位论文，第 1－2 页。

资源开发利益共享等内容。因此,通过海管局的会议文件精神提前把握立法动向,为我国在征询立法意见时有效引导制度体系完善的调整方向助力,更能彰显现阶段学术研究的实际价值。

其次,国内学界对"区域"矿产资源开发的专题性研究尚显薄弱。自联大第66/231号决议决定海洋生物多样性保护新国际文书处理的"一揽子"事项开始,国内学界的关注焦点逐渐向"区域"的生物遗传资源养护与可持续利用领域偏移,"区域"矿产资源开发法律问题研究受制于《海洋法公约》的基本框架和依据"瓶颈",对诸如保留区申请问题、担保国责任问题进行"外科手术式"剖析,视角略为单一,结论略显滞后,难以全面、客观地反映国际社会和大多数国家最迫切的需要。并且,虽受到世界海洋大国经略海洋的启示,注重对域外国家和地区有关"区域"内活动立法经验的比较借鉴,但相关研究仍拘泥于具体法律规定的梳理和呈现,缺乏对国内移植的理论基础和实践根基的探讨。

最后,国外学者对"区域"矿产资源开发的基础性研究不够精细。国外学者注意到"区域"矿产资源开发法律争议事实将随时代发展变动不居,对《海洋法公约》相关制度和规则条分缕析地研究并无必要,也有违法律规范化的本质,因而试图从开发效益影响因素中明确研究范畴;但未能厘清分析层次,没有以开发制度的稳定性与变迁问题为先导,使不同开发制度协调互补的规则体系获得开发效益影响因素的法律分析定量,这将导致两篇同样以《海洋法公约》体系下的开发效益影响因素作为衡量利益得失依据的论文的研究结论可能迥然不同。

三、研究解决的主要问题及主要内容

(一)研究解决的主要问题

"区域"矿产资源开发维度宽泛、包容性强,受到政治、技术、经济、环境等各种因素的影响,主题设定的开放性与内容设计的有限性似乎存在一定的张力。为使研究更具针对性,本书以"区域"矿产资源开发战略体系中的开发对策为导向,[1]将健全完善"区域"矿产资源开发制度机制作为主线,参考当前学界研究热点及国际社会制定"区域"采矿规章动态,主要研究了未来开发实

---

[1] 海洋资源开发战略体系中的开发对策,主要研究开发过程中重大问题或全面问题的解决办法,如开发技术的研究、人才培训、资金筹措、开采后效性的调节与控制(海洋环保)等。参见陈万灵:《关于海洋经济的理论界定》,载《海洋开发与管理》1998年第3期,第32页。

践中迫切需要解决的理论指导问题、资源开发利益获取与共享中的可行性问题以及中国权益维护的路径选择问题。

其一,解决"区域"矿产资源开发的理论指导问题。以解决"区域"矿产资源开发的研究对象和范畴为优先,诸如人类共同继承财产原则的法律含义和特征、"区域"矿产资源开发制度取舍博弈等学界关注的基本理论问题被继续纳入研究范畴,并采用新的研究视角,回归"区域"矿产资源本体,将其识别为一种由人类共同所有的公共财产及占有委托物,进而以公共资源开发理论模式切入考辨国际注册制与国际执照制、单一开发制被平行开发制和联合企业制取代的原因,厘清联合企业制与平行开发制的共存与互补关系,从而依托开发制度分析层次,明确了第二、三、四章聚集的三大法律问题的提出依据以及解决问题的简明模式。

其二,解决"区域"矿产资源开发利益获取与共享中的可行性问题。在"区域"矿产资源开发技术能力发展制度化研究上,凸显以制度性合作现象深化为制度化合作常态为主线,解决科技成果转化能力发展下技术创新成果权属及规制专利权滥用,技术引进能力发展下技术信息及市场交易信息公开,技术吸收能力发展下实际技术需要的协调与满足等问题。在"区域"矿产资源开发融资方式选择法定化研究上,聚焦"区域"矿产资源开发全球融资机制,维持融资法定新范式中承包者、海管局、缔约国、金融机构、保险机构等利益相关者之间的权利义务关系平衡。在"区域"矿产资源开发惠益分享秩序规范化研究上,探寻缔约国采用何种管理模式可实现国内社会共享"区域"当前及未来的自然资源利益,企业部如何利用产品分成合同工具确保初次分配阶段能够引导发展中国家和发达国家公平参与、利益共赢,海管局如何通过财政运行机制维护最不发达国家及人类子孙后代的资源开发权益。

其三,解决中国在"区域"矿产资源开发权益维护的路径选择问题。从破解"区域"矿产资源开发权益所涵盖的开发权力及开发收益两个方面入手,立足于中国从"区域"矿产资源开发秩序变革的参与者到引领者的角色切换,针对我国国内深海实践塑造重构国内法治、涉外法治和国际法治一体化的权益维护机制框架,回应了来自"区域"矿产资源开发技术能力发展权益维护规则的情境错配、"区域"矿产资源开发融资方式选择权益维护载体的内卷化、"区域"矿产资源开发惠益分享秩序权益维护制度理念的工具导向这三大方面的挑战。

（二）研究的主要内容

第一章以比较“区域”和“矿产资源”在地质学和法学中的语义为起点，分析了“区域”矿产资源的语用价值，并从经济价值实现角度串联了其属性之间的逻辑关系，厘定了“区域”矿产资源开发的意涵，阐释了“区域”矿产资源开发制度取舍博弈与公共资源开发理论模式之间的内在规律，辨明了实在法中开发制度的完善方向，引出本书所要研究的“区域”矿产资源开发法律问题，进而以海洋命运共同体形态发展呈现的三个维度，诠释顺应开发制度变迁及健全机制配套的法律问题解决模式。

第二章从《海洋法公约》缔约国存在海洋技术发展与转让的制度性合作现象切入，厘清了公约框架下“区域”内海洋科学研究制度与技术转让制度的功能。先是指出技术商业化的行为模式使责任共同体成员国产生了正向认同，进而论证技术创新能力发展的知识产权保护机制、技术引进能力发展的市场信息公开机制以及技术吸收能力发展的联合企业安排机制这三种制度化合作的表现形态。在此基础上，针对当前“区域”矿产资源开发国际法规则体系塑造问题，反思了如何通过构筑具体的法律机制实现缔约国、海管局、承包者间的权利义务关系平衡。

第三章根据《海洋法公约》调整承包者融资方式选择和运用中各方权利义务关系的规则体系，确定了彼时缔约国普遍认可的是企业部筹措“区域”内活动资金方式的法定化。着重探析各国在海管局主持下制定的《开发规章草案》（2019 年版），对包括企业部在内的承包者的融资范式进行细化与调整，从企业承包者、缔约国承包者以及更广泛的承包者角度分析了法定范式流变的考量因素。围绕该草案呈现的“区域”矿产资源开发风险融资保险、使用开采合同担保的项目融资和联合企业控制权融资的范式流变，论述如何以法律形式固定承包者与利益相关者的权利义务关系，促使利益相关者根据法律制度安排作出符合国际法要求、有利于提高承包者履行开采合同财务能力的行为，规避不利于其筹措资金甚至可能引发争端的决定，确保开采合同目的实现。

第四章基于“区域”矿产资源与生态系统的共生关系，以国际社会有关“区域”生物遗传资源惠益分享机制的研究为引，以国际关系功能主义理论为切入点，将“区域”内自然资源与法律政策相联系实现“一揽子”惠益的国际合作共识，深化为“区域”矿产资源开发惠益分享秩序规范化的国际合作优势，从而通过缔约国国内管理组织的主体、统筹产品分成安排与财政再分配的行为，以及财政运行机制转化货币惠益的客体,能对应产生有序调整“区域”矿产资源及其衍生利益分配秩序的国际机制,实现承包者的权利义务关系平衡、国家间共同利益最大化、国际关系民主化和法治化。

第五章以厘清微观制度规则、中观制度载体和宏观制度理念的权益维护问题构面实然之态为起点,指出机制调适的内蕴所在。以问题纾解的制度、环境和人的和谐有机统一应然之态为旨归,阐明机制调适的具体过程所遵循的恰适性逻辑和原则,进而提出可行性的博弈均衡制度同构原则、协调性的互惠偏好制度协同原则、合法性的关系理性制度导向原则。围绕我国“区域”矿产资源开发的技术能力发展权益维护规则、融资方式选择权益维护载体、惠益分享秩序权益维护理念三大调适目标,为我国深海法体系完善提出具体建议。

四、研究方法

(一)价值分析法

引入“海洋命运共同体”理念,从应然角度认知和评价“区域”矿产资源开发的价值体系,考察并揭示相关法律规则的价值内涵,确保效率价值、公平价值和平等价值在不同开发阶段以及海洋命运共同体不同发展形态下的对应关系,为分析和判断国际法制度发展的政策目的选择、立法原则厘定以及具体机制配套奠定基础。

(二)规范分析法

本书主旨是探讨“区域”矿产资源开发的法律问题,需要通过法律政策研析“区域”矿产资源开发制度变迁的机制调整,因此规范分析方法将是贯穿全书的研究方法。对“区域”矿产资源开发的技术能力发展与融资方式选择的缕析,优先以《海洋法公约》体系的现有规则确定研究范畴,避免走偏而成为一篇经济学论著。当然,这并不意味着本书对经济分析方法的完全回避。考虑到“区域”矿产资源开发这一社会现象受制于多种因素,那么以跨学科的知识融通建构更加科学合理的法律制度仍需确保研究方法灵活,因而部分内容仍适度采用了经济分析方法以使规范分析的过程更加精细、结论更具实践意义。

(三)实证分析法

法律不仅置身于社会之中,其概念的意义也需要从社会中获取。联合企业控制权融资范式不应被孤立地视为服务于“区域”矿产资源开发的实践目的,而应置于国际社会背景下,运用普遍联系的观点搜索实证素材,从而有效识别大多数国家最迫切需要解决的法律问题。本书援引国家管辖范围内的索尔瓦拉开发项目，通过对加拿大鹦鹉螺公司与巴布亚新几内亚政府的不同类型争端进行分析，把握现状和规律，从而降低“区域”矿产资源联合开发项目发生类似争端的风险，凸显讨论联合企业控制权融资争端法律问题的社会现实意义。

（四）比较分析法

国内深海法体系的完善之路离不开中国模式与外国经验的有机统一，域外国家深海法规则体系中的管理制度和运行机制具有借鉴价值。本书是以问题为导向的制度型选题，更多采用的是比较研究中的功能比较，着眼于所解决的社会问题相同、所担负的功能相同。诸如捷克的技术装备权利信息管理制度、库克群岛的保留租约制度、英国的国家担保终止制度等不同国家（地区）的法律和制度，都将为我国相关法律问题的解决提供有益借鉴。

第一章

“区域”矿产资源开发基本理论

“区域”矿产资源开发作为一个结构复杂、层次多元的有机整体,由多种具有内在关联性和逻辑性的要素构成;从不同研究视角审视,势必存在不同的理论支撑。但无论主张及观点如何多样,对其基本理论问题研究进路的选择,都离不开特定的法律文化背景,形成的理论体系也都必然具有时代特征。古代时期,囿于疆界以及航海能力,世界各地自成一体,“兴渔盐之利,行舟楫之便”是人类开发与利用海洋的主要形式,彼时有无“区域”矿产资源开发理论只能是一个伪命题。随着全球经济一体化程度加深和地缘政治的影响,全球矿产资源安全网络化呈现与实施战略处于网状节点的单一国家间的相互影响亦有待缓冲,陆上资源枯竭使海洋尤其是“区域”内资源的开发利用愈加重要。本章在评介“区域”矿产资源的概念及属性基础上,分析开发的结构层次和制度模式,最终提出用以指导健全配套法律机制的海洋命运共同体理念。

第一节 “区域”矿产资源的界定及属性

“区域”矿产资源既是经济利益的物质载体,也是“区域”矿产资源开发产业得以存续和发展的物质根基。“区域”矿产资源界定是从其赋存的“区域”地理范畴以及与“区域”内其他资源的关系角度直观把握“区域”矿产资源的外在特性;而“区域”矿产资源属性则是对“区域”矿产资源内在特性的理解,包括自然属性、社会属性和法律属性三个维度。从界定“区域”矿产资源概念这一逻辑起点出发,经过外在特性到内在特性这一由现象到本质的递进式分析,以求对“区域”矿产资源形成规律性认识。

一、“区域”矿产资源的界定

“区域”属于一个具体而又相对的概念。为了准确界定“区域”矿产资源,需要借助地质地理学上的“深海海底”以对“区域”达成基本认识,指向“区域”是邻接沿海国大陆架的深海海底。“区域”矿产资源属于由“区域”提供的自然资源中的一类;以矿产资源本身的利用与保护作为分类标准,“区域”矿产资源是现有资源与潜在资源的集合,相当于地质学上的“矿物”。

第一,“区域”是指邻接沿海国大陆架的深海海底。“区域”在《海洋法公约》中被界定为“国家管辖范围外的海床和洋底及其底土”,国内法往往将其与

“国家管辖范围外的深海海底”概念等同使用。[1] 学术研究有时直接用“深海海底”来指代“区域”,但在内容阐释中也会强调与公约相同的“国家管辖范围外”的限定。[2] 因此,有必要厘清“区域”与“深海海底”之间的关系。笔者认为,“区域”是邻接《海洋法公约》大陆架的深海海底。一方面,“区域”邻接沿海国管辖的大陆架。沿海国管辖的大陆架是指沿海国领海以外依其陆地领土的全部自然延伸,扩展到大陆边外缘的海底区域的海床和底土,[3] 包括延伸到领海基线 200 海里以外的大陆架,[4] 即沿海国可主张从领海基线向外延伸 350 海里,或连接 2500 米深度各点的 2500 米等深线外 100 海里的大陆架。[5] 因此,沿海国管辖的大陆架是由《海洋法公约》所确立的沿海国的广义国土,可称为《海洋法公约》大陆架,其最本质的特征体现为沿海国陆地领土在海下的自然延伸,国家管辖范围外的海床和洋底及其底土与之邻接。另一方面,深海海底可能构成《海洋法公约》大陆架的一部分。深海海底的概念往往被地质地理学采用。国际水道测量组织(International Hydrographic Organization)将深海海底定义为“和大陆之间被由自然地理大陆架、大陆坡和大陆隆(基)所组成的

---

〔1〕 从各国以“深海”命名的国内立法看,基本与《海洋法公约》用语中的“区域”含义保持一致。比如,我国《深海法》第 2 条规定“本法所称深海海底区域,是指中华人民共和国和其他国家管辖范围以外的海床、洋底及其底土”;英国《2014 年深海开采法》第 1 条规定“深海海底是指联合王国或者其他国家管辖范围以外的海底区域”。

〔2〕 参见日本国际法学会编:《国际法辞典》,世界知识出版社 1985 年版,第 815 页;江伟钰:《深海底资源开发与国际海洋环境保护》,载《甘肃政法学院学报》1995 年第 2 期,第 45 页;江伟钰:《21 世纪深海海底资源开发与海洋环境保护》,载《华东理工大学学报(社会科学版)》2002 年第 4 期,第 88 页;金建才:《深海底生物多样性与基因资源管理问题》,载《地球科学进展》2005 年第 1 期,第 11 页;张善宝:《国家管辖范围外深海底生物资源法律制度研究》,载《太原理工大学学报(社会科学版)》2014 年第 1 期,第 21 页。

〔3〕 参见《海洋法公约》第 76 条第 1 款。

〔4〕 Assembly, *Report of the Secretary - General of the International Seabed Authority under Article 166, Paragraph 4, of the United Nations Convention on the Law of the Sea*, International Seabed Authority (Jun. 5, 2017), https://ran - s3. s3. amazonaws. com/isa. org. jm/s3fs - public/files/documents/isba - 23a - 2_1. pdf.

〔5〕 当沿海国的大陆架划界涉及洋脊时,可能会因为洋脊类型问题,即属于“深洋洋脊”、“海底洋脊”还是“海底高地”,就采用何种标准来限制大陆架的延伸范围而产生争议,因为这三者的最大外部界限受不同的规定限制。综合《海洋法公约》第 76 条第 3 款和第 6 款的规定,可看出:若为深洋洋脊,则不能成为大陆边缘的构成部分,各国大陆架外部界限限定在 200 海里;若为海底洋脊,则大陆架外部界限不应超过 350 海里;若是大陆边缘自然构成部分的海底高地,则大陆架外部界限可采用 2500 米等深线外 100 海里的限制线。参见李金蓉等:《外大陆架划界中涉及洋脊问题的典型案例研究》,载《中国海洋法学评论》2017 年第 2 期,第 152 页。

大陆边缘(continental margin)所分隔的地带”;[1]日本有学者指出,“深海海底意指水深为2000～6000米,总面积约占整个海洋底4/5的海洋底主体。其与自然地理大陆架之间被大陆坡所隔开”;[2]荷兰有学者认为,“以大陆边缘作为分界与新生陆壳(emergent continents)相分隔的区域是深海海底”;[3]国内有学者则认为,“深海海底以大陆型地壳和大洋型地壳之间的边界将它与大陆边缘区分开来。实际上,在这个边界向海一侧有一个狭窄地带是由大陆型地壳或过渡型地壳组成的,但仍归入大洋区”。[4] 由此可见,虽然国内外学者们的措辞不尽一致,但基本都立足于深海海底与地质学上大陆边缘的分界,并倾向于将不具有明显地貌分界标志但水深在2000米以上的大陆基部分划归深海海底范畴。《海洋法公约》语境下的大陆边缘包括沿海国陆块没入水中的延伸部分,由地质地理学上的大陆架、大陆坡和大陆基的海床和底土构成,不包括深洋洋底及其洋脊,也不包括其底土。[5] 可见,深海海底可能构成《海洋法公约》大陆架的一部分,“区域”则属于邻接《海洋法公约》大陆架的深海海底,泛指国家管辖范围外的海床和洋底及其底土。

第二,“区域”矿产资源属于“区域”的自然资源。“区域”的自然资源包括矿产资源和由“区域”提供的另一种资源或自然资产,即环境资源与相关生态系统服务。[6] “区域”作为海洋的有机组成部分,是特殊的地理单元和生态系

---

〔1〕 国际水道测量组织、政府间海洋学委员会编:《海底地名命名标准(B－6出版物 4.1.0版)》,国家海洋信息中心译,海洋出版社2014年版,第2－13页。

〔2〕 [日]和达清夫主编:《海洋百科辞典》,于夫、吕彩霞译,海洋出版社2001年版,第455页。

〔3〕 Baretta－Bekker et al. ,*Encyclopedia of Marine Sciences*,Springer,1998,p.70.

〔4〕 杨子赓主编:《海洋地质学》,山东教育出版社2004年版,第10页。

〔5〕 深洋洋脊不能用来作为大陆架扩展至200海里以外的基础,缘于《海洋法公约》第76条第1款将大陆架定义为陆地领土自然延伸扩展至大陆边外缘。国际海道测量组织对“洋脊”的定义是深洋洋底的两边陡峭、地形起伏或平缓的、长的隆起。对“深洋洋底”的描述是位于大陆边以外、深洋底部的具有洋脊的表面。参见[斐济]萨切雅·南丹、[以]沙卜泰·罗森原书主编,吕文正、毛彬中译本主编:《1982年〈联合国海洋法公约〉评注》(第2卷),焦永科等译,海洋出版社2014年版,第790页。

〔6〕 生态系统被《不列颠百科全书》定义为在一个特定的单位空间内,生物及其无机环境以及它们之间的所有相互关系所形成的一个复合体;被1992年《生物多样性公约》定义为植物、动物和微生物群落和它们的无机生命环境作为一个生态单位交互作用形成的一个动态复合体;被《中国大百科全书·环境科学》定义为在一定时间和空间内,生物与其生存环境以及生物与生物之间相互作用,彼此通过物质循环、能量流动和信息交换,形成的不可分割的自然整体。参见胡德胜主编:《环境与资源保护法学》(第2版),西安交通大学出版社2017年版,第6－7页。

统。“区域”矿产资源和环境资源在空间上高度重合,由此产生了资源开发、环境保护的时序安排和统筹协调问题,[1]以此作为研究目的的自然资源分类标准,更加便于研究、认识“区域”矿产资源,满足“区域”资源环境管理多元复杂的需要。[2] 一方面,“区域”矿产资源是天然存在的并有利用价值的自然物,是生产的原料来源。该种资源能够转化为资源产品,可以完成从自然资源所有权到资源产品所有权的转变,因而可被视为一种人类所有的私物,当其转变为资源产品后将由私法调整。[3] 另一方面,“区域”环境资源及相关生态系统服务是人类可以利用的、自然生成的及其生成源泉的环境能力。环境资源是“区域”自然环境中能为人类直接利用、具有使用价值的重要组成部分。反过来看,“区域”自然环境又是生成资源的动力和条件,侧重于一定区域内的一定类型生态系统表现出来的一定的整体生态功能价值,这些生态功能不是通过实物形态为人类服务,而是以脱离其实物载体的一种相对独立的功能形式存在,[4]集中体现为生态系统服务的循环机能(植物的光合作用、生物的食物链、微生物的腐败分解作用等)直接影响着自然资源的生产力。[5] 只要不实施损害行为,也不妨碍他人占有使用,仅为了满足自身生产和生活的需要,就可以享有权利。因而环境资源及相关生态系统服务属于一种人类所有的公物;相关问题可由公物制度予以解决,由公法进行调整。[6]

第三,“区域”矿产资源是在当前及未来可被人类利用的现场的有形资源。这一界定是以矿产资源的利用与保护作为分类标准辨析《海洋法公约》用语中的“矿物资源”与“矿物”之间的关系,通过与地质学相关术语的比较而形成的直观认识可知,“区域”矿产资源接近于地质学上的“矿物”,集合了可通过实时实地公开活动回收的现有资源与潜在资源。[7] 一方面,地质学上的“矿物”是

---

〔1〕 参见《实施国家海洋督察制度 推进海洋生态文明建设》,载中华人民共和国中央人民政府网,http://www.gov.cn/xinwen/2017-01/23/content_5162609.htm#1。

〔2〕 参见刘卫先:《环境保护视野下国家主权管辖范围外之自然资源权研究——以相关国际条约为基础》,载《广西大学学报(哲学社会科学版)》2016 年第 2 期,第 70 页。

〔3〕 参见夏征农、陈至立主编:《辞海》(第 6 版),上海辞书出版社 2009 年版,第 3066 页。

〔4〕 参见赵哲伟主编:《环境资源法学》,对外经济贸易大学出版社 2017 年版,第 3 页。

〔5〕 参见孟庆瑜、刘武朝:《自然资源法基本问题研究》,中国法制出版社 2006 年版,第 12 页。

〔6〕 参见马俊驹:《借鉴大陆法系传统法律框架构建自然资源法律制度》,载《法学研究》2013 年第 4 期,第 70 页。

〔7〕 参见金建才:《深海底生物多样性与基因资源管理问题》,载《地球科学进展》2005 年第 1 期,第 14 页。

“矿产资源”的上位概念。《中国大百科全书》对“矿物”的定义更加凸显其内在构成要素;其致力于分析物质本身,自然性是根本特征。“矿产资源”则被定义为是自然资源的下位概念,突出经济可用性。“矿物”与“矿产资源”之间的关系并不鲜明。[1] 而国内有学者不仅从联系论出发将“矿产资源”识别为“矿物”的种概念,指出其与赋存于地壳中的矿物同样具有天然地质性;还通过引入“矿产品”这一衍生概念,试图说明“矿产资源”独有的经济可用性以及伴生的技术依存性。[2] 另一方面,《海洋法公约》用语中的“矿物资源”相当于地质学上的“矿物”,“矿物”相当于地质学上的“矿石”。一则《海洋法公约》第 133 条对“矿物资源”的界定更多突出的是原生性和有用性,[3] 可理解为《布莱克法律词典》中“mineral”的第二种含义,其不仅以“矿石储量”(mineral reserves)作为现有资源,[4] 侧重表达确定和/或推定矿产资源中的经济可采部分,虽不一定都表明开采设施已经到位或开始运作,或已经取得所有必要的审批或销售合同,但却表明可合理期待取得这类审批或合同,可视作利益分配的基本标准和依据;还以“区域”内未来方能确定可采量的矿物资源种类作为潜在资源,其潜在价值除为人类提供经济利益外,还蕴含着生态利益、代际利益等其他衍生利益,凸显了资源养护的必要性。二则《海洋法公约》下的“矿物”(minerals)与地质学用语中的“矿石”(ore)概念较为一致,强调在当前阶段可以从矿床中

---

〔1〕 参见中国大百科全书总编辑委员会:《中国大百科全书·第 13 卷》(第 2 版),中国大百科全书出版社 2009 年版,第 190 页。

〔2〕 参见陈建宏主编:《矿产资源经济学》,中南大学出版社 2009 年版,第 1 页。

〔3〕 在 1975 年第三次联合国海洋法会议第三期会议上,矿物资源是指以下任何一种:(a)液体或气体物质,如石油、天然气、凝结物、氦、氮、二氧化碳、水、汽、热水以及从液体形式中提取的溶解的硫和盐等;(b)出现在海床表面或表面以下深度不足 3 米的有用矿物以及磷酸盐的固结物或其他矿物;(c)在洋底的深度在其表面以下超过 3 米的固体矿物;(d)含矿泥沙与卤水。到 1981 年海洋法会议第十期会议上,那些项中所包含的特指的内容被删减为当前《海洋法公约》第 133 条的表述,即“资源”是指“区域”内在海床及其下原来位置的一切固体、液体或气体矿物资源,其中包括多金属结核;从“区域”回收的资源称为“矿物”。这是在认为矿物资源包括其他非生物资源如碳氢化合物基础上采纳的。尽管形成第 133 条的每一份草案中都包含具体的什么构成“资源”的定义,但海洋法会议决定不放入如此具体的定义限制,因为关于“区域”的资料仍相对缺乏。参见[斐济]萨切雅·南丹原书主编,吕文正、毛彬中译本主编:《1982 年〈联合国海洋法公约〉评注》,焦永科等译,海洋出版社 2009 年版,第 59 - 62 页。

〔4〕 矿石储量是指在当前的经济技术条件下,矿产资源中可供经济地提取金属或者非金属化合物的矿物集合体,作为当前阶段有用矿物之集合,时间要素是其首要特征。See G. J. S. Govett & M. H. Govett, *The Concept and Measurement of Mineral Reserves and Resources*, Resources Policy, Vol. 1:46, p. 47 - 48 (1974).

获得并能够经济地提取金属或者非金属化合物的矿物集合体,“当前阶段”这个时间要素是其首要特征。因此,可被理解为是《布莱克法律词典》界定“mineral”的第一种含义。[1] 综上,“区域”矿产资源是一种现场的有形资源,具有被人类利用的可期待性。

二、“区域”矿产资源的属性

“区域”矿产资源的属性具有自然属性、社会属性和法律属性三个维度,与人类对其经济价值及实现的认知关系密切。其中,自然属性表现出其自然的状态,横向生态联系和分布不均等特征决定了资源控制利用的难易程度不同。社会属性是指“区域”矿产资源作为经济生产活动的要素,派生出与社会资源纵向约束联系的特征。[2] 法律属性则是基于对前两者的认知,确立生产活动各方权利、义务的逻辑起点,保证“区域”矿产资源经济价值能够持续有序实现。

(一)“区域”矿产资源的自然属性及社会属性

“区域”矿产资源包括但不限于多金属结核、多金属硫化物、富钴结壳三种;随着技术的进步和科学知识的增长,天然气水合物以及深海稀土等其他资源类型未来也是可供人类获取的对象。矿产地质因素、经济地理因素以及经济社会因素共同决定了经济价值,[3] 自然属性特征体现为生态系统共生性与空间分布差异性,社会属性特征表现为市场经济条件下的商品性。

第一,生态系统共生性。矿产资源的共生性原是指许多金属元素由于地球化学性质的相似性,在地质作用过程中形成共生的矿产资源。对于金属矿产而言,多种有用金属共生的现象十分普遍。[4] 从横向生态联系角度审视,考察的则是“区域”矿产资源的成矿机理。总的说来,“区域”矿产资源不但和生

---

〔1〕 依照《布莱克法律词典》,“mineral”一词有三种解释:一是指任何具有可提供其自身确切化学成分和具体物理性质之价值的天然无机物,绝大多数是结晶固体;二是指一种地下原材料,因其有用特性和商业价值而被勘探、开采和开发;三是指成文法或判例法规定为矿物的任何天然物质。See Bryan A. Garner, *Black's Law Dictionary*, 8th edition, Thomson West, 2004, p. 3150.

〔2〕 参见张宏亮、沙景华:《矿产资源的属性及对应权益分析》,载《中国矿业》2014 年第 3 期,第 7 页。

〔3〕 参见史忠良、肖四如:《中国经济资源配置的理论与实践》,中国财政经济出版社 1998 年版,第 332 – 333 页。

〔4〕 参见史忠良、肖四如:《中国经济资源配置的理论与实践》,中国财政经济出版社 1998 年版,第 322 页。

物资源相互联系、相互依赖,还与周围环境相互结合、相互作用。一方面,生物活动因素是“区域”矿产资源生成共同的成因之一。就“区域”多金属结核资源而言,其丰度除受到海底地貌影响外,在深海床表层上或紧贴表层下结核矿床或积层蕴藏的锰、镍、钴和铜等金属,[1]部分源于死后沉入海底聚集微量元素的浮游生物,并且微生物活动加快了结核的凝结速率。[2] 另一方面,“区域”矿产资源的变化引发生态连锁反应。不同种类的“区域”自然资源之间在存在形式方面具有关联性,“区域”矿产资源的变化影响到同一自然生态环境系统中其他资源的存在状态,威胁到生物多样性和气候调节等许多重要海底功能的发挥,对“区域”生态系统健康、物种丰度产生诸多不利影响,在商业开采阶段可能表现为海底生态系统破坏与物种灭绝、重金属和其他有毒物质对鱼类和其他大型远洋动物造成污染、潜在的石油泄漏和其他海面事故导致海水酸化和珊瑚礁受损加剧等。[3]

第二,空间分布差异性。“区域”矿产资源属于自然资源范畴,其分布主要受非地带性因素的制约;具体呈现的空间分布差异性,既可以体现为矿产资源类型的组合差别,也表现在矿物数量和质量上有所分异。[4] 一方面,“区域”矿产资源品种组合可能呈动态变化。正在形成的“开采法典”主要涉及的三种特殊金属矿产资源往往聚集于特定位置,而“区域”的主要成分是岩石,包括碳氢化合物在内的“区域”矿产资源可能跨越“区域”和沉积物丰富的大陆边缘之间的边界;随着时间的推移,大陆架受到气候变化等环境因素的侵蚀,横跨大陆边缘和“区域”的资源分布将与目前的构成大不相同。[5] 另一方面,“区域”矿产资源的矿体形态和矿石品质不同。在陆地上,矿床一般是三维的,因此,开采较小面积的矿区就可以确保获取足量的矿石;而在“区域”,如需要足够数

---

〔1〕 参见《“区域”内多金属结核探矿和勘探规章》第1条。

〔2〕 参见《关于多金属结核资源的介绍》,载中华人民共和国常驻国际海底管理局代表处网2005年10月30日,http://china - isa. jm. china - embassy. org/chn/gjhd/hdzy/t218968. htm。

〔3〕 See Julian Aguon & Julie Hunter, *Second Wave Due Diligence: The Case for Incorporating Free, Prior, and Informed Consent into the Deep Sea Mining Regulatory Regime*, Stan. Envtl. L. J., Vol. 38:3, p. 9 - 11(2018).

〔4〕 参见朱连奇:《自然资源开发与管理》,河南大学出版社2015年版,第11页。

〔5〕 See Joanna Dingwall, *The International Legal Regime Applicable to the Mineral Resources of the Deep Seabed*, in Marc Bungenberg ed., European Yearbook of International Economic Law 2018, Springer, 2018, p. 269 - 270.

量的矿石来偿还投资和运营成本并取得足够利润,采矿者则需要拥有更大面积的矿区。“区域”结核资源具有二维属性,其成分、含量、大小等方面并不一致,这些都会大大影响采矿的经济效益。[1] 富钴结壳是一种附着于海山表面生长的层状矿床,可将其视为一种特殊的三维表层矿床;其开采与陆域开采大不相同,需要可供开采的大面积矿区。而多金属硫化物矿床基于本身的三维属性,与陆域开采更具可比性,开采时“区域”生境损失程度将会降低,一些热液生物群落可能很快即可重新定居。[2]

第三,市场经济条件下的商品性。“区域”矿产资源的社会性特征,在市场经济条件下,是通过资源的商品性表现出来的,即资源承载的人类主体之间的利益关系,在市场上通过资源这种商品的交换得到协调,从而实现资源的配置和效用。[3] 一方面,“区域”矿产资源经济价值受到市场供求状况影响。[4]“区域”矿产资源中的稀土金属是商业利益之所在;作为人类梦寐以求的商品,稀土金属在发展高新技术产业和传统产业升级进程中不可或缺。太平洋深海稀土资源总量远远大于陆地探明资源量,特别是在太平洋海底区域显现出了巨大的资源潜力,[5]并且稀土金属已在结核、硫化物和结壳等各种“区域”矿物样品中被发现。因此,在全球地缘政治存在不确定性的背景下,投资者越来越关注“区域”这一潜在资源来源渠道,以求稀土金属供应可靠,减少一国出口限制引发的全球供需和价格波动的不利影响。[6] 另一方面,“区域”矿产资源

---

〔1〕 See John L. Mero, *Legal Regime for Deep Sea Mining*, San Diego L. Rev., Vol. 7:488, p. 498 - 499(1970).

〔2〕 See Philip P. E. Weaver, David S. M. Billett & Cindy L. Van Dover, *Environmental Risks of Deep - sea Mining*, in Markus Salomon, Till Markus, Handbook on Marine Environment Protection, Springer, 2018, p. 241

〔3〕 资源属性的社会性是就资源反映出来的社会关系提出的。无论何物,一旦成为资源,便同人和社会发生了联系,也便具有了社会性质,并反映特定的社会关系。参见王子平、冯百侠、徐静珍:《资源论》,河北科学技术出版社2001年版,第26-28页。

〔4〕 参见史忠良、肖四如:《中国经济资源配置的理论与实践》,中国财政经济出版社1998年版,第332-333页。

〔5〕 参见张涛、蒋成竹:《深海矿产资源潜力与全球治理探析》,载《中国矿业》2017年第11期,第15页。

〔6〕 此外,“区域”开采稀土金属拥有环境优势,可能比同等规模的陆基开采具有更小的侵入性,影响范围更小,并且没有陆基开采时产生的有毒废物,故国际社会对开采“区域”潜在的稀土资源的热情持续上涨。See Joanna Dingwall, *The International Legal Regime Applicable to the Mineral Resources of the Deep Seabed*, in Marc Bungenberg ed., European Yearbook of International Economic Law 2018, Springer, 2018, p. 271 - 273.

经济价值的实现路径多元。“区域”矿产资源有关的经济生产活动与科学技术水平关系密切。科学技术水平是实现“区域”矿产资源经济价值的前提和基础,决定了这种资源能否最终为人类所利用以及在利用过程中这种资源经济价值的增加幅度。因此,科学技术水平落后的国家可将“区域”矿产资源份额作为获得财政利益等其他经济回报的对价,从而更加有效地实现资源的配置和效用。

(二)“区域”矿产资源的法律属性

“区域”矿产资源在人类共同继承财产原则要求下,[1]尽可能平衡缔约国之利益,并特别考虑满足发展中国家需要的主观标准,故可将其识别为由人类共同所有的公共财产。从深层意义上说,“区域”矿产资源事关国家海洋权益,[2]为求凝聚国际共识,遏制单边主义威胁,还应在公共财产的法律属性基础上,解构公共所有权和全人类共同利益。在公共所有权的权能分离理论下,通过对以全人类共同利益为核心的“全人类”、海管局及承包者之间的法律关系识别,指向了“区域”矿产资源还是一种占有委托物。

第一,“区域”矿产资源属于公共财产。“区域”矿产资源由全人类共同所有,既不是无主财产(*res nullius*),也并非共同财产(*res communis*);它最接近于公共财产(*res publicae*),由人民管理,为人民服务。[3] 一方面,所有权的个人主义倾向排斥“区域”及其资源的公共所有权。不同利益集团在《海洋法公约》制定过程中,针对“区域”矿产资源应该共同管理还是共同所有问题表达的利益主张基本是以“无主财产”“共同财产”“公共财产”为理论阵地。美国学者克里斯托弗·乔伊纳(Christopher C. Joyner)引用了大多数西方学者的表述,认为“区域”矿产资源所有权的概念在法律上是不存在的,核心着眼点应是进

---

〔1〕 当前,国内外学者普遍认为,人类共同继承财产原则本身的核心要素主要涉及共同管理、不得据为己有、保留用于和平目的、为后代合理使用资源与环境管理以及公平分享资源开发利益并优先照顾发展中国家。参见梁淑英:《人类共同继承财产原则的含义》,载《政法论坛》1990年第5期,第47-48页;金永明:《人类共同继承财产法律性质研究》,载《社会科学》2005年第3期,第61页;Michael W. Lodge, *The Common Heritage of Mankind*, in David Freestone ed., The 1982 Law of the Sea Convention at 30: Successes, Challenges and New Agendas, Brill Nijhoff, 2013, p. 738。

〔2〕 参见全永波、周鹏、王心:《海洋权益管理与中国之实践》,经济日报出版社2015年版,第99页。

〔3〕 See Edwin Egede, *The Common Heritage of Mankind and the Sub-Saharan African Native Land Tenure System: A "Clash of Cultures" in the Interpretation of Concepts in International Law?*, Journal of African Law, Vol. 58:71, p. 79-81 (2014).

入并联合管理"区域",而不是拥有它。这是根据西方财产所有权理论对"区域"矿产资源所有权进行的一般理解,但其忽视了在所有权领域与私有制"相对立"的公有制概念。另一方面,"区域"及当中的矿产资源无法也从来不会被一个或多个国家所占有说明了其并非属于共同财产,但并不能据此认定其属于无主财产,而应当认定其属于全人类共同所有的公共财产。正如格劳秀斯在《论海洋自由或荷兰参与东印度贸易的权利》中所阐释的那样,占有是财产所有权的来源,"区域"由自然构成,无法也从来没有被主体占有过,也就并非属于任何主体的财产,理应永远维持其为自然创造的初始状态,即由全人类共同所有。[1] "区域"矿产资源包括"区域"内未来方能确定可采量的矿物资源种类。作为现场有形资源,财产所有权来源的正统性体现为对人类祖先的继承,反映出对人类整体身份的认同;强调保护和传承是国际社会共同的责任,规避一国利用罗马法上私有财产取得方面的无主财产和共同财产理论,按照个人意愿和理性私利采取先占或共有方式使用资源,由此引发"公地悲剧",对国际社会造成损害。[2]

第二,"区域"矿产资源是占有委托物。"区域"矿产资源由海管局代表全人类管理,授权承包者为全人类服务的目的而使用,反映出占有委托物的属性。[3] "区域"矿产资源属于占有委托物,缘于公共所有权的权能分离理论下对全人类、海管局及承包者之间法律关系的厘定。首先,全人类对"区域"矿产资源丧失的仅仅是直接占有,本质上属于所有权的直接占有权能分离,形成了全人类与海管局之间的信托管理关系,以及海管局与承包者之间的授权使用关系。权能是权利实现的具体方式及其保障,表征出权利主体的支配力与执行力的可能性、强制性。占有可被视为所有权的萌芽状态。所有权人占有的

---

〔1〕 参见[荷]雨果·格劳秀斯:《论海洋自由或荷兰参与东印度贸易的权利》,马忠法译,上海人民出版社2013年版,第31页。

〔2〕 参见李燕妙:《试析人类共同继承财产的概念与基本内涵》,载《中山大学学报论丛》2004年第2期,第111页;高岚君:《"全人类共同利益"与国际法》,载《河北法学》2009年第1期,第23-24页;张志勋、谭雪春:《论人类共同继承财产原则的适用困境及其出路》,载《江西社会科学》2012年第12期,第156页;夏春利:《论人类共同继承财产——兼谈世界资源的公平分享》,载《理论与改革》2014年第1期,第52页。

〔3〕 占有委托物属于民法理论中的一个概念。有学者认为,它是基于所有权人的真实意思而使所有权人丧失占有的物,主要包括依租赁、保管等契约而由承租人、保管人占有的物等。参见侯巍:《善意取得与占有脱离物:价值定位·制度选择》,载《学术论坛》2007年第9期,第153页。

源泉是所有权,即所有权人不委托他人而是亲自占有。此时,占有是所有权行使的一项内容和表现形式,是所有权的一项“权能”,占有与所有实际上是重合的。[1] 当全人类作为一个整体通过继承关系亲自占有时,就决定了不会像对待共同共有物那样处分或分割“区域”矿产资源,而只能为实现全人类共同利益考虑分离占有、使用和收益权能,由此产生与海管局之间的信托管理关系,以及海管局与承包者之间的授权使用关系。其次,国际法意义上的全人类应是全体国家形成的集合,海管局的设置呈现了这种国家联合,[2]使海管局可以基于信托关系直接占有“区域”矿产资源,为全人类共同利益的实现履行对该占有委托物的管理职责。“区域”治理存在一种具有支配性的法律机制,《海洋法公约》对“区域”及其资源使用的约束体现了整体治理或主权安排,[3]其控制了沿海国资源权利在历史范畴的最大扩张,反映出“区域”矿产资源利益的共同性,并相应要求存在一个全球实体、一个组织或一项安排,代表全人类监管公共财产的使用情况,这一职能已被委托给海管局,由其专门负责对“区域”矿产资源的管理。[4] 最后,承包者对“区域”矿产资源的使用权源于公共所有权的使用权能分离与海管局授权许可,形成了全人类与承包者之间的许可使用关系、海管局与承包者之间的授权管理关系。一方面,公共所有权的基础和本质内容是“区域”矿产资源利益,后者集中反映了公共所有权及其目标指向;而公共所有权的权能则是资源利益实现的保障,构成公共所有权权能出于实现“区域”矿产资源利益的考虑而分离的基础,形成的“区域”矿产资源使用权属于民法理论中的他物权(定限物权)。[5] 另一方面,海管局作为事实上的管理者,通过授予承包者在指定矿区的行为自由权结成授权管理关系,该法律关系的合法性源于全人类许可承包者高效利用资源的真实意思表达。一则全人类作为所有权人,通过向承包者让与定限物权,逾越了其与技术、资金持有者

---

〔1〕 参见刘智慧:《占有制度原理》,中国人民大学出版社2007年版,第66-67页。

〔2〕 参见李志文:《国际海底资源之人类共同继承财产的证成》,载《社会科学》2017年第6期,第91-93页。

〔3〕 参见程保志:《北极治理机制的构建与完善:法律与政策层面的思考》,载《国际观察》2011年第4期,第3-5页。

〔4〕 See Waseem Ahmad Qureshi, *Protecting the Common Heritage of Mankind Beyond National Jurisdiction*, Ariz. J. Int'l & Comp. L., Vol. 36:79, p. 85-86(2019).

〔5〕 See John Norton Moore, *Navigational Freedom: The Most Critical Common Heritage*, International Law Studies, Vol. 93:251, p. 252-256(2017).

之间那道“需求的鸿沟”，提高了资源利用效率。这种关系构造最大化地实现了“物尽其用”的价值选择，促使资源得到了最优配置。[1] 申言之，权利越专属越能对使用权人扩大生产经营规模形成激励效用，更有益于资源高效利用，因而也就更有利于全人类共同利益的实现。全人类作为所有权人，凭借间接占有得以保持对“区域”矿产资源的抽象支配，让渡的使用权能可以确保自身获得对“区域”矿产资源更好的收益，包括企业部在内的承包者以定限物权人的法律身份，充分发挥主观能动性，使用和支配“区域”矿产资源并获得相应的收益回报。这意味着，全人类公共所有权的支配性和排他性同样适用于承包者的使用权。承包者在指定矿区使用权的存续期间，不仅可以合法从事作业活动，还有权排斥在该矿区内设置其他使用权，或者说在其支配的特定矿区范围内，具有同种性质的使用权不被全人类所认可。二则承包者使用权具有定限物权特征，权利行使受制于全人类公共所有权，支配范围不尽相同，表现为在海管局的授权管理关系下，承包者对“区域”矿产资源支配方式存在明显差别。“使用权能”属于定限物权的一种，必然产生于所有权，是所有权的子权，[2] 对“区域”矿产资源支配具有特定的限度，可以满足不同类型使用权的行使需求，具体由海管局通过授权管理使承包者使用权定塑化和专门化。较之于“无主财产”和“共有财产”理论下的自由使用，承包者根据个人意愿使用和支配“区域”矿产资源时，还要受到海管局依据支配限度的特定性来规范权利行使范围的制约。在海管局的授权管理之下，承包者可基于使用目的之不同，获得“区域”矿产资源勘探使用权或开采使用权；抑或根据作业区域的差异，取得“区域”矿产资源保留区的使用权或合同区的使用权。

第二节 “区域”矿产资源开发及制度模式考辨

“区域”矿产资源开发是为满足国际社会经济发展的需要，运用各种手段使“区域”矿产资源从原始的存在状态进入社会经济的运转过程之中的系列活

---

〔1〕 参见黄芬：《商品化人格权的定限转让》，载《河北法学》2017 年第 1 期，第 63 页。
〔2〕 参见崔建远：《母权—子权结构的理论及其价值》，载《河南财经政法大学学报》2012 年第 2 期，第 14－15 页。

动,以达到社会经济系统与生态系统和谐运行,充分实现"区域"矿产资源经济价值的目的。[1] 回收可行性随着科技进步呈动态变化,成为"区域"矿产资源开发法律制度产生和发展的重要推动力。[2] 在人类共同继承财产原则的本质要求下,"区域"矿产资源开发制度模式考辨将基于公共资源开发的理论模式与"区域"矿产资源开发制度的内在逻辑关系,以历时性视角考察实在法中平行开发制基础上的联合企业制的形成和嬗变,厘清获取与分享"区域"矿产资源及其衍生利益的行为规范界限,为相关法律关系主体提供明确的行为指引。

一、"区域"矿产资源开发的意涵

何为"区域"矿产资源开发,理论界迄今对此尚未取得完全一致的理解,成果中也鲜有对其的明确解释,多由学者根据各自研究的目的和侧重点不同形成"勘探与开发""勘探和开采""'区域'内活动"等多种适用形式。[3] 笔者认为,开发(development)与开采(exploitation)的法律意涵具有差异性:前者被解释为将未开发的财产转为已开发财产的活动、行为或变化,[4]后者则被定义为利用某物的行为。[5] 《海洋法公约》体系虽然并未对"开发"进行直接界定,但由公约所指向的"区域"内活动可存在两个层面的理解:[6]一是狭义的"区域"矿产资源开发,仅指从"区域"内获取资源并提取有用矿物等实现其经济价值的开采活动,对应的客体主要是矿产资源。二是广义的"区域"矿产资源开发,除上述外,还包括了开采前对矿区的价值分析和环境评估等勘探准备活动,以及开采后对矿区资源的养护以及利益分配等重新认识和再开发活动,涉及"区域"及其资源的整体价值。

其一,狭义的"区域"矿产资源开发专指开采活动。"开采"是指在"区域"内为商业目的回收资源和从中选取矿物,包括建造和运行供生产和销售矿物

---

〔1〕 参见李光禄主编:《自然资源开发利用与环境保护法律问题研究》,内蒙古科学技术出版社2002年版,第3页。

〔2〕 See Gonzalo Biggs, *Deep Seabed Mining and Unilateral Legislation*, Ocean Development & International Law, Vol. 8:223, p. 225 – 256(1980).

〔3〕 参见陈明义:《积极参与国际海底矿产资源的勘探与开发》,载《福建论坛(人文社会科学版)》2015年第7期,第24页;王岚:《国际海底区域开发中的环境保护立法——域外经验及中国策略》,载《湖南师范大学社会科学学报》2016年第4期,第91页;杨震、刘丹:《中国国际海底区域开发的现状、特征与未来战略构想》,载《东北亚论坛》2019年第3期,第115页。

〔4〕 See Bryan A. Garner, *Black's Law Dictionary*, 8th edition, Thomson West, 2004, p. 1358.

〔5〕 See Bryan A. Garner, *Black's Law Dictionary*, 8th edition, Thomson West, 2004, p. 1746.

〔6〕 参见《海洋法公约》第150–154条。

之用的采矿、加工和运输系统,[1]也就是国际海洋法法庭海底争端分庭所澄清的"'区域'内活动"的概念,包括"从海底回收矿物并将其提升到水面",以及"与此直接相关的活动,例如从矿物中抽取水分和初步分离无商业利益的物质(包括在海上处置这些物质)",但不包括到陆点的运输和陆上加工。作为"开发"行为的一个子集,赋予这一抽象的集合行为以具体、单一的实在性,便于法律对"区域"内活动做出直接、具体的规范和安排。一方面,开采活动的主体具有多元性。《海洋法公约》确立了"区域"采矿主体的资格准入制度,[2]明确"区域"采矿行业准入以海管局的授权合同为基础,但并未严格限制采矿主体的实体类型,各类企业、自然人以及社会团体等只要满足一定条件均可成为从事"区域"采矿活动的适格主体,缔约国对具有其国籍的采矿主体负有相应的担保责任。[3] 另一方面,开采活动的过程具有合作性。"区域"矿产资源构造的单一性特点决定了单方面开采将会破坏这一资源的整体性,损及他方利益。对于指定矿区的固体矿产资源而言,地下横向掘进方式可能会使实际开采活动牵涉合同区以外的底土;因此无论是按一般法律原则还是公约规定,都要求开采主体与代表全人类的海管局进行一定程度的合作。开采主体在"区域"内建造并使用与"区域"采矿活动有关的一切设施将受到海管局检查制约。

其二,广义的"区域"矿产资源开发涵盖了开采前的勘探活动。"勘探"(exploration)是指利用专属权利在"区域"内探寻矿床,分析这些矿床,使用和测试采集系统和设备、加工设施及运输系统,以及对开采时必须考虑的环境、技术、经济、商业和其他有关因素进行研究。可见,勘探活动对"区域"及其矿产资源的科学研究利用融入了商业目的,与开采活动具有权利和义务上的延续性。一方面,"区域"矿产资源勘探权可以发展成为开采权。"区域"矿产资源开发过程分为探矿、勘探和开采三个主要阶段。其中探矿(prospecting)被视为勘探的预备阶段,是指在不享有任何专属权利的情况下,在"区域"内探寻矿床,包括估计矿床的成分、规模和分布情况及其经济价值。探矿者只有回收合理数量的矿物以供试验之用的权利,不享有专属权利和资源权利,也不得将其

---

[1] 参见《"区域"内多金属结核探矿和勘探规章》第1条;《"区域"内多金属硫化物探矿和勘探规章》第1条;《"区域"内富钴铁锰结壳探矿和勘探规章》第1条。

[2] 参见《海洋法公约》第153条。

[3] 参见孙晋、张田、孔天悦:《我国深海采矿主体资格制度相关法律问题研究》,载《温州大学学报(社会科学版)》2014年第3期,第4-6页。

用于商业目的。[1] 到了勘探和开采阶段，“区域”矿产资源的开发实体需要通过与海管局签订合同获得“承包者”的法律身份。勘探合同承包者拥有专属勘探权、优先开采权，[2]开采合同承包者拥有合同区内的专属勘探权和专属开采权。[3] 可见，从勘探者与海管局关系角度来看，勘探活动较于探矿活动具有时间和地域的限制，勘探者与海管局签订合同是从事勘探活动的前提，勘探合同对于开采合同而言具有“预约”性质，勘探者在那些就同一区域和资源提出开发工作计划的各申请者中享有获得开采权的优惠和优先条件。另一方面，勘探合同履行中承担的义务可以概括为开采合同的先合同义务。具有缔约国国籍或由这类国家或国民有效控制的自然人或法人取得勘探或开采合同的主体资格均需以缔约国向海管局提供担保为前提，[4]即要求担保国在本国法律制度内采取包括法律规章和行政措施在内的合理适当的措施，确保勘探者和开采者遵守合同条款和《海洋法公约》及相关文书所述义务。承包者在勘探环节完成后仍需对损害负有赔偿责任，这项规定对担保国的赔偿责任承担同样有效。因此，虽然担保国的“确保遵守”义务本质上是一种适当尽职义务，强调的是行为本身，而非结果；[5]但所采取的合理适当措施应当兼顾勘探者后合同义务与开采者先合同义务的衔接，也就意味着开采者与海管局订立开采合同生效前仍应履行对该指定矿区内自然资源的保护、事故发生后的通知、防止损害扩大的协作等附随义务，这将构成其能否继续取得国家担保、获得海管局开采授权的限制条件。综上，将勘探活动纳入“区域”矿产资源开发具有法律上的必要性和正当性。

其三，广义的“区域”矿产资源开发还包括开采后的重新认识和再开发。

---

〔1〕 参见《海洋法公约》附件三第 2 条第 2 款。

〔2〕 参见《海洋法公约》附件三第 3 条第 4 款(c)项、第 16 条；《“区域”内多金属结核探矿和勘探规章》第 24 条；《“区域”内多金属硫化物探矿和勘探规章》第 26 条；《“区域”内富钴铁锰结壳探矿和勘探规章》第 26 条。

〔3〕 参见《开发规章草案》第 17 条第 1 款。

〔4〕 参见《海洋法公约》第 153 条第 2 款。

〔5〕 海底争端分庭认为，“区域”矿产资源开发活动只涵盖了勘探和开采活动，探矿只是勘探的初始阶段。See International Tribunal for the Law of the Sea, *Responsibilities and Obligations of States Sponsoring Persons and Entities with Respect to Activities in the Area* (*Request for Advisory Opinion Submitted to the Seabed Disputes Chamber*) *List of Cases*: *No.* 17, *Advisory Opinion of* 1 *February* 2011, International Tribunal for the Law of the Sea (Feb. 1, 2011), https://www.itlos.org/fileadmin/itlos/documents/cases/case_no_17/17_adv_op_010211_en.pdf.

重新认识和再开发主要针对的是开采后的“区域”自然资源,具体指在可持续发展原则指导下重新排列组合原本已经习惯的资源利用方向、方式、格局,明确新的产业和部门,从而提高资源系统的功能;[1]因而不仅要求法律明确承包者具有对“区域”自然资源进行养护的义务,还需要确立公平、公正的分配权利义务关系。一方面,健全的养护原则是可持续发展原则的集中体现,其作为“区域”矿产资源开发的活动政策之一,可构成开采合同的一项后合同义务。[2] 健全的养护原则遵循了“区域”内活动应充分考虑矿产资源与生态系统共生关系的客观规律,强调了对“区域”生态系统整体价值的维持,从可持续开发目标出发,兼顾了代内公平和代际公平,这种开采和长期保护的结合将人类共同继承财产原则与可持续发展的概念联系起来,在可持续发展的经济、社会和环境方面取得平衡。[3] 这种对“区域”矿产资源开采后效性的调控主要体现在开采合同承包者终止和关闭采矿业务的后合同义务上。当开采合同终止、到期或解约时,承包者应遵守最终关闭计划,在最终关闭计划确定的期间内继续对合同区进行最终关闭计划规定的必要环境管理。[4] 另一方面,将开采后的收益分配活动纳入“区域”矿产资源开发范畴符合国际法发展趋势。“区域”矿产资源开发涉及勘探开采、加工运输、市场销售、矿区修复等主要环节,应运而生的是授权管理、生产监管、国际贸易、环境保护等多种复杂法律关系,国际法对其的调整循序渐进,不断深化,多元性与层次性尽显。从某种意

---

〔1〕 参见陈万灵:《关于海洋经济的理论界定》,载《海洋开发与管理》1998 年第 3 期,第 31 页。

〔2〕 参见《海洋法公约》第 150 条(b)项。

〔3〕 海底争端分庭在其 2011 年的咨询意见中就这一平衡提供了重要指导。在根据“区域”制度解释人类共同继承财产原则所遵循的考虑因素时,可确定一些措施,这些措施将对人类共同继承财产原则的环境保护维度产生影响。与限制“区域”矿产资源开发对环境影响密切相关的问题是,“区域”矿产资源有多少应该被保留下来以供后代使用,这与应为后代保留的矿址数量密切相关。为了实现可持续发展的目标,首先必须确定哪些因素构成了有效的保护措施,何种程度的环境影响可能对生物多样性和海洋生态系统服务等地球生命支持系统造成严重损害或危害。海管局代表全人类管理“区域”及其矿产资源,因此,应认真考虑“区域”矿产资源开发和替代方案的风险和效益、海洋生态系统的价值以及世代间和世代内利益共享等方面的公众意见。See Aline Jaeckel, Kristina M. Gjerde & Jeff A. Ardron, *Conserving the Common Heritage of Humankind – Options for the Deep – Seabed Mining Regime*, Marine Policy, Vol. 78:150, p. 151 – 156(2017).

〔4〕 较于三个探矿和勘探规章,《开发规章草案》对“开发”一词的界定增加了“终止和关闭采矿业务”。并且“关闭计划”是《开发规章草案》新增的独立章节,确保的目标包括量化、评估和管理与环境影响有关的风险,以高效率和高成本效益的方法关闭或暂停采矿活动;在此之后,承包者应在最终“关闭计划”规定的期限内继续监测海洋环境。

义上说，随着国际社会对“区域”矿产资源经济价值及实现方式的认知拓展，“区域”矿产资源开发相关立法议题逐渐从以确立权属为核心转向商业利用为核心，由注重开采经济效率到分配秩序公平并重。《海洋法公约》聚焦“区域”矿产资源权属，引导形成“区域”矿产资源开发平等参与秩序。《第11部分执行协定》以推进商业化的国际联合开发为主要目的，致力于促进生产要素合理流动和优化配置，实现缔约国优势互补，提高合作经营质量和整体效益。随着“区域”生态环境保护日益受到关注，保护生态环境就是保护生产力成为普遍共识，“区域”矿产资源清洁开采和有效配置应然成为海管局制定规章的重要特征。《开发规章草案》的主体结构在技术能力和财务能力标准、保护和保全海洋环境以外，还囊括了开采合同财政条款，年费、行政费和其他有关规费等使海管局分享收益的“区域”内活动政策内容。[1] 因此，将开采后的收益分配活动纳入“区域”矿产资源开发范畴符合国际法发展趋势。

二、“区域”矿产资源开发的理论模式

“区域”矿产资源作为一种“公共资源”(common resources)，在理论上存在无为(do - nothing)、禁入(keep out)、准入(right way)和财产权私有(prop)四种开发模式；这四种模式之间并不排斥，可以结合适用。[2] 发达国家和发展中国家曾针对“区域”管理机构监管“区域”内活动的性质与程度，竞相提出用以实现人类共同继承财产原则的国际注册制与国际执照制、单一开发制以及平行开发制。立法论意义上的开发制度取舍博弈与理论模式的适用具有内在逻辑性，集中体现为“区域”矿产资源开发的“无为”模式、“禁入”模式以及“准入”与“财产权私有”的混合模式。

第一，“区域”矿产资源开发的“无为”模式。“无为”模式是使“区域”成为开放的公共场所，由所有国家和个人自由开发其中的自然资源，集中体现为国际注册制和国际执照制。一方面，这种模式要求“区域”管理机构以非歧视的原则，证明或批准国家或其国民提交的开发请求，无论是基于登记注册还是许可证申请，但必须妥当履行所有手续。简言之，“先到先得”将是基本原则。当同一矿区或重叠矿区收到多份开发请求时，将努力协调各种请求或以投标的

---

〔1〕 参见《海洋法公约》第150条(d)项。

〔2〕 See Carol M. Rose, *Rethinking Environmental Controls: Management Strategies for Common Resources*, Duke Law Journal, Vol. 1991:1, p. 8 - 11(1991).

方式诉诸竞争予以解决。另一方面,“区域”管理机构在选择承包者方面没有广泛的自由裁量权,也无权就承包者许可证的条款进行谈判;它的作用是提供一个可以避免或调和冲突的管理框架,并汇集收益,因而不会积极主动控制“区域”内活动或行使承包者企业职能。[1] 大多数发展中国家强烈反对国际注册制与国际执照制,因为其严重违反了人类共同继承财产原则的本质,偏于维护拥有“区域”矿产资源开发技术和资金优势的发达国家利益。其中,国际执照制表面上看似规定了开采期限和开采费用,从而起到督促承包者在合同期限内按时缴费与合理开采的作用,海管局的作用和地位获得了一定的承认和提升;但事实上有能力取得执照的仍然只是少数发达国家,大多数发展中国家并无实力申请,或即便申请也未必能在合同期间持续作业,这明显使发展中国家与发达国家的利益失衡,在博弈交锋中难成共识,最终也并未被《海洋法公约》采纳。事实上,“无为”模式与“财产权私有”模式具有相通的利益竞争内核,是“区域”矿产资源生产力发展的必要保证,构成了调和“准入”模式的基础;但也应看到,这种不对承包者开发行为进行规制、管理机构“什么也不做”的开发模式未能顾及承包者数量和开发规模对“区域”生态环境的潜在威胁,忽视了对“公地悲剧”的防范,被国际社会摒弃具有正当性。

第二,“区域”矿产资源开发的“禁入”模式。“禁入”模式是基于公共场所开放会引起开发活动的过分集中与资源枯竭的明显压力,而允许先前开发的国家和个人排斥后来者的参与的开发模式,属于对开发主体而非其行为的规制,集中体现为海管局的单一开发制。该制度是指在海管局直接有效地控制下,由其通过业务合同或联合经营或海管局决定的其他方式,将若干任务交予法人和自然人办理。这种开发制度为广大发展中国家所主张,缘于海管局由所有国家组成,代表全人类,把“区域”矿产资源开发的权利全部交由海管局行使,可以防止少数发达国家垄断和掠夺资源,确保人类共同继承财产由全人类共同开发、管理和分享的目标实现。[2] 可以说,“单一开发制”构成了对发达国家“区域”矿产资源使用权的限制;但由于海管局缺乏独立开发的能力条件,该制度也偏离了以禁止权利滥用原则规避垄断和掠夺资源的初衷。国际法中

---

〔1〕 See Michael Hardy, *The Implications of Alternative Solutions for Regulating the Exploitation of Seabed Minerals*, International Organization, Vol. 31:313, p. 322 - 323(1977).

〔2〕 参见陈德恭编著:《国际海底资源与海洋法》,海洋出版社1986年版,第266页。

的权利滥用既可以是一国行使权利妨碍了其他国家所享有的权利,也可以是一国行使的权利最终不同于该权利被设定时的状态,从而损害了另一个国家的权利。[1] 因而既要确保国家可以自由行使其做有权做出的一切事情的权利,同时还应保证其享有与其他国家同样的行动自由而免受外来干预的权利,并使二者取得平衡。但对于前者而言,自由行使权利需要具备客观的开发能力条件。在人类共同继承财产原则要求下,全人类作为所有权人拥有对资源的抽象支配权,可通过让渡部分权能合理期待资源的使用收益。即使认为海管局有权接受全人类让与全部的使用权能,但技术与资金条件的固有缺陷,使海管局注定无力提供可满足多方主体需要的资源利益总量。对于后者而言,从发达国家利益集团所主张的国际注册制和国际执照制来看,其允许创设海管局的初衷仅仅是同意让渡占有权能,形成信托代理关系,赋予海管局管理“区域”内活动的职责,却未必愿意容忍海管局干预自己的资源使用权利、屈从于海管局对可供自身获取资源利益份额的限制。值得注意的是,单一开发制在外观上符合开发的“禁入”理论模式。虽然上述原因使“禁入”模式同样难以独立适用于“区域”矿产资源开发制度,但“禁入”模式与“准入”模式都是出于防范“公地悲剧”的考虑,通过设置“区域”内活动的准入门槛对开发主体本身予以规制,是调和“财产权私有”模式的价值所在。

第三,“区域”矿产资源开发的混合模式。这种混合模式是“准入”模式与“财产权私有”模式的结合,其中“准入”模式是以规范资源获取与利用方式为核心,在有效规范国家和个人使用“区域”矿产资源的方法基础上,开放公共场所用以生产作业,禁止“不合理使用”和违背惯常做法的实践活动,强调采用“最佳可得技术”(best available techniques)的必要性,从而实现控制资源耗竭速度之目的,因而是针对开发行为而非其实施者的规制。“财产权私有”模式则是先行设置资源总获取量的上限并计算资源租金,以有偿的方式将开发权授予国家和个人实施者,允许其转让交易这些权利,以达到管理的目的。这种模式允许利益竞争,同时以要求承包者按价支付补偿费用的方式来规制可能危及“区域”环境承载力的开发行为,构成财产权私有的对价。因此,“准入”与“财产权私有”的混合模式,既关注可供承包者获取“区域”矿产资源的技术、资金和环境等要素,又注重这些要素与分配要素的辩证统一,兼顾了世代内与世

[1] 参见高之国、贾宇主编:《海洋法精要》,中国民主法制出版社 2015 年版,第 174 页。

代间的开发权益,集中体现为《海洋法公约》确立的平行开发制。平行开发制是“区域”制度的核心,在于确保国际社会的共同利益,更确切地说是为了保障那些现时还不具备开展业务所需的技术能力或金融手段的国家的利益。因此,平行开发制有效防范了不利于弱势群体的业务激增,并为它们节省了搜寻有价值矿区的成本。[1] 根据这一制度,第一阶段的开发预期基本上是自由的,只要求针对开发区域向海管局提出申请,并保证遵守公约的有关保护环境、培训人员的规定。这种申请在经过海管局的特别批准后方能取得专属权利。从准入条件看,如果申请者具备缔约国的国籍,由该缔约国或其国民控制,便具备申请资格;如果申请者由其他缔约国或其国民控制,那么,申请者所属缔约者与该控制国或控制者的国籍国必须一起对申请者担保;如果申请者具有一个以上的国籍,如是几个国家的实体组成的跨国企业集团,那么所有成员的国籍国和控制国都必须是缔约国。申请者还必须由这些国家提供保证,而且要符合海管局规定的标准。[2] 相比于分别代表自由和平等两种极端的国际注册制和国际执照制与单一开发制,平行开发制的确立一定意义上缓和了发达国家与发展中国家之间有关“区域”矿产资源开发的利益分歧,是对全人类共同利益作为“区域”制度构建核心的正确反映,调和了发达国家倾向的国际注册制和国际执照制与发展中国家主张的单一开发制的矛盾。该制度保留了具有相等价值的作业区块,并设置了勘探的初始投资义务,扩大了发展中国家实体的参与机会,合理协调了缔约国之间的利益关系。但是,作为一种过渡性质的制度,仍具有两大“先天”不足:一是未能充分考虑“区域”矿产资源的自然属性。多金属硫化物和富钴结壳与多金属结核的资源性质差别很大,不可一概而论。早在 2000 年,海管局率先通过《“区域”内多金属结核探矿和勘探规章》(2013 年 7 月核准修正);10 年后即 2010 年,《“区域”内多金属硫化物探矿和勘探规章》获准暂时适用(2014 年 7 月核准修正);2012 年 7 月正式核准《“区域”内富钴铁锰结壳探矿和勘探规章》。这三个探矿和勘探规章的通过顺序表明,规章间的差异是由多金属硫化物和富钴铁锰结壳的具体特点造成的,预计

---

[1] See Jonathan Sydney Koch, *Institutional Framework for the Province of All Mankind*: *Lessons from the International Seabed Authority for the Governance of Commercial Space Mining*, Astropolitics: the International Journal of Space Politics & Policy, Vol. 16:1, p. 13 (2018).

[2] 参见周忠海:《海涓集——国际海洋法文集》,中国政法大学出版社 2012 年版,第 279 页。

这些特点将使申请者难以提交估计商业价值相等的两个矿址。就三维属性的多金属硫化物和富钴铁锰结壳而言，没有哪两个矿点是相同的，矿床品位也可能存在重大差异，富钴铁锰结壳矿床在同一海山内甚至也可能存在重大差异。而对于二维属性的多金属结核而言，把潜在的结核矿区分成估计商业价值相等的两个部分较为容易。因此，对多金属硫化物和富钴铁锰结壳采用与多金属结核相同方式的矿址保留办法不切实际，并不可行。[1] 二是平行开发制缺失与“先分配后获取”相配套的方法要素。平行开发制关注利益均分，要求承包者为海管局提供保留区储备，但《第 11 部分执行协定》免除了承包者向海管局转让技术和为其提供资金的强制义务，导致海管局利用开发授权与承包者交换而来的生产利益不足矿区实际价值的一半，最终将退化为美国在 1975 年第三次联合国海洋法会议第三期会议上所提出的“矿区银行制度”（banking system）[2]，意味着海管局虽然可以就承包者所提交的两个备选矿址择一保留以供自己使用，但仍要通过其他安排获取开发所需的资金和技术，即其实际只有授予采矿许可证和颁布一般采矿条例的权限，本质上成了“无为”模式下国际执照制的变体。[3] 这表明，平行开发制仍应在“准入”与“财产权私有”混合模式的理论框架内进行完善，并且承包者需要拥有准入“区域”内活动的其他制度通道。

三、“区域”矿产资源开发的制度关系

平行开发制在贯彻和维护人类共同继承财产原则方面是一种历史进步，但在“区域”矿产资源开发实践中又暴露出一定局限和瑕疵。在弥补短板、破

---

〔1〕 Legal and Technical Commission, *Issues Related to the Possible Alignment of the Authority's Regulations on Prospecting and Exploration Concerning the Offer of an Equity Interest in a Joint Venture Arrangement*, International Seabed Authority, https://ran - s3. s3. amazonaws. com/isa. org. jm/s3fs - public/files/documents/isba24 - ltc4 - e. pdf.

〔2〕 参见［斐济］撒切雅·南丹原书主编，吕文正、毛彬中译本主编：《1982 年〈联合国海洋法公约〉评注》，焦永科等译，海洋出版社 2009 年版，第 261 页。

〔3〕 See Jack N. Barkenbus, *Seabed Negotiations: the Failure of United States Policy*, San Diego Law Review, Vol. 14: 623, p. 632 (1976); Katherine W. Schoonover, *The History of Negotiations Concerning the System of Exploitation of the International Seabed*, N. Y. U. J. Int'l L. & Pol., Vol. 9: 483, p. 497 (1976); George Aldrich, *A System of Exploitation*, Syracuse J. Int'l L. & Com., Vol. 6: 245, p. 247 (1978); Harry M. Collins Jr., *Mineral Exploitation of the Seabed: Problems, Progress, and Alternatives*, Nat. Resources Law., Vol. 12: 599, p. 669 (1979); David L. Larson, *The United States Position on the Deep Seabed*, Suffolk Transnat'l L. J., Vol. 3: 1, p. 10 - 497 (1979).

解困境的探寻中,联合企业制应运而生。该制度特征为企业部依托狭义的国际联合企业地位,代表海管局与具备资质条件的外部实体在联合经营安排中划分权利、义务和责任,衍生出获取与分享有关的行为规则。联合企业制与平行开发制并非对立关系,而是充分考虑"区域"矿产资源的自然属性与开发过程的商业因素,契合"准入"与"财产权私有"的混合模式,构成与平行开发制共存前提下的必要互补。

第一,联合企业制兼具"准入"与"财产权私有"的模式特征。联合企业制是由"契约关系的作业模式"逐渐发展而成的契约联合企业开发制度,得益于企业部基于狭义的国际联合企业的地位所采用的各种联合经营安排。"契约关系的作业模式"是指在海管局认为适当时,"区域"内活动可通过企业部与具备资质条件的外部实体签订服务合同,采取组建股权式联合企业或契约式联合企业或其他形式的联合经营,保证海管局对"区域"内活动的直接有效控制。[1] 以企业部为核心的契约联合企业开发制度具有"准入"与"财产权私有"混合模式的特征,更便于统筹海管局的管理目标、设计矿区综合利用方案和保护规划、分布实施联合经营安排、寻求确保资源及其衍生利益得到高效利用及合理分配的平衡路径。根据《海洋法公约》附件四第 13 条,企业部相当于以全体缔约国政府间协议为媒介而建立的狭义的国际联合企业;在其业务运作过程中,优先适用《海洋法公约》、《第 11 部分执行协定》及其附属规章,补充性地适用缔约国国内法。[2] 《第 11 部分执行协定》附件第 2 节的规定使企业部初期的"区域"采矿业务运作受到联合企业经营安排限制,理论上可采用股权式联合企业模式抑或契约式联合企业模式,如何与企业部组建以及在什么

[1] 参见陈德恭:《现代国际海洋法》,海洋出版社 2009 年版,第 418 – 419 页。

[2] 广义上的国际合营企业,是指得到国际性投资而进行与多国有关的企业活动的主体。有以下三种:(1)不具有独立的法人资格,而是企业上的合伙关系,局限于合同规定范围内的合伙。(2)由数国的资本构成而在法律上具有独立的法人资格,并取得特定国之国籍。既有当地资本和外来资本相结合而依据当地法律所建立的合营公司(狭义上的),也有由外国的母公司(持股公司)全额投资而设立的当地法人的子公司。也有的把上述(1)与(2)并称为广义的合营企业(Joint Venture)。(3)狭义的国际联合企业(International Common Enterprise)。从 20 世纪 50 年代开始,以政府间协议为媒介而建立的国际联合企业逐渐增多。这些企业,各国的政府机构或公私企业单位都可投资,以国际性规模对私人提供公益事业或设备以供利用。其不同于正规的政府间国际机构,也不同于仅依据章程或投资者的协定而建立的一般的国际联合企业(广义上的)。参见日本国际法学会编:《国际法辞典》,外交学院国际法教研室中文版总校订,世界知识出版社 1985 年版,第 496 – 497 页。

条件下经营关乎企业部的地位。[1] 综合各国关于联合企业的立法和实践，参照联合国工业发展组织编写的《发展中国家联合企业协议指南》，企业部的联合企业经营安排依其法律性质的不同可大致分为契约式联合企业以及股权式联合企业两种基本类型。[2] 契约式联合企业（contractual joint venture）是以合同作为合营的基础，拥有自己的名称和财产，存在经营管理机构，由企业部与投资者根据合营契约共同经营特定项目的经济组织。此种类型的联合企业往往不具有法人资格，企业部与投资者根据合营契约的约定对企业分担责任，拥有控制企业和分享收益的权利。股权式联合企业（equity joint venture）是由企业部与投资者相互协商为共同经营特定项目而组成的法律实体，拥有独立的法律人格，有一定的管理机构。企业部与投资者将出资分成股份，按照股权比例共同投资、共同管理、共负盈亏、共享利润。值得注意的是，《“区域”内多金属硫化物探矿和勘探规章》与《“区域”内富钴铁锰结壳探矿和勘探规章》都在其第16条明确了提供一个保留区与提供一个联合企业安排中的股份具有准入“区域”内活动的相同效果，加之“区域”矿产资源自然属性的差异并不会对规章内容产生实质影响，只在操作层面存在某些不同规定，[3]因而股权式联合企业的股权是一种私权，同时也是一种财产权，作为商品经济发展的产物，是新型的资本形式和财产形式，构成联合企业管理控制和成员利益分配的逻辑串联，促成企业部与其他开发实体实行一体化管理，通过包括私有实体在内的不同国家的申请者共同参与，在法律规定的基础上，根据实际投入的技术、资金、人力等生产要素协议安排股份持有比例，对资产和资源按份共有，按劳分配。[4] 总的来说，企业部的联合经营属于国际联合作业（unitization），本质上几乎是一个商业性的概念，可视为国际合作开发（pooling），是企业部代表海管局与其他开发实体在一个共同使用的矿区中各自享有利益。从经济上讲需要

---

〔1〕 See Michael W. Lodge, *The International Seabed Authority and the Exploration and Exploitation of the Deep Seabed*, Rev. BDI, Vol. 47:129, p. 132(2014).

〔2〕 参见余劲松主编：《国际投资法》（第4版），法律出版社2014年版，第37-38页。

〔3〕 虽然三种“区域”矿产资源各有不同的特点，但这对于制定开发规章并无实质影响。正如中国在2017年和2018年的《开发规章草案》的评论意见中所指出的那样，开发规章主要规定的应当是承包者、海管局、担保国之间的权利义务关系以及平衡承包者的权利义务关系。参见王勇：《国际海底区域开发规章草案的发展演变与中国的因应》，载《当代法学》2019年第4期，第92页。

〔4〕 参见赵威：《股权转让研究》，中国政法大学出版社2017年版，第67页。

将其作为一个整体生产单位来对待；而在开发合同中，以法律协议的方式着眼于指定矿区的生产经营和资源养护的动态平衡过程，将各方的权益集中起来，并规定了每一方的权利和义务，包括明确采取联合企业或产品分成或任何其他形式的联合安排对该矿区所产资源的分配，[1]涵盖了"区域"矿产资源开发系统的技术、资金等方法要素，环境和商业等过程要素和惠益分享的目的要素。

第二，联合企业制可以补正平行开发制在混合模式下的瑕疵。联合企业制与平行开发制是由《海洋法公约》所确立的"区域"矿产资源开发制度。国内学界曾有分歧或质疑联合企业制未能充分反映人类共同继承财产原则，这缘于海管局直接支配的保留区数量负增长以及企业部处于从属地位。[2] 但联合企业制同样属于"准入"与"财产权私有"的混合模式，并具有平行开发制所缺失的方法要素，目的要素的不足也可在混合模式的框架内进行调整。一方面，联合企业制的"先获取后分配"的时序安排，可聚合技术和资金优势，为惠益分享奠定坚实的物质根基。保留区数量的增加并不等于可供分配的实际利益增加。平行开发制虽然节省了保留区先期的勘探成本，但在实际开采利用时，仍需技术、资金、人力、管理等生产要素投入。囿于使海管局纯获利益的配套机制缺失，企业部及其代表的发展中国家提高"区域"矿产资源开发能力是费时的，也是昂贵的；这导致发展中国家利益集团的最终获益并不平均，甚至不如"先获取后分配"的联合企业经营模式。联合企业制下，企业部及其他发展中国家实体通过"南南合作"或"南北合作"参与一个完全一体化的联合企业可以获得生产技术和作业资金，并提升高级管理人员和技术人员的技能；发达国家合作方也得以借此使用廉价劳动力，并将获得优先核准生产而不受作业区限制等优势，激励其充分履行公约要求的为发展中国家人员制定切实可行的培训方案等义务。[3] 另一方面，惠益分享追求利益共享的和谐状态，联合企业制

---

[1] 参见高之国、张海文、贾宇主编：《国际海洋法论文集（一）》，海洋出版社2004年版，第48－50页。

[2] 参见周勇：《国际海底"人类共同继承财产"原则的困境与原因》，载《国际论坛》2012年第1期，第10页；张善宝：《浅析国际海底生物资源开发制度的构建》，载《太平洋学报》2016年第3期，第4页。

[3] See Manjula R. Shyam, *Deep Seabed Mining: An Indian Perspective*, Ocean Development & International Law, Vol. 17:325, p. 342－346(1986).

可以秉持竞争激励的相容性，通过其他形式的联合安排优化稳固初次分配与再分配的利益关系。联合企业内包括企业部在内的开发实体将根据持股比例或出资份额承担“区域”矿产资源利用的补偿对价，在开采阶段参与经营的从属地位使企业部实际按份承担的经营风险和赔偿责任有限，[1]在实际获取资源利益以前对其更为有利，股权比例造成惠益分享阶段的分配弱势也可通过产品分享等其他形式的联合安排予以弥补。总的来说，联合企业制在惠益分享目的要素方面的不足可在“准入”与“财产权私有”的混合模式框架内进行自体调节，否则会真正冲击平行开发制。如全球股份制的构想，[2]已超出了这一混合模式范畴，演变为“禁入”模式下“单一开发制”的变体，这将加剧缔约国间的利益冲突，在当前国际关系大环境下难以获得生存土壤和发展空间。

第三节 “区域”矿产资源开发的机制阙如剖释

“区域”矿产资源开发机制集合了用以解决开发过程中重大法律问题的一系列具有法定性、外在性和可操作性的激励或约束措施。考虑到“区域”成为一个国际性问题的原因，主要是受到使其价值不断提高的经济和技术因素影响，[3]则对开采时必须顾及的环境、技术、经济、商业和其他有关因素进行研究，符合“区域”开发实践由勘探向开采过渡的阶段特征，也成为学界较集中地

[1] 契约式联合企业由于投资不折成股份，所以不可能按股权比例分担风险责任。但是出资份额仍是影响风险责任分担的最直接、最重要的因素。合作各方应以原投资额承担风险责任，另外还可按照亏损的原因来确定责任的承担。原则上合作各方应共同承担亏损，但如果亏损是由一方过失造成的，则可以向有过失的一方要求赔偿。但“过失”如何定义、赔偿多少，需要在合同中注明。参见莫凌侠：《论中外合作经营企业的法律性质及法律特征》，载《政法论坛》2000年第3期，第36－42页。

[2] 参见尹才研：《对深海矿产资源开发的思考》，载《高科技与产业化》2009年第2期，第125页。

[3] 参见[加拿大]巴里·布赞：《海底政治》，时富鑫译，生活·读书·新知三联书店1981年版，第315－316页。

提出有待解决的"区域"矿产资源开发法律问题及相关措施建议时所选取的角度。[1] 特别是令人瞩目的承包者取得并履行开发合同的能力,很大程度上依赖于其是否有能力获得和利用金融资本,而这又往往取决于承包者能否凭借最初的专有研究和技术来证明项目的可行性。要使有关"区域"内活动造成的环境影响之基础研究与秉持人类共同继承财产原则的决策切实契合,首要的步骤之一便是研究资助的制度化。在此基础上,再就实施商业性开采作出抉择。[2] 因此,在平行开发制和联合企业制的混合模式框架下,针对海管局政策目标及国际社会制定"区域"开发规章动态,宜从微观技术能力发展的规则谱系,到中观融资方式选择的载体关系,再到宏观惠益分享秩序的价值体系,这三个层次审视有待"区域"矿产资源开发机制进行具体制度安排的法律问题。

一、"区域"矿产资源开发技术能力发展

"区域"矿产资源开发技术能力贯穿勘探、开采、养护和管理,海洋环境的保护和保全,海洋科学研究等诸多活动,[3] 从开发制度规则的谱系视角审视,"区域"矿产资源开发技术能力发展依托于海洋技术发展与转让具有《海洋法公约》的制度规则基础,并需要海管局制定能力建设制度规则来强化《海洋法公约》在这方面的实施。

第一,"区域"矿产资源开发技术能力发展依托于海洋技术发展与转让具有《海洋法公约》的制度规则基础。"海洋技术的发展和转让,发展中国家技术能力的发展"是第三次联合国海洋法会议的核心议题之一,被联合国和平利用国家管辖范围以外海床洋底委员会列入《海洋法项目和问题清单》的第 14 项,其中涉及发达国家和发展中国家对知识和技术的分享、发展中国家人员的训

---

〔1〕 参见李志文:《我国国际海底资源开发法律制度中的地位探索》,载《社会科学辑刊》2016 年第 6 期,第 42 页;王岚:《国际海底区域开发中的环境保护立法——域外经验及中国策略》,载《湖南师范大学社会科学学报》2016 年第 4 期,第 91 页;杨震、刘丹:《中国国际海底区域开发的现状、特征与未来战略构想》,载《东北亚论坛》2019 年第 3 期,第 119 – 124 页;杨泽伟、刘丹等:《〈联合国海洋法公约〉与中国(圆桌会议)》,载《中国海洋大学学报(社会科学版)》2019 年第 5 期,第 4 – 6 页。

〔2〕 See Anna Zalik, *Mining the Seabed, Enclosing the Area: Proprietary Knowledge and the Geopolitics of the Extractive Frontier Beyond National Jurisdiction*, International Social Science Journal, Vol. 68:343, p. 346 – 347(2018).

〔3〕 参见《海洋法公约》第 266 条第 2 款。

练以及向发展中国家转让技术的问题。[1] 尽管《海洋法公约》没有定义“能力发展”，但科学和技术能力发展确是该公约第十四部分“海洋技术的发展和转让”的核心内容，只是相关规定没有明确任何具体的法律权利和义务，充其量只表明了鼓励的态度，仅具有道义上的约束力，在制度规则层面呈现了通过海洋技术发展促进“区域”矿产资源开发技术创新能力发展以及通过海洋技术转让促进“区域”矿产资源开发技术引进和吸收能力发展的必要性。一方面，“区域”矿产资源开发技术创新能力发展依托于海洋技术发展。《海洋法公约》第266条、267条规定了各国应直接或通过主管国际组织，按照其能力进行合作，积极促进在公平合理的条款和条件上发展和转让海洋科学和海洋技术，并应适当顾及一切合法利益，包括海洋技术的持有者、供应者和接受者的权利和义务。就技术发展而言，第268条明确了各国应直接或通过主管国际组织促进适当的海洋技术的发展以及必要的技术方面基本建设的发展，以便利海洋技术的转让。这一规定从侧面反映出如果发展中国家必须获得海洋技术，那么他们就应当优先发展本国技术，开始向内而不是向外寻找他们的技术需求。而技术的创造或产生需要长期依赖于人类的智慧和物质资源，技术产品最终必须能够产生足够的资金来收回在研发实践中投入的大量资金，并在适当的时候，在适当的条件下，通过向适当的一方出售而取得最大的回报。[2] 就此而论，《海洋法公约》第269条规定了为实现第268条之基本目标，各国应直接或通过主管国际组织尽力促进在公平合理的条件下，订立协定、合同和其他类似安排的有利条件，以及促进科学工作者、技术和其他专家的交换。这意味着发展中国家推进本国的海洋技术发展将需要制定财政预算分配政策，以充分满足高新技术研究和发展的资金需求，避免过度依赖于发达国家向其出售同类技术产品，[3] 呈现以海洋技术发展促进国家“区域”矿产资源开发技术创新能力发展的必要性。另一方面，“区域”矿产资源开发技术引进和吸收能力发展依托于海洋技术转让。《海洋法公约》第266条以技术援助指代为促进部分国

---

〔1〕 参见丁丽柏：《国际海洋技术发展和转让的法律问题》，载《经济法论坛》2005年第00期，第452页。

〔2〕 See MCW Pinto, *Legal Aspects of North/South Transfer of Marine Technology*, Sri Lanka Journal of International Law, Vol. 2:139, p. 140 (1990).

〔3〕 See Vincent I. Iwunze, *Technology Transfer*, Indian Journal of Law & Public Policy, Vol. 3:48, p. 66 – 67 (2016).

家技术能力发展而进行的技术转让,聚焦于各国按照其能力进行合作,强调受援国特别是发展中国家在加速社会和经济发展方面,通过技术引进与吸收来发展符合公约的海洋环境内活动的技术能力的重要性。联合国教科文组织政府间海洋学委员会于 2003 年通过了《海洋技术转让标准和准则》,这是落实《海洋法公约》第 271 条"制订海洋技术转让方面的一般接受的方针、准则和标准"要求的一个关键里程碑。《海洋技术转让标准和准则》广泛地界定了《海洋法公约》没有明确的海洋技术概念,并强调了技术转让一般是无偿的,该委员会"应"在与其他相关组织协商后采取的行动包括构建海洋技术转让信息交换所机制以提供相关信息和专业知识,以及构建和协调海洋技术中心与网络机制,从而基于对各国提交一份海洋技术转让申请的要求,使该委员会得以采用促进与技术"捐助者"的联系或更直接地提供技术援助的方式做出回应。[1]因此,在《海洋法公约》的规则体系框架内,各国应努力创造有利于"区域"矿产资源技术转让的经济和法律环境;对于技术受让方而言,将科学和技术能力发展确立为技术转让之目标更多指向的是在这方面有需要并要求技术援助的发展中国家,以海洋技术转让促进国家"区域"矿产资源开发技术引进和吸收能力发展具有必要性。[2]

第二,"区域"矿产资源开发技术能力发展需要海管局制定能力建设制度规则来强化公约的实施。《海洋法公约》虽然并无"能力建设"的表述,也没有明确技术能力发展与能力建设的关系;但在国际合作促进技术能力可持续发展的"一揽子"国际文书中,与技术有关的知识产权保护标准、通过信息和技术互动建设并发展技术能力以及发达国家投资义务,[3]在《海洋法公约》框架下,都可能与向企业部和发展中国家作技术转让的"区域"内活动的政策有

---

〔1〕 See Stephen Minas, *Marine Technology Transfer under a BBNJ Treaty: A Case for Transnational Network Cooperation*, AJIL Unbound, Vol. 112: 144, p. 145 – 146(2018).

〔2〕 对于技术受让方而言,应该在国家经济政策层面上重视技术的引进,充分认识先进技术对经济的巨大拉动作用,求得技术的发展,最重要的是加强国家的科技基础,现代高技术不可能"买来",而必须是"学来";因此要制定和完善相关的法律法规,设立相关机构,培养专业人才,使先进技术能够规范引进、合理利用、充分吸收、及时消化,从而促进自身的发展。参见张海文主编:《〈联合国海洋法公约〉释义集》,海洋出版社 2006 年版,第 472 页。

〔3〕 See Irina V. Shugurova & Mark V. Shugurov, *International Technology Transfer*, Envtl. Pol'y & L., Vol. 45:133, p. 133 – 135(2015).

关;[1]并且由于《海洋法公约》相关制度规则实施力不足,会产生与技术创新能力发展相关的知识产权保护问题、与技术引进能力发展相关的市场信息公开问题、与技术吸收能力发展相关的联合企业安排问题。因此,有必要通过海管局在《海洋法公约》框架内制定具有约束力的国际法律文书,将上述法律问题的解决纳入“区域”矿产资源开发技术能力建设制度规则予以统筹安排。一方面,海管局制定能力建设制度规则,引导形成发展中国家积累必要资源进行“区域”矿产资源开发技术发展的国际共识,[2]从而推进技术创新能力发展。发展中国家意识到,现有的国际专利制度限制了其从发达国家获取高新技术产品的机会;《海洋法公约》有关实现海洋技术发展的基本目标的措施无法对技术持有人按照公平合理的条件出售技术产品形成有效的引导和约束,不得不寻求海管局有关激励“区域”内活动能力建设和外联的举措,使海管局通过确定财政资源使用方向和重点领域以及专业机构和相关组织的实施,确保发展中国家能够主动地、有意识地通过海洋科学研究创新技术成果,并将这些研究成果用于科学技术创新和科技应用。[3] 发展中国家要求海管局制定纳入技术发展措施的能力建设制度规则来加强《海洋法公约》在这方面的实施,促进集体互利行动的规范和关系网形成,采取主要针对私人和民间团体以及政府官员的举措,[4]引导各国适当顾及技术持有者、供应者和接受者的权利和义务,以便更好地按照其能力进行合作,积极促进在公平合理的条款和条件上发展科学和技术,解决技术创新能力发展相关的知识产权保护问题。另一方面,海管局制定能力建设制度规则引导“区域”矿产资源开发技术以更直接地响应

---

〔1〕 参见《海洋法公约》第 150 条(d)项。

〔2〕 See Martin Fransman & Kenneth King, *Technological Capability in the Third World*, Palgrave Macmillan UK, 1984, p. 174 – 175.

〔3〕 海管局 2019 – 2020 财政年度期间拟议的外联活动方案包括海管局将继续与其成员合作,在东道国组织信息研讨会,以提高对海管局任务和工作的认识和了解,因为它们涉及国家当局和区域机构在“区域”矿产资源开发活动方面的利益。这些信息研讨会旨在将国际法律和科学界的专家与国家和区域政府官员、科学家、研究人员和学术界人士汇聚在一起,就海洋矿物的科学研究进行讨论并提出关于加强科学研究和海洋矿产开发的区域合作机制。研讨会涵盖的议题包括勘探和采矿活动的影响即能力建设。See Assembly & Council, *Proposed Budget for the International Seabed Authority for the Financial Period* 2019 – 2020, International Seabed Authority (May 24, 2018), https://ran – s3. s3. amazonaws. com/isa. org. jm/s3fs – public/files/documents/iba24c11 – a5 – en. pdf.

〔4〕 See Gregory Shaffer, *Can WTO Technical Assistance and Capacity – Building Serve Developing Countries?*, Wis. Int'l L. J., Vol. 23:643, p. 643 – 647(2005).

各国实际需求的方式进行转让,从而推进技术引进和吸收能力发展。能力建设和技术转让密切相关。因此《海洋法公约》相应规定了处理能力建设和技术转让的具体要求;包括海管局采取措施,获取与"区域"内活动有关的技术和科学知识,并确保为发展中国家提供各种能力建设和技术转让机制。据此,《海洋法公约》要求各国主动与主管国际组织和海管局合作,鼓励和便利向发展中国家及其国民和企业转让有关"区域"内活动的技能和海洋技术。[1] 尽管《海洋法公约》为技术转让提供了强有力的条约概念基础,联合国教科文组织政府间海洋学委员会在实施海洋技术转让方面也做出了诸多努力;但与其他公约的技术转让条款相比,在向各国提供直接援助的关键问题上,《海洋法公约》相关制度规则的实施力仍较为有限,如《海洋技术转让标准和准则》所设想的海洋技术转让申请进程尚未执行,由于资源限制和缺乏发展中国家的要求,一个专门的信息交换所机制并未建立。2017 年,政府间海洋学委员会的大会成立了能力发展专家组,其任务包括就海洋技术转让信息交换所机制向大会提出建议,并付诸实施。不仅如此,由于《第 11 部分执行协定》取消了"区域"矿产资源开发主体向企业部和发展中国家转让技术的义务,因而与技术能力发展有关的政策目标和规则体系,未来如过分而强制性地促进能力建设和转让技术,难免会增加"区域"内活动主体的额外负担,故而应当设计相应的协调和平衡机制。[2] 这表明,"区域"矿产资源开发技术能力发展需要确保能力建设和技术转让措施得到制定和有效执行,反映发展中国家通过充分参加各种透明的进程而确定的需求;这就要求海管局制定纳入技术转让措施的能力建设制度规则来加强《海洋法公约》在这方面的实施,引导各国尽力促进有利的经济和法律条件,以便在公平的基础上为所有有关各方的利益转让"区域"矿产资源开发技术,解决技术引进能力发展相关的市场信息公开问题、技术吸收能力发展相关的联合企业安排问题。

二、"区域"矿产资源开发融资方式选择

"区域"矿产资源开发融资方式选择是承包者筹集足够资金资源的具体方

---

〔1〕 Assembly, *Report of the Secretary - General: Consideration, with a View to Adoption, of the Draft Strategic Plan of the International Seabed Authority for the Period* 2019 - 2023, International Seabed Authority (May 21, 2018), https://ran - s3. s3. amazonaws. com/isa. org. jm/s3fs - public/files/documents/isba24_a4 - en. pdf.

〔2〕 参见金永明:《国家管辖范围外区域海洋生物多样性养护和可持续利用问题》,载《社会科学》2018 年第 9 期,第 18 页。

法和方式,用以承付拟议开发计划载列的“区域”内活动估计费用,以及符合开发合同条款的所有其他相关费用。[1] 从开发制度载体的关系视角审视,融资方式选择与“区域”内活动准入的能力标准相关,其影响财产权私有对价的设定,因而基于海管局的政策工具,将其纳入开发制度调整使其法定化具有现实意义。

其一,“区域”矿产资源开发融资方式选择与准入的能力标准相关。融资方式选择以融资计划为载体,而申请者的融资计划需要适合拟议开采活动;这构成法律和技术委员会审查申请者财务能力的对象,并将依照准则确定相关标准,[2] 反映出承包者在海管局的直接监管下必须统一遵守关于他们如何进行采矿活动(与过程有关的方法)或环境结果(与绩效有关的方法)的某些规定,以保护海洋环境。基于海管局的政策工具,将融资方式选择纳入“区域”内活动准入的能力标准以实现直接监管有许多有优点,因而融资方式选择法定化是一种趋势。首先,规定开发风险融资保险使“区域”内活动被约束在环境承载力内,[3] 从而取得环境绩效。规定开发风险融资保险意味着承包者支付遵守“区域”内活动能力监管要求的防治指定矿区环境污染的成本,使“污染者付费原则”得到部分实施。这种由直接监管而产生的可变(经营)成本不但降低了承包者从事“区域”内活动的风险,而且一定程度上控制了“区域”矿产资源开发的规模,优化了“区域”内活动的生产结构,抑制了过度和无序竞争对“区域”内环境造成的破坏。其次,规定使用开发合同作担保的项目融资方式便于海管局持续监管承包者执行“区域”内活动能力适格的相关要求,从而降低追求环境绩效的行政成本。海管局在 2012 年完成了“区域”内三种主要矿产资源探矿和勘探规章制定工作,使从事探矿和勘探活动于法有据,申请从事“区域”内活动的企业不断增加,“区域”矿产资源开发向商业化、产业化方向不

---

[1] 参见《开发规章草案》第 13 条第 2 款(b)项;《“区域”内多金属结核探矿和勘探规章》第 12 条第 1 款;《“区域”内多金属硫化物探矿和勘探规章》第 13 条第 1 款;《“区域”内富钴铁锰结壳探矿和勘探规章》第 13 条第 1 款。

[2] 参见《开发规章草案》第 13 条第 2 款(a)项。

[3] 环境承载力自 20 世纪 70 年代被广泛应用于环境管理和环境规划中。其概念的核心包括两方面内容:一是某区域内对各种污染物的容纳能力大小;二是某区域内人类在不破坏自然环境的前提下可进行的最大限度的开发活动。参见贾宇、高之国主编:《海洋国策研究文集(2017)》,海洋出版社 2017 年版,第 608 – 609 页。

断迈进;相关技术研究与开发呈加强态势,[1]从技术研究阶段过渡到开发阶段以后,对物质资本的依赖程度会大幅加深。“区域”矿产资源开发项目由勘探准备阶段进入实质性开采阶段以后,项目建设和运营投入成本更高,更加需要建立科学、合理的投融资机制,[2]引导承包者使用开发合同权利作担保筹集“区域”矿产资源开发所需资金,确保其成为指定矿区开采阶段的承包者,使“区域”内活动能力合规的目标便于持续监管,从而降低取得“区域”内环境保护效率与效果的行政成本。最后,规定联合企业控制权融资使海管局及时掌握控制权变更对“区域”矿产资源开发在环境绩效方面的不利影响以统筹安排相关制度设计。通过联合企业制度安排融入“区域”矿产资源开发的方法要素以实现资源利用与节约方面的环境绩效,不仅需要“区域”内活动在市场机制下存在合理的投资回报率,还需要在一个稳定的法律机制安排下进行。[3] 全球融资机制正是当前海管局为推进发展中国家能力建设将要实施的战略方向之一,[4]将联合企业控制权融资方式纳入制定“区域”内活动能力标准考虑的范畴,便于海管局及时掌握控制权变更造成联合企业承包者开发行为在环境绩效方面的不利影响,包括因发展中国家缔约国终止担保或与外国投资者产生商事争端对指定矿区资源全面节约和高效利用方面所产生的负面影响,进而探索争端预防和解决机制。

其二,“区域”矿产资源开发融资方式选择影响财产权私有对价的设定。《第 11 部分执行协定》免除了缔约国向企业部的矿址和业务提供资金的义务,一定程度上削弱了海管局对“区域”内活动的直接控制力;转而强调海管局在履行管理职责时,不仅应采用直接管制型政策工具分析潜在开发风险,统一制定环境绩效有关的“区域”内活动能力标准,还应采用间接激励型政策工具确

---

〔1〕 以中国为例,作为彩虹鱼海洋战略新兴产业示范园的子项目,彩虹鱼(舟山)深海装备科技园将引进全球产学研资源、金融资本和服务机构,为海洋装备尤其是深海装备,提供研发、设计、生产、实验室测试、海上测试、设备销售、设备租赁、售后服务等全过程“一条龙”服务。参见杨翼荣:《集聚全球资源打造深海产业》,载《今日普陀》2019 年 6 月 20 日,第 1 版。

〔2〕 有研究表明,高新技术的研发、中试和市场推广对资本的需求比大致是 1:10:100。参见贾宇、高之国主编:《海洋国策研究文集(2017)》,海洋出版社 2017 年版,第 513 页。

〔3〕 See David L. Larson, *The United States Position on the Deep Seabed*, Suffolk Transnat'l L. J., Vol. 3:1, p. 277 –278(1979).

〔4〕 Assembly, *Consideration, with a View to Adoption, of the Draft Strategic Plan of the International Seabed Authority for the Period* 2019 –2023, International Seabed Authority(May 21, 2018), https://www.isa.org.jm/sites/default/files/files/documents/isba24_a4 –en.pdf.

立最适合特定承包者和矿址的具有成本效益的融资方式,从而减少潜在的环境损害。这反映出将融资方式选择相关问题纳入指定矿区财产权私有机制的讨论范畴具有现实意义。首先,风险融资保险工具鼓励承包者为任何剩余的资源开发环境损害投保私人环境责任保险,承担与“污染者付费原则”相同的资源开发全部预期社会成本。保险支付提供了一种承包者无力履行赔偿责任时的环境污染治理资金来源。支付金额可以在生产开始前设定,以便承包者了解缴付情况;不仅使承包者将风险转嫁给保险机构,[1]还允许保险合同内容由承包者与保险机构自由协商约定,这将激励承包者超越海管局直接监管产生的最低环境成本要求,内化指定矿区开发有关的剩余环境损害的“外部成本”。在这方面,一些利益攸关方建议法律和技术委员会评估保险合同的适当性,海管局秘书处正在与保险业界讨论,以期就此事向法律和技术委员会提供进一步的技术信息。[2] 其次,使用开发合同作担保的项目融资工具鼓励承包者采用最适合其自身和指定矿区特征的矿业权融资方法,调动银行业参与到指定矿区生物多样性和环境保护工作中来,从而以具有成本效益的方式减少潜在的环境破坏。[3] 承包者基于自身的信用基础以及指定矿区生物物理特征

[1] See Michael W. Lodge, Kathleen Segerson & Dale Squires, *Environmental Policy for Deep Seabed Mining*, in Rahul Sharma ed., Environmental Issues of Deep - Sea Mining, Springer, 2019, p. 348 - 364.

[2] Council, *Comments on the Draft Regulations on the Exploitation of Mineral Resources in the Area*, International Seabed Authority (Dec. 4, 2018), https://ran - s3. s3. amazonaws. com/isa. org. jm/s3fs - public/files/documents/25c - 2 - e_3. pdf.

[3] 使用项目融资这种方法从银行或大型机构投资者那里筹集的资金直接流入项目而不出现在公司的资产负债表上;偿还贷款的来源不是公司的一般经营预算,而是采矿作业本身的未来现金流。项目融资一般用于向贷款机构分散采矿作业的一些风险,其利息费用远低于可比的直接保险费用。因此,这种方法一般在风险较高的情况下使用。就法律风险而言,主要的采矿利益集团表示,它们需要国际立法,无论是临时的还是永久性的,以创造一个有利于使商业活动可行所需的数百万美元投资的环境。具体来说,矿业公司和金融家都希望在进一步行动之前至少得到两项法律保证。一是他(它)们希望有保证的深海海底区域的使用权,因为这是其基本权利。如果没有明确的法律保证这一权利存在并在未来不会改变,矿业公司表示,它们将不会开始运营;银行和贷款机构则坚称,它们不会放贷。二是矿业公司和银行主张对指定矿区的采矿权,因为这是筹集资金所必需的。银行家认为,从指定矿区获取已知数量矿石的权利,对他们的安全至关重要。矿业公司还需要知道指定矿区的位置和大小,以便开发技术来确定矿床和周围海洋的特征,这样它们就可以定制它们的采矿设备,以确保最有效地开采结核。See Robert L. Brooke, *The Current Status of Deep Seabed Mining*, Va. J. Int'l L., Vol. 24:361, p. 366 - 370 (1983).

产生的“区域”矿产资源使用机会成本差异,[1] 使用开发权利作担保融入项目所需资金,可以带动以银行业为代表的金融机构根据赤道原则综合评估该项目的环境与社会风险,将生物多样性保护纳入机构的商业策略、决策过程以及融资政策,并且利用金融杠杆促进该项目在环境保护方面发挥作用。可以说,关于融资的赤道原则作为被广泛接受的标准可以适用于指定矿区生产作业的各个方面。[2] 最后,联合企业控制权融资工具鼓励具有产能优势的合作伙伴充分利用指定矿区生产作业实践获得的相关信息进行技术革新,提高生产效率,不断降低对指定矿区环境资源的侵入与破坏。承包者在指定矿区开发实践中不断习得的相关知识性信息相当微妙,海管局的直接监管无法对此予以充分掌握,因此也难以利用这些动态信息及时制定出统一适用于所有承包者对“区域”矿产资源有偿使用和节约集约利用有关的能力标准;其转而通过联合企业控制权融资工具鼓励联合企业内具有产能优势的外国投资者并购取得该联合企业承包者的经营控制权,从而自下而上利用这些信息进行技术革新,提高生产效率,推动资源利用方式做出适应性改变,不断巩固和提高指定矿区资源勘探合理开采和综合利用水平,有效减轻相关作业活动对指定矿区环境资源的侵入与破坏。

三、“区域”矿产资源开发惠益分享秩序

“区域”矿产资源开发惠益分享秩序旨在建立伙伴关系,在国家和非国家行为体之间确定并分配从“区域”内活动产生的财政和其他经济利益;这一协调和对话的进程重点关注弱势群体,[3] 从制度价值的体系视角审视,将惠益分享秩序纳入开发制度并使其规范化,是整体彰显伙伴关系稳定性与分配进程连续性的秩序价值的必然要求。[4]

第一,“区域”矿产资源开发惠益分享秩序要求彰显伙伴关系稳定性价值。

---

[1] See B. Kelsey Jack, Carolyn Kousky& Katharine R. E. Sims, *Designing Payments for Ecosystem Services: Lessons from Previous Experience with Incentive - Based Mechanisms*, Proceedings of the National Academy of Sciences, Vol. 105: 9465, p. 9467 (2008).

[2] See Jeff A. Ardron, Henry A. Ruhl & Daniel O. B. Jones, *Incorporating Transparency into the Governance of Deep - Seabed Mining in the Area Beyond National Jurisdiction*, Marine Policy, Vol. 89: 58, p. 60 (2018).

[3] See Elisa Morgera, *The Need for an International Legal Concept of Fair and Equitable Benefit Sharing*, European Journal of International Law, Vol. 27: 353, p. 382 (2016).

[4] 参见张文显:《法哲学范畴研究》(修订版),中国政法大学出版社2001年版,第196-197页。

“区域”矿产资源开发惠益分享秩序的规范核心在于使海管局在无歧视的基础上公平分配从“区域”内活动取得的财政及其他经济利益;[1]这是在“区域”矿产资源有限、资源利益稀缺导致资源利益竞争不可避免的背景下,对符合国际社会共同意志的法治秩序所作的特别考虑,要求以适当的机构和协调的政策管理“区域”矿产资源的使用行为,[2]从而长期保持为全人类的利益开发共同继承财产的合作关系形式。具体而言,“区域”矿产资源开发制度是自 1982 年至今国际海洋法发展的中心,一直是发达国家与发展中国家在这期间争议分歧的焦点。《海洋法公约》对“区域内的活动”之界定实质都是以海洋资源及其开发为主要范畴展开,蕴含强烈的重视海洋资源利益分配的色彩,其尤为关注海洋资源开发问题之间的内在关联度。[3] 在《第 11 部分执行协定》通过之后,这一制度便通过海管局制定规章的方式不断完善发展,制度内容涵盖了使海管局得以更有效地管理“区域”矿产资源使用行为的“区域”内活动政策实施方案,不断协调“区域”矿产资源开发制度的过程要素、方法要素与惠益分享目的要素之间的关系,持续缩小发达国家与发展中国家在“区域”矿产资源开发惠益分享秩序规范化过程中的合作分歧。一方面,海管局制定规章来协调开发制度的目的要素与过程要素之间的关系以弥合伙伴之间的分歧。对“区域”内活动作出决策面临的挑战之一在于,即使平衡了潜在的经济利益和国家安全与不断增加的“区域”矿产资源采矿作业成本之间的关系,以矿业公司为代表的承包者也可能在没有充分考虑环境影响的情况下从事“区域”内活动。因此,“区域”内活动的有序发展需要法律制度来解决这一过程的管理和环境方面的问题。[4] 这构成了一项“区域”内活动的政策,要求确保对“区域”资源进行有秩序、安全和合理的管理;包括有效地进行“区域”内活动,并按照健全的

---

〔1〕 参见《海洋法公约》第 140 条。

〔2〕 See Marie Bourrel, Torsten Thiele & Duncan Currie, *The Common of Heritage of Mankind as a Means to Assess and Advance Equity in Deep Sea Mining*, Marine Policy, Vol. 95:311, p. 313 – 314 (2018).

〔3〕 参见马得懿:《海洋航行自由的体系化解析》,载《世界经济与政治》2015 年第 7 期,第 138 页。

〔4〕 在船上处理结核是潜在的环境问题之一。显然,大多数美国矿业公司将只从这些结核中提取钴、铜和镍,剩下大量的矿物废料必须在陆地或海上处置。与此同时,萃取过程中使用的高污染化学物质也会被倾倒。See John Warren Kindt, *Deep Seabed Exploitation*, UCLA J. Envtl. L. & Pol'y, Vol. 4:1, p. 4 – 10(1984).

养护原则,避免不必要的浪费。[1] 在"区域"矿产资源开发惠益分享方面,这一凸显环境过程要素的"区域"内活动政策与凸显商业过程要素的其他"区域"内活动政策存在联系,关于"区域"内活动政策的原则规定反映了不同主张。发展中国家要求"区域"矿产资源开发应防止对发展中陆产国的经济造成不良影响。[2] 然而,以美国为代表的发达国家则认为《海洋法公约》有关限制"区域"矿产资源开发的政策内容包括以管理"区域"内活动为目的并优先考虑鼓励经济有效地开发资源以外的其他因素;这不仅没有确保所有适格的国家和商业实体申请者获得其所需的"区域"矿产资源,而且还使海管局的业务部门——企业部获得机会和鼓励来建立对"区域"矿产资源的垄断地位。因此,伙伴关系的持续稳定需要海管局通过制定开发规章统筹协调好"区域"矿产资源开发制度的惠益分享目的要素与环境、商业过程要素之间的关系,构建与企业部的产品分成联合安排机制,从而解决相关的就地加工适应性管理问题、商业生产率调整问题。另一方面,海管局制定规章来协调开发制度的目的要素与方法要素之间的关系以弥合伙伴之间的分歧。"区域"内活动政策针对《海洋法公约》谈判时就一直存在的"区域"矿产资源开发惠益分享相关的技术转让争议问题,不仅明确了应确保扩大参加"区域"内活动的机会,特别是应符合该公约有关技术转让和发展中国家对"区域"内活动的参加之规定,[3] 还强调了要使海管局分享收益与对企业部和发展中国家作技术转让。[4] 但就惠益分享之目的而言,这是否意味着发达国家应该为发展中国家的"区域"内活动能力发展提供技术资源,仍存在分歧:发达国家将其视为投资和运用诸如产权等市场激励措施以实现"区域"矿产资源开发经济和环境效益的潜在障碍;发展中国家则基于对《第11部分执行协定》偏于保护商业利益而侵蚀了原有开发

---

[1] 参见《海洋法公约》第150条(b)项。

[2] 另一些陆产国则担心,由于某些国家对海底所产矿物或这种矿物所产商品作为输入品进入市场,并给予补贴或优惠待遇,而使陆产国在竞争中处于不利地位,甚至失去市场。《海洋法公约》第150条反映了以下三方面的内容规定:确保"区域"资源的开发,按照需要增加"区域"资源所产矿物的供应量,连同从其他来源生产的矿物,以保证这类矿物的消费者获得供应;按照生产政策,保护发展中国家,使它们的经济或出口收益不致因某一矿物的价格或该矿物的出口量降低,而遭受不良影响;"区域"资源所产矿物作为输入品以及这种矿物所产商品作为输入品进入市场的条件,不应比适用于其他来源输入品的最优惠待遇更为优惠。参见张海文主编:《〈联合国海洋法公约〉释义集》,海洋出版社2006年版,第284页。

[3] 参见《海洋法公约》第150条(c)项。

[4] 参见《海洋法公约》第150条(d)项。

制度的分配要素之认定,倾向于将该要素视为实现人类共同继承财产原则的必然要求,应是实现分配正义的关键。这一分歧甚至导致第三世界国家逐渐对人类共同继承财产原则在“区域”矿产资源开发制度的适用性产生疑问。[1] 因此,伙伴关系的持续稳定需要海管局通过制定开发规章统筹协调好“区域”矿产资源开发制度的惠益分享目的要素与技术方法要素之间的关系,解决与企业部的产品分成联合安排机制构建相关的合作参与激励问题。

第二,“区域”矿产资源开发惠益分享秩序要求彰显分配进程连续性价值。惠益分享以认可分享物提供者占主导地位为前提,允许他人利用或者享有本人占有的物。这种理解有其特殊背景。[2] 在“区域”矿产资源开发领域,海管局基于《海洋法公约》制定规章明确惠益分享秩序框架以前,发达国家的承包者从事“区域”内活动能力的明显优势使其可能对诸多“区域”矿产资源开发惠益享有事实上的所有权或占有权。由于发展中国家组成的77国集团在海管局中的地位和作用,海管局理应能够向所有国家的“区域”内活动主体发放许可证并收取财产权私有的对价,[3] 进而对“区域”内活动取得的这些财政及其他经济利益在无歧视的基础上公平分配。[4] 因此,虽然《海洋法公约》没有设立具体的利益共享机制,但无歧视基础上的公平应被确立为分配和配置资源、福利的标准,并为满足最普遍的利益需要逐渐发展形成世代间公平的原则,[5]

---

[1] 第三世界国家将《海洋法公约》及其技术转让和资源分配政策作为国际经济新秩序的重要组成部分,寄希望于公约制度调整其与发达国家之间的收益再分配过程。它们认为,如果“区域”被普遍接受为人类共同继承财产,那么开发它的技术也必须从同样的角度来看待。并且,世界财富分配不均,因此寻求通过政治进程纠正不平等,其中海洋技术转让和“区域”资源分配是议程的一部分。大多数第三世界国家认为,作为殖民主义时期西方列强剥削的受害者,其理应在全球矿物财富和先进技术中得到公平的份额,相当于工业化殖民大国几十年剥削的赔偿。发达国家可通过一个包容性的“区域”矿产资源开发制度安排来确保第三世界国家的积极参与,而无论后者面临的明显障碍为何,都将有益于人类共同继承财产原则下的公平正义彰显。See Vincent I. Iwunze, *The International Seabed as Common Heritage of Mankind: How Common for Third World Countries?*, African Journal of Law and Human Rights, Vol. 3:74, p. 90 (2019).

[2] 参见秦天宝:《遗传资源获取与惠益分享的法律问题研究》,武汉大学出版社2006年版,第447页。

[3] See David L. Larson, *Deep Seabed Mining: A Definition of the Problem*, Ocean Development & International Law, Vol. 17:271, p. 276 (1986).

[4] 参见《海洋法公约》第140条第2款。

[5] 参见[美]爱蒂丝·布郎·魏伊丝:《公平地对待未来人类:国际法、共同遗产与世代间衡平》,汪劲等译,法律出版社2000年版,第39-42页。

要求以适当的机构和协调的政策管理"区域"矿产资源利益处置行为,从而持续推进为全人类的利益开发共同继承财产的分配进程。具体而言,《海洋法公约》第 141 条专为和平目的利用"区域"之规定明确了"区域"向所有国家开放,不加歧视,某种程度上隐含对这一代际公平原则的确认,意味着在一国国内和全球范围内,当代与未来世代人类成员也应平等进入"区域"使用资源,公平分享资源利益。在此基础上,《海洋法公约》第 152 条不仅规定了海管局在行使其权力和职务包括给予从事"区域"内活动的机会时,应避免歧视;还明确了为发展中国家特别是其中的内陆国和地理不利国提供的优先待遇应予准许的立场态度。这与《海洋法公约》第 140 条第 1 款有关"区域"内活动应为全人类的利益而进行的规定有机衔接,表明对从"区域"内活动取得的财政及其他经济利益在公平分配时,应特别考虑发展中国家和尚未取得完全独立或联合国按照其大会第 1514(XV)号决议和其他有关大会决议所承认的其他自治地位的人民的利益和需要;意味着海管局在根据《海洋法公约》第 160 条第 2 款(f)项(1)目制定规章、履行惠益分享有关的权力和职责时,应确保将这种利益公平配置到国内社会,这需要通过适当的机构,包括海管局内部机构与其他有关国际组织和缔约国管理组织进行合作,协调"区域"矿产资源开发惠益分享的分配和配置层次。一方面,海管局与其他有关国际组织合作在缔约国之间公平分配"区域"矿产资源利益。海管局的主要内部机构由大会、理事会和秘书处组成,但只有大会全体缔约国才皆可参与,并且投票权力平等。大会根据理事会的建议,审议和核准关于公平分享从"区域"内活动取得的财政及其他经济利益的规则、规章和程序;如果大会对理事会的建议不予核准,大会应将这些建议送回理事会,以便参照大会表示的意见重新加以审议。这表明,海管局的内部机构在履行有关"区域"矿产资源开发惠益分享秩序规范化的权力和职责时,理事会具有提案权,大会就提案内容仅具有批准与否的决策权;这种职能结构不利于发展中国家特别是最不发达国家有效表达其分配利益诉求,或将削弱财政分配层次的公平性。因而需要海管局通过与其他有关国际组织合作,就其财政运行机制的缴费种类设置以及缴费数额厘定相关的法律问题探索解决路径。另一方面,海管局与缔约国相关管理组织合作在国内社会公平配置"区域"矿产资源利益。"区域"内活动可以提供大量的"区域"矿产资源。具备相关产业基础和优势的缔约国可以直接通过担保的承包者取得海管局提供的分配利益,或者间接通过参与全球产业链分工取得就业机会创造和政府税收等形式的分配利益。但对工业基础薄弱的发展中缔约国,特别是其中的内陆国和地理不利国来说,其更依赖于海管局为其直接提供财政利益从而增进国内社会福利。显然,海管局在处置“区域”矿产资源利益方面往往聚焦于国际层面的分配环节,因而需要与缔约国相关管理组织合作,针对不同缔约国的“区域”矿产资源开发惠益分享管理模式,寻求可使分配利益在缔约国国内社会优化配置的实施方案。

第四节 海洋命运共同体理念下的“区域”矿产资源开发

海洋命运共同体是指在由主权国家构成的国际社会中,根据《海洋法公约》的原则、宗旨,基于公平正义和法律规则,以全人类共同利益为纽带,[1]使各国海洋命运休戚与共,追求本国海洋利益时兼顾他国利益,谋求本国海洋发展时兼顾他国发展。[2] 该理念以“一带一路”建设为背景,推动“海上丝绸之路”建设向“区域”全球治理这一国际法新疆域拓展,通过“区域”矿产资源开发的合作平台呈现三个共同体建设的递进性,[3]将“合作”的意涵提升到“共商共建共享”高度,[4]进一步串联、拓展和寻求发展中国家引领国与沿线国家之间的利益交汇点,以点带面,从线到片,形成区域大合作,激发各方的发展活力和潜在动力,逐渐形成更广阔领域的互利共赢关系。[5] 因此,“区域”矿产资源开发法律机制构建的简明模式具有三个理论维度:由利益共同体共商更

---

〔1〕 参见“人类命运共同体与国际法”课题组等:《人类命运共同体的国际法构建》,载《武大国际法评论》2019 年第 1 期,第 14 页。

〔2〕 参见屈广清:《构建海洋命运共同体的法治进路》,载《福建日报》2020 年 2 月 3 日,第 5 版。

〔3〕 打造政治互信、经济融合、文化包容的利益共同体、责任共同体和命运共同体,是“一带一路”建设的重要目标。打造利益共同体是基调,是形成责任共同体的基础;构建责任共同体是担当,建设命运共同体是升华。因此,从利益共同体、责任共同体到命运共同体,是水到渠成的理念升华。参见乌东峰:《“一带一路”的三个共同体建设》,载《人民日报》2015 年 9 月 22 日,第 7 版。

〔4〕 参见邹克渊:《国际海洋法对构建人类命运共同体的意涵》,载《中国海洋大学学报(社会科学版)》2019 年第 3 期,第 13 页。

〔5〕 参见刘赐贵:《发展海洋合作伙伴关系 推进 21 世纪海上丝绸之路建设的若干思考》,载《国际问题研究》2014 年第 4 期,第 2 页。

加公正合理的"区域"开发秩序从而形成善治的法律环境,进而通过责任共同体高效建设并发展"区域"的善治能力,最终依托于命运共同体使国际社会平等共享良法善治的丰硕成果,落实人类共同继承财产原则。

一、利益共同体共商"区域"开发秩序

利益共同体是在共同利益(包括经济利益与非经济利益)基础上形成的共同体,维系这类共同体的主要纽带是利益关系。无论是国家、民族还是个人,对利益的追求是自发的;在此过程中,具有共同利益的主体自然会通过某种方式形成利益共同体。[1] "共商"强调了兼顾各方利益和关切,从社会关系中把握利益范畴,寻求合作利益契合点和最大公约数,[2]建立稳定的"区域"内活动秩序;不仅表现为地缘相近的国家之间形成区域利益共同体共商"区域"矿产资源开发问题的法律化解决,还表现为《海洋法公约》缔约国组成的利益共同体共商"区域"矿产资源开发制度的全球化。

第一,区域利益共同体共商"区域"矿产资源开发问题的法律化解决。"共同体"原本属于社会学的一个概念,之后在国际关系领域延伸发展。究其根源,任何"共同体"都可以视作某种利益的"共同体"。地缘相近的国家所结成的区域利益共同体属于"国际利益共同体",[3]倡导"区域"全球治理民主化,不分国家实力而一律平等相待,采取彼此尊重的磋商谈判方式,在制度设计中提供地区力量和集体智慧,在制度执行中寻求区域层面的合作参与,有效弥补单个国家在应对"区域"矿产资源开发问题方面的不足。一方面,区域利益共同体将一国的问题与区域乃至全球层面的问题联系起来,通过《海洋法公约》体系框架下的"区域"制度予以综合解决。区域利益共同体成员国存在天然的地缘联系,对"区域"开发将有利于推动该地区的"融合式"发展"意向一致",在"区域"制度形成过程中通过理性安排的组织协作行动来提高制度性话语权,[4]使本国的利益诉求和主张得到国际社会应有的承认和尊重,并有效应对

---

[1] 参见吴涧生、杨长湧等:《在合作共赢中推动构建人类命运共同体》,中国言实出版社2018年版,第28页。

[2] 参见秦亚青、魏玲:《新型全球治理观与"一带一路"合作实践》,载《外交评论(外交学院学报)》2018年第2期,第13页。

[3] 参见刘鸣主编:《国际体系转型与利益共同体构建:理论、路径与政策》,社会科学文献出版社2017年版,第126-128页。

[4] 参见张康之、张乾友:《共同体的进化》,中国社会科学出版社2012年版,第355-362页。

“区域”开发带来的负面影响，使解决问题的措施逐渐制度化、法定化和规范化。比如：非洲国家的原料出口受本国控制以外的世界市场价格波动因素支配。作为77国集团的积极成员，一些非洲国家带动77国集团努力使“区域”问题同世界商品政策和建立一种新的国际经济秩序联系起来；此外，作为以陆地为基地的海底矿物的生产者，成功促成77国集团支持海管局对“区域”矿产资源生产和价格拥有控制权。[1] 并且，在海管局制定“区域”矿产资源开发规章的过程中，非洲集团曾在会议上提出，“区域”内采矿活动可能会对沿海国家造成不良跨界影响。这一问题关系到制定清晰、公平的赔偿责任规则，凸显了制定这类规则的重要性。[2] 另一方面，区域利益共同体主要以区域组织为载体，各国在此基础上进行具体事务上的合作，共同应对特定区域的“区域”矿产资源开发问题。在这方面，非洲联盟和环印度洋联盟具有典型性。就非洲联盟而言，其在制定和执行非洲区域的蓝色经济政策和战略方面发挥着关键作用。“区域”矿产资源的可持续开发可能产生的潜在利益是非洲蓝色经济发展的主要动力。非洲联盟在其《2050年非洲海洋整体战略》和《2063年议程》中明确建立了这种战略联系，并与联合国非洲经济委员会（United Nations Economic Commission for Africa）、海管局等国际组织合作，通过支持和举办研讨会，共商《海洋法公约》框架下非洲国家在“区域”制度中的区域合作参与机制的改进。[3] 环印度洋联盟则是以促进该地区及其成员国的持续增长和均衡发展、为区域经济合作奠定共同基础为宗旨，与海管局达成发展协作及互惠活动的合作框架协议，涵盖了在适当和切合实际的情况下就共同关心事项进行协商，以期促进或加强更好地了解和协调各自与这些事项有关的活动；拟订与海底勘探、法律和政策制定以及环境管理规划有关的联合能力建设方案；在适当和切合实际的情况下开展合作，以便分享并管理与近海油气和海底矿床有关的资料和非机密数据；酌情促进与海底勘探和采矿有关的信息交流和技术共

---

〔1〕 参见[美]P. S. 菲芮拉：《非洲国家在第三次联合国海洋法会议上对海洋法发展的作用》，罗详文译，载《国外法学》1980年第3期，第62页。

〔2〕 Council, *Recommendations on Legal Liability*, International Seabed Authority (Jun. 5, 2019), https://isa.org.jm/files/files/documents/isba_25_c_25-e_0.pdf.

〔3〕 International Seabed Authority, *Workshop on Marine Mineral Resources of Africa's Continental Shelf and Adjacent International Seabed Area*, International Seabed Authority (May 4, 2017), https://ran-s3.s3.amazonaws.com/isa.org.jm/s3fs-public/documents/EN/Workshops/2017/Kampala/ConceptNote.pdf.

享;促进并鼓励海洋科学研究。[1]

第二,缔约国利益共同体共商"区域"矿产资源开发制度全球化。缔约国利益共同体推动《海洋法公约》效力的深入发挥,塑造世界各国特别是非《海洋法公约》缔约国国内"区域"矿产资源开发法律制度,[2]聚焦维护公共利益与他国利益。在此基础上,以新重商主义为驱动,健全完善国内相关的权益维护机制,为建立稳定高效的"区域"制度体系蓄力赋能。一方面,"区域"制度全球化着眼于与各国国内"区域"开发法律政策的协调与衔接。自然法学和实证法学之间的对立可能被共同体主义的学说发展取代。《海洋法公约》谈判时的意识形态冲突基本得到解决,西方发达国家的市场经济模式与拉丁美洲国家发展模式的矛盾,[3]也随着《第11部分执行协定》对《海洋法公约》中有关"区域"内资源开发条款的修订,为一种有利可图但又公平的妥协打开了大门。具体而言,通过公平地分配激励措施、利益和负担,为"区域"的探索与利用找到了一个普遍接受的解决方案,确保"区域"矿产资源开发在一个同时保障自由市场利益和人类共同继承财产权利的国际环境中进行。[4] 诚然,《第11部分执行协定》在"区域"制度全球化上迈出了重要一步,但将自由市场原则引入

---

[1] Council, *Memorandum of Understanding Between the Indian Ocean Rim Association and the International Seabed Authority*, International Seabed Authority (May 14, 2020), https://isa.org.jm/files/files/documents/ISBA_26_C_16 - 2006701E.pdf.

[2] 截至2018年5月31日,《海洋法公约》有168个缔约方(167个国家和欧盟);《第11部分执行协定》有150个缔约方。欧盟加入《海洋法公约》后,在专属权能所涉事项限度内,完全取代成员国参与《海洋法公约》事务;在共享权能所涉事项限度内,与成员国共同参与《海洋法公约》事务,双方各自行使权能的范围依"权能声明"确定。1998年,欧盟内除比利时、卢森堡和丹麦之外的所有成员国同时加入《海洋法公约》及其《第11部分执行协定》。在其当年4月1日交存的加入文书中包括依《海洋法公约》附件九第5条第1款作出的"权能声明",该声明指出欧盟对《海洋法公约》第十一部分及其《第11部分执行协定》只享有当中与国际贸易相关事项的专属权能。并且比利时、卢森堡和丹麦已分别在1998年11月13日、2000年10月5日和2004年11月16日加入《海洋法公约》及其《第11部分执行协定》。基于上述事实,笔者采用《海洋法公约》缔约国而非缔约方之表述。

[3] 早在《海洋法公约》谈判时,大多是77国集团成员的拉丁美洲国家矿产私有化进程缓慢,资本匮乏,既无来自陆地矿产资源的竞争,又缺乏以市场机制为主的政策。美国关心的是矿产资源开采的管理模式和经济利益发展的模式,因而对拉丁美洲国家提出的模式非常关注。参见高之国、张海文主编:《海洋国策研究文集》,海洋出版社2007年版,第305页。

[4] See Arcangelo Travaglini, *Reconciling Natural Law and Legal Positivism in the Deep Seabed Mining Provisions of the Convention on the Law of the Sea*, Temp. Int'l & Comp. L. J., Vol. 15:313, p. 334(2001).

“区域”制度，可能与人类共同继承财产原则本身存在或多或少的冲突。“区域”制度的形成与发展是缔约国利益共同体相互妥协的结果，这也意味着没有任何一个国家或利益集团将单方面违反“一揽子”协议、危及人类共同继承财产原则实现的意志强加于其他国家。当少数拥有政治、经济和军事实力的非公约缔约国试图将自己的意志和利益凌驾于其他国家之上，利用“区域”开发秩序的法律形塑使市场逻辑超越集体福祉时，不仅对所有发展中国家甚至对全人类利益都会造成伤害。[1] 申言之，承包者需要论证开采项目的可行性；而以美国为代表的非《海洋法公约》缔约国，其国内拥有开采项目论证所需数据和技术的商业实体可以通过投资获利，同时又不受《海洋法公约》框架下资源利益再分配和技术转让等制度安排的约束。美国商业实体在“区域”内活动风险资本控制方面的相对实力诱使美国奉行单边主义开发战略，“区域”开发秩序的权威性面临挑战，推动“区域”制度全球化成为缔约国利益共同体的迫切需要。因此，人类共同继承财产原则作为人类共同体的国际法表达，客观反映了国际社会需要一种新型“共同体法”作为工具来适用和调整“区域”这一全球公域内的人类活动，将所有国家，无论是否为缔约国，均纳入“区域”矿产资源开发法律制度效力辐射的对象范畴，从而使其中的基本义务逐渐发展成为可使各国普遍接受的习惯法原则，间接为《海洋法公约》体系下的争议内容提供事实性解释的方法途径；海管局的情势断定也得以拥有法律标准参照，推动其依法决策，尽力排除大国政治的干涉妨碍。[2] 另一方面，缔约国新重商主义将为“区域”制度新发展积势蓄力。缔约国结成利益共同体的过程中，新重商主义的复兴源于对“区域”矿产资源大规模商业开发的需要。第三次联合国海洋法会议谈判期间，矿产资源消费大国与南半球的陆地矿产资源出口国之间的利益竞争日益激烈，如今已演变为涉及新兴大国集团的全球紧缺矿产资源博弈。承包者作为维护缔约国“区域”开发权益的“排头兵”，得到海管局开采授权的条件和标准很大程度上取决于技术能力和融资能力，由此使缔约国利益

---

〔1〕 See Alfredo C. Robles Jr., *The 1994 Agreement on Deep Seabed Mining: Universality vs. the Common Heritage of Humanity?*, World Bull., Vol. 12:20, p. 69 – 70 (1996).

〔2〕 “人类共同体法”的核心要义应是为适应全球治理的发展需要而构建的法律体系须对全球公共领域具有更普遍的、更高等级的法律效力。这可以称为国际法的“宪法化”。参见戴轶：《论人类命运共同体的构建：以联合国改革为视角》，载《法学评论》2018 年第 4 期，第 113 – 114 页。

共同体奉行重商主义战略，寻求“区域”矿产资源开发能力发展机制健全，[1]以确保承包者切实遵守。这表明，在各国国内“区域”矿产资源开发权益维护机制构建与完善方面，不仅依托于国际法机制的正塑造，还会结合国内深海实践的反塑造，追求公共利益与私人利益、本国利益与他国利益之间的平衡，为“区域”制度高质量发展蓄力护航。

二、责任共同体共建“区域”治理能力

责任共同体是在共同承担义务和责任基础上形成的共同体，维系这类共同体的主要纽带是在共同利益基础之上通过规则与制度分配的责任。[2] 自20世纪90年代西方学术界出现“治理”一词以来，治理被广泛应用于政治学、社会学、经济学、法学等领域。西方治理理论的主要代表人物罗茨将治理的定义及其应用领域划分为六种；其中作为善治的治理是指一种强调效率、法治、责任的公共服务体系，指向政府与民间、公共部门与私人部门之间的合作互动。[3] 因此，在基于利益的合作与竞争中，利益共同体出于“区域”善治的考虑，有意在区域利益共同体之上形成责任共同体，加强合作关系的稳定性和持续性，逐渐突破“区域”开发能力建设活动所面临的效率障碍，并通过缔约国利益共同体为责任共同体构建的“区域”矿产资源私有产权机制框架，逐步实现“区域”开发能力发展法治化。

其一，责任共同体助力区域利益共同体建设“区域”开发能力。“区域”矿产资源开发能力建设涉及个体和组织的变化、建立个体能力以及采用包容性方法使利益攸关方广泛参与。“区域”善治则以“区域”矿产资源的合理利用为核心，[4]寻求可确保不同区域利益共同体成员更有效利用资源的治理架构，达到不超过“区域”承载力的治理效果；这需要在区域利益共同体的基础上形成责任共同体，以一种能够实现可持续、社会认可的公共与私人利益流动的方式

---

[1] See Anna Zalik, *Mining the Seabed, Enclosing the Area: Proprietary Knowledge and the Geopolitics of the Extractive Frontier Beyond National Jurisdiction*, International Social Science Journal, Vol. 68:343, p. 344 - 347(2018).

[2] 参见吴润生、杨长湧等：《在合作共赢中推动构建人类命运共同体》，中国言实出版社2018年版，第28-29页。

[3] 参见陶希东等：《共建共享：论社会治理》，上海人民出版社2017年版，第4页。

[4] 有学者认为，“区域”被海管局“治理”是错误的，因为很多“区域”的用途，比如管线和电缆的铺设以及与“区域”矿产资源开发无关的科学探索可能并不需要海管局的允许。参见张晏瑲：《国际海洋法》，清华大学出版社2015年版，第260页。

建设“区域”开发能力。[1] 一方面,责任共同体提高区域利益共同体对“区域”开发国际技术发展的适应能力。能力建设(capacity building)传统上被理解为一个包括人力资源和机构建设的二维概念;在可持续发展背景下,根据联合国环境规划署(United Nations Environment Programme,UNEP)的界定,其是指建立能力、关系和价值观,使个体、团体和组织提高他们的表现能力和实现他们的发展目标。在海洋领域,人们越来越认识到,全球行动最好通过区域合作来实现,提高区域机构能力和技术能力尤为重要。[2] 针对太平洋共同体(Pacific Community)与欧盟合作项目所暴露出的区域利益共同体治理架构的不足,责任共同体将克服区域利益共同体成员国承诺程度及其国内管理机构能力不同所面临的障碍,降低政策沟通协调的难度,简化能力建设举措,改善与国际和区域组织的合作,规避成员国国内分散、重复和不当的行政负担。[3] 这指向了“区域”善治需要在“区域”开发技术能力发展制度化合作中,通过责任共同体正向认同的行为模式与合作形态,高效流转不同生命周期阶段的“区域”开发技术,从而提高区域利益共同体对“区域”开发国际技术发展的适应能力。另一方面,责任共同体增进区域利益共同体对“区域”开发蓝色经济发展的集聚能力。责任共同体在高效发挥“区域”开发国际技术发展的释放效应基础上,采取全面、包容、可持续的“区域”开发融资方法,更能确保“区域”开发能力建

---

〔1〕 See Ben Milligan & Michelle O'Keeffe, *Global Governance of Resources and Implications for Resource Efficiency in Europe*, Ecological Economics, Vol. 155:46, p. 47 – 60(2019).

〔2〕 在提高区域机构能力和技术能力方面,一是要在拟议的区域机制下致力于协调该区域内现有机构和国家的关系,该区域内现有机构所作的各项努力也应得到适当协调;二是要促进沿海国海洋政策的统一,以在国家一级进行能力建设,国家政策的统一有助于区域合作,只有该区域内各国都建成国家一级的能力才能建立实施国际公约的区域能力;三是要在各国确定和培训适当的官员以在个人一级进行能力建设。国家能力建设对区域能力的提高取决于机构中有能力的个人实施国家政策,协调其国家加入并履行相关国际公约的义务。See Zafrul Alam, *Enhancing Regional Institutional Capacity and Technical Capability to Implement International Conventions Relating to Marine Pollution*, Sing. J. Int'l & Comp. L., Vol. 3:402, p. 403 – 408 (1999).

〔3〕 2011 年太平洋共同体和欧盟启动 SPC – EU 深海采矿项目,主要是为帮助太平洋岛国改善其对深海矿产资源的治理,即通过完善法律框架和提高技术能力来开发海洋矿产资源。作为世界上第一个就深海采矿问题向政府提供援助的项目,在国家一级提高人力和技术能力是该项目核心。该项目所进行的能力建设活动产生了广泛的积极影响,其所遇到的障碍也将为今后在这一领域的能力建设干预措施提供有益的经验教训。See Marie Bourrel et al., *Building in – Country Capacity and Expertise to Ensure Good Governance of the Deep Sea Minerals Industry within the Pacific Region*, Marine Policy, Vol. 95:372, p. 372 – 374(2018).

设活动带动非政府组织和民间社会组织等利益攸关方的有效参与，以透明、公平和最佳方式开发“区域”矿产资源，以此作为广泛的可持续成长和经济社会发展基础的远景。通常，在不违反法律确定的基本义务规则的情况下，何种行为可获得最大利益，这是每一个个体理性考虑的事，法律不能在此作出强行规定。所以法律根据对正义的认识和追求，确定个体行为的框架，在此框架内对效率的追求留待个人判断。[1] 因此，在便利和促进建立“区域”善治架构方面，责任共同体不仅有助于评估并切实满足不同区域利益共同体成员的“区域”开发技术能力建设需要，还将探索可推广、可复制的蓝色经济发展经验和模式，利用其区域影响力整合关系资源，带动区域利益共同体成员注重吸收转化“区域”采矿的经济效益，以期优化国内资源配置，充分发挥产业价值链联动效应，释放国际多元合作的潜力。预期治理成果包括但不限于使利益攸关方进一步认识和理解责任共同体的活动以及这些活动对区域共同体内矿业国家经济和社会转型的作用；增强利益攸关方全面参与治理进程的能力；增加私营部门提供的资金，由此生成更多的知识和能力等。[2] 这指向了“区域”善治需要在“区域”开发融资方式选择法定化的指引中，通过明确承包者及其担保国的行为框架，高效引导国际社会资本投向“区域”开发项目，从而增进区域利益共同体对“区域”开发蓝色经济发展的集聚能力。

其二，责任共同体配合缔约国利益共同体实现“区域”开发能力发展法治化。缔约国利益共同体权衡、调整和平衡“区域”开发权利义务关系，要求处于

---

〔1〕 参见张伯里主编：《新的发展阶段中效率与公平问题研究》，中共中央党校出版社 2008 年版，第 317 页。

〔2〕 当前，非洲矿产发展中心与非洲联盟成员国的关系最具代表性。负责矿产资源开发的非洲各国部长会议及非洲联盟国家元首和政府首脑设立非洲矿产发展中心的目的是支持《非洲矿业远景》的协调和落实；非洲矿产发展中心的核心任务是与非洲联盟成员国及其国家和区域组织，包括非洲联盟委员会、非洲发展新伙伴关系规划和协调局及区域经济共同体合作，通过加强矿产资源的经济和社会联系，为非洲大陆发展发挥更大的变革作用，并以此协助解决非洲的贫穷和发展缓慢等难题。非洲矿产发展中心与其伙伴发展了多种合作关系，包括筹资、联合研究、工作人员借调、能力建设伙伴关系、教育和培训等。重要的是，所有合作活动均应符合非洲矿业远景，且非洲矿产发展中心对联合活动保持所有权和控制权。非洲矿产发展中心的主要重点领域与海管局关于“区域”矿产资源可持续发展的任务规定密切相关。See Assembly, *Request for Observer Status in Accordance with Rule 82, Paragraph 1 (e), of the Rules of Procedure of the Assembly on Behalf of the African Minerals Development Centre*, International Seabed Authority(Apr. 28, 2016), https://ran-s3.s3.amazonaws.com/isa.org.jm/s3fs-public/files/documents/isba-22a-inf2_1.pdf.

竞争优势的责任共同体履行必要的能力建设和发展责任,统筹代际范畴的成本与收益,以对“区域”产生尽可能小的损害,对资源造成尽可能少的损失,获得最大的开发效益,实现“区域”善治。在缔约国利益共同体寻求更精确的规则来规范“区域”矿产资源开发行为的过程中,效率论的支持者寻求秩序、稳定、可预测性和确定性,以保护其在“区域”治理过程中的投资;公平论的支持者寻求的则是公平、公正和合理,以便在“区域”治理过程中拥有决策的权力和地位,从分配活动中获得财富和收益,并取得技术诀窍以帮助他们发展经济。最终产生的“区域”制度结果既非“帕累托最优”,也非理想的公平类型,而是效率与公平之间的妥协。[1] 对开发行为的规范传递一种“效能型法治”的导向,其目的在于更有效地增强“区域”治理能力以实现人类共同继承财产原则,因为没有人可以从浪费、无能或混乱中获益。[2] 这意味着,对利益共同体效能的追求必须兼容责任共同体对自由的追求,在利益共同体成员本位和责任共同体成员本位之间必须寻求一种平衡,以实现利益共同体能力和责任共同体自由的相互配合,最终达到通过责任共同体自由更好地实现利益共同体能力、通过利益共同体能力更好地保护责任共同体自由的目标,在法治类型上实现效能和自由的融合。[3] 在劳动财产论审视下,存在“劳动”和“需求”两个“自然法”理论视角:前者折射出责任共同体成员对“区域”矿产资源施加劳动以使这一人类共同继承财产脱离共有的自然状态的过程,赋予承包者及其担保国取得“区域”矿产资源私有财产权源的正当性;后者呈现了利益共同体其他成员继承“区域”矿产资源利益的需要,对承包者及其担保国施以“不浪费”和“足够多并同样好”的私有产权形成条件。[4] 其中,“不浪费”是指“区域”矿产资源的私有产权不应超过责任共同体成员能够充分利用的部分,需要由非开发主体的权利(包括政治和社会经济权利)产生的更广泛的义务加以限定。“足

---

〔1〕 See Mahdi El - Baghdadi, *The Binding Nature of the Disputes Settlement Procedure in the Third UN Convention on the Law of the Sea: The International Seabed Authority*, J. Min. L. & Pol'y, Vol. 6:173, p. 174 - 182(1990).

〔2〕 See Douglas M. Johnston, *The New Equity in the Law of the Sea*, International Journal, Vol. 31:79, p. 82 - 83(1976).

〔3〕 参见郭忠:《自由型法治抑或效能型法治?——中国变法时代的法治选择》,载《浙江大学学报(人文社会科学版)》2017 年第 1 期,第 148 页。

〔4〕 参见[英]约翰·洛克:《政府论》(下篇),叶启芳、瞿菊农译,商务印书馆 1982 年版,第 18 - 33 页。

够多并同样好”是指责任共同体成员应留下足够的同样好的“区域”内矿区供利益共同体其他成员开发利用，需要以效用和效率以及公正和平等的原则来约束获取过程。[1] 因此，利益共同体通过“区域”开发能力建设和发展制度确认并保障责任共同体的资源私有产权，在“劳动”理论的维度中包括了遵循健全的商业开发原则，[2]指明深海技术商业化、指定矿区资源资本化等法治化方向。在“需求”理论的维度中，针对“不浪费”条件，按照健全的养护并就人命的保护和安全作出规定原则，[3]搭建强制披露环保技术信息、融资保险制度权利义务平衡等法治化轨道；针对“足够多并同样好”条件，遵循扩大发展中国家参加“区域”内活动的机会，适当顾及其特殊利益和需要，防止“区域”内活动垄断的原则，[4]提供联合企业中介集成服务及陆海统筹合作、联合企业控制权融资中外国投资者与国家争端解决策略共振等法治化进路。

三、命运共同体共享“区域”普遍惠益

习近平主席在《共同构建人类命运共同体》演讲中提到的主权、共治与普惠，[5]正是共商共建共享“区域”矿产资源开发全程的理论要旨。人类共同继承财产原则的实际意义饱受质疑。遭遇困境的根源为，越是追求普世公认的价值，其表述就越为抽象和理想化，国家间的分歧就越会加剧，对“区域”矿产资源开发惠益分享法治秩序构成重大威胁。而命运共同体以普惠理念作为成员的价值观基础。该理念不但契合人类共同继承财产原则，而且继承了“共商”和“共建”的阶段成果，具有了共识性、参与性，与普世价值形成明显界分，本质上属于一种价值共识，致力于协调共识性与参与性的关系，秉承将公平转化为正义的量化尺度，使其更易落实为命运共同体行动的准则。不同类型、不同制度、不同发展阶段的国家均在由利益共同体到责任共同体的演进互动中

---

[1] 稀缺性问题使获取不可能不改变其他人的地位，因此，芒泽（Munzer）所继承并发展洛克的劳动财产论不支持没有期限的专有权，而是限制产权。See Mikhalien du Bois, *Justificatory Theories for Intellectual Property Viewed Through the Constitutional Prism*, PER / PELJ, Vol. 21:1, p. 9 – 10(2018).

[2] 参见《开发规章草案》第2条(c)款。

[3] 参见《开发规章草案》第2条(b)、(d)款。

[4] 参见《开发规章草案》第2条(b)款。

[5] 要秉持和平、主权、普惠、共治原则，把深海、极地、外空、互联网等领域打造成各方合作的新疆域，而不是相互博弈的竞技场。参见《习近平出席“共商共筑人类命运共同体”高级别会议并发表主旨演讲》，载中华人民共和国中央人民政府网，http://www.gov.cn/xinwen/2017-01/19/content_5161087.htm#1。

结成了利益交融与相互依存的新型国际关系，这构成了命运共同体的雏形；由责任共同体发展到命运共同体，参与方不再是简单地以共同利益或共治效益为纽带进行结合，而是关注合作发展的远景，这需要命运共同体的缔约国利益共同体成员以分配进程的连续性为导向，“平等相待、互商互谅”，[1]共同厘定惠益分享的规范核心。因此，尽管《海洋法公约》并未明确界定公平原则，但作为国际法的一般原则，公平原则一般可被理解为“通过公平获得公正”。公平侧重尺度的均衡，是一个动态过程。随着不同分配层次的主次矛盾不同，公平与效率价值的地位不断变化，但每次变化都象征着公平正向更高质量的公正迈近。公正聚焦正义的价值取向，而正义的实质就是平等。[2] 惠益分享秩序的初次分配层次注重效率，再分配层次注重平等，确保了受益方足够广泛，范围覆盖各世代，从而在“区域”这一国际法新疆域营造共同的命运感，弥合共商共建分歧，共享“区域”矿产资源利益，造福全人类。

第一，命运共同体以合作共赢的伙伴关系追求初次分配的效率价值。在“区域”矿产资源开发惠益分享秩序规范化过程中，这体现为通过命运共同体内形成合作共赢的价值观和完善对初次分配效率价值的法律保护，扭转制度价值体系结构形态的伙伴关系脆弱化与分配进程碎片化的演变趋势。一方面，命运共同体内形成合作共赢的初次分配价值观。“区域”矿产资源开发惠益分享的伙伴关系稳定可持续，初次分配权益的相容性竞争是必要前提，构成了对发达国家成员国在初次分配环节的排他性利益独占的超越，[3]实质是通

[1] 参见《习近平在第七十届联合国大会一般性辩论时的讲话》，载新华网，http://www.xinhuanet.com/world/2015-09/29/c_1116703645.htm。

[2] 参见吕世伦、文正邦主编：《法哲学论》，西安交通大学出版社2016年版，第382页。

[3] 参见王文长：《西部资源开发与民族利益关系和谐建构研究》，中央民族大学出版社2010年版，第260-270页。

过合作共赢来重塑命运共同体成员在初次分配环节的关系，推动“区域”矿产资源开发惠益分享秩序朝着公正合理的方向发展。[1] 基于初次分配环节的良性竞争氛围对人类整体利益最大化的促进，应允许发达国家成员国为发展中国家成员国的初次分配能力发展采取最低限度行动，容忍初次分配结果的非平均化。具体而言，发展中国家成员国主张与初次分配能力发展有关的“区域”内活动技术获取并非解决惠益分享秩序规范化问题的关键，“区域”矿产资源的价值实现与转换或可依托于更广泛的技术范畴，包括其他类型的海洋技术，甚至是陆域采矿技术。反倒是环境和经济效益关乎“区域”及人类未来发展的共同命运，初次分配结果的平均化容易引起资源开发急功近利的短期行为，诱导掠夺式资源开发的行为方式，导致资源浪费和分配进程的不可持续。因此，命运共同体支持当前和未来能有越来越多适格的发展中国家成员国以参与者的身份进入初次分配环节，促进“区域”矿产资源开发产业分工和合作形成共赢局面，使不同成员国在同一价值链上各取所需、互通有无，强调量体裁衣而非削足适履，以共同繁荣取代零和博弈，为“区域”矿产资源利益逐步配置到整个国际社会、真正实现公平正义奠定基础。另一方面，初次分配效率价值的法律保护注重参与机会平等。当然，这并不代表共同体内局部摩擦的结束，或注定实现人类共同继承财产原则；但可以使初次分配的参与机会更加平等，共同体固有的沟通环境以及相对可以普遍接受的收益分配形式避免了竞争破坏。[2] 较之于“公平”侧重的从维护命运共同体整体利益角度对成员的各自主张是否合理进行的价值判断，“平等”含有条件相当的主体得到相同待遇的条件限定，关注从共同体成员角度进行价值判断；“均等”则聚焦判断共同体成员间的待遇是否相等，较前两个术语少一些价值伦理因素，多一些客观和

---

〔1〕 参见门洪华：《构建新型国际关系：中国的责任与担当》，载《世界经济与政治》2016 年第 3 期，第 11 页。

〔2〕 “区域”矿产资源开发经济规制的基本原理主要集中在效率和公平之间的平衡：前者意味着依靠市场力量自由开发海底资源；后者则要求对开发形成某种控制，依靠完全竞争、资源的自由流动和对技术的普遍获取对“区域”矿产资源开发产业来说并不真实，竞争型资源分配模式的先决条件是现有的收益分配在社会和政治上可以被接受。因此，所有可能利于工业国家消费者而牺牲发展中国家传统供应商以市场为导向的发展，都需基于公平仔细审查。See J. D. Nyhart, *Interplay of Law and Technology in Deep Seabed Mining Issues*, Va. J. Int'l L., Vol. 15:827, p. 835 -836 (1974).

可量化的标准。[1] 可见,命运共同体视域下的初次分配正义确实存在很多方面,“区域”矿产资源开发有关的商品和服务的分配往往最具争议。但这些分歧可通过不断协商而逐渐弥合,意味着从国际社会发展均衡的目标统筹初次分配的机会平等与优惠待遇问题。具体而言,初次分配的准入标准应确保申请者获得合同授权的机会平等,采用统一和非歧视的方式,[2]使所有符合条件的申请者都有资格参与,这是其合法权利。[3] 共同体的“区域”矿产资源开发业务招标应允许一切有投标意愿的货物供应商和服务提供者公平竞争,并对所有投标者在资格预审和评标环节采用统一的“最优综合条件”标准。在此基础上,合同的授予要兼顾共同体所核准的指导原则,可视为通过均等量化的标准,从国际社会发展均衡目标出发,对共同体内来自发展中国家成员包括内陆国和地理不利国的货物与服务给予一定的优惠待遇,促进经济效益和社会效益有机统一。

第二,命运共同体以休戚与共的伙伴关系追求再分配的平等价值。在“区域”矿产资源开发惠益分享秩序规范化过程中,这体现为通过命运共同体内形成休戚与共的价值观和完善对再分配平等价值的法律保护;并且意味着在共同体内形成初次分配合作共赢伙伴关系格局基础上,再分配的伙伴关系稳定性问题成为其关注对象,分配进程也因为注重平等的再分配层次而具有了完整而特定的连续性含义。一方面,命运共同体内形成休戚与共的再分配价值观。“区域”矿产资源开发惠益分享的伙伴关系稳定可持续,将海洋未来命运同人类未来命运紧密相连是根本保证;这不同于发达国家成员对因其曾经的过错造成发展中国家成员损害的事后补救,[4]而是通过共同、合理的国际担当建立公平正义、可持续的“区域”矿产资源开发惠益分享秩序。[5] 基于再分配

---

〔1〕 参见周平轩:《论公平与效率:关于公平与效率的理论分析和历史考察》,山东大学出版社 2014 年版,第 82 页。

〔2〕 参见《开发规章草案》第 12 条。

〔3〕 参见《海洋法公约》附件四第 12 条。

〔4〕 补偿正义是一个更广泛的正义概念,往往指向对群体的物质赔偿并大多采用金钱形式。它还可以包括文化正义,通过某种象征性的承认或道歉,或就一些有突出意义的文物古迹进行谈判,这些文化资产具有超过经济价值范畴的普遍价值。See Ann Sullivan, *Politics, Indigenous Rights and Resource Ownership: Māori Customary Rights to the Foreshore, Seabed and Fresh Water in New Zealand*, Studies in Arts and Humanities, Vol. 3:39, p. 44 (2017).

〔5〕 参见韩震:《基于人类命运共同体新理念的中国外交价值观》,载《中国高校社会科学》2017 年第 4 期,第 46 页。

环节的重新认识和再开发有利于实现多元化的海洋可持续发展目标,应确保发达国家成员国的分配利益实现对价能够为满足发展中国家成员国的国内社会发展利益需要创造更好的条件,并对“区域”内环境资源利益的损失予以补偿。具体而言,“区域”矿产资源开发形成的财政利益分配不仅与发展中国家国内社会发展的利益需要相适应,使潜在的发展因素转化为现实的发展能力而且兼顾了环境与代际因素,反映出“区域”矿产资源利益对“区域”内海洋环境的维护和统筹命运共同体未来世代成员发展的需要是将人类未来命运同海洋未来命运紧密相连的必然要求。特别是考虑到“区域”矿产资源与生态系统的共生关系,“区域”矿产资源开发形成的财政利益分配对生态系统功能修复的补偿效果,将直接影响到命运共同体当代成员与未来世代成员的利益共享和谐。因此,兼顾环境与代际因素的“区域”矿产资源财政利益共享,将海洋未来命运同人类未来命运紧密相连,仍是以造福命运共同体的人类成员为最终目标,对“区域”内环境资源的尊重、维护最终形成的将是人类成员自身的可持续发展利益。另一方面,再分配平等价值的法律保护注重参与的待遇平等。一是体现在命运共同体基于平等的财政待遇原则要求责任共同体成员承担支付财政利益的义务,[1]并在财政利益再分配时考虑为命运共同体其他成员量化平等待遇的标准,包括但不限于以成员国当地的经济社会发展为目标,避免责任共同体成员因财政鼓励获得津贴而具备了较于陆上采矿的人为竞争优势。[2] 二是要为代际范畴的待遇平等保留其应予继承的资源利益份额。“区域”矿产资源使用权的财产权本质要求世代之间的“区域”矿产资源使用权的待遇平等。按照康德的普遍法则,命运共同体当代成员的自由是在不妨碍命运共同体未来世代成员的自由的情况下追求自身利益,而享有财产权则是这种自由的重要组成部分。如命运共同体未来世代成员不可能拥有这个对象,即不能将“区域”矿产资源作为自己的财产,“可使用的对象变成不能使用的了”,自由选择意志会被剥夺。因此,与其说命运共同体未来世代成员的“区域”矿产资源财产权是对物的占有,不如说是对自身意志的确认。[3] 这意味

---

〔1〕 参见《开发规章草案》第62条。

〔2〕 参见《开发规章草案》第63条第3款。

〔3〕 参见李强、施嘉岳:《财产理论及海洋资源产权冲突的经济学分析》,中国海洋大学出版社2015年版,第11-12页。

着“区域”矿产资源作为人类共同继承财产,可供包括未来世代成员分配的资源利益必须符合“足够多并同样好”的条件,在再分配层次中体现为以类似主权财富基金的资源基金形式在不同世代的命运共同体成员间合理分配财政利益。

第二章

“区域”矿产资源开发技术能力发展制度化

“区域”矿产资源开发技术能力发展制度化，作为责任共同体共建“区域”治理能力的内容之一，是立足于《海洋法公约》框架内现有规则体系所反映的共同价值观，将技术能力发展目标纳入一套逻辑化、体系化的技术发展与转让的运行机制予以保障，呈现责任共同体正向认同的行为模式与合作形态。在这背后，既隐含发达国家成员谋求技术创新、巩固全球知识产权竞争力的战略目的，又反映发展中国家成员寻求技术获取、深度参与“区域”全球治理的美好愿望。本章从《海洋法公约》框架下“区域”矿产资源开发技术能力发展的制度功能出发，通过技术商业化这一互动模式的演绎，分析知识产权保护、市场信息公开和联合企业安排的机制保障问题。

第一节 “区域”矿产资源开发技术能力发展制度化合作

“区域”矿产资源开发技术能力发展具有技术创新与技术扩散的制度功能，[1]是产生技术发展与转让制度性合作现象的基础，[2]是制度化合作的起点。责任共同体对技术商业化的特定行为模式产生了正向认同，形成了技术能力发展制度化合作的动力，从而使责任共同体的利益得以更新和扩张，深化了成员间的合作关系，出现了知识产权保护、市场信息公开和联合企业安排等制度化合作的表现形态。[3]

一、“区域”矿产资源开发技术能力发展制度化合作的制度功能

“区域”矿产资源开发技术能力发展的技术创新制度功能针对科技创新研究，具有基础研究和前沿研究两个层面：前者属于海洋科学研究，涉及海洋技术知识的取得、评价和传播，并便利这种情报和资料的取得，[4]奠定前沿技术研究的基础；后者属于技术创新研究，涉及适当的海洋技术发展，[5]其通过技

---

〔1〕 参见《海洋法公约》第143－144条。

〔2〕 参见《海洋法公约》第268条。

〔3〕 参见惠耕田：《制度、制度化与国际合作的再解释》，载《国际论坛》2009年第4期，第63－64页。

〔4〕 参见《海洋法公约》第268条(a)项。

〔5〕 参见《海洋法公约》第268条(b)项。

术研发形成可供技术转让的科研成果，是责任共同体利益更新和扩张的前提。技术转让制度功能针对技术能力建设，[1]存在科研创新成果转让与技术扩散两个方面：前者涉及研发部门将科研创新成果转让给企业或生产经营部门，[2]因而与科技创新研究共同促进知识转化为技术的技术创新能力建设，[3]聚焦发达国家对提高技术创新效率的需求，是责任共同体利益之所在；后者则涉及为发展中国家的技术引进提供促进必要的技术方面基本建设的发展的便利，[4]反映的是能有效激活获取、消化、积累和适应现有技术的技术扩散能力，符合发展中国家对发达国家技术扩散加快本国技术进步的需要，是责任共同体利益更新和扩张目的之所在。

第一，"区域"矿产资源开发技术能力发展的技术创新制度功能。"区域"内海洋科学研究应"专为和平目的并为谋全人类的利益进行"的要求具有强行法（*Jus Cogens*）属性，所得到的这种研究和分析结果应通过机制和联系予以传播共享，[5]以共享的数据和资料为依托的基础研究成为"区域"矿产资源开发技术创新的前提，"区域"内海洋技术成果转化则是技术创新的集中体现，呈现了符合责任共同体利益的技术创新制度功能。这一国际合作过程也体现了《海洋法公约》赋予责任共同体促进有技术援助需要的国家发展相关技术能力的担当。首先，"专为和平目的并为谋全人类的利益进行"具有强行法属性。[6]"区域"并无军事战略要地的传统定位以及国家军事力量部署的客观实践，非军事化的实现使在和平开发与利用基础上从事海洋科学研究成为可能，被《海洋法公约》赋予这一权利的对象并不局限于缔约国范畴。其中，第

---

〔1〕"区域"矿产资源开发技术能力发展与技术转让密切相关。《海洋法公约》为此规定了处理能力建设和技术转让的具体要求，以促进海管局采取措施，获取与"区域"活动有关的技术和科学知识，并确保为发展中国家提供各种能力建设和技术转让机制。同时，要求各国主动与主管国际组织和海管局合作，鼓励向发展中国家及其国民和企业转让与"区域"活动有关的技能和海洋技术，并为之提供便利。See Assembly, *Consideration, with a View to Adoption, of the Draft Strategic Plan of the International Seabed Authority for the Period* 2019 – 2023, International Seabed Authority (May 21, 2018), https://www.isa.org.jm/sites/default/files/files/documents/isba24_a4 – en.pdf.

〔2〕参见孙南申：《论技术创新的法律保障》，载《上海财经大学学报》2007年第4期，第18 – 20页。

〔3〕参见翟翠霞、郑文范：《国家技术能力理论研究综述》，载《东北大学学报（社会科学版）》2009年第1期，第14 – 17页。

〔4〕参见《海洋法公约》第268条(c)项。

〔5〕参见《海洋法公约》第143条。

〔6〕参见《维也纳条约法公约》第53条。

143条明确了“区域”内海洋科学研究应按照第十三部分“专为和平目的并为谋全人类的利益进行”;第238条使用了“所有国家”的措辞与表达;第240条将“专为和平目的”与“遵守依照本公约制定的一切有关规章,包括关于保护和保全海洋环境的规章”作为进行海洋科学研究时应适用的两个原则;第242条第1款同时规定了应“促进为和平目的进行海洋科学研究的国际合作”。从目的关联性角度看,“区域”内海洋科学研究应“专为和平目的”具有习惯国际法普遍约束力,根本否定了非《海洋法公约》缔约国选择性援引与之有利的科研权利条款却试图规避履行相应义务的行为。因此,为和平目的并为谋全人类的利益属于必须绝对服从和执行的法律规范,具有强行法属性。其次,科研数据资料的合作共享是“区域”矿产资源开发技术创新的前提。海管局在海洋数据的使用以及共享服务方面存在一定机制和体系,促进和鼓励“区域”的科学研究并协调和传播研究分析结果。[1] 一方面,“区域”矿产资源开发需要大量海洋基础数据和信息的支持。资料共享作为全球和“区域”两级合作的基础,以公开和透明的方式共享数据和信息,将避免重复工作并从协同增效中受益。为切实保护海洋环境免受开发可能产生的有害影响,允许获得与保护和保全海洋环境、问责制以及透明度有关的数据和信息将构成未来制定规章的一项原则。另一方面,合作义务对执行规章至关重要。海管局成员和承包者应与海管局密切合作,提供海管局履行《海洋法公约》规定的职责和义务所合理需要的数据和资料。[2] 值得注意的是,“区域”矿产资源开发技术装备的设计数据属于“机密资料”范畴;[3] 如果发布该数据和资料,很可能造成重大和不公平的经济损害。因而未经承包者事先明确的书面同意,不得将其披露给海管局工作人员以外的任何第三方;并且即便是海管局工作人员,使用该机密资料

---

[1] 海管局秘书长迈克尔·洛奇先生指出,海管局最重要的任务之一是促进和鼓励“区域”的科学研究,并进行能力建设以帮助实现《海洋法公约》的利益。在这些领域,海管局有兴趣建立具有包容性、创新性和变革性的伙伴关系,以实现共同的战略目标。他同时强调,海管局2018年的优先目标是建立世界上第一个公开数据库,其中包含数十年来“区域”矿产资源勘探和海洋科学研究计划收集的所有数据。See *Secretary - general of the International Seabed Authority Announces Key Initiatives at World Maritime University Global Ocean Conference* 2018, International Seabed Authority, https://www.isa.org.jm/news/secretary-general-international-seabed-authority-announces-key-initiatives-world-maritime.

[2] 参见《开发规章草案》第2-3条。

[3] 参见《开发规章草案》第89条。

也需要具备有效行使其权力和职能的必要性和相关性。最后,技术创新集中体现为"区域"内海洋技术成果的转化。"区域"矿产资源开发是一个基础理论和工程实践结合非常紧密的交叉领域。每项技术的开发利用不仅需要较长周期;而且需要大量的勘探实践和试采活动去反复验证并完善,以获取和掌握真正的核心技术。借助"区域"内海洋科学知识和经验推进科技创新,将大大缩短技术创新周期,涵盖了基础研究过程的"区域"内海洋技术成果转化包括从知识生产到最终生产力形成这一创新链上各个环节的转化。[1]《海洋法公约》要求缔约国在"区域"内海洋科学研究的国际合作方面,"确保在适当情形下"通过海管局或其他国际组织,为了发展中国家和技术较不发达国家的利益发展各种方案;其目的在于使接受国自主研究能力提高,应用技术人员受训,合格研究人员获聘。一方面,国际合作的直接目的在于促进为便利现有技术转让的技术扩散能力的提升;这对于通过提供培训方案而扩大发展中国家和地理不利国参与"区域"活动的机会尤为重要,[2]因而构成了承包者的合同义务。另一方面,"区域"内海洋科学研究捐赠基金的设立说明了聘用发展中国家人员的国际技术合作方案可以推动科技创新成果的应用转化,这一技术创新成果的归属与传播需要通过海管局或其他国际途径予以协调。因此,以"区域"内海洋科学研究国际合作为载体的技术创新制度功能,也可视作《海洋法公约》赋予责任共同体促进需要接受技术援助的国家发展相关技术能力的担当。

第二,"区域"矿产资源开发技术能力发展的技术转让制度功能。《海洋法公约》框架下技术转让制度功能在技术创新能力发展方面,主要聚焦于满足责任共同体提高技术创新效率需求下对受援国能力发展的带动,可体现在由责

---

〔1〕 如基础研究所产生的新知识、新理论的传播、共享与普及,应用研究及实验发展环节所产生的新技术和新装置的应用、形成新产品并产生经济社会效益等。参见贺德方:《对科技成果及科技成果转化若干基本概念的辨析与思考》,载《中国软科学》2011年第11期,第1-7页。

〔2〕 能力发展和培训方面,海管局采用两大方式来谋求履行《海洋法公约》第143条和第144条规定的职责,即促进"区域"内海洋科学研究以及建立发展中国家在"区域"研究和技术方面的能力:方式之一是承包者提供培训方案,以此作为"区域"勘探合同的一部分;方式之二是"区域"内海洋科学研究捐赠基金。See Assembly, *Report of the Secretary - General of the International Seabed Authority under Article* 166, *Paragraph* 4, *of the United Nations Convention on the Law of the Sea*, International Seabed Authority (Jun. 5, 2017), https://ran-s3.s3.amazonaws.com/isa.org.jm/s3fs-public/files/documents/isba-23a-2_1.pdf.

任共同体成员主导的国际技术合作方案使受援国人员在科研创新成果转让过程中得到海洋科学和技术的训练以及充分参加“区域”内活动的机会。[1] 在技术扩散能力发展方面,则致力于使包括责任共同体部分成员在内的发展中国家得到根据公平合理的条款和条件取得现有技术的便利,[2]包括技术装备及其使用诀窍(know - how)和法律权利,[3]存在有偿和无偿两种转让形式。有偿转让即通常意义上的国际技术贸易,根据一定的商业条件购买和销售技术使用权;无偿转让可以是出于某种目的,不谋求商业对价的政府资助、学术交流等。对企业部和发展中国家技术转让是“区域”内活动政策之一。海管局不仅承担着鼓励“区域”矿产资源开发技术转让的职能,还要督促任何在“区域”内活动的申请者履行一定的技术转让义务;因而其更倾向于对一切发展中国家技术扩散能力发展有益的无偿转让。1994 年《第 11 部分执行协定》虽取消了《海洋法公约》附件有关强制发达国家转让技术的内容,但更多指向技术贸易所承载的商业条件,是对海管局私有部门合法权益维护的强化,而不应被视为对符合商业条件要求的发展中国家进行严格的技术管制。因此,海管局面临的真正挑战是在一切合法利益包括技术持有者、供应者和接受者的权利和义务的限制下,确保能力发展和技术转让措施合理制定和有效执行,并反映发展中国家通过充分参加各种透明的进程而确定的对发达国家技术扩散加快本国技术进步的需要。可以说,透明度作为海管局开展业务的一项指导原则,在建立全体利益攸关方对海管局的信任以及加强海管局的问责、信誉和所获支持方面发挥着重要作用,将指导海管局履行建立促进技术转让的公开市场等职能,以提高发展中国家“区域”矿产资源开发技术扩散能力。这一功能不仅关涉商业组织的私有利益,还与国家间的共同利益密切关联,呈现国际关系合作与竞争并存的特点,是责任共同体利益更新和扩张目标之所在。一方面,“区域”矿产资源开发技术扩散能力提高是一个需要长期合作的过程。技术由有形设施、人员能力、文件资料和组织框架四要素构成,彼此相互补充,并为资源开发所必需:有形设施需要有一定能力的操作人员,从运行到设施的改进和生成须逐步加强能力建设,文件资料需定期更新,组织框架必须随时间推移发

[1] 参见《海洋法公约》第 144 条第 2 款(b)项。

[2] 参见《海洋法公约》第 144 条第 2 款(a)项。

[3] 参见《海洋法公约》附件三第 5 条。

展以满足生产过程和市场不断变化的需求。[1] 因此,无论是通过有偿还是无偿的方式,为有效激活获取、消化、积累和适应现有技术,发达国家技术持有者和供应者不仅需要提供技术装备,还会涉及向技术接受方交付技术资料、培训技术人员、进行现场指导以及评估考核验收等技术诀窍的传授过程;[2]这对需要技术援助的国家特别是其中的内陆国和地理不利国与发达国家间的合作关系提出了更高的要求。另一方面,“区域”矿产资源开发技术转让必然存在竞争条件。“区域”矿产资源开发技术转让与技术转移存在本质差异:技术转让被称为“人为机制”;而技术转移一般不带有贸易条件,以人为载体使技术“横向(水平)转移”,如技术人员前往工作和生活条件优越的地区或国家谋生时,无形之中会成为技术转移的载体。相比之下,即使是无偿转让,也可以是有意识或有条件的,因而属于“纵向(垂直)转让”。无论是技术先进国家向技术滞后国家转让,还是基础研究成果向应用领域转让、应用领域成果向生产领域转让、科研机构成果向企业转让等,[3]技术转让成功与否很大程度上取决于企业现有技术能力的高低。如果发达国家跨国公司和发展中国家公司之间技术能力差距不大,由于存在市场竞争,技术转让难以发生;并且就国际市场趋势而言,向发展中国家转让技术遭遇了最新的有形设施不能在公开市场购买、人员能力素质较差、文件资料特别是关键的技术信息和事实受到保护以及组织框架需要适应移植等限制,[4]尤其就“区域”矿产资源开发的尖端技术和军用技术种类而言,其转让将会受到发达国家国内立法和行政手段的干预管制。加之技术持有者和供应者出于追逐经济利益并保持国际领先地位的考虑,常常附加约束限制条件,难免会与技术接受方引进高新技术的愿景产生冲突;这无疑会阻碍“区域”矿产资源开发技术扩散能力的发展。因而要求海管局通过机

---

〔1〕 有形设施是技术的物化形式,包括资源开发所需的所有物理设施,例如,仪器设备、机械装置、工厂等;人员能力是以人为载体的生产技能和经验等技术形式,包括资源开发所必需的全部获取能力,例如,专业知识、熟练程度、创造力等;文件资料作为技术的文档化形式,承载了生产事实和信息,包括资源开发所必需的所有累积事实和数字,例如,规格、图表、理论等;组织框架是技术的制度化形式,反映了生产安排和联系,包括资源开发所必需的全部必要框架,例如,组织、分配、管理等。See Nawaz Sharif, *Technological Leapfrogging: Implications for Developing Countries*, Technological Forecasting and Social Change, Vol. 36:201, p. 203(1989).

〔2〕 参见《海洋法公约》第 274 条。

〔3〕 参见王玉清、赵承璧主编:《国际技术贸易》,对外经济贸易大学出版社 2013 年版,第 3－4 页。

〔4〕 See Nawz Sharif, *Project Evaluation Framework for Industrial Technology Capacity Enhancement*, Technology Analysis & Strategic Management, Vol. 6:83, p. 90－92(1994).

制和联系尽一切可能保护技术持有者、转让者及其受让者的合法利益，维护良性竞争环境，在责任共同体利益更新和扩张中使转让条件渐趋公平合理。

二、“区域”矿产资源开发技术能力发展制度化合作的正向认同

正向认同是促使责任共同体认为共同利益在不断更新和扩张的因素，由制度化合作的动力——技术商业化的互动模式产生，竞争者身份逐渐向合作伙伴身份过渡。技术商业化互动模式的特点是共识在彼此同意的基础上经共同理解完成，因此制度或规范将具有更大的合法性。[1]《第 11 部分执行协定》取消了《海洋法公约》中有关强制性技术转让的规定，仅指明了在公平合理的商业条件下，以公开市场或组建联合企业的方式来获取技术的两条弹性路径。这表明就“区域”矿产资源开发技术转让而言，《海洋法公约》体系着眼于凸显国家间共同利益的柔性规制，立足于不同技术类型下不同的现实转让，支持利益相关方意思自治，尽量弱化技术持有者、转让者及其受让者互动时的利益冲突。由此折射出责任共同体对不同国家占有开发技术的意愿和效果存在差异、技术转让的效率价值凸显有偿转让以及技术转让与联合企业安排保持一致这三方面的正向认同。

第一，“区域”矿产资源开发技术国家占有意愿和效果存在差异的正向认同。“区域”矿产资源所有权和利益的共同性应该特指追求最终分配结果的平等性；这种平等性不单单指世代内的平等，还意味着世代间也要平等。但是，平等分配“区域”矿产资源之结果与平等占有“区域”矿产资源开发技术之过程显然是两个不同的概念。国家间对“区域”矿产资源开发技术的占有意愿以及实施效果的不同，表明技术转让这一过程具有差异性。其一，国家间对占有“区域”矿产资源开发技术的追求程度不同。以英国和美国为代表的老牌工业发达国家，其领土内蕴藏的锰、钴、铜、镍等重要金属濒临枯竭，因而急切地希望实施“区域”矿产资源开发技术，并获取“区域”矿产资源来缓解依赖进口的压力；而就哈萨克斯坦、蒙古国为代表的内陆资源型发展中国家而言，其主权管辖范围内的矿产资源储量充足，在当今国际贸易中多扮演矿产资源生产和输出国的角色，其顾虑开发“区域”矿产资源会拉低全球相关资源市场的价格，冲击其已有的市场优势地位，因此对占有并实施“区域”矿产资源开发技术的态度并不积极。其二，国家间对“区域”矿产资源开发技术的实施能力存在明

[1] 参见惠耕田：《制度、制度化与国际合作的再解释》，载《国际论坛》2009 年第 4 期，第 64 页。

显差距。“区域”矿产资源广泛分布于数千米水深的“区域”内。囿于海水侵蚀、高压无氧、高温热液等极其严峻的作业条件，实施“区域”矿产资源开发技术所需的资金投入以及技术标准、开发难度显著高于陆域或近海的普通勘探开采。相比于在相关领域起步较早、技术领先的发达国家，那些缺乏实施“区域”矿产资源开发技术条件以及经验的发展中国家，不仅存在资金方面的差距，还存在技术吸收、转化应用、专业人才培养和储备等基础能力的不足。[1] 从某种意义上说，其即使以引进方式勉强占有“区域”矿产资源开发高技术，也未必能满足后期有效实施并稳定回收资源的要求。其三，国家间实施“区域”矿产资源开发技术对海洋环境的影响不同。环境影响评估用于预测、评估和降低工业项目的环境和社会风险，是对工业项目实施强有力环境管理的关键举措。海管局要求对“区域”矿产资源进行开发时要进行环境影响评估，但现行规则仅提供了该举措的部分遵循。[2] 前已述及，“区域”矿产资源与生态系统具有共生关系；海洋环境的保全与恢复、生物多样性保护基础上的生产作业，反映了资源代际管理与可持续开发的必要性。而不具备驾驭能力和实践经验的国家强行实施“区域”矿产资源开发技术，只会对生态环境系统造成不利影响，为后代子孙基于人类共同继承财产原则本该同样享有的资源利益带来难以估量的损失。

第二，“区域”矿产资源开发技术转让的效率价值凸显有偿转让的正向认同。海洋科学技术的迅速发展使“区域”矿产资源开发技术的生命周期不断缩短。相较于投资巨大却回报漫长的自主研发，技术转让更有益于实现世界范围内“区域”矿产资源开发技术资源的优化配置，是“区域”矿产资源开发技术能力发展的重要组成部分。对效率与平等二者关系的认知，将直接影响具体转让模式的选择。“效率价值”具有“效率”和“效益”两方面内容：前者为判断在转让行为与机制中，各方利益的平衡能否仅以较小的成本支出作为代价，是

---

〔1〕 能力发展和培训方面，海管局采用两大方式来谋求履行《海洋法公约》第143条和第144条规定的职责，即促进“区域”内海洋科学研究以及建立发展中国家在“区域”研究和技术方面的能力：方式之一是承包者提供培训方案，以此作为“区域”勘探合同的一部分；方式之二是“区域”内海洋科学研究捐赠基金。See Assembly, *Report of the Secretary – General of the International Seabed Authority under Article* 166, *Paragraph* 4, *of the United Nations Convention on the Law of the Sea*, International Seabed Authority (Jun. 5, 2017), https://ran – s3. s3. amazonaws. com/isa. org. jm/s3fs – public/files/documents/isba – 23a – 2_1. pdf.

〔2〕 See Jennifer M. Durden et al., *Environmental Impact Assessment Process for Deep – Sea Mining in "the Area"*, Marine Policy, Vol. 87: 194, p. 194 (2018).

效率价值实现过程的体现;后者为识别在转让行为与机制中,各方利益的平衡能否促进世界范围内各国海洋科学技术水平的整体进步和提升,是效率价值实现结果的反映。效率与平等存在对立关系。突出效率价值,或许会导致各国"区域"矿产资源开发技术实力差距拉大,平等价值观削弱;但是,过于强调平等价值,则可能降低技术持有人的转让意愿,引发效率标准的降低,阻碍技术进步。就"区域"矿产资源开发技术转让模式而言,凸显效率价值的有偿转让应为必然趋势。首先,有偿性利于在效率与公平的有机统一中更好地实施技术转让。相对于平等占有这一结果状态而言,各国占有"区域"矿产资源开发技术的机会应该是平等的;这既是非歧视原则的集中体现,也是实现效率价值的基础保障。效率价值意在调动所有者转让"区域"矿产资源开发技术的积极性,占有机会的平等则意味着受让人获得技术占有所支付的商业对价是无差别对待的;这种双向性的供求关系确保了持续高效转让技术的可行性。公平价值相对于只注重结果的平等价值而言,多了对支付商业对价无差别对待这一过程的重视,这种机会上的平等应该属于公平的范畴。其次,有偿性能够设置合理门槛控制开发阶段的"区域"内活动主体数量。"区域"矿产资源开发技术转让注重效率的本质是以资金和技术双控制的方式,公平合理地设置"区域"内活动的准入门槛。相对而言,"区域"矿产资源开发技术既不同于国家工业化进程中所应具备的主权范围内陆地、近海采矿技术,也并非与人类健康生存息息相关且不可替代的食品、药品制造技术,甚至国家间"区域"矿产资源开发权益的维护也未必需要事实占有"区域"矿产资源开发技术;反倒是为了确保"区域"矿产资源利益在最终分配阶段的平等性,需要限制开发阶段的主体数量。这不但可以降低海管局的监督成本,有效防止"资源枯竭型公地悲剧"的出现,而且能够促进"区域"内活动主体提高资质和实力,进而降低"环境破坏型公地悲剧"发生的概率,有利于代际"区域"矿产资源利益的平等实现。[1]最后,有偿性为发展中国家就"区域"矿产资源开发技术发展所需的基础性技术无偿受让创造契机。虽然转让过程注重效率可能会导致国家间"区域"矿产

---

〔1〕"区域"实施环境影响评估所面临的挑战主要包括四个方面:第一,解决环境影响评估过程不确定性的机制应予引入;第二,对环境影响评估过程各阶段的详细要求应予明确;第三,确保环境影响评估对决策产生作用的机制应予提供;第四,环评影响评估过程需要监管机构的大量投入和广泛参与。See Jennifer M. Durden et al., *Environmental Impact Assessment Process for Deep-Sea Mining in "the Area"*, Marine Policy, Vol. 87:194, p. 194(2018).

资源开发技术能力的差距进一步扩大,但“区域”矿产资源开发技术只是海洋科学技术的一种,海洋中的矿产资源也并非只存在于“区域”内。相较于引进复杂、高端的“区域”矿产资源开发技术,引进陆地或者近海采矿技术更有助于实际提高发展中国家海洋科学技术实力;这既能满足其本国工业化进程的矿产资源需求,又能为“区域”矿产资源开发技术基础能力建设夯实根基。这对于主权管辖范围内矿产资源开采程度有限的内陆国以及地理不利国尤其如此。[1]

第三,“区域”矿产资源开发技术转让与联合企业安排保持协调的正向认同。按照《海洋法公约》第十四部分“海洋技术的发展和转让”的规定,各国应直接或通过主管国际组织,尽力促进在公平合理的条件下,订立协定、合同和其他类似安排的有利条件;推行各种计划,并促进联合企业和其他形式的双边和多边合作。[2] 这项有关促进海洋技术转让原则涉及的“联合企业”这一联合安排的合作形式,在《第 11 部分执行协定》附件第 5 节调整“区域”技术转让的相关规定中同样得到充分体现。企业部和希望获得“区域”矿产资源开发技术的发展中国家应设法按照公平合理的商业条件,从公开市场或通过联合企业安排获取这种技术。[3] 《第 11 部分执行协定》同时废止了《海洋法公约》附件三“探矿、勘探和开发的基本条件”第 5 条,为无法获得“区域”矿产资源开发技术的企业部或其联合企业以及发展中国家缔约方折中提供了一条通过与承包者及其担保国的合作,在兼顾公平合理的商业条件以及有效保护技术持有者的知识产权下,取得受让“区域”矿产资源开发技术便利的新途径。[4] 细思之下不难发现,《海洋法公约》的精神在于鼓励“区域”矿产资源开发技术以公开透明的商业化运作模式在发达国家和发展中国家之间公平合理地流转;作为“区域”矿产资源开发技术的持有人和提供者的发达国家,其自身的合法利益理应得到公平对待。作为《海洋法公约》第 144 条“区域”技术转让条款的补充内容,《第 11 部分执行协定》一方面免除了发达国家及其私营部门强制转让

---

〔1〕 现已从浅海海底提取砂、砾石、钻石、锡和黄金等资源,而石油和天然气工业最近也已进入接近 3000 米的水深,但迄今为止还没有“区域”矿产资源开发。虽然完整的采矿系统尚未经过充分测试,但用于回收结核并开采大量硫化物的机器已经建成。石油和天然气行业在很大程度上克服了“区域”作业的挑战。See Stace E. Beaulieu, T. E. Graedel & Mark D. Hannington, *Should We Mine the Deep Seafloor*?, Earth's Future, Vol. 5:655, p. 655 - 656 (2017).

〔2〕 参见《海洋法公约》第 269 条(b)、(e)项。

〔3〕 参见《第 11 部分执行协定》附件第 5 节第 1 条(a)项。

〔4〕 参见《第 11 部分执行协定》附件第 5 节第 1 条(b)项。

“区域”矿产资源开发技术的义务，适当解释了“公平合理的商业条件”至少应该适用于“通过公开市场以及组建联合企业”两种情形；另一方面扩大了合作关系中受让以及提供“区域”矿产资源开发技术转让便利的当事方范围。当无法通过“公平合理的商业条件”获取技术时，相比于被排除适用的《海洋法公约》附件三第5条，《第11部分执行协定》中基于合作关系拥有受让技术便利的主体除企业部外，还包括了发展中国家缔约方；而合作关系中提供转让便利的当事方由“缔约国”（a Group of States Parties）变更为“承包者及其担保国”（All or Any of the Contractors and Their Respective Sponsoring State or States）。综合《海洋法公约》第十四部分有关海洋技术转让的原则性内容来看，这种合作关系的外在表现形式仍然可以是联合企业，《海洋法公约》所规定的“联合企业安排”本质上属于“区域”矿产资源开发技术商业化。从《海洋法公约》赋予企业部的运输、加工和销售由企业部自身或者其他开发主体从“区域”回收的矿产资源这一权力来看，《第11部分执行协定》无疑为由海管局在分配阶段对“区域”矿产资源收益进行公平合理安排、在勘探开采阶段的“区域”矿产资源开发技术转让环节更注重效率留有充分的解释余地。事实上，全人类共享“区域”矿产资源权益这一结果的实现，离不开责任共同体利益驱动下的“区域”矿产资源开发技术高效转让，这与《海洋法公约》的宗旨一致。

三、“区域”矿产资源开发技术能力发展制度化合作的机制维度

“区域”矿产资源开发技术能力发展制度化合作的机制维度，是责任共同体基于技术商业化互动模式产生的三方面正向认同；其将技术创新与技术扩散制度功能产生的制度性合作现象，深化为制度化合作的表现形态。国家的技术能力建立在微观层面的技术能力之上，单个企业是技术活动的基本单位，国家技术能力能使其企业有效率地购买、使用、改变、提高和创造技术，实现单个企业技术能力累加；在此基础上，还包括支持性公共服务机构网络、商业运作模式等。[1] 因而需要从企业的微观层面分析技术商业化使发展中国家承包者在引进、吸收现有应用技术的同时，通过国际技术合作项目转化“区域”内海洋科学研究成果，创新技术开发运用的契机和条件，促进和实现本国“区域”内

---

〔1〕 这些因素影响企业间的相互作用模式以及它们之间交换企业相互合作和集体学习所必需的信息的频率。参见[韩]金麟洙、[美]理查德·R.尼尔森编：《技术、学习与创新：来自新兴工业化经济体的经验》，吴金希、戴德余等译，知识产权出版社2011年版，第12页。

矿产资源开发技术能力综合提升。制度化合作的表现形态将呈现为用以提高科技成果转化能力的知识产权保护机制、提升技术引进能力的技术市场信息公开机制以及增强技术吸收能力的联合企业安排机制。

第一,提高"区域"内海洋科技成果转化能力的知识产权保护机制。"区域"内海洋科技成果转化能力是"区域"矿产资源开发国家技术创新能力的重要构成。"区域"矿产资源开发技术既可通过不改变技术本身而以知识产权转让、许可贸易、技术服务、技术咨询等形式在供需双方之间移动;也可通过研发形成新产品、新工艺的形式在不同主体之间移动,此时也可称其为科技成果转化。[1] 作为技术创新最为关键的一环,科技成果转化是科学技术转化为现实生产力的过程,也是最终实现新发明、新技术市场价值的本质变化。在国外相关文献中,与科技成果转化相近的"商业性转化活动"、"学术成果商业性转化"和"研究的商业性转化"等术语内涵较为一致,都指向把科学发现和发明转化为市场化产品和服务的过程,与"技术的商业性转化"并无实质差异。[2] 而科技成果在经过试验运用成功以后,应申请专利保护或者严加保密,才能实现技术转让。[3] 因此,可将知识产权保护机制纳入责任共同体的制度化合作范畴,在加强研究者、大学以及企业之间的合作关系方面,逐步放弃将技术创新政策分为"鼓励研究开发"和"技术吸收"的二分法,促进新的"系统"创新政策在商业实体的技术使用、需求研究和市场转移方面发挥重要作用。这就产生了新的倾向——"提高科学技术的工业运用"。虽然这并不意味着产生全新的法律制度和政策,但在很大程度上确是对已有法律制度和政策措施的重新界定和更好整合。这种"欧盟模式"符合海管局政策目标的平衡要求,兼顾了发达国家谋求技术创新效率提升和发展中国家寻求联合项目促进本国技术能力发展,彰显了企业承包者在技术的商业性转化方面的关键作用。具体而言,无论是发达国家还是发展中国家,创新企业既可以通过商品化的技术产品占有市场来取得收益,此时知识产权机制中的发明专利具有激励发明创造的消极的

---

〔1〕 中国2015年修正的《促进科技成果转化法》第2条将"科技成果"界定为通过科学研究与技术开发所产生的具有实用价值的成果;"科技成果转化"是指为提高生产力水平而对科技成果进行的后续试验、开发、应用、推广直至形成新技术、新工艺、新材料、新产品,发展新产业等活动。

〔2〕 参见蔡跃洲:《科技成果转化的内涵边界与统计测度》,载《科学学研究》2015年第1期,第37-38页。

〔3〕 参见孙南申:《论技术创新的法律保障》,载《上海财经大学学报》2007年第4期,第18页。

法律保护作用；也可将创新技术转让给其他企业，通过销售或许可技术来获得收益，此时专利具有促进发明创造产业化和商业化的积极的法律作用。[1] 因此，知识产权机制具有保护创造者利益与促进科技、文化事业发展并重的二元价值取向，将促进技术合作成果转化、新兴产业开辟和国民经济发展。[2] 其不仅聚焦法律的财富分配效应，具有对创新者的回报功能；还将技术以具有较高效率的方式转移给公众并为之所用，[3] 反映出着眼于法律的经济效率效应，确保其他创新者拥有进一步开发现有已知技术的特定机会的社会导向功能。[4]

第二，提升技术引进能力的技术市场信息公开机制。技术市场由已获得许可的知识产权（“许可技术”）及因与其功能相近而具有可替代性、足以形成竞争关系的技术商品组成，[5] 是企业凭借独立的产权主体身份从事以产权有偿转让为内容的交易场所，属于国家技术创新体系构成；中介机构在技术产权交易市场机制中具有不可替代的作用，某项技术产权的价值确定除由技术市场主导外，还要求中介机构的协助，以避免信息不对称。[6] 缘于“区域”矿产资源开发技术市场交易信息的缺乏和不确定，当技术商品的质量或价值难以辨别时，企业无法聚焦于技术商品本身来比较交易机会，只能比较潜在技术提

---

〔1〕 参见袁晓东：《激励技术创新的法律制度研究》，华中科技大学出版社 2007 年版，第 89－116 页。

〔2〕 日本也较早地采取了“官产学研”相结合的科技政策，强调政府的宏观管理与组织协调作用，重视法律法规及相关政策的制定实施。如 1998 年制定的《大学技术转让促进法》，通过大学技术转让机构使大学等国家科研机构的研究成果能有效地向民间企业转让。参见黄茂兴、陈伟雄：《国内外促进科技成果转化的典型经验及其启示》，载《东南学术》2013 年第 6 期，第 141 页。

〔3〕 美国联邦政府科技计划中所产生的专利权，从法律的角度讲，属于“职务发明”。美国政府采取的最重要的一项措施是《贝赫—多尔法》，该法的根本宗旨是明确政府资助研发活动的专利产权归属，确定大学和政府实验室的专利产权主体地位，同时要求它们必须申请专利并加快专利技术的商业化，以提高研发活动的社会效益。参见顾金亮：《国家科技计划知识产权管理的中美比较》，载《中国软科学》2004 年第 4 期，第 12－13 页。

〔4〕 参见孙南申、彭岳：《技术创新的市场失灵与法律保障的制度建构》，载《复旦学报（社会科学版）》2010 年第 1 期，第 68 页。

〔5〕 U. S. Department of Justice & Federal Trade Commission, *Antitrust Guidelines for the Licensing of Intellectual Property*, Federal Trade Commission (Aug. 12, 2016), https://www.ftc.gov/system/files/documents/public_statements/1049793/ip_guidelines_2017.pdf.

〔6〕 技术产权可视作一种通过社会强制而实现的对技术产品的多种用途进行选择的权利。这种权利是受法律保护和确认的。技术的实质是信息；因此只能通过对其产权的交换，才能给持有者或使用者带来利益并实现其价值。常见的技术产权包括科技成果、专利、专有技术等。参见黄微、刘郡：《国内外技术市场运行机制比较研究》，载《图书情报工作》2009 年第 22 期，第 18－19 页。

供者的社会地位，技术创新发展方面也存在大致相同的动态。[1] 可以说，“区域”矿产资源开发技术市场的最大功能在于，为潜在交易主体提供传播扩散处于商业推广不同阶段技术的场所，市场中介联结了交易主体之间的市场信息，其中技术信息及市场交易信息公开反映了不同技术供求关系自我组织和实现的过程，对“区域”矿产资源开发技术扩散能力及创新能力的发展都有所裨益。一方面，“区域”矿产资源开发技术市场除提供技术商品交换的场所外，还包括实现交易的各种机制。技术提供者所掌握的“区域”矿产资源开发技术大多已经过了研发示范阶段，正逐渐向市场受到知识产权强保护或处于基本破除壁垒的成熟阶段发展；技术市场通过信息公开的交易规则体系引导技术需求方寻找符合能力倾向要求的交易对象，根据偏好配置所需的“区域”矿产资源开发技术种类，促进了“区域”矿产资源开发技术扩散能力的提升。另一方面，“区域”矿产资源开发技术市场将检验发展中国家相关技术的发明能力。从引进消化吸收再创新的动态发展角度看，当发展中国家某项“区域”矿产资源开发技术创新达到领先水平时，相关技术能力应主要体现为原始创新能力，为此，技术创新视角下的国家技术发明能力的研究论述，[2] 始于技术研发，终于市场实现。此类海洋战略尖端技术因研发和转让难度较大，一般无法实现大规模产业化，但却是一个国家海洋技术先进实力的象征。此类技术创新及转移模式一般是由国家制订重大科技计划，通过国家海洋科研机构、大学和大型海洋企业采用合作研发方式开展技术创新，技术成果受让方一般为国家和大型企业，[3] 而技术创新源于技术生产力的提高要求，强调新技术的商业应用，这决定了在科研机构、大学和企业从事“区域”内海洋科学研究的人员只是知识创新主体，在参与技术创新的过程中，其产出的科研成果可视为企业技术创新的起点；而中介机构作为创新市场的平台提供者，通过取消昂贵的搜索过

---

〔1〕 See Joel M. Podolny, *Market Uncertainty and the Social Character of Economic Exchange*, Administrative Science Quarterly, Vol. 39:458, p. 459 – 460 (1994).

〔2〕 参见翟翠霞、郑文范：《国家技术能力理论研究综述》，载《东北大学学报(社会科学版)》2009年第1期，第15页。

〔3〕 美国的伍兹霍尔海洋研究所每年的政府投入占科研总经费的92%，其海洋探测技术处于国际领先地位，该所1964年研制的“ALVIN”号载人潜水器是美国唯一的载人潜水器，在世界上掀起了研制载人/无人潜水器的高潮。日本的“地球号”是世界最大的深海探测船，该船由日本海洋研究开发机构、三菱重工业长崎造船所、三井造船等单位联合研制建造，已屡次刷新世界海底钻探记录。参见李乃胜等编著：《经略海洋》，海洋出版社2017年版，第160页。

程,为寻求技术资源的需求侧企业提供服务,并为供应侧的个人和团体提供了一个成功地将其科研成果商业化的契机。[1] 因此,"区域"矿产资源开发技术市场信息公开机制通过市场中介建立支持性公共服务机构网络,实现研究机构和企业等主体之间技术信息的联网共享,向社会提供知识产权信息服务,在此基础上推行科技成果转让机制并完善相关法律规则,[2] 将更有利于增进"区域"矿产资源开发技术创新能力。

第三,提升技术吸收能力的联合企业安排机制。发展中国家的"区域"矿产资源开发技术吸收能力有广义与狭义之分,狭义的技术吸收能力专指该发展中国家企业的技术吸收能力;广义的技术吸收能力属于社会能力,除企业的技术吸收能力外,囊括了全社会影响和促进消化、吸收和利用新技术的能力。[3] 联合企业安排机制对发展中国家技术吸收能力的提升涉及国家技术进步的影响因素,因此笔者采用广义的技术吸收能力的解释,并把"利用新技术的能力"理解为一种再创新能力。技术吸收能力相比于其他技术能力更易受国际形势影响,并决定着一个国家的技术活力。这种技术能力与知识的有效利用有关,代表着解决问题的能力,只有在努力内化外部知识时才会积累。发展中国家技术发展在不同阶段需要不同的战略,如果说在赶超过程中,通过公开市场获取技术使该国具备了"区域"矿产资源开发技术的最低吸收能力,那么当该国接近技术前沿时,知识积累的速度会放缓,此时需要通过联合企业获取国外先进技术以提高吸收能力。[4] 一方面,联合企业安排机制具有促进发展中国家技术吸收能力提升的制度功能,这需要从联合企业安排下隐性技术知识的转让程度来识别内化积累的效率。联合企业安排在联合企业开发制度下可视为不同开发实体在获得海管局授予承包者身份前相互缔结的一种合同

---

〔1〕 See Henry Lopez - Vega & Wim Vanhaverbeke, *How Innovation Intermediaries are Shaping the Technology Market? An Analysis of Their Business Model*, MPRA (Nov. 7, 2010), https://mpra.ub.uni-muenchen.de/20458/.

〔2〕 参见孙南申、彭岳:《技术创新的市场失灵与法律保障的制度建构》,载《复旦学报(社会科学版)》2010 年第 1 期,第 70 页。

〔3〕 参见蔡冬青、周经:《对外直接投资反向技术外溢的国际经验——基于母国吸收能力的考察》,载《财经科学》2014 年第 3 期,第 122 页。

〔4〕 See Paola Criscuolo & Rajneesh Narula, *A Novel Approach to National Technological Accumulation and Absorptive Capacity: Aggregating Cohen and Levinthal*, European Journal of Development Research, Vol. 20:56, p. 56 - 59 (2008).

类型,能够基于共同经营关系对技术、资金和分配问题统筹考虑。因此,发展中国家企业在联合企业安排机制下可通过主张技术许可作为对价以达到从公开市场获取的效果;发达国家企业也可通过国际直接投资的技术资本化方式排除发展中国家企业对其技术的单独占有和实施,从而实现由双方共同分享专利技术带来的收益,并一起承担技术实施的风险。应该承认,从公开市场获取角度看,发达国家企业出于盈利考虑将技术装备转让给发展中国家企业,但转让技术诀窍等隐性技术知识的动机并不明显,缘于这会使其较发展中国家技术接受方而言失去一些竞争优势。但装备只是技术转让的一部分,接受方只有在获得足够的隐性知识以正确理解、操作和维修装备而无须外部协助时,才能有效适应并持续使用这种有形设施。因此,隐性技术知识的获取成为"区域"矿产资源开发技术转让成功的标志。[1] 联合企业安排机制可以使企业部和发展中国家的人员有机会接受海洋科学和技术的训练和充分参加"区域"内活动,促进消化、吸收和再创新的技术吸收能力发展。另一方面,通过区域性的联合企业安排进行技术转让是内化合作伙伴技术知识和技能的长效机制。"区域"矿产资源开发技术转让往往涉及合作伙伴之间复杂的关系交往,这会直接影响技术转让的程度,因此密切沟通尤为重要。实证研究表明,技术提供方和接受方之间的关系质量和相互信任对显性和隐性知识的转让程度都有显著影响。[2] 因此,通过合同缔结前的良好沟通,联合企业安排机制下的技术获取将更有利于显性甚至隐性知识的全部转让;基于技术吸收能力属于社会能力,区域合作也可维持企业间的良好关系并增进彼此之间的相互信任,使发达国家企业合作方自愿转让符合发展中国家及其企业吸收条件和要求的技术。这意味着在规范合法性增强的同时,规范所界定的彼此间的身份也将强化,正向认同感会增强,并且随着合作伙伴这一身份的强化,共同利益将得到更新和扩张,进而推动机制的制度化与合作的深

---

〔1〕 See Margaret McInerney, *Tacit Knowledge Transfer with Patent Law: Exploring Clean Technology Transfers*, Fordham Intell. Prop. Media & Ent. L. J., Vol. 21:449, p. 453(2010).

〔2〕 其中关系质量对显性知识的转让程度影响更大,相互信任则对隐性知识转让程度影响更深。See Sazali Abdul Wahab, Raduan Che Rose & Suzana Idayu Wati Osman, *Measuring the Effects of Relationship Quality and Mutual Trust on Degree of Inter – Firm Technology Transfer in International Joint Venture*, International Business Research, Vol. 4:116, p. 116(2011).

化相伴随的情况,[1]使技术吸收能力更好发展。

第二节 “区域”矿产资源开发技术创新能力发展的知识产权保护

“区域”矿产资源开发技术创新能力发展是知识产权法律机制的目标和宗旨所在,集中体现为通过知识产权机制来确定联合项目中技术创新成果的产权和保护问题。海洋类科技成果转化受制于知识产权的权利分散,清晰的知识产权归属将为快速转化科技成果扫清障碍,也指明了产业化的研究方向,[2]使被资助的高校与科研机构逐步走向企业,依靠政府及行业主管部门实现产、学、研的互动联合,为技术扩散铺平道路。本节旨在研究知识产权法律机制促进技术创新成果的转化效率,解决创新者在权利维护和转让方面面临的法律问题,追求知识产权所有人权利与义务的平衡,创造者、传播者、使用者的平衡,公共利益与个人利益的平衡。[3]

一、“区域”矿产资源开发技术创新成果的权利化

“区域”矿产资源开发技术创新成果权利化实质是通过知识产权机制来确定创新成果的产权和保护,是实施技术转让的权利依据和法律依据。“区域”矿产资源开发技术的系统性以及军民两用性意味着公私部门的合作研发,在技术创新成果的权利创建方面,发明权利既可归属公共部门也可下放授予承担单位。在技术创新成果的权利保护方面,技术创新成果除可采用专利保护模式或者技术诀窍保护模式外,技术标准保护模式也将至关重要。

---

〔1〕 正是因为对话潜藏如此巨大的动能,沟通行动理论才可以发挥合作动机与具体合作行为之间的桥梁作用。参见惠耕田:《制度、制度化与国际合作的再解释》,载《国际论坛》2009 年第 4 期,第 64 页。

〔2〕 参见李乃胜等编著:《经略海洋》,海洋出版社 2017 年版,第 213 – 219 页。

〔3〕 私权是财产私有的法律形态,从知识产权的本义而言,应属于此类知识财产私有的权利,即私人对知识财产享有的所有权。就科技成果与某些技术成果(发现与发明)而言,它们概为非市场机制的产权形式。发现权、发明权制度即是通过对科学成果或某些技术成果所产生的社会效益或经济效益进行评价,由国家给予精神和物质奖励。与此相对应的是,发现、发明成果的所有权名义上属于国家,但实际上任何人都可以无偿使用。这就是以非市场机制的奖励制度来换取社会对科学成果的公有产权。参见吴汉东:《知识产权的私权与人权属性——以〈知识产权协议〉与〈世界人权公约〉为对象》,载《法学研究》2003 年第 3 期,第 69 – 73 页。

第一,“区域”矿产资源开发技术创新成果的权利创建论。“区域”矿产资源开发技术属于深海技术范畴,具有系统性的特征。[1] 其所涉载人和无人潜航器技术、探测技术、通信技术等基础技术类型呈现军民通用特性,意味着存在公私部门合作研发的现象,表现为在海洋科技战略指导下,大多数国家和地区通过政府支持、科学界与企业界联合、国际合作等方式加快该领域技术的创新发展。[2] 因此,在“区域”矿产资源开发技术创新成果的权利创建方面,需要考虑所涉研究机构、目标和技术要求以及与政府活动有关的管理安排方面的差异,根据不同参与方的实际要求对创新成果的权利归属作出调整,以确保合作研发的成功。[3] 一方面,从公私部门之间的合作关系角度看,公共部门在对私有组织下放知识产权的同时,应保留介入权、非独占无偿使用权等。“区域”矿产资源开发所涉技术在国家资助研究范畴内,受到复杂技术权属关系的影响。为促进商业化,政府可能会推行财政奖励等激励政策,放弃对该技术成果的权属支配,这相应要求在法律上建立合作研究机制以对政策调整做出及时反应,催生出新的组织形式使产业界、政府、私人和学术研究机构之间的伙伴关系得到协调。[4] 在“区域”矿产资源开发技术从研发到示范再到推广的技术周期中,对于主要由国家财政资助、企业部分投资的处于示范阶段的准商业化技术,无论是军用还是民用目的,都关涉国家利益与社会公共利益,具有一定的公共物品属性,其知识产权可归属国家实验室等公共部门。但这种名

---

〔1〕 深海采矿业于19世纪70年代开始探索必要的技术,开始时仅对采矿船本身的投资大概就有1.5亿美元至2亿美元。后来发展到形成一套完整覆盖由矿石勘探到加工再到销售的系统,该系统耗资增至8亿美元至15亿美元。参见张晏瑲:《国际海洋法》,清华大学出版社2015年版,第249页。

〔2〕 比如,探测技术作为“区域”矿产资源开采利用的先导,将在勘探资源及其赋存环境方面发挥重要作用。当前,对深海底进行勘探的有50多个国家和地区,美国、日本、俄罗斯、法国和英国等许多海洋国家都在积极发展包括调查与探测技术在内的深海技术。并且,由于“区域”矿产资源勘探中的许多重大技术的资金投入和知识密集程度越来越高,往往一国难以独立完成,进而出现了国际合作开发,共享技术、共享成果的趋势,预计未来这种合作还会更加紧密。参见刘淮:《国外深海技术发展研究》(上),载《船艇》2006年第10期,第7-10页。

〔3〕 See Kulve Te Haico & Wim A. Smit, *Civilian - Military Co - Operation Strategies in Developing New Technologies*, Research Policy, Vol. 32:955, p. 956 - 958(2003).

〔4〕 合作伙伴关系不是将技术转让作为特定技术的一次性交易,而是要求参与组织对技术转让过程作出持久承诺,包括需要公司作出深刻承诺,将技术转让给他人。See Jordi Molas - Gallart, *Which Way to Go? Defence Technology and the Diversity of "Dual - Use" Technology Transfer*, Research Policy, Vol. 26:367, p. 372 - 381(1997).

义上的国家所有不利于民间科研机构（独立的科研机构、大学科研机构、企业研发部门等）的创新激励，也会制约企业转化运用至生产领域实现真正意义上的技术创新。国内外实践已经证明，下放知识产权极大促进了科技成果的转移与转化，将发明的权利授予承担单位是最重要的商业化措施；但将政府资助项目产生的成果完全赋予民间科研机构所有的制度，在经济效率、促进技术快速商业化和鼓励创业以提高社会利益方面都并非最优选择。为了避免由财政性资金支持完成的研发成果被闲置或被不合理使用，切实维护国家利益和社会公共利益，国家应保留介入权、非独占无偿使用权等。[1] 另一方面，从雇主（企业）与雇员（发明人）合作关系角度出发，可参照“厚雇主主义”基础上的“折中主义”，约定职务发明的专利权归属。专利范围界定了知识产权保护的广度，专利范围越广，保护力度越强，科技成果转化收益的预期越高，企业就越有动力将受保护的发明推向市场，并更加致力于科技创新投入的商业化努力，因而也就更容易实现商业化。[2] 尽管企业是技术创新的主体，但企业技术创新活动的关键却是科研人员的研发活动，其赖以实现技术创新的新技术主要有企业内部的研发机构以及外部的大学和科研院所两个来源。这些技术成果在大多数情况下属于职务发明创造，在其权利归属上，国际上主要有两种不同的做法：一是雇主优先原则，代表国家为法国；[3] 二是发明人优先原则，代表国家为德国。[4] 实际上，无论是雇主优先还是发明人优先，其在制度层面上都不存在优劣之分。[5] 对于“区域”矿产资源开发技术合作创新成果的归属而言，

---

〔1〕 参见宋河发、吴博、吕磊：《促进科技成果转化知识产权实施权制度研究》，载《科学学研究》2016 年第 9 期，第 1319 页。

〔2〕 这并不意味着专利范围没有实际的限制，否则过于广泛的专利授权将阻碍新技术的发明。但无论如何，统计结果都表明，更广泛的专利授权确实可以增加商业化的可能性。See Atul Nerkar & Scott Shane, *Determinants of Invention Commercialization: An Empirical Examination of Academically Sourced Inventions*, Strategic Management Journal, Vol. 28: 1155, p. 1156 – 1157 (2007).

〔3〕《法国知识产权法典》L. 611 – 7 第 1 项中明确规定，“（雇员完成的任务）发明归属于雇主”，这意味着雇主对该发明有完全的控制力，有权决定对发明的保护方式：或申请专利而公开或将其保密。若采用专利保护，专利权将赋予雇主。参见陈驰：《法国的雇员发明制度及其对我国的启示》，载《江西社会科学》2008 年第 2 期，第 169 页。

〔4〕 德国在 1936 年修订的《专利法》中明确规定“职务发明的权利（首先）归发明人”，德国现行的《雇员发明法》规定雇员（发明人）是职务发明成果的原始权利人。参见肖冰：《日本与德国职务发明报酬制度的立法比较及其借鉴》，载《电子知识产权》2012 年第 4 期，第 49 – 50 页。

〔5〕 参见董炳和：《技术创新法律保障制度研究》，知识产权出版社 2006 年版，第 343 页。

笔者倾向于"厚雇主主义"基础上的"折中主义"。一是"厚雇主主义"是各国职务发明制度发展的趋势。法律之所以"偏爱"雇主,是因为将职务发明归于雇主有利于技术转化,符合经济理性。雇员与雇主的交易成本不容忽视,且雇员的机会主义行为将导致符合效率的交易难以达成,"区域"矿产资源技术具有系统性,如果某个雇员的发明与其他雇员的发明组合在一起才能生产出某件新产品,那么将多项发明的所有权分散在不同雇员手中,会导致迈克尔·黑勒(Michael · A. Heller)所谓的"反公地悲剧";而统一在雇主手中则可以避免该情形。[1] 二是"折中主义"体现了"厚雇主主义"对"厚雇员主义"的异化和吸收,有利于在保障雇员合法权益与促进成果转化运用两大立法价值之间取得平衡。[2]

第二,"区域"矿产资源开发技术创新成果的权利保护论。在"区域"矿产资源开发技术创新成果的权属规则确定以后,知识产权机制还要明确权利的维护方式。技术创新成果能够以商品形态存在,关键在于技术持有者的排他占有使技术需求方只有在经过许可或者支付令其满意的对价后,才能获得该技术的占有和实施权。对技术持有者的排他占有可采用专利保护模式和技术标准保护模式。一方面,"区域"矿产资源开发技术创新成果的专利保护模式得益于《海洋法公约》与《与贸易有关的知识产权协定》(以下简称《知识产权协定》)的价值相通。《知识产权协定》及其补充协定对世界范围内各国知识产

---

〔1〕 为适应公司制发明新模式,在雇员发明成果的权益配置上,美国判例法逐渐走向"厚雇主主义"。美国判例法规则可以概括为:研发雇员完成受雇任务的发明归雇主;对于非研发雇员的发明,若雇主为发明技术方案的完善与开发提供物质条件,雇主享有免费普通实施许可,否则为自由发明。与美国由法院主导的进路不同,德国职务发明经历了从归雇员到归雇主的转变,起初由雇主与雇员订立协议,之后演化为制定法。德国2009年修改的《雇员发明法》规定,雇员申报后雇主4个月内不声明享有权利的,推定归雇主,而修改之前推定归雇员。参见和育东:《美、德职务发明制度中的"厚雇主主义"趋势及其借鉴》,载《知识产权》2015年第11期,第116页。

〔2〕 2013年,随着日本政府"三只箭"再生战略的启动,为减轻企业负担、增强产业竞争力,日本职务发明制度也发生"厚雇主主义"的异化。在2015年日本《特许法》的修改过程中,长期沿用的"雇员优先"的职务发明权属规则被"折中主义"的立法模式替代,即在《特许法》第35条第3款中,增加了职务发明申请特许(专利)的权利在发明完成之时雇主即可原始取得的规定。在引入这一规定的过程中,日本《特许法》并未强制性地规定职务发明创造的权利原始归属雇主,而是规定雇主与雇员可以在合同或劳动规章中对职务发明创造的权利归属进行事先约定,双方既可以约定职务发明之申请专利的权利由雇主或者雇员中的一方原始取得,同时也可以按照原有的"雇员优先"的权属规则将职务发明专利权赋予雇员。参见俞风雷:《日本职务发明的贡献度问题研究》,载《知识产权》2015年第6期,第94-98页。

权法律和制度的影响最为深远,《海洋法公约》缔约国与世界贸易组织成员高度重合,[1]需要由后者制定的《知识产权协定》提供专利保护。虽然《知识产权协定》所保护的智力成果是一种私有财产,其在主权国家的管辖控制之下,因而以保护私有利益为立法的核心价值,而《海洋法公约》调整的“区域”范畴不受任何主权国家的管辖和控制,更关注国家利益和全人类整体利益,这似乎与《知识产权协定》的价值取向不同;但是,知识产权机制本身是一种利益平衡机制,用以协调技术研发者与知识产权归属者、发达国家与发展中国家、技术持有方与需求方的利益关系,使私有利益、国家利益和全人类整体利益在合理优化的基础上达致共存相容状态。从这个意义上说,《海洋法公约》与《知识产权协定》在专利保护问题上价值相通,特别是在“区域”矿产资源开发技术商业化方面,《海洋法公约》缔约国及其实体在公平合理的商业条件下流转技术要素是发展技术扩散能力,扩大发展中国家参与“区域”内活动机会的主要途径;而《知识产权协定》明确了发达国家成员应鼓励其领土内的企业和组织向最不发达国家成员转让技术,以使这些成员创立一个良好和可行的技术基础;[2]有机衔接了专利权有效保护对能力发展的促进性,为发达国家设置与《海洋法公约》要求相似的技术合作义务,不仅涵盖帮助制定有关专利权保护和实施以及防止其被滥用的法律和法规,还涉及支持设立或加强与这些事项有关的国内机关和机构,包括人员培训。[3] 可以说,《知识产权协定》将专利权确立为私权,其本意是要为整个协定定下一个私法保护的基调,是要让专利权像其他民事权利一样在各成员域内得到平等保护,免受歧视对待,并非对专利权兼具公权性质的否定,这可以从《知识产权协定》规定的目标(第7条)、原则(第8条)以及明确肯定各成员为了保护公共利益而对专利权保护作出限制的规定(第31条和第40条)等条款中得到证实。另一方面,技术标准保护模式源于公权的不断介入。与普通民事权利相比,专利权兼具公权性质的一面使政府对专

[1] 经过笔者比较,截至2019年,是《海洋法公约》缔约国而非世界贸易组织成员的有:阿尔及利亚、巴哈马、巴勒斯坦、白俄罗斯、波斯尼亚和黑塞哥维那、赤道几内亚、东帝汶、基里巴斯、科摩罗、库克群岛、黎巴嫩、利比里亚、马绍尔群岛、密克罗尼西亚、摩纳哥、瑙鲁、纽埃、帕劳、塞尔维亚、圣多美和普林西比、苏丹、索马里、图瓦卢、伊拉克;属于世界贸易组织成员但未批准或未签署《海洋法公约》的国家有:美国、布隆迪、哥伦比亚、柬埔寨、哈萨克斯坦、吉尔吉斯斯坦、秘鲁、塔吉克斯坦、土耳其、委内瑞拉。

[2] 参见《知识产权协定》第66条第2款。

[3] 参见《知识产权协定》第67条。

利权的介入因素不断增加,[1]且因应"区域"矿产资源开发技术创新能力和技术标准的知识产权国家战略化的发展需要,公权介入色彩越发浓厚。一是"区域"的极端环境客观要求开发技术具备前沿性和先进性,而"区域"矿产资源开发技术本身的系统性意味着一项专利发明并不代表整个技术创新,一个可以商业化的技术创新往往需要许多不同的知识"碎片",而这些不同的"碎片"往往被利益相冲突的人申请专利并为其各自所享有。对一个技术的重要部分拥有专利的人可能会阻碍该技术的开发,且该专利技术的范围越宽,就越会加大创新者企图控制他人在其创新的基础上进一步创新的可能性,从而拖延技术进步的步伐。所以,当必须将数个专利权组合起来才能实现技术创新时,技术交易成本将十分高昂,这会阻碍技术交易的实现及新技术的实施。[2] 二是随着"区域"全球治理发展,技术标准成为开发技术的重要附加值,即便发展中国家或企业掌握了某项新技术的研发能力,也不能保证自身可同时具备根据所拥有的技术建立相应标准的能力;而国际技术标准制定中的话语权强弱取决于是否在国内和国际两个层面建立其自己的专利保护。可以说,"区域"矿产资源开发技术创新成果的知识产权战略是国家的技术之争,更是国家的技术标准之争。技术标准作为一种或一系列具有一定强制性要求或指导性功能、内容含有细节性技术要求和有关技术方案的文件,其目的是让相关的产品或服务达到一定的安全要求或市场准入的要求。科研成果转化形成的专利是知识产权的客体之一,实质是国家主管机关依法授予发明人或设计人对其创造性智力成果的一种专有权。传统观念中,技术标准与专利权几乎没有关联。专利权具有专有性、地域性和时间性的特点,而技术标准则具有通用、成熟、无偿使用、广泛使用的特点,标准化机构采集标准时也希望尽量避免涉及他人的专利技术。但随着高新技术的发展,在该技术领域制定技术标准时并无现成的通用技术可以采集,高新技术的发明者和改进者都具有很强的知识产权保护意识,其技术成果几乎完全被专利权覆盖,故标准化机构在该领域别无选择地须与专利权人谈判,将专利技术采集为标准。[3] 所以,技术标准和专利的结合是"区域"矿产资源开发技术创新成果的权利维护方式,也是该高新技术产

---

〔1〕 参见邓建志:《知识产权专论》,知识产权出版社2016年版,第8页。

〔2〕 参见张伟君:《规制知识产权滥用法律制度研究》,知识产权出版社2008年版,第228-229页。

〔3〕 参见杨帆:《技术标准中的专利问题研究》,中国政法大学2006年博士学位论文,第1页。

业发展的趋势，相对于传统产业，其经济效益更多地取决于技术创新和专利权；而专利加上技术标准颁布后的开放性和使用的强制性，将构成先进应用技术的制高点，技术标准又渐成专利技术所追求的最高形式。[1]

二、“区域”矿产资源开发技术创新能力发展中的利益关系失调

技术创新能力发展中存在技术创新成果的权利创建和维护的双重失调：权利创建失调主要表现为国际技术合作项目创新成果权利配置的无序化；技术创新成果权利维护失调表现为专利权滥用造成其他创新者利益的失衡与不公。

第一，国际技术合作项目创新成果权利配置的无序化。综合国际及区域组织的国际深海研究计划，国际上对“区域”矿产资源开发技术的研究呈现国际合作紧密度日趋加强以及政府主导的特点。[2] 在国际技术合作项目创新成果权利配置方面，政府间的资助研发项目在确定技术成果的权属时，特别是就利用财政性资金设立的科学技术基金项目产生的技术创新成果专利权而言，由于资金源于不同国家及实体的捐赠，项目承担者与发明人也属不同国家，专利所有权与实施权的配置将面临不同国家国内立法选择模式的冲突。具体而言，秘书长根据海管局大会2006年8月16日决议（ISBA/12/A/11）和依照《海管局财务条例》所设立的捐赠基金，在为参加海洋科学研究方案、科学合作或技术援助提供财政援助时，接受援助者应向秘书处报告援助资金的使用情况和援助的成果，以及在按有关机构或实体的要求须对研究方案、科学合作或技术援助的任何方面保密的前提下，报告取得的成果。[3] 该报告义务从侧面反映出，在执行项目期间产生的技术创新成果，其知识产权不能被当然推定为由援助关系某一方主体享有。从援助资金来源构成看，海管局，海管局成员，其他国家，相关国际组织，各学术、科研和技术机构，慈善组织、公司和私人均可向基金提供捐款。基金的初始资本是先驱投资者缴付的申请费截至2006年8

---

〔1〕 参见华鹰、华劼：《技术创新成果的权利化与技术转移战略研究》，载《中国科技论坛》2008年第12期，第27页。

〔2〕 参见李颖虹、任小波：《深海的呼唤——深海技术发展现状及对策思考》，载《中国科学院院刊》2011年第5期，第565－566页。

〔3〕 Assembly, *Decision of the Assembly of the International Seabed Authority Relating to the Terms of Reference, Guidelines and Procedures for the International Seabed Authority Endowment Fund*, International Seabed Authority (Jul. 19, 2007), https://ran-s3.s3.amazonaws.com/isa.org.jm/s3fs-public/files/documents/isba-13a-6_1.pdf.

月18日的余额及累计利息转账的资金总额。因而相比于缔约国国内政府资助研发的技术项目,适用“投资者即所有者”的雇主优先原则将面临更多挑战,加之《开发规章草案》对知识产权保护权作出宣示性的规定,[1]所以援助关系双方的约定可能将最终决定技术创新成果的知识产权归属与实施。当约定不明或无法形成合意时,国际技术合作项目创新成果权利配置将处于法律真空状态,这又将影响区域层面技术合作的有效开展,加大缔约国立法模式统一的难度,导致技术合作项目创新成果权利配置趋于无序化。[2]

第二,专利权滥用引起其他创新者的利益失衡与不公。一般而言,使用者常常在使用他人知识产权的基础上,创造出更多的智力成果,从而成为权利人。权利人与使用者可以相互转化,在很多情况下可以合二为一。若放任权利人的“个人本位”,权利人不许可使用,他人则永无可能接近权利人的知识产权,知识创新就会缺乏基础。[3] 因此,“区域”矿产资源开发技术创新成果知识产权的有效保护具有促进技术创新的积极作用,但对该权利的滥用也会产生阻碍竞争和技术进步的弊端。一方面,专利权保护模式可能导致发展中国家与发达国家在自主创新时的利益失衡。专利权保护模式通过赋予知识产权持有人合法的垄断性私权,以激励国际社会创造更多的智力产品,从而促进技术进步。这种“垄断性”的私权对技术创新和经济推动的作用不言而喻且可持续发力,但同时也为知识产权持有人搭售、强制性“一揽子”许可、拒绝许可等提供法律支撑,限制他方(受让方)与第三方的竞争和技术改进。[4] 以欧美为代表的西方发达国家奉行资本主义制度,一直积极主张专利权保护模式,这些

---

〔1〕 参见《开发规章草案》第89条第6款。

〔2〕 就欧盟同太平洋共同体的区域性合作而言,太平洋共同体秘书处应用地球科学和技术司在成员国和欧洲联盟财政援助支持下,设立了一个为期4年的太平洋群岛区域深海矿产资源项目,宗旨是为参与该项目的15个太平洋岛屿国家发展一个区域立法和管理框架,并协助它们制定关于本国管辖范围内及“区域”矿产资源开发的国家政策和立法。这些国家包括库克群岛、密克罗尼西亚、斐济、基里巴斯、马绍尔群岛、瑙鲁、纽埃、帕劳、巴布亚新几内亚、萨摩亚、所罗门群岛、东帝汶、汤加、图瓦卢和瓦努阿图。除东帝汶外,其他14个国家均为海管局成员。Council, *Laws, Regulations and Administrative Measures Adopted by Sponsoring States and Other Members of the International Seabed Authority with Respect to the Activities in the Area*, International Seabed Authority (May 4, 2012), https://ran-s3.s3.amazonaws.com/isa.org.jm/s3fs-public/files/documents/isba-18c-8_0.pdf.

〔3〕 参见刘明江:《论知识产权的权利限制》,载《河南工业大学学报(社会科学版)》2007年第4期,第103页。

〔4〕 参见李煜:《反垄断审查中的知识产权强制许可》,载《知识产权》2014年第5期,第40页。

国家的跨国公司掌握了世界上近80%的高新技术,其中包括了“区域”矿产资源开发技术。基于垄断是实现利润最大化的最快捷方式的理解,这些国家的跨国公司控制着专利技术而不投入使用,同时利用专利权的“排他性”恶意限制对手在相同领域进行技术创新。发展中国家企业一般需要付出高额授权许可费用才能获得专利许可权,而所获技术往往落后于核心技术20年至30年,致使发展中国家在“区域”矿产资源开发技术领域的自主创新陷入发达国家设置的“包围圈”。[1] 另一方面,技术标准保护模式下的专利联营(patent pool)引起技术转让支付对价的设置不公。专利联营也可称为“专利池”,是指两个或两个以上的专利权人协议向对方或第三方许可一项或多项他们的专利。专利联营归根结底是企业联合行为,往往通过推销技术标准来扩大市场支配力,具有限制竞争的嫌疑。专利权人是“经济人”,追求利益最大化是其本性。他们往往在专利联营协议中设置限制竞争条款,集体谋求市场控制力和垄断利润。[2] “区域”矿产资源开发技术具有鲜明的系统性特征,这些子系统技术往往被若干具有竞争关系的持有人通过实施专利权分别予以独占,甚至这些持有人还分属不同国家。由于“区域”矿产资源开发系统以及海洋环境载荷的复杂性,国内外已开展的研究主要是针对各子系统单独进行,[3]因此,当需要将这些子系统组合之后才能实现对一个完整的“区域”矿产资源开发技术进行应用和创新时,如果各个子系统的专利权人组成“专利池”,技术持有者滥用知识产权对自身技术占有的保护功能,则将会在转让交易中形成技术专利垄断,而占据垄断地位的跨国公司,为追求盈利可能会向技术的受让方施加严苛甚至不正当的商业条件,并迫使企业部和发展中国家的技术受让方不得不接受这些条件,从而使通过公平合理的商业条件受让“区域”矿产资源开发技术以减小与发达国家间技术差距的愿望落空。

三、“区域”矿产资源开发技术创新能力发展的知识产权机制配套

《海洋法公约》及《第11部分执行协定》的本意是激发持有人转让技术的意愿,以帮助发展中国家及其国内企业引进技术或取得受让技术。协调技术

---

〔1〕 参见赵建军等:《自主创新与知识产权保护》,知识产权出版社2011年版,第196-197页。

〔2〕 参见张平:《专利联营之反垄断规制分析》,载《现代法学》2007年第3期,第97-100页。

〔3〕 参见吴波、程小明等:《深海采矿系统水动力技术研究综述》,载《中国造船》2016年第3期,第211页。

创新能力发展中的利益关系应由国际多边协调切入,进而推动国家协调私人关系,破除专利垄断。对此,知识产权保护机制需要建立健全合理平衡海管局、担保国及其承包者之间利益关系的新内容,包括国际技术合作创新成果归属的多边协调机制,以及知识产权有效保护与公平合理商业条件的平衡机制。

第一,国际技术合作创新成果归属的多边协调机制。多边协调依托于"区域"矿产资源开发技术合作项目,通过加强政府与国际组织的交流与合作,实际考虑各国经济发展水平与社会需要的不同,拓宽实质合作领域,并基于《海洋法公约》框架内促进技术能力发展的基金援助政策,对合作研发成果归属问题寻求平衡海管局、申请方与受援方利益的方法举措。具体而言,多边协调机制应具有以下两个维度:一是为协调缔约国国内知识产权体系差异,促进知识产权领域深层次的对话与交流,需要提供积极而有效的沟通、合作平台。在知识产权国际化环境下,"区域"矿产资源开发技术创新成果的归属问题与不同国家国内立法规定下的知识产权保护标准密切相关。就发展中国家而言,知识产权法向国际标准靠拢意味着知识产权保护的趋同化,其中多边国际知识产权条约所确定的最低保护标准是其要义。在通向全球化的道路中,由于发达国家主导了国际知识产权的话语权,这种最低保护标准实质是其国内高标准保护向国际法的延伸,而各国知识产权法与经济和科技之间关系密切,高水平的保护将超越发展中国家的经济、科技和社会发展阶段,一定程度上削弱了发展中国家的深海立法主权,增加了其从事"区域"内活动的成本,阻碍了技术交流合作法治化的进程。破局的关键在于以政策沟通为基础和保障,不断强化"区域"矿产资源开发技术成果知识产权保护标准的科学性、民主性。[1] 对此,可以在区域合作框架内设置高层论坛,作为政府高层领导、国际组织之间重要的对话平台,通过相关部长级会议、首脑私人代表会议和专家工作组会议机制,以"区域"矿产资源开发技术创新成果的权属确定为核心议题,进行国际协调,确保合作方在跨国技术合作项目中就权属确定问题拥有参照的解决方法。二是针对海管局设立捐赠基金项目产生的技术创新成果,在"投资者即所有者"的雇主优先原则基础上构建"三位一体"的权属制度。"三位一体"意味着基于最大限度满足各方利益要求,确保使海管局、申请方和受援方在理论上都有可能成为技术创新成果的权利主体。对于受援方而言,技术创新成果由

〔1〕 参见冯晓青主编:《全球化与知识产权保护》,中国政法大学出版社2008年版,第19-20页。

其产出，原则上可以成为创新激励要求下的权利主体。然而，技术创新成果毕竟是在捐赠基金资助下以及申请方制订合作计划下完成的，故可将其视为一种职务发明。对此，可以借鉴国内立法中采用的“明确保留产权前提”与“本国工业优先使用”规定。前者是指明确海管局保留产权和行使介入权的具体情况，保证合作项目产生技术创新成果的知识产权归属符合国际社会的共同利益。行使介入权的法定事由不包括可能损害申请方和受援方合作积极性的推广应用。如果海管局为了推广该技术创新成果知识产权利用而决定其有权无偿使用，无疑会降低申请方与受援方合作的积极性。后者是出于提高捐赠基金的规模和实施效益的考虑，优先保护捐赠方利益，当其属于申请方时，在其捐赠范围内承担项目使用，则其与参与研究方案或科学合作的发展中国家的合格科学家和技术人员之间可视为一种委托关系，优先享有该技术创新成果的知识产权，确保技术创新成果在其国内最先实现产业化。如果申请方未曾提供基金捐赠，其所制订的项目计划对技术创新成果的产出同样具有贡献，与接受援助的科研人员之间可视为一种合作关系，技术创新成果的产权归属与相应的对价和补偿可由双方协商约定；当无法形成合意时，作为缔约国集体利益代表的海管局可以行使介入权，实质是对海管局、申请方和受援方合作关系的一种事后追认，技术创新成果的知识产权可由三方共同享有。具体而言，海管局可以保留知识产权无偿使用和开发的处置权利，申请方享有知识产权的物质利益，接受援助的科研人员则享有知识产权的精神权利。

第二，知识产权有效保护与公平合理商业条件的平衡机制。针对“区域”矿产资源开发技术创新成果专利权滥用引起其他创新者的利益失衡与不公的情形，应当回归权利维护的专利权模式和技术标准模式本身寻求知识产权有效保护与公平合理商业条件的平衡机制。一方面，专利权模式的有效保护应当结合缔约国国内的行政审查机制，有效预防和制止技术持有者交易垄断地位的形成。理论上，基于专利权是私权的逻辑进路，在解决专利权模式下的滥用问题时，应当首先寻求《知识产权协定》的私法体系进路。只有在专利权滥用直接导致市场自我调节机制失灵、私法体系已无力调整的情况下，反垄断法的公法体系介入的前提条件才能够成立。对诸如强制许可（Compulsory Licenses）等可能涉及限制核心权利的规定，应优先纳入《知识产权协定》的私法体系,以私法手段促进自治行为、市场竞争的有序进行,[1]但《第11部分执行协定》附件第5节第1条(a)项免除发达国家承包者强制转让技术的义务,包括"按公平合理的商业条件"这一情况在内,表明国际社会对强制许可的适用存有分歧,并以向发达国家利益妥协而告终。如果持有人业已具有转让意愿,只是不良动机驱使其对技术受让方施加不正当商业条件,强制许可不但无法实现知识产权有效保护与公平合理商业条件的平衡,而且会使持有人改变动机,放弃转让意愿,甚至引发国家间的利益冲突。由此可见,那些虽有转让意愿但滥用专利权模式保护的技术持有人,据守交易优势并试图将其扩展为垄断地位,独享技术创新成果,因此《知识产权协定》的私法体系调节需要辅以促进转让条件公平合理的公法体系实施路径。应当指出,国际社会聚焦"区域"内活动垄断问题,特别是滥用支配地位的概念,[2]这涉及缔约国国内反垄断法体系框架内的行政审查机制(administrative review mechanism)对形成技术交易垄断地位的行为进行识别和预防。[3] 应积极推动海管局与各国政府紧密合作,"知识产权有效保护"应当与《知识产权协定》有关规制知识产权许可协议中限制竞争以垄断交易行为的第40条有机衔接,协调缔约国国内的行政审查机制,保护市场公平竞争,提高技术转让效率。另一方面,有序引导缔约国政府对技术标准模式下私人利益关系的介入协调。当技术持有者在技术标准模式下形成的交易优势接近或达到垄断程度,技术转让标的物生命周期多处于成

---

[1] 参见俞风雷、沈宗阳:《规制知识产权滥用的私法路径分析》,载《知识产权》2015年第4期,第106页。

[2] Legal and Technical Commission, *Provision Agenda of the Legal and Technical Commission*, International Seabed Authority (Dec. 15, 2017), https://ran-s3.s3.amazonaws.com/isa.org.jm/s3fs-public/files/documents/ltc-11-en.pdf.

[3] 反垄断法禁止对市场的独占和限制竞争行为,知识产权法则赋予权利人以专有权并禁止损害权利人的权利,二者的价值目标好像是矛盾的。但知识产权法规定"权利垄断"并非目的,立法的真正意义在于通过智力成果垄断权的授予,促使人们开展智力活动竞争,创造更多的智力成果,故知识产权法的终极价值仍然在于促进竞争,这与反垄断法是相同的。只不过知识产权法主要是运用私法的方法——以个体权利保护为出发点和落脚点——表达对竞争价值的关注,而反垄断法是以公法的方法介入和调整存在于私法领域的竞争关系。由于知识产权本身是一种垄断权,反垄断法对知识产权的处理大体上是承认知识产权权利人的垄断地位,但对权利人不适当地扩张垄断权的范围,或凭借合法垄断进一步谋求非法垄断或优势竞争地位的行为,以及不为行使权利所必需的限制的竞争行为确认为非法。参见《反垄断法与知识产权法的关系》,载中国服务贸易指南网2018年5月2日,http://tradeinservices.mofcom.gov.cn/article/zhishi/jichuzs/201805/59590.html。

长阶段,竞争者相对较少,其提出不正当商业条件的动机往往在于缺乏转让技术意愿,此时可通过加强与其所属国政府间的沟通协调,弥合分歧,凝聚共识,寻求私人利益与国家利益之间的平衡,以促使“区域”矿产资源开发技术转让共识的形成。具体而言,“区域”矿产资源开发技术商业化的正向认同符合供需双方所属国之间的共同利益,可基于《第 11 部分执行协定》附件第 5 节中提供获取技术的便利之内容,以受让方实施“区域”矿产资源开发技术的经济状况和能力水平为依据,特别是受让方对吸收转化技术之能力方面的特殊要求,由技术供需双方所属国政府出面协调,在公平合理的商业条件基础上务实合作,尽力促成技术的高效转让。推动所属国政府制定并完善国内相配套的政策规划及法律法规,对遵循公平合理的商业条件完成技术转让的国内企业,在合理范围内给予其相应的政策优惠奖励。当技术持有者在技术标准模式下的交易优势地位尚未达到垄断程度,其施加不正当商业条件的动机大多意在谋取不正当利益时,拥有这种“区域”矿产资源开发技术的持有者数量和范围相对较大,因而适宜倡导采取招标竞价的引进措施,充分利用技术持有者间的竞争关系,缩小技术受让方与持有者之间的交易地位差距,促使技术持有者出于防范自身市场份额被挤占的危机感而自愿提供公平合理的商业条件。不言而喻,“区域”矿产资源开发技术招标投标活动须遵循诚实信用原则,以确保技术规范转让公平合理,技术供求双方因招投标活动引发的争端,同样具有被倡导适用于审查机制的可能。

第三节 “区域”矿产资源开发技术引进能力发展的市场信息公开

“区域”矿产资源开发技术市场信息公开属于技术市场管理范畴,是海管局与其他国际组织合作,依据相关法律政策,对技术市场的宏观环境进行规划、培育,对技术商品转化过程的活动进行扶持、引导和干预,对进入市场流通领域的技术商品交易活动的主体行为进行监控,营造良好环境,促进技术成果商品化,加速科学技术向现实生产力转化的进程而为之提供的服务,[1]既是秩

[1] 参见田波:《技术市场学》,红旗出版社 2005 年版,第 286 页。

序性管理,也是利益性管理。[1] 信息是管理的基础,“区域”矿产资源开发技术市场的管理主要聚焦于市场信息处理的过程。基于市场信息公开机制对“区域”矿产资源开发技术引进能力发展的促进性,本节将从技术市场中的交易规则体系和海管局履行职责的透明度角度切入,分析专利制度对技术持有人披露最佳实施方案的义务配置,以及管理制度对国际组织秘书处履行交易信息公开职能的配置过程;以技术信息披露义务的履行障碍、市场交易信息公开的法律适用障碍为技术市场信息公开的修正目标,阐释技术市场信息公开机制建构的内容。

一、“区域”矿产资源开发技术市场信息公开的义务及职能配置

“区域”矿产资源开发技术的性能特点及可获取性信息作为“公共物品”,合理公开关乎技术受让方的知情权益保障及其所属国技术引进能力的有效提升。在《海洋法公约》规则体系下,专利制度明确了技术持有人具有披露技术标的最佳实施方案的义务,管理制度定位了国际组织秘书处应履行交易信息公开职能。

第一,专利制度对技术持有人披露最佳实施方案的义务配置。“区域”矿产资源开发技术信息的公共物品性决定了信息商品和服务的公共物品属性,[2]技术商业化的技术持有人向使用人披露技术信息的合同义务是根本体现,最佳实施方案的披露是通过专利公开制度促进技术溢出效应、提高国家技术引进能力的必然要求。首先,经济学的公共物品理论为“区域”矿产资源开发技术专利信息公开、推动国家技术引进能力发展提供了支持。信息资源具有许多其他资源无法替代的经济功能,其中,共享性以及消费无损耗性两个重要特征符合公共物品的非排他性和非竞争性的要求。公共物品与外部效应有着密切的联系,其产生的外部成本或收益遍及所有社会成员。尽管信息与其他公共物品一样存在明显的“效果外溢”,但在很多时候,信息的使用易于控制,至少可以绝对保密地定向传递或保证生产者自用,因此,不同于纯粹的公

[1] 秩序性管理是指以建立、维护、保障技术市场秩序为主要目标的管理;利益性管理是指以获取或保障某种利益为主要目标的管理。这是两种不同属性的管理,是指在同一管理的过程中,管理的目标具有两种不同的侧重性与倾向性,即一种侧重于秩序,另一种侧重于利益。参见汪同三等:《技术市场》,商务印书馆 1997 年版,第 182 页。

[2] 参见马费成、龙鹫:《信息经济学(五)第五讲:信息商品和服务的公共物品理论》,载《情报理论与实践》2002 年第 5 期,第 399 页。

共物品,其更接近于“准公共物品”。其次,技术商业化可视作技术持有人根据合同义务对使用人保密地定向传递技术信息的过程。从法律角度审视,技术商业化必须借助于一定的法律形式得以实现,这就是技术合同。技术合同对交易当事方之间的权利义务关系作出了规定,是技术市场规则体系的重要组成部分,与信息的使用控制相对的信息披露义务本质上属于一种合同义务。最后,最佳实施方案披露属于专利公开制度的重要内容,缘于技术持有人对技术信息充分披露往往缺乏足够的意愿,这仅靠市场自律难以规避,应通过法律制度来明确这种义务,进而提高技术受让方所属国的技术引进能力。专利制度不仅可以为技术发明的创造、改进和商业化等创新行为提供激励和保护,还利于传播技术信息,加速社会生产力的提高。[1] 一是专利公开使新技术得以面向公众,达到普通技术人员可依据专利说明书之描述实施发明的程度。在现代专利制度中,专利权的公示价值是由权利要求来实现的;书面申请原则通过确定专利权范围以便公示,确保授权后的技术信息得以有效扩散;权利要求书等申请文献的公开即权利公示的一种制度安排,权利要求书和说明书关系密切,其所揭示的技术特征往往通过说明书来予以体现。[2] 二是专利公开带来技术溢出效应,从而提高国家的技术引进能力。技术溢出主要包括行业内技术溢出和行业间技术溢出,是一个国家或行业提高生产力的重要影响因素。“区域”矿产资源开发技术引进能力提升得益于技术外溢,但行业相关性也会迫使技术持有人消极履行披露义务,以免引起行业竞争力的整体提升而为自己带来远超披露所获商业利润的损失,并寻求技术秘密制度的保护以防止技术外溢。虽然技术秘密制度具有阻碍技术信息的传播和使用的功能,但技术秘密制度对技术信息传播的限制已经被一些相关制度或具体措施予以解决,包括因公共利益或相关法律明确的规定而被强制要求披露。这在一定程度上证明了技术秘密在实践中是可以适当公开与分享的,[3] 重新审视和比较专利公开制度与技术秘密制度的功能,可以发现激励技术信息公开与共享具有可行性,关键在于通过专利公开制度明确技术信息强制披露的范畴和正当性,对

---

〔1〕 See Benjamin N. Roin, *The Disclosure Function of the Patent System (or Lack Thereof)*, Harvard Law Review, Vol. 118:2007, p. 2007(2005).

〔2〕 参见梁志文:《论专利公开》,知识产权出版社 2012 年版,第 144 – 151 页。

〔3〕 参见韩兴:《专利制度危机背景下的技术秘密法律制度研究》,载《知识产权》2014 年第 8 期,第 11 – 12 页。

技术秘密制度保护下的最佳实施方案考虑采用激励披露的措施，平衡技术持有人和使用人的利益关系，全面实现专利制度对技术持有人披露最佳实施方案义务配置，从而强化技术溢出效应对国家技术引进能力的提升。

第二，管理制度对国际组织秘书处履行交易信息公开职能的配置。《第11部分执行协定》为"区域"矿产资源开发技术的获取提供了公开市场渠道，决定了国际组织对技术市场信息传递与反馈管理职能定位的必要性。海管局与其他国际组织合作的管理制度是提供最新科学技术成果，交流最新发明和发现，沟通技术商品生产者、需求者和管理者之间联系的重要方式和渠道，[1]这得益于秘书处公共服务职能的发挥。首先，海管局具有按照"良好的行业做法"处理信息不对称的能力，是平衡技术持有者、供应者和接受者等市场交易主体之间利益关系的主导力量。"良好的行业做法"植根于海管局的规则、规章和程序规定的履约和流程要求以及海管局通过的适用标准，[2]"区域"矿产资源开发技术信息公开不但关涉私有利益，还与国家利益密切相关，各国及企业对交易信息知悉程度高低、渠道是否通畅，尤其是获取的均衡性，关乎技术商业化的运行实效乃至"区域"内活动参与的公平正义，因而需要海管局根据"良好的行业做法"制定、实施和促进有效和透明的交流、公开信息和公众参与程序。[3] 其次，技术市场交易信息公开属于海管局和其他国际组织合作管理的重要事项。《海洋法公约》有关海洋技术发展和转让的国际合作方针、准则和标准，以及国际方案的协调，都明确体现了主管国际组织介入的必要性。特别是在为发展中国家及其国民和企业部提供"区域"矿产资源开发技术转让的便利方面，强调了主管国际组织与海管局的共同作用，[4]海管局并非承担这一职责的唯一主体，交易信息具有公共性，各国应直接或通过主管国际组织促进有关海洋技术知识的取得、评价和传播，并便利这种情报和资料的取得，[5]因而海管局和其他主管国际组织将对降低技术供需双方搜寻市场交易信息成本事项进行合作管理。最后，秘书处采取各种必要措施加强海管局与其他主管国

[1] 参见王微、陈春平：《技术市场》，人民出版社1994年版，第101页。
[2] 参见《开发规章草案》附表一。
[3] 参见《开发规章草案》第3条(c)项。
[4] 参见《海洋法公约》第271－273条。
[5] 参见《海洋法公约》第268条(a)项。

际组织的合作互动,从而更有效地履行职务和责任。[1] 制约国际合作的主要原因在于一国担心被系统性地片面化的信息模式误导,导致一方欺骗或凌驾于本国之上,而秘书处则可以整合并向各方提供相对全面的信息从而引导国际合作,[2] 为技术转让顺利实施承担提供市场交易信息的公共服务职责。

二、“区域”矿产资源开发技术市场信息公开的修正目标

“区域”矿产资源开发技术市场信息公开的修正目标主要针对技术信息披露义务的履行障碍,以及市场交易信息公开的法律适用障碍,这些障碍不仅表现为市场机制失灵下,技术供需双方所获技术信息的不对称(asymmetric information),[3] 还体现在现行国际法规则缺乏对公开市场交易信息的刚性约束。

第一,技术供需双方在市场机制失灵下所获技术信息不对称。技术信息不对称在“区域”矿产资源开发技术转让过程中,集中体现为交易主体不及时提供准确信息(信息已过时)或不完全透露与转让技术相关的全部信息,二者都会使技术受让者在通过公开市场获得该技术前的商业决定受到误导;由于无法充分判定技术交易信息价值,这种不确定性将导致决策误判甚至逆向选择,增加不必要的交易成本,严重阻碍市场信息公开机制的运行。一方面,在国际技术转让受诸多限制的背景下,不及时提供准确信息直接制约了技术转让合同有效实施,这不仅造成权利义务关系纠纷,更破坏了技术市场的交易秩序。有关不同技术的可获取性以及其性能特点的信息作为“公共物品”,“粘合度”较高,如果需求方企业的知情权无法保障,技术转让势必受到制约。同时,发达国家往往对“区域”矿产资源开发技术出口严格管制,发展中国家引进技术的国内机制并不健全,需求方企业缺乏国际技术市场的对接渠道,难以了解前沿技术发展水平,这又使需求方企业的引进风险上升。理论上,发展中国家企业能否从发达国家获取最合适的技术取决于其能否把握相关技术的全球发展动态。[4] 不及时提供准确信息造成无效引进、难以吸收利用以致“骑虎难

---

〔1〕 参见《海洋法公约》第 278 条。

〔2〕 参见项雪平:《组织机构视角下国际海底管理局造法活动研究》,载《太平洋学报》2016 年第 5 期,第 20 页。

〔3〕 Kamal Saggi, Keith E. Maskus & Bernard Hoekman, *Transfer of Technology to Developing Countries: Unilateral and Multilateral Policy Options*, World Development, Vol. 33: 1587, p. 1587 – 1602 (2004).

〔4〕 参见秦天宝、周琛:《国际环境技术转让的法律障碍及其克服》,载《江西社会科学》2011 年第 3 期,第 165 – 168 页。

下”,甚至会给技术能力落后、实施经验匮乏的发展中国家受让方带来巨大损失。当投入巨资引进技术后,才发现由于信息误导判断,现时实施条件尚不成熟或欠缺技术转化应用能力,这甚至会遭受比自主研发技术成果试验失败更严重的损失。[1] 须知技术的固有价值在于现时应用性,而从公开市场所获取的开发技术大多处于成熟末期甚至衰退期,对现时应用性的有效利用显得更加重要。另一方面,信息占有方亦可能为追求自身利益最大化而不充分披露信息,受让方可能因此作出错误判断,进而出现决策错误并引发纠纷。[2] 虽然为了促成交易,信息占有方会主动披露一些信息,但这些信息通常是对其自身有利的、经其筛选后的产物。对于那些不利的信息,如技术应用的局限、技术存在专利先用权等信息,信息占有方一般不会披露,甚至会隐瞒和欺诈;而这些信息对信息非占有方又至关重要,往往会影响其交易决策,甚至关乎交易目的实现。

第二,现行法律规制对于公开市场交易信息缺乏刚性约束。刚性约束是指法律规范应有的确定性和拘束力,这不同于法律语言模糊性所反映的法律法规的抽象性和概括性特征,法律语言模糊是立法规定提炼概括复杂现实生活的手段,并且是立法语言作为日常语言之一种的必然体现。不确定性和模糊性作为立法语言表述的两个维度,各自具有不同的限度和价值。不确定性是立法中要着力避免的,但模糊性是立法语言的例外和达到表意准确的手段,法律语言良好的模糊运用则是立法的基本技术之一。法律责任规定的模糊并不必然导致法律责任规定的不确定。法律责任的不确定在立法上可能表现为规定的模糊,也可能是规定清晰但在适用中,或者与其他规定存在冲突,或者因缺乏配套制度无法实现而导致不确定,甚至立法中的有关权利义务,以及权

---

〔1〕 任何一项技术研发成果都需经过一定的实际检验周期,“区域”矿产资源开发技术尤其如此。当试验结果不理想时,其最终很可能会被放弃应用,而被弃用的“区域”矿产资源开发技术是无法投放到技术交易市场流通转让的。比如,连续绳斗(CLB)法采矿系统在20世纪70年代初进行了大量海试,具有系统简单、投资少等优点,但由于铲斗在海底无法控制,不能适应海底地形和结核丰度的变化,终因开采时资源损失大、采矿效率低而于20世纪70年代末被放弃。参见阳宁、夏建新:《国际海底资源开发技术及其发展趋势》,载《矿冶工程》2000年第1期,第2页。

〔2〕 参见张铣:《技术转让中信息披露存在的问题及其应对》,载《知识产权》2015年第7期,第67页。

力规定太过宽泛也可能导致相应的法律责任规定无从确定。[1] 一方面,《海洋法公约》中有关技术转让的规定内容概括过于柔性和抽象,对“区域”矿产资源开发技术市场信息有效公开的指导约束相当有限。诸如第 144 条中的“促进”“鼓励”“合作”“倡议”“推动”“便利”等措辞含义过于宽泛,缺少法律规范应有的确定性和拘束力。另一方面,这种“确定性”的局限在《第 11 部分执行协定》中表现为缺乏就“从公开市场获取”技术作出实操性的典型模式;而“拘束力”的缺失在《第 11 部分执行协定》中则表现为虽要求“缔约国承诺为此目的与管理局充分而有效地合作,并确保它们所担保的承包者也与管理局充分合作”,[2]但并未规定如果缔约国及其担保的承包者不作为时所应承担的责任,这也会使部分发达国家的技术转让方“钻空子”,故意不提供受让方基于知情权本应了解的交易信息,形成技术壁垒,妨碍通过合作获取“区域”矿产资源开发技术的便利。有必要指出的是,有关技术转让的争端解决以及不履行合作义务的责任追究原本在《海洋法公约》附件三第 5 条第 4 款中曾有规定,然而现行《第 11 部分执行协定》将其废除后,又无相关规制的新内容,使有关“区域”矿产资源开发技术转让争端解决和责任追究的法律适用在《海洋法公约》中成为“空白”,导致技术市场信息公开机制运行不畅,影响技术转让效率价值的实现。

三、“区域”矿产资源开发技术市场信息公开的机制建构

通过法律手段强制信息占有方进行信息披露并规范其披露行为,不但能激励信息占有方主动披露,而且能降低非占有方处理信息的难度。[3] 缘于“区域”内作业的环境标准对申请者的统一要求,应强制公开相关技术装备的环保性能等技术信息,其他的技术信息公开更宜采用激励性措施。合理公开交易信息关乎企业部和有技术需求的发展中国家企业从公开市场获取“区域”开发技术的成效。虽然出于利益共同性的考虑,《海洋法公约》及《第 11 部分执行协定》在技术转让的规制层面更多地适宜采用柔性规制,但灵活性与适应性同样需要确定性与可预测性的平衡,其方法关键在于要从柔性条款中适当

---

〔1〕 参见戈含锋:《法律责任的立法研究:基于中国立法文本的分析》,经济日报出版社 2015 年版,第 89 页。

〔2〕 参见《第 11 部分执行协定》附件第 5 节第 1 条(b)项。

〔3〕 参见张铣:《技术转让中信息披露存在的问题及其应对》,载《知识产权》2015 年第 7 期,第 67 页。

注入刚性因子,在柔性基础上实现“刚柔并济”。

第一,强制与鼓励并举引导技术信息合理公开的义务履行。“区域”矿产资源开发技术信息合理公开的义务履行,需要在责任共同体中形成最佳实施方案披露义务符合各自利益的共识,进而使这种共识成为技术交易双方履行合同义务的行为导向,最终通过强制与激励措施并举,建立健全符合“区域”矿产资源开发准入标准要求的专利公开制度。首先,应该在责任共同体中形成最佳实施方案披露义务的共识。“区域”矿产资源开发技术专利为深海科学知识传播提供了便利的载体,成为高新技术发展的路标。统一要求责任共同体成员履行“区域”矿产资源开发技术最佳实施方案的披露义务,将在国际法治层面进一步推动落实知识产权制度保护的可行性,使责任共同体内的发展中国家和发达国家成员共同受益。许多发展中国家成员寻求通过信息交换建立“区域”矿产资源开发技术基础,最佳实施方案披露的要求将为其提供一种替代更严格的强制技术转让措施的办法,在促进技术流入国内市场的同时,使技术信息能够更高效地传递给国内企业,促进国内相关技术基础设施建设,为当地劳动力提供强大的培训和教育工具,发挥推动国家深海技术能力发展的“催化剂”作用。发达国家成员也有动机考虑最佳实施方案在开发规章实质性谈判中的作用,缘于其反对强制许可条款;而遏制强制许可浪潮可以寻求最佳实施方案的披露作为技术信息传播的另一种途径,这更能激发高水平的技术创造,对发达国家同样有利。[1] 其次,技术交易双方以最佳实施方案披露义务的共识为导向,确保真实信息双向公开的合同义务遵守。受让方要如实提供自己及其所属国的经济条件以及能力建设水平等相关情况资料,以利于有效转化实施该技术标的;转让方应真实提供有效实施该技术必要的应用说明,特别是针对受让方所提供资料中的具体情况,申明实施该技术可能遇到的风险,提示受让方目前所知可采取的应对方法。最后,强制与鼓励措施并举,健全专利公开制度。在考虑开发计划申请者的技术能力时,法律和技术委员会应依照准则确定申请者是否已经或将会有能力利用并运用最佳可得技术。[2] 因而需要专利公开制度对最佳实施方案作出明确要求,以利于开发计划申请者对最

---

〔1〕 See Dale L. Carlson, Katarzyna Przychodzen & Petra Scamborova, *Patent Linchpin for the 21st Century – Best Mode Revisited*, IDEA, Vol. 45:267, p. 287 – 292 (2004).

〔2〕 参见《开发规章草案》第 13 条。

佳可得技术的获取和实施。一方面，为避免转让方将信息披露的强化误认为是一种可能降低自身行业竞争力的变相强制许可，最佳实施方案的披露标准原则上应作适当放宽，并降低“区域”矿产资源开发的高新技术专利申请门槛。同时，采用激励方式，无论是技术受让方，还是转让方，只要是积极履行合理公开义务的守约方，促成“开发者可利用的最佳可得技术”转让，就应被给予未来获取更多技术商业化的机会。同时对于那些诚实守信促成有效转让，使受让方尤其是发展中国家提高技术能力的提供者及其所属国政府，海管局可在分配阶段更多地给予其相应的“区域”矿产资源利益奖励；相反，对于故意隐瞒或虚假提供市场交易信息，导致技术转让失败，甚至使合同相对方蒙受损失的违约方及其没有对此“依法采取一切必要和适当措施”的担保国政府，应由海管局采取诸如减少未来提供技术商业化机会以及资源利益分配份额等惩罚措施。[1] 另一方面，强制披露与最佳可得技术相关的环保性能等技术信息。最佳可得技术是指设施或作业方法的最新发展阶段、最先进的流程，这种技术显示防止、减少和控制污染及保护海洋环境免受开发活动有害影响的某项措施实际上比较合适，同时还考虑到了适用准则规定的标准。[2] 因此，基于“区域”环境标准对开发计划申请者的统一适用，与最佳可得技术相关的最佳实施方案应当强制公开环保性能等技术信息，确保使用者能够最大限度地降低对海洋环境的不利影响。关于是否属于应当被强制披露的技术信息的争端认定，可考虑允许和鼓励争端当事方优先谈判和磋商。如争端无法通过谈判和磋商得到解决，可考虑诉诸当事方明示同意的第三方争端解决程序，由专家组对技术性争端审查决定，[3] 也可由任何一方按照联合国国际贸易法委员会的

---

〔1〕 担保国应承担“确保遵守”义务和直接义务两类义务；担保国的“确保遵守”义务是一种“适当尽职”义务，是行为义务，而非结果义务；担保国如已依法采取一切必要和适当措施，则对于其所担保的承包者因不履行义务而造成的损害，不承担赔偿责任。《中华人民共和国政府关于〈“区域”内矿产资源开发规章草案〉的评论意见》，载海南大学国际司法与仲裁研究中心网2018年4月2日，https://www.hainanu.edu.cn/stm/lawsfzc/201842/10504044.shtml。

〔2〕 参见《开发规章草案》附表一。

〔3〕 鉴于当事方合意对于有效解决争端至关重要，考虑在《开发规章草案》第92条（审查机制）中加入允许争端当事方通过自愿选择的方法来解决争端的规定，而非必须通过行政审查机制来解决争端。还可积极考虑许可当事方在专家或专家小组意见的基础上，通过谈判或磋商解决有关争端。参见《中华人民共和国政府关于〈“区域”内矿产资源开发规章草案〉的评论意见》，载海南大学国际司法与仲裁研究中心网2018年4月2日，https://www.hainanu.edu.cn/stm/lawsfzc/201842/10504044.shtml。

仲裁规则或海管局的规则、规章和程序规定的其他仲裁规则,提交有拘束力的商业仲裁。当裁决认为属于应当强制披露的技术信息范畴,该技术转让合同尚可采取补救措施继续履行,应限定违约方在合理期限内充分履行提供必要技术交易信息的义务,使其合乎合理公开要求。

第二,以秘书处为枢纽建立技术市场交易信息平台。技术市场交易信息平台的建立主要以促进技术实施能力相近的发展中国家之间转让技术为目标,通过海管局秘书处履行信息公开职能,并赋予秘书长(临时)决策权力。首先,"区域"矿产资源开发技术市场交易信息平台应以促成技术实施能力相近的供需双方转让技术为原则,从现有的公约规则入手,扩大发展中国家实体获取技术交易信息的来源渠道。"区域"矿产资源开发技术作为适用地域有限的高新科技种类,实施能力增进离不开"区域"开发实践经验的长期积累。由承包者所提供的技术种类未必符合使用方的实际需求,实施能力相近的实体之间技术转让结果评估与信息公开尤为重要,既可为其将来与具有更高实施能力的承包者转让技术积累经验,促进高新技术种类的及时吸收与有效转化,又降低了交易信息不对称带来的未知风险,避免屈就技术持有者所开出的显失公平的商业条件。从公开市场获得处于成熟期的技术种类往往更接近于发展中国家实体当前的实施能力,对相关交易信息应重点公开。为此,《第 11 部分执行协定》将合作关系中提供技术转让便利的当事方规定为"承包者及其担保国",具体适用时还应重视技术实施能力相近却在承包者及其担保国范围外的其他主体为技术需求方获取技术提供便利的作用,该协定善意地将提供这一便利的主体范围扩大解释为"承包者及其担保国,以及可以取得这种技术的其他缔约国"。其次,通过海管局秘书处履行信息公开职能。应当由海管局的法律和技术委员会澄清理事会、秘书长及大会(酌情)在技术市场交易信息平台建设中的各自作用,并考虑明确海管局履行信息公开职能的具体负责机构为秘书处。[1] 具体而言,尽管目前海管局的组织机构并无处理技术转让事宜的专管部门,但《海洋法公约》框架下的区域性中心职能已包括关于技术的销售及有关专利权的合同和其他安排的情报的汇编和整理,基于节约和效率原则,

〔1〕 Council, *Statement by the President of the Council on the Work of the Council during the First Part of the Twenty – Fourth Session*, International Seabed Authority (Mar. 13, 2018), https://ran – s3. s3. amazonaws. com/isa. org. jm/s3fs – public/files/documents/isba24c – 8 – en. pdf.

海管局不必单独增设这样的部门,可以通过与发展中国家共建联合中心,搭建技术市场交易信息平台。同时,既然理事会着重负责有关促进技术转让的知识产权保护措施、市场交易规则、国际合作战略等具体政策的制定,那么,秘书处履行技术交易信息公开的职责时,秘书长及其工作人员是以“国际官员”的身份为海管局整体利益执行职务,只需要向海管局负责,其法律地位的“独立性”确保了其在提供市场交易信息时秉持客观公正立场。最后,秘书长应当具有临时决策的权力。理事会作为海管局与其他国际组织合作建设技术交易信息公开平台的执行机构,需要提高决策效率,包括赋予秘书长(临时)决策权力。秘书长经理事会许可,应做出适当的安排,同联合国经济及社会理事会承认的国际组织和非政府组织进行协商和合作。[1] 通过联合国机构间的海洋网络机制,促进机构间信息交流,包括交流有关海洋事务的经验、最佳做法、工具、方法以及经验教训。[2] 具体由海管局秘书处同联合国贸易和发展会议(United Nations Conference on Trade and Development,UNCTAD)进行合作,在其技术信息交换所(Technology Information Clearing House)公布技术交易信息。需要指出的是,有关技术市场交易信息合理公开的认定由秘书处对以往“区域”矿产资源开发技术发展情况进行评估,并将供需双方技术商业化实效报告理事会,使后者据此制定更加科学合理的规制,形成具有前瞻性的信息公开机制。

第四节 “区域”矿产资源开发技术吸收能力发展的联合企业安排

“区域”矿产资源开发技术吸收能力发展聚焦于促进发展中国家对发达国家技术外溢的消化和吸收,实现本国技术进步。联合企业安排属于可利用技

---

〔1〕 参见《海洋法公约》第 169 条。联合国海洋网络是联合国机构间机制,负责加强和促进联合国系统和海洋及沿海地区活动的协调和统一;在联合国相关任务及其他任务框架内定期交流有关各参与组织正在进行和计划进行的活动信息,以确定可能的协作和增效领域;酌情推动其参与组织为联合国秘书长关于海洋和海洋法的年度报告提供投入等。

〔2〕 Assembly, *Report of the Secretary - General of the International Seabed Authority under Article 166, Paragraph 4, of the United Nations Convention on the Law of the Sea*, International Seabed Authority, https://ran - s3. s3. amazonaws. com/isa. org. jm/s3fs - public/files/documents/isba - 23a - 2_1. pdf.

术外溢的外商直接投资渠道,要求企业部及发展中国家实体能够在《第 11 部分执行协定》附件第 5 节规定的基础上,以公平合理的商业条件获得对发达国家企业合作方的技术占有和使用的权利。同时,发达国家企业合作方对技术显性和隐性知识的自愿、有效转让,又需要通过国家间的区域合作来增进企业间的良好关系和相互信任。本节将以此作为"区域"矿产资源开发技术吸收中联合企业安排的适用基础,检视其在《海洋法公约》体系框架下的实施效果,进而指出效果欠佳的部分并分析具体法律机制的补位。

一、"区域"矿产资源开发技术吸收中联合企业安排的适用基础

联合企业安排下的技术吸收是受软法规则约束的行为。学界对软法研究尚不深入,甚至对这一最先适用于国际法领域的概念也并无定论,其定义多援引法国学者弗朗西斯·施奈德(Francis Snyder)的观点。施奈德认为软法是原则上并无法律约束力但确有实际效力的行为规则。联合企业安排下的技术吸收属于硬法中的软法,《海洋法公约》、《第 11 部分执行协定》和海管局制定的规章并无存在明确法律责任的条款,[1] 甚至联合安排条款本身更注重行为的引导和鼓励。[2] 具体而言,企业部与发展中国家实体对技术的占有使用不具有法律上的唯一性和约束力,但联合企业安排本身作为可利用技术外溢的外商直接投资渠道,企业部及其他发展中国家实体可以据此通过合同约定的行为实现这一目的。一方面,不具有约束力体现在联合企业安排并非仅满足于和"从公开市场获得"相同的技术贸易目的,还蕴含技术出资与利益分享合作方式选择的便利。就企业部与其他国家实体组建的联合企业而言,虽然《海洋法公约》附件三第 5 条被《第 11 部分执行协定》附件第 5 节废止,但前者同样承认后者有关联合企业安排获取技术这一备选方案,该条第 6 款规定了在同企业部进行联合企业的情形下,技术转让将按照联合企业协议的条款进行。根据这一规定,强制性技术转让规则和程序不适用于联合企业;而且,它使这种联合企业协议的当事方在对企业部使用所需技术及享有所需利益方面的安排完全自由和灵活。由此可知,虽然《海洋法公约》附件三第 5 条第 6 款不再适用,但联合企业协议下的技术转让仍是合作开发"区域"的一种必然,而并非发达国家实体获得开发授权的额外负担。因此,联合企业安排下的技术获取

---

〔1〕 参见姜明安:《软法的兴起与软法之治》,载《中国法学》2006 年第 2 期,第 25 页。
〔2〕 参见《海洋法公约》附件三第 11 条第 2 款。

仅仅是《第11部分执行协定》附件第5节的一项原则，发达国家实体同样可基于联合企业协议向企业部或联合企业转让全部或部分、专有或非专有、软件或硬件技术，相对方受让的前提是根据联合企业协议中商业条款支付对价，并履行未经发达国家实体同意不得向第三方扩散的义务。[1] 另一方面，确有实际效力表现为企业部及其他发展中国家实体具有通过事前约定的方式实现这一目的的主动性。联合企业合作方具有自由约定联合企业协议内容的权利，在排除强制技术转让的同时，缔约自由并未减损可供企业部及其他发展中国家实体选择技术占有使用的优先性。就保留区开发的主体资格而言，企业部可独立开发，也可与技术合作方联合开发，甚至交由缔约国及其实体单独开发。以企业部与技术合作方联合开发为例，虽然在联合企业内部，企业部因为法定股权比例的从属地位使其获得技术外溢的难度增加，但在形成共同经营关系以前，企业部有权以技术的占有使用作为先决条件。综上，《第11部分执行协定》附件第5节使不向企业部和发展中国家做技术转让承诺的承包者免于承担任何实质性的法律责任，联合企业安排下的技术获取通过较好行为典范和关系模式的树立，强调“应设法”而非简单地“按公平合理的商业条件”，表达的正是一种推荐联合企业合作方遵守的期待和意愿，发达国家实体促进企业部及发展中国家实体吸收技术不再是一种清晰的法律义务，而变为强制性有限的一项原则。[2]

二、“区域”矿产资源开发技术吸收中联合企业安排的效果检视

联合企业安排下的技术吸收不仅需要海管局等国际组织来推动，也离不开沿海国等各方的支持与合作。某些发达国家技术持有者考虑技术外溢而勉强敷衍，以最大限度减少自身利益损失、确保“区域”矿产资源开发技术领先地位为目的，导致企业部与发展中国家实体吸收技术知识的实际效果不佳。《第11部分执行协定》规定以联合企业的方式获取技术，只是为开发实体提供了一条促进其所属国技术吸收能力发展的软法路径，不影响发展中国家根据《海洋法公约》有关设立区域性海洋科学和技术中心的规则，以区域合作为纽带，提

---

〔1〕 See Günther Jaenicke, *A Joint Venture Agreement for Seabed Mining*, Springer, 2013, p. 33 – 36.

〔2〕 一些条约机制可能采用非经表决的软法模式进行修订，并进而给条约的当事国确立义务。《海洋法公约》正是采用了没有正式反对即为通过的方式解决其相关部分的实施协议。参见何志鹏：《逆全球化潮流与国际软法的趋势》，载《武汉大学学报（哲学社会科学版）》2017年第4期，第56 – 59页。

高技术吸收能力。《海洋法公约》框架内的制度缺失具体的衔接和实施机制，以致发展中国家技术吸收能力发展的效果欠佳。

第一，企业部与发展中国家实体吸收技术知识的实际效果不佳。企业部和发展中国家在当前《海洋法公约》框架下，通过联合企业安排获取并吸收技术将面临发达国家实体排斥技术外溢的挑战。一方面，发达国家实体倾向于仅对联合企业转让技术，拒绝合作方的占有和使用。发达国家实体，特别是当中的跨国公司，基于数十年的矿业经验，通常保持对"区域"内活动核心环节的控制，并倾向于将高新技术工作外包给全球服务公司。[1] 因此，虽然其可能囿于人力等必要投资要素的缺乏，采用联合企业的技术出资方式雇用发展中国家人员，但核心技术转让须以具有避免扩散把握为前提。其中，高新技术研发成果仍以自用而非技术贸易为优先，往往在某项技术成熟衰落或被本国市场淘汰以后，才考虑实施国际转让。[2] 这意味着在联合企业安排下，由发达国家实体直接使用技术，虑于高新技术外溢将采取更加严格的限制措施，企业部及发展中国家实体实际参与联合企业内部技术研发与应用的人员十分有限，仅能共同分享技术使用的结果利益而难以事实占有并使用技术、吸收技术知识。另一方面，发达国家实体倾向于可保持其技术优势的高新技术对内转让，这增加了企业部及发展中国家实体吸收前沿技术知识的难度。对内转让的主要途径包括母公司对子公司的转让、子公司对子公司的转让以及子公司对母公司的转让。虽然发达国家实体的对内转让无法主导合作方所属国的技术市场，成为主要供应者，但可避免技术外溢的损失，[3] 因此，企业部及发展中国家实体受让技术的商业条件、吸收技术知识的机会显然不如发达国家实体为"借壳"开发保留区而设立的全资子公司。[4]

第二，发展中国家技术吸收能力发展的效果欠佳。联合企业安排下的技

---

〔1〕 See Carlota Pérez, *Technological Dynamism and Social Inclusion in Latin America: A Resource-Based Production Development Strategy*, Cepal Review, Vol. 100:121, p. 125 (2010).

〔2〕 参见马忠法：《论国际技术转让的特征及其价格的影响因素》，载《江淮论坛》2007 年第 3 期，第 26–27 页。

〔3〕 参见任永菊：《新形势下跨国公司技术转让特点及其启示》，载《科技与经济》2012 年第 4 期，第 13 页。

〔4〕 See Kamal Saggi, Keith E. Maskus & Bernard Hoekman, *Transfer of Technology to Developing Countries: Unilateral and Multilateral Policy Options*, World Development, Vol. 33:1587, p. 1587–1602 (2004).

术吸收与发展中国家通过区域性合作机制发展技术吸收能力并存，当前亟待明晰促进二者兼容的具体衔接和实施机制。《海洋法公约》第十四部分海洋技术的发展与转让制度使区域性海洋科学和技术中心的设立合法化，为区域性合作建立了机制框架，但未能提供与联合企业安排耦合的制度接口，从而弱化了对促进“区域”矿产资源开发技术吸收能力发展的针对性。首先，对发达国家实体规避技术外溢的应对准备不足。以技术吸收能力发展为目标的发展中国家，通过区域性中心与该区域内具备技术优势的发达国家建立合作关系具有法律基础，[1]但技术吸收能力发展涉及国家规划相关项目以及实体在系统环境中学习以适应受让技术的复杂性。[2] 区域性中心具有研究开发技术的各级训练和教育方案的职能，但未能考虑联合企业内发达国家实体虑于技术外溢，限制发展中国家人员参与技术核心环节的情形。[3] 其次，未充分考虑发展中国家的实际技术需要。区域性中心虽具有对技术的销售以及有关专利权的合同和其他安排的情报的汇编和整理职能，但缺失海管局协同机制，未能激励发达国家实体转让符合发展中国家能力条件和实际需要的国内矿产资源开发技术种类。发达国家实体的投资主要集中于产业中上游，对矿产资源在发展中国家的本土利用关注较少；同时，作为资本密集型与技术密集型产业，对发展中国家国内就业机会创造不足，除为发展中国家政府带来财政利益外，对其国内社会经济发展的整体促进作用有限，并极易引发“资源诅咒”等问题，[4]从这个意义上说，联合企业安排对发展中国家实体获得可供其自主高效开发国家管辖范围内矿产资源的技术具有现实意义。最后，未能兼顾技术吸收能力的持续发展。在技术吸收能力发展与赶超过程中，联合企业合作方的技术水平渐趋一致，发展中国家实体从发达国家实体获得技术知识的速度会放缓，此时需要通过提高联合企业整体的技术创新能力，带动技术引进和吸收能力的持续发展。在《海洋法公约》框架下，区域性中心具有与该区域内其他国家

[1] 参见《海洋法公约》第 276 条第 2 款。

[2] 在发展中国家，技术转让往往是为了加强当地的技术能力，这些能力在当地机构中分布，实际上是发展中国家通过结合本国各种资源获得复杂技术体系的一种方式。See Kartiko Putranto, Don Stewart & Graham Moore, *International Technology Transfer and Distribution of Technology Capabilities*: *The Case of Railway Development in Indonesia*, Technology in Society, Vol. 25:43, p. 43 (2003).

[3] 参见《海洋法公约》第 277 条(a)项。

[4] 参见黄河主编:《一带一路与国际合作》，上海人民出版社 2015 年版，第 72－73 页。

的技术合作职能,但如何据此整合联合企业开发指定矿区资源所需的人力、专利等技术因素,促进担保国国内社会消化、吸收和利用新技术的能力仍有待进一步明确。

三、"区域"矿产资源开发技术吸收中联合企业安排的机制补位

联合企业安排下的技术吸收具有软法特质,决定了协商与协调、引导与激励等实施机制的配套。联合企业中介集成服务机制以实现发展中国家实体占有并使用技术为目的,促进联合企业合作方磋商与沟通,使其达成有利于发展中国家吸收技术知识的一致,确保联合企业安排下技术转让制度的完整性。引导在于使合作方获得积极、肯定的方向指引,不会涉及对联合企业成员的否定性评价,更不会对其行为构成某种强制。为进一步确保引导实效,海管局及缔约国不能完全寄希望于合作方之间单纯的言语说服,需要借助一定的利益诱导方式来激发联合企业成员践行的动力,其本质是一种激励。[1] 陆海统筹合作机制通过建立国家和区域性海洋科学与技术中心、推动发达国家实体以较低的商业条件或无偿转让其他地域矿产资源开发的技术标的物,以及完善国家和区域性海洋科学和技术中心联动模式,寻求产、学、研的统一性,促进发展中国家技术能力得到综合提升。

第一,构建用以实现发展中国家实体占有并使用技术的联合企业中介集成服务机制。中介集成服务机制主要涉及海管局与担保国政府的协调参与,通过对开发实体之间缔结联合企业协议的技术指导以及激励措施,为发展中国家实体在联合企业安排下占有并使用技术提供便利。一方面,推动联合企业合作方真实意思严格按照协议内容表达。企业部及发展中国家实体有权以技术吸收作为组建联合企业的前提,是否直接占有并使用技术应按照联合企业协议的条款进行,当形成合意并写入合同条款时,理应得到各方认真对待。实现发展中国家实体对技术的占有与使用必须注重联合企业协议条款的合理性、全面性和可操作性,据此,可由法律和技术委员会提供技术咨询服务,涵盖技术转让方式及转让各方权益咨询、转移合同及法律程序咨询、拟采纳的技术

---

〔1〕 参见石佑启、朱最新主编:《软法治理、地方立法与行政法治研究》,广东教育出版社 2016 年版,第 49－52 页。

投产前咨询、日常咨询等。[1] 另一方面，技术外溢可能造成的发达国家实体的利益损失，可由公权力机关予以适当补偿。发达国家实体向全资子公司转让技术，“借壳”开发保留区不被公约规则禁止，根据2011年国际海洋法法庭发表的“关于担保自然人和实体从事国际海底区域有关活动的责任和义务的咨询意见”（法庭第17号案），《海洋法公约》开篇第5段和第140条第1款强调对发展中国家应予特别考虑的领域应包括科学研究、技术转让和惠益分享，不包括环境标准；海底争端分庭的咨询意见也解释了国家担保下“区域”环境保护义务和责任对各国统一适用，一定程度上可防止因“方便担保国”对发达国家实体的宽容而使海洋环境保护遭受威胁，遏制了发达国家实体利用发展中国家规避责任、“借壳”开发的趋势蔓延，但也意味着海洋环境保护优先于提升小岛屿发展中国家从事“区域”内活动的参与度，这对国力较弱、管理和技术水平较低的发展中国家构成了资源开发潜在的“环境壁垒”。[2] 因此，基于联合企业协议在修改、暂停或终止方面享有与海管局订立的合同相同的保障，海管局与缔约国政府可以承诺，对发达国家实体因技术外溢造成的利益损失，通过合同区权利金承担的缴付份额减免、不对向发展中国家实体转让技术所产生的各项成本和利润重复征税等激励措施予以补偿。

第二，健全用以实现发展中国家技术吸收能力综合提升的陆海统筹合作机制。发展中国家开发矿产资源应由陆域到近海再到深海渐进拓展，以区域合作为纽带的联合企业担保国之间需协调彼此的实际需要，引导开发实体进行有利于技术外溢的联合企业安排。这不仅要求推动相关当事方开展合作交流，激励技术持有者向具有直接占有并使用技术需求的企业部及发展中国家实体转让技术，还应将技术外溢效应递嬗为各方合作研发、创新技术的契机。首先，借鉴并发展《海洋法公约》对“国家和区域性海洋科学和技术中心”的规定，推动在“区域”矿产资源开发方面的国际科学和技术合作，[3] 建立国家和区域性的海洋科学和技术中心：前者主要设立在联合企业内具有直接占有并使用技术需要的沿海发展中国家；后者以联合企业安排下技术外溢所能波及

---

[1] 参见王家庭、曹清峰、孙哲编著：《我国西南地区与东南亚国家跨国区域合作开发研究》，南开大学出版社2015年版，第112页。

[2] 参见付玉、邹磊磊：《国际海洋环境保护制度发展态势分析》，载《太平洋学报》2012年第7期，第76－77页。

[3] 参见《第11部分执行协定》附件第5节第1条(c)项。

的区域范围为限,设立在其中效应影响最强的国家。其次,以陆海统筹为原则,推动发达国家实体以较低商业条件或无偿转让其他地域矿产资源开发技术标的物。基于从“区域”和其他渠道取得的矿产资源不应区别对待,[1]以及使发展中国家多途径取得紧缺矿产资源对“区域”内活动相关国际法发展的重要性,[2]海管局制定规章应充分考虑发达国家具备国家管辖范围内矿产资源开发的技术能力并且资源大多濒临枯竭,而发展中国家国内矿产资源大多尚未充分开发,更有受让这种技术的必要性。海管局对承担发展相关海洋技术主要责任的承包者详细说明的商定的业绩标准,[3]可涉及对内陆、近海矿产资源开发技术按较低商业条件或无偿转让,便于发展中国家实体借鉴陆上或国家管辖海域内开采矿产资源的惯常实践和有益经验,[4]间接提高“区域”矿产资源开发技术知识吸收效果。最后,完善国家和区域性海洋科学和技术中心联动模式,通过整合担保国国内相关企业、教育机构和科研机构来集成联合企业开发所需的各种资源,为技术吸收与能力发展提供便利。一方面,联动模式将国家和区域性海洋科学和技术中心的资金同技术研究和发展政策联系起来,有利于海管局和缔约国政府制定政策和采取措施,使该中心有效利用来自国家或区域一级的政府资金。同时,联动意味着某种程度的协调,国家海洋科学和技术中心可通过区域性海洋科学和技术中心以及政府、企业、行业协会、

---

[1] 参见《第 11 部分执行协定》附件第 6 节第 1 条(d)项。

[2] 国家经济发展对矿产资源的需求客观存在,国际社会只是在最近几十年才将“区域”矿产资源开发提上日程,但对国家管辖范围内矿产资源开发的关注自始存在。发展中国家还无能力建造与发达国家当初为大规模开采这些资源同等水平的基础设施,因而国内社会也不曾像一般发达国家那样享受到这些资源所提供的服务。See M. L. C. M. Henckens et al. ,*The Set – Up of an International Agreement on the Conservation and Sustainable Use of Geologically Scarce Mineral Resources*, Resources Policy, Vol. 49:92, p. 92 – 98(2016).

[3] 审查委员会在对“区域”制度的实际实施情况监督审查的建议中指出,在发展海洋技术方面,除监测承包者年度报告中所述技术外,海管局没有开展有分量的工作来有效监测与“区域”内活动有关的海洋技术发展情况。Assembly, *Letter Dated 3 February 2017 from the Chair of the Committee Established by the Assembly to Carry Out a Periodic Review of the International Regime of the Area Pursuant to Article 154 of the United Nations Convention on the Law of the Sea to the Secretary – General of the International Seabed Authority*, International Seabed Authority (Feb. 8, 2017), https://ran – s3. s3. amazonaws. com/isa. org. jm/s3fs – public/files/documents/isba – 23a – 3_1. pdf.

[4] 参见《中华人民共和国政府关于〈“区域”内矿产资源开发规章草案〉的评论意见》,载海南大学国际司法与仲裁研究中心网 2018 年 4 月 2 日,https://www. hainanu. edu. cn/stm/lawsfzc/201842/10504044. shtml。

商业协会等中介组织获得可用的信息,[1]为发展中国家实体组建联合企业,选择技术吸收的对象提供便利。另一方面,联合企业的技术集成服务系统主要整合人才、专利等技术因素,便于加强联合企业合作方在不同开发环节的技术合作。在开采环节,为联合企业提供成套的工程化科技成果,降低开发风险;在加工环节,对矿产品的综合利用、回收等相关技术进行研究,形成技术创新成果,协调资源开发与发展中国家经济社会的关系,[2]实现技术能力的综合提升。

---

〔1〕 See Philip Cooke, *Regional Innovation Systems: Competitive Regulation in the New Europe*, Geoforum, Vol. 23:365, p. 369(1992).

〔2〕 参见王家庭、曹清峰、孙哲编著:《我国西南地区与东南亚国家跨国区域合作开发研究》,南开大学出版社2015年版,第110页。

第三章

“区域”矿产资源开发融资方式选择法定化

“区域”矿产资源开发融资方式选择法定化是在责任共同体共建“区域”治理能力过程中，遵循效率优先兼顾公平的原则，以法律的形式确定承包者融资方式选择和运用中各方的权利和义务关系，为责任共同体成员国及其担保对象的开发权利提供保障机制。这使保险机构、银行和担保国政府等利益相关者得以明确各自在承包者指定矿区供资计划中的权利和义务，促使其根据相关法律机制安排作出符合国际法要求、有利于维持和提高承包者履行开发合同财务能力的行为，规避不利于其筹措资金甚至可能引发争端的决定，确保开发合同目的实现。[1] 对融资方式选择法定化问题的研究，应以探寻《海洋法公约》所提供的融资范式为优先，再就《开发规章草案》中的“区域”内活动风险融资保险，使用开发合同担保的项目融资，以及联合企业控制权融资的范式流变，有针对性地构建并完善相关法律机制。

第一节 “区域”矿产资源开发融资的法定范式及其流变

企业部可经由公共财政正向调节的内源融资、个人和机构投资者支持的市场化融资、合作伙伴支持的股权式联合企业经营这三种法定范式筹措“区域”内活动资金。范式流变是因应“区域”矿产资源开发不同阶段的融资特点以及融资安全维护的情势所需，从“区域”作业风险自负到责任分担、上游开采合作到项目中下游全方位参与以及联合企业参股到控股等角度，分析由海管局未来出台开发规章对包括企业部在内一切承包者的融资方式选择作出的细化与调整方向。

一、“区域”矿产资源开发融资的法定范式

“区域”矿产资源开发融资是指承包者按照其指定矿区工作计划的资金需求规模，经由可能的渠道筹措维持其正常的运营、扩大再生产等生存和发展方

---

[1] 关于《开发规章草案》的结构、内容和流程，应由法律和技术委员会制订供资计划（该规章草案附件三）的更新和审查机制，以确保具备开发合同规定的持续财务能力。Council, *Statement by the President of the Council on the Work of the Council during the First Part of the Twenty - Fourth Session*, International Seabed Authority (Mar. 13, 2018), https://ran - s3. s3. amazonaws. com/isa. org. jm/s3fs - public/files/documents/isba24c - 8 - en. pdf.

面的资金的行为。就"区域"矿产资源开发而言,《海洋法公约》第 153 条第 2 款规定了除企业部可自行经营外,缔约国及其国营企业或者能够满足缔约国提供担保条件的自然人、法人或其他组织等实体,都有权投资参与。但从法定范式角度,企业部不但与有机会参与制定开发规章的其他承包者一样,是重要的利益攸关方,其投入对制定这项重要的监管文书必不可少,而且《海洋法公约》附件四第 11 条第 1 款的规定只适用于企业部的资金来源,此资金来源一是海管局和缔约国政府的公共财政补助,二是企业部自身进行融资活动所筹得的资金。后者作为法定融资范式的主要研究内容,又可划分为企业部的内源融资与外源融资。内源融资是指企业部经营活动结果产生的资金,外源融资是指企业部通过一定方式向海管局、缔约国、金融机构、组成联合企业承包者的合作伙伴等经济主体借入资金。虽然内源融资以企业部具有脱离秘书处独立运作的条件与能力为前提,但初始资金的筹措仍与公共财政的正向调节有关。在外源融资方面,个人及机构投资者、联合企业合作伙伴的比较优势分别体现在市场化融资和联合风险经营上。[1]

第一,公共财政正向调节的内源融资。公共财政正向调节的内源融资是指海管局的财政拨款和缔约国为企业部的活动筹资而提供的自愿捐款可以弥补企业部独立运作资金的不足,缓解企业部开展业务活动所需内源融资的压力。企业部是一个独特的实体,具有作为国际组织机构的特殊性质。从《海洋法公约》第 158 条第 2 款和第 170 条第 1 款看,企业部是海管局的职能部门之一,按照大会的一般政策和理事会的指示行事,并非一个主要机关;但《海洋法公约》第 153 条第 2 款(a)项、附件三第 3 条和附件四第 2 条第 3 款、第 11 条第 4 款以及《第 11 部分执行协定》附件第 2 节第 2 款又设想了企业部在"区域"矿产资源商业开发阶段直接开展业务,在海管局的国际法律人格框架内,赋予其相对独立的法人人格和法律行为能力,在开展业务方面享有自主权,体现了商业实体特征;企业部不仅拥有独立于海管局的资金、资产和费用,有借入资金并提供其所决定的附属担保品或其他担保的权力,并且与海管局就各自的

〔1〕 参见邹永生:《矿业资本市场与矿业融资》,载《中国地质矿产经济》2003 年第 5 期,第 34 页。

行为或义务免责。[1] 企业部一旦投入运作，就将根据《第 11 部分执行协定》修订的《海洋法公约》有关规定，直接在“区域”内进行采矿活动，并运输、加工和销售从“区域”内回收的矿物。企业部在全面运作之前须遵循具有成本效益和采取渐进方式的要求，因此，《第 11 部分执行协定》将企业部从海管局的一个自主机构降级归入海管局秘书处，由秘书长从海管局工作人员中任命一名临时总干事。从企业部运作的资金来源看，充分和迅速地履行托付给海管局秘书处的企业部职能，将减少企业部运作所需满足的职能需求，进而减少企业部运作的费用。秘书处可在成员国的指导下并酌情与特别代表或临时总干事合作拟订充分履行职能所需的工作方案；厉行节俭，从而实现最大限度的节约，并将节约的资金用于执行工作方案上，不得已时请求追加批款。[2] 这意味着，海管局的财政拨款和缔约国为企业部的活动筹资而提供的自愿捐款可以直接用作企业部独立运作资金，增加企业部收益，进而为业务活动提供资金支持。并且，海管局对企业部直接拨款的来源一般被认为仅是海管局从其他承包者那里收缴的核准拟议工作计划的规费、固定年费以及特许权使用费等财政收益，而不能是缔约国的会费，后者只应用于海管局自身的行政开支。加之缔约国对企业部的直接拨款具有自愿性，因此，从长远来看，企业部通过这种

---

〔1〕 对《海洋法公约》附件四第 2 条第 3 款应该做严格解释：一是企业部与承包者之间的合同纠纷，只有企业部才有出庭资格；二是防止企业部在海管局与成员国、经营者、承包人之间的任何争端中担负责任，维护企业部及其资产的完整性免受扣押、查封和执行。参见［斐济］萨切雅·南丹原书主编、毛彬中译本主编：《1982 年〈联合国海洋法公约〉评注》，焦永科等译，海洋出版社 2009 年版，第 681 页。

〔2〕 《第 11 部分执行协定》规定，在企业部独立运作前，应从管理局工作人员中任命一名临时总干事，监督履行《第 11 部分执行协定》阐明的职能。当企业部开始独立运作时，应选出一名实务总干事。实务总干事将是企业部的法律代表和行政首长，就企业部业务的进行工作直接向董事会负责，并可在大会和理事会处理有关企业部的事项时参加这些机关的会议，但无表决权。虽然大会和理事会的现行议事规则均规定将企业部报告列入其临时议程，但未就临时总干事以及之后的实务总干事参加大会和理事会的会议作出具体规定。《第 11 部分执行协定》仅规定从海管局工作人员中任命临时总干事，并未就胜任该职位需要具备的资格作出任何具体说明。建议秘书长设法任命一名具备法律、会计、财务或技术等领域相关资格的管理局工作人员。此外，就常设总干事而言，《海洋法公约》仅规定大会应根据理事会的推荐和董事会的提名选举企业部总干事，但也未具体说明该职位有何特定限制。Council, *Issues Relating to the Operation of the Enterprise, in Particular the Legal, Technical and Financial Implications for the International Seabed Authority and for States Parties to the United Nations Convention on the Law of the Sea*, International Seabed Authority (Jun. 12, 2019), https://isa. org. jm/files/files/documents/isba_25c_26 – e_0. pdf.

内源融资范式筹措资金的多寡,既取决于海管局的规则、规章和程序的分配倾向和实施效果,需要探讨是否能将采矿法规规定的财政支付系统设计成能够从承包者那里筹集资金,用于企业部的运作;也与不同缔约国国内的社会经济发展状况以及参与"区域"全球治理的国家海洋战略密切相关,需要尽一切合理努力为企业部的运作向缔约国筹集自愿捐款。

第二,个人和机构投资者支持的市场化融资。个人和机构投资者支持的市场化融资是指企业部提供其所决定的附属担保品或其他担保,通过资本市场主导的直接融资制度或银行主导的间接融资制度,[1]借入个人和机构投资者的社会资金供给大规模商业化开发时期的业务所需,就矿业融资的通行做法而言,具体包括股票私募、债券私募、贷款等筹资方式。就市场化融资制度的目标模式选择而言,《海洋法公约》附件四第 11 条第 2 款(a)项要求企业部的借款总额由理事会核准,并且企业部在一个缔约国的金融市场上或以该国货币公开出售其证券,应征得缔约国的事前同意。这意味着,无论是直接融资还是间接融资,都不应影响企业部的控制权,并且受制于"健全的商业原则",特别是其中的商业可行性要素,[2]政策性融资的缔约国同意模式将逐渐向市场化融资的理事会同意模式过渡。政策性融资是根据《海洋法公约》体系的有关规定,以缔约国政府的信用担保为作为借款人的企业部提供增信,由政策性银行或其他金融机构对企业部经营的矿区项目提供的融资给付,具有低利率

---

〔1〕 参见张宗新:《中国融资制度创新的模式构建与路径选择》,载《经济研究参考》2002 年第 91 期,第 4 页。

〔2〕 虽然在《海洋法公约》、《第 11 部分执行协定》和《开发规章草案》中使用了"健全的商业原则"这一概念,但这些法律文书均未明确界定这一概念。因此,在试图澄清这一概念时,不妨采用 1969 年《维也纳条约法公约》所载的条约解释规则,并铭记以《海洋法公约》第十一部分和《第 11 部分执行协定》条款为依据的下列要素:"人类共同继承财产"原则,是指导"区域"制度的基本总括性原则;企业部在不受政治干预的情况下作出有效商业决定的自主权;企业部运作的成本效益,即企业部应能够产生足够的收入支付其运作费用,并能高效运作,不需要成员国提供补贴;对企业部的运作采取渐进的方式(例如,在企业部的人员配置、所在地和初期运作方面采取渐进的方式);商业可行性,现已确定商业可行性将涉及若干考虑因素,例如,采取何种管理结构、管理是否健全、资金是否到位、是否有机会获得其打算开发的资源、是否具备或能够获得必要的技术、是否有机会进入资源市场以及该市场的前景如何等。Council, *Issues Relating to the Operation of the Enterprise, in Particular the Legal, Technical and Financial Implications for the International Seabed Authority and for States Parties to the United Nations Convention on the Law of the Sea*, International Seabed Authority (Jun. 12, 2019), https://isa.org.jm/files/files/documents/isba_25c_26-e_0.pdf.

甚至无息贷款的特征,易被企业部所“俘获”。《海洋法公约》附件四第11条第3款(a)、(b)项规定所有缔约国应以长期无息贷款的方式,向企业部提供相当于勘探、开采一个矿址,运输、加工和销售由该矿址回收的矿物等所有必要资金的半数款项,企业部为了筹措其余半数资金所承担的债务,将由所有缔约国提供担保。但后来的《第11部分执行协定》取消了企业部的这项特权,并将企业部置于同其他承包者同等的地位,适用于承包者的义务也适用于企业部,而且企业部必须像其他承包者一样申请采矿工作计划。缔约国不再有义务为企业部的任何业务提供资金,为企业部提供政策性融资也不再具有强制性。应该承认,政策性融资确实可以使企业部的资源配置效率获得提升,拓宽可供发展中国家获得“区域”矿产资源利益的分配空间,进而使其国内多数人民受益,符合“健全的商业原则”之人类共同继承财产原则要素的本质要求;但缔约国毕竟数量众多且其利益分散,社会经济基础和发展方向也不一致,或者对企业部独立运作的预期回报率持悲观态度,或者存在“搭便车”的故意。反观理事会成员,尽管数量相对较少,但协商促进妥协和共同利益形成的利益协调更为便利,易于结成压力集团,影响海管局大会的决策过程。加之《第11部分执行协定》规定,企业部的独立运作应由理事会发出指示实现,而理事会发出指示时应单独行事,没有海管局其他主要机关特别是大会的任何直接参与,并确保企业部的自主权。因此,指示应允许理事会根据《海洋法公约》及《第11部分执行协定》为企业部制定政策目标。随着时间推移,理事会成员国内的监管机构对企业部自主权的市场风险关注度提高,更易被包括外资金融机构在内的金融市场被监管者支配,以致其为企业部制定的政策目标越来越迁就金融市场被监管者的利益,难以按照《海洋法公约》附件四第11条第2款(b)项要求的“尽一切合理的努力”支持和保护企业部代表的公共利益。在这一监管“俘获”过程中,理事会成员国内社会对企业部的关注度减弱,社会各阶层对监管制度和监管机构的冲突开始淡化,合作成为主流,并且更多地为包括外资金融机构在内的金融市场被监管者着想,甚至牺牲公共利益为其谋求私人利益。[1] 因此,虽然取消缔约国政府的政策性融资会为企业部的财务能力提升增加难度,但当缔约国的利益诉求难以聚合,迎合少数理事会成员的主张

〔1〕 参见巫文勇:《金融机构市场退出中的国家救助法律制度研究》,中国政法大学出版社2012年版,第49-50页。

却可以得到更多的政治支持和寻租收入时,海管局大会作为一个“理性人”,不得不确保企业部自主权的信用基础根植于金融市场。因此,企业部市场化融资范式的制度效力主要取决于拟议融资计划及其担保的商业可行性。

第三,合作伙伴支持的股权式联合企业经营。合作伙伴支持的股权式联合企业经营是企业部与作为合作伙伴的“区域”内活动适格申请者组建股权式联合企业,从而依照三个探矿和勘探规章设定的所有权份额范围,融入开办业务和执行职务所需的资金。就矿业融资的通行做法而言,其属于一种联合风险经营的筹资方式。从投资者角度看,缔约国担保下的合作伙伴实体类似于现行国际投资法制下的外国投资者,[1]采用的投资模式为绿地投资(green-field investment),[2]但与之发生法律关系的是海管局,并不存在投资东道国的概念。[3] 企业部在股权式联合企业参股的初始比例为法定的20%,其中10%为无偿获得,参股所得余下部分在合作伙伴收回其对联合企业安排投入的全部股本之前,企业部不得就这部分分享任何利润。合作伙伴还应向企业部提供机会,使其可以在同合作伙伴在一切方面享有平等待遇的基础上增加不高于30%的股份参与。[4] 因此,法定参股比例上限意味着企业部不会在勘探阶段取得股权式联合企业的控制权。企业部通过这种范式筹集资金的多寡还取决于其作为独立实体运作必须满足的触发事件及职能需求。一方面,企业部采用这种融资范式触发的事件为理事会收到同企业部经营联合企业的申请并根据法律义务着手审议企业部独立运作的有关事宜。根据《第11部分执行协定》附件第2节,企业部初期的“区域”内采矿义务应以合营企业的方式进行。

---

〔1〕 不同国家对国际投资,包括国际直接投资,有不同解释,且存在严重分歧。比较权威的观点是联合国贸易和发展会议于1993年、1996年相继吸收了国际货币基金组织(International Monetary Fund,IMF)和经济合作与发展组织(Organization for Economic Co-operation and Development,OECD)的意见后所作的界定,即国际直接投资是投资者在其所处经济体之外为获取持久利益而进行的投资,此类投资实体被称为“外商投资者”,不仅要获得企业管理话语权,而且要在所投资企业控股10%以上,才能称得上直接投资。参见赵晓笛:《FDI理论演变与分类》,载《中国对外贸易》2006年第8期,第86页。

〔2〕 所谓绿地投资,又称创造投资,意指跨国公司和其他投资者根据东道国法律在东道国境内设立的、部分或全部资产归由外国投资者所有的企业。参见王林佳:《绿地投资与跨国并购的比较研究》,载《商场现代化》2007年第17期,第184页。

〔3〕 参见孔庆江:《深海资源开发:国际投资法新疆域》,载《人民论坛·学术前沿》2017年第18期,第24页。

〔4〕 参见《“区域”内多金属硫化物探矿和勘探规章》第19条;《“区域”内富钴铁锰结壳探矿和勘探规章》第19条。

与企业部组建联合企业的适格申请者，除缔约国及其国营企业外，缔约国的自然人或法人需由缔约国提供担保。此项规定的考量在于，根据国际法效力原则，一般国际公约或协定只对缔约国具有约束力，缔约国担保可确保通过缔约国对与企业部组建联合企业的适格申请者以其国内法规进行约束和管理，从而履行《海洋法公约》所规定的相关法律责任和义务。[1] 同时，该担保缔约国的国内法应当承认企业部在其领土行使企业部职能和实现企业部宗旨所必要的法律行为能力。[2] 2012 年，加拿大注册企业鹦鹉螺矿业公司向海管局秘书长提交一份提案，提议与企业部谈判组建联合企业，以开发克拉里昂—克利珀顿区的其中八个保留区块。然而，理事会当时认为，企业部独立运作为时尚早。之后，波兰政府与企业部也就组建联合企业开展谈判，[3] 虽然秘书长收到波兰环境部国务秘书的一份意向书，但在编写研究报告时，波兰尚未向海管局提出详细提案。因此，迄今尚不存在触发企业部采用这种融资范式的事件。另一方面，企业部采用这种融资范式涉及临时总干事及理事会发出指示允许企业部独立运作之后的时期的职能需求。企业部投入运作的职能需求依次考虑了加强现有安排、秘书长在秘书处任命临时总干事承担之前由特别代表履行的职能、理事会发出指示允许企业部独立运作之后的时期以及总干事任命之后的近期这四个基本步骤。其中，第二个步骤涉及临时总干事的职能需求是就联合企业开展谈判，包括为企业部的运作筹集行政费用；为立法制定进程提供投入，特别是为《开发规章草案》提供投入；充分履行分配给秘书处的职能。而从企业部运作的资金来源看，与企业部组建的联合企业可纳入有利条款，以便支付企业部投入运作所需的行政费用。在此基础上，第三个步骤涉及理事会发出指示允许企业部独立运作之后的时期的职能需求包括应要求为组建董事会提供协助；为董事会提供服务；组建和管理联合企业谈判团队，为组建联合企业与符合资格的实体开展谈判；为立法制定进程提供投入；为同时作

---

[1] 参见付玉、邹磊磊：《国际海洋环境保护制度发展态势分析》，载《太平洋学报》2012 年第 7 期，第 74 页。

[2] 参见《海洋法公约》附件四第 13 条第 1、2 款。

[3] *Council, Report of the Special Representative of the Secretary – General of the International Seabed Authority for the Enterprise on the Proposal by the Government of Poland for a Joint Venture with the Enterprise*, International Seabed Authority (Jan 3, 2019), https://ran – s3. s3. amazonaws. com/isa. org. jm/s3fs – public/files/documents/25c – 7 – e. pdf.

为采矿实体和国际组织的企业部运作做好准备,包括项目管理、筹集开办资金和调动技术能力开展培训以及起草行政、财务和人事事项的规则、条例和程序等。[1]

二、"区域"矿产资源开发融资的法定范式流变

随着"区域"矿产资源开发勘探合同数量增加,《海洋法公约》体系对承包者融资的法定范式因应优先开采权指向的开采项目融资需求而相应调整和细化,"区域"矿产资源开发风险融资保险、使用开发合同担保的项目融资以及联合企业控制权融资等法定范式相继更新至企业部及其他承包者的筹资方式选项内。

第一,"区域"矿产资源开发风险融资保险范式。"区域"矿产资源开发风险融资保险(以下简称融资保险)是拟议开发计划申请者依照良好行业做法,与保险机构事先订立保险合同,并交纳一定的保险费使保险产品将"区域"矿产资源开发风险转移,当约定的保险事故发生时,由保险公司进行赔付以抵偿风险损失的财务安排,从而满足法律和技术委员会对申请者保持生产经营活动持续和稳定的财务能力(financial capability)要求,[2]可以视作申请者预先为"区域"内活动风险事故可能造成的损失筹措资金的事先风险融资,与市场化融资制度的关联程度不断加深。一方面,融资保险的资金源于机构和个人投资者。承包者预计内化的外部成本包括潜在燃料泄漏或事故可能产生的任何财务责任的保险。融资保险直观上属于"区域"内活动风险管理方法,要求承包者内化包括潜在燃料泄漏或事故可能产生的任何财务责任的外部成本;实际上为了加强对责任索偿的保护,银行越来越多地要求以责任保险作为融资的条件,这就为有意借入"区域"内活动资金的承包者构造了一种强制保险

---

〔1〕 除第二步和第三步外,第一步加强现有安排功能需求是代表企业部就联合企业开展谈判,任命一名特别代表以及为这名代表提供必要技术和法律顾问;完成关于企业部运作的研究,包括可执行建议;尽可能充分地履行分配给秘书处的企业部职能。第四步总干事任命之后的近期功能需求是企业部开始运作。总干事由大会根据董事会的提名和理事会的建议选举产生,任期不超过5年。总干事可以连选连任。总干事将配备有行使企业部职能所必需的工作人员。为了最大限度地降低成本,将考虑配备最低数量的核心工作人员,各自具备行使直接职能所必须的管理和技术专长。Council, *Issues Relating to the Operation of the Enterprise, in Particular the Legal, Technical and Financial Implications for the International Seabed Authority and for States Parties to the United Nations Convention on the Law of the Sea*, International Seabed Authority (Jun. 12, 2019), https://isa.org.jm/files/files/documents/isba_25c_26-e_0.pdf.

〔2〕 参见《开发规章草案》第13条第2款。

的情境。银行也在不断扩大其业务的多元化而进入保险服务领域,这进一步促进了这一趋势的发展。融资保险行业的保障功能建立在保险公司的金融活动基础上,不以消除“区域”内活动风险为目的,而在于事故发生后及时恢复“区域”生态环境,充分救济受害人。这种保险的能力在实践中可分为直接保险安排能力和再保险能力。再保险是保险人保护自身免受意外或过度损失的一种传统方法。保险公司确实可以通过再保险将部分风险转移给再保险公司,在一定程度上减轻了保险负担,增加了保险能力。但是,再保险的能力毕竟有限,特别是在应对一些可能涉及大规模负债的“区域”内活动风险方面,保险公司需要借助市场化机制使个体的“区域”内活动风险转为群体应对,根据不同的需要和政策,选择不同的风险分散工具,利用价格的调整实现风险转移。以整个金融行业为分散中心,分散范围甚至可以及于个人投资者。[1] 因此,金融市场作为资金供给者与需求者之间风险交易契约的基本结合点,将促进“区域”内活动风险事故保险行业财务资源可持续发展,突破保险公司和再保险公司风险融资能力的局限性。这种市场化过程实际上使承包者、保险公司、个人和机构投资者共同承担“区域”内活动巨灾风险,可以更加有效地分配事故损害成本,使保险公司更好地督促承包者在开发过程中恪守谨慎注意义务,加大海管局和缔约国对“区域”内活动风险的管控力度,增进公共财政资源统筹配置效率。另一方面,融资保险的形成与发展依赖于保险要求和市场可得性的确定。这种融资方式的形成与发展需要澄清若干保险相关事项,包括所保风险的类型、作为附加被保险人的海管局被承保的风险、放弃追索权所涵盖的情况以及海管局因行使权力和职能时行为不当造成的任何损害的责任或赔付责任是否由承包者的保险承保,要求海管局秘书处先完成对保险要求和市场可得性的审查。[2] 就保险要求而言,除应对“区域”内活动巨灾风险的挑战外,保险市场的财务资源还会受到高昂的交易成本和诉讼成本的制约,为此,海管局和缔约国政府通过制定明确的法律标准确立责任识别规范化的索赔模式,提供“区域”内活动风险融资保险行业所需的可预见性标准,助力保险

---

〔1〕 参见曾言、李祖全:《医疗责任强制保险制度研究》,湖南师范大学出版社 2009 年版,第 119 - 121 页。

〔2〕 Council, *Comments on the Draft Regulations on the Exploitation of Mineral Resources in the Area*, International Seabed Authority (Dec. 4, 2019), https://isa.org.jm/files/files/documents/26 - c - 2 - en.pdf.

产品的设计。[1] 就市场可得性而言,如果当前的保险市场没有准备好或不愿意支持和提供所需的保险产品,也会阻碍这种融资方式的形成与发展。海上保险起初是根据承保标的划分险别,大体可分为船舶保险、运费保险以及海上货物运输保险三种主要类型。因此,应当审查可用的海上保险的类型及其覆盖范围。这种审查将有助于海管局了解目前海上保险市场的结构,并为讨论强制性保险和实践中可用于赔偿责任的其他财务保障类型奠定基础。总的来说,正如超级油轮与海洋石油开发业的产生和发展孕育了油污赔偿责任保险,1969 年《国际油污损害民事责任公约》(以下简称 CLC69)及其 1992 年议定书规定了油轮注册船东对"污染损害"承担严格的赔偿责任,明确使用了"疏忽"这个术语,提高了责任限额,建立了强制性的保险要求,并提出了对保险人采取直接行动的可能性。随着"区域"矿产资源开发事业全球趋热,海洋工程技术装备的升级更新,作业环境管理计划最低要求的标准化,海管局将通过"区域"矿产资源开发民事责任制度澄清承包者的赔付责任、责任限制、担保国的赔偿等政策要素,促使保险业不断扩大承保对象、保险标的、保险责任范围,为适应不同矿区特点和工作计划需要的保险产品将日趋多样化。

第二,使用开发合同担保的项目融资范式。使用开发合同担保的项目融资是经担保国和理事会事先同意,承包者根据法律和技术委员会的建议,抵押、质押、留置或押记其在开采合同下的全部或部分权益,或以其他方式将其设置为财产负担,从而以开采合同下的项目名义筹措指定矿区开发资金,并以项目收入清偿债务的融资范式。这种融资范式主要适用于银行可承兑可行性研究之后的国际矿产品项目,可视作一种由银行主导的间接融资制度,并且在项目融资中,为确保其运作成功,各有关方要签订一系列有关合同,其中对项目建成后的产品销售或使用,要求相应的购买方或服务方与作为发起人的承包者签订必付合约,从而使承包者的经营收入有保证,因而与内源融资也有所关联。虽然学界并无有关国际项目融资的公认定义,但项目融资最早源于资源开发项目,包括煤、石油、天然气、铁等采矿业,[2] 学者对其界定也有直接涉

---

[1] See Benjamin J. Richardson, *Mandating Environmental Liability Insurance*, Duke Envtl. L. & Pol'y F., Vol. 12:293, p. 293 - 307 (2001).

[2] See Graham D. Vinter, *Project Finance: A Legal Guide*, Sweet & Maxwell, 1998, p. Ⅶ.

及矿业项目的表述,[1]这些表述共同体现的法律特征为项目导向性,也就是能否获得融资并非取决于项目发起人的信用和资产,而在于项目本身的现金流和资产状况,这也是项目融资制度与传统市场化间接融资(贷款)制度的主要区别所在。虽然《第11部分执行协定》已经明确企业部初期的“区域”内采矿义务应以联合企业的方式进行,这意味着合作伙伴支持的联合企业经营融资模式成为企业部优选。然而,从企业部自主经营保留区的长远角度看,其具有与其他承包者同等的法律地位,考虑到生产支付(production payment)模式在矿产品项目融资中被广泛接受,并且符合海管局免于担保以及无涉企业部自身控制权抵押的实际情况,因此,有必要以产品支付的项目融资为例,讨论使用开发合同担保的项目融资在《开发规章草案》中的适用基础。一方面,“区域”矿产资源开发生产支付融资属于使用开发合同担保的项目融资范畴。“区域”矿产资源开发生产支付融资是以“生产支付”亦可称为“产品支付”为基础组织起来的融资,原本完全以指定矿区产品和这部分产品销售收益的所有权作为担保品,但在“区域”法律制度框架内,则要求承包者提供开发合同权利担保。“区域”矿产资源开发生产支付建立于由金融机构债权人购买指定矿区资源储量的全部或部分项目产品的权益基础之上,在项目正式投产运营后,金融机构债权人拥有贷款等值部分的项目产品,直至承包者清偿所有贷款。通常来说,生产支付的产品只是“权转物不转”,金融机构要求承包者重新回购或充当代理人来销售这些矿产品,实际接受的是货币而非产品形式的债务清偿,贷款等值部分项目产品的收益成为项目融资的主要还款来源。考虑到“区域”矿产资源属于公共财产,指定矿区未被回收的资源理论上属于全人类所有,无法作为生产支付下的信用担保设置财产负担,承包者拥有专属的开发权,因而产品支付融资的信用担保要求附加承包者的开发合同权利。[2] 另一方面,“区域”矿产资源开发生产支付融资对未来的开发规章具有适用基础。法律和技术委员会在评估申请者时,将确定其已经展示了采矿项目的经济可行性;在考虑申请者的财务能力时,将确定融资计划适合拟议开发活动,[3]融资计划包括详细的现金流预测和估值(不包括拟议采矿活动的融资),明确指出适用的监

---

[1] 参见干飞、文志岳:《矿业项目融资浅析》,载《中国矿业》2003年第8期,第9页。

[2] 参见蒋先玲:《项目融资法律与实务》,对外经济贸易大学出版社2004年版,第76页。

[3] 参见《开发规章草案》第13条。

管费用，申请者的资源或拟议采矿活动的拟议融资机制详情，以及此类融资机制对现金流量预测的影响详情。[1] 理论上，融资项目能否获得贷款完全取决于项目的经济强度，具体可以从两个方面来测度：一是项目未来可用于偿还贷款的净现金流量；二是项目本身的资产价值。[2] 产品支付融资机制之所以在矿产品项目融资中被证明和接受，正是缘于资源储量勘查工作的完成，以及可以实现相对准确计算项目生产的现金流量。[3] 总的来说，《海洋法公约》及《第11部分执行协定》为企业部的市场化融资制度搭建了一个共同舞台，未来的开发规章将为包括企业部在内的承包者提供诸如使用开发合同担保的项目融资等表演的共同脚本。虽然目前并无"区域"矿产资源开发相关的融资实践，生产支付融资模式的贷款规模通常局限于项目建设时期的资金需求，金融机构债权人一般不负责项目生产运营期所需要的资金，但开发合同担保下的融资模式在不同开发项目中不尽相同，这种法定范式意在通过多边融资机制框架大量引入"区域"内活动所需资金、技术和管理经验，从而促进众多社会资本角色在海管局授予的指定矿区开发项目中发挥作用。

第三，联合企业控制权融资范式。这种融资范式是股权式联合企业通过控制权变更的增资扩股方式优化成员持股比例和结构，依法增加注册资本金，从而满足扩大指定矿区生产经营规模的财务能力要求；[4] 或者通过控制权变更的股权转让方式由联合企业原控股股东行使个人的股东权利出让部分股权，联合企业的注册资本并不发生变化，满足的是原控股股东自身的融资需求。作为联合企业经营融资范式的演化，该融资范式与市场化直接融资制度密切相关，向社会募集股份、发行股票、原股东增加投资扩大股权或新股东投资入股，使联合企业股权稀释后由控股股东以外的其他原股东或新入股股东以控股式股权收购的方式取得控制权。相较于合并、分立而改变原股权式联合企业自身的主体地位，即使是全部收购，开发指定矿区主体资格也不变，体现了"鹦鹉螺模式"渐趋合法化，控制权的变更还可能使担保国变更从而影响开发合同的继续履行，然而国家撤销担保的自由将受到国际投资法制的限制。

---

〔1〕 参见《开发规章草案》附件三。
〔2〕 参见马秀岩、卢洪升主编：《项目融资》，东北财经大学出版社2012年版，第2页。
〔3〕 参见徐兰英、刘晓伟主编：《工程项目融资》，东北大学出版社2015年版，第60页。
〔4〕 参见《开发规章草案》第24条第1款、第3款(a)项。

申言之，所谓“鹦鹉螺模式”，是指通过获取发展中国家实体的身份，进而取得申请勘探开采“区域”内保留区的资格，最终获得商业利益的一种开发模式。[1] “区域”的全球公域地位决定了对其中的自然资源开发的投资较于国家管辖和支配范围内自然资源开发的投资应更为“自由”。当然，法谚有云，“没有无限制的自由”，保留区制度的设立初衷是为发展中国家缔约方保有与发达国家缔约方同等的“区域”矿产资源权益，由企业部或发展中国家缔约方及其担保下的自然人或法人对保留区项目保有经营控制权，发达国家的外来资本在“质”和“量”上应当受到限制。[2] 随着“区域”矿产资源开发进程不断向前推进，保留区的“区域”矿产资源权益被发达国家投资者通过在发展中国家缔约方国内设立全资子公司的方式迂回取得，子公司凭借发展中国家缔约方的法人国籍和国家担保拥有了保留区的“区域”矿产资源使用权，这种“鹦鹉螺模式”虽然饱受其他缔约国的质疑，但法律控制不同于财务、管理上的实际控制，[3]联合企业控制权变更无须经过海管局事先同意，但海管局将审查承包者是否继续履行其财政义务，包括环境履约保证金义务，[4]从某种意义上说，海管局的审查行为构成了对联合企业制下“鹦鹉螺模式”的默许。

---

〔1〕 参见张丹：《关于国际海底区域法律制度的研究——以保留区及平行开发制为中心》，载《太平洋学报》2014 年第 3 期，第 17 页。

〔2〕 理事会得出结论：鹦鹉螺公司与企业部组建联合企业的建议书不应妨碍理事会及其法律和技术委员会审议发展中国家和其他符合资格的申请者提出的保留区申请。Council, *Statement of the President of the Council of the International Seabed Authority on the Work of the Council during the Nineteenth Session*, International Seabed Authority (Jul. 24, 2013), https://ran - s3. s3. amazonaws. com/isa. org. jm/s3fs - public/files/documents/isba - 19c - 18_0. pdf.

〔3〕 鹦鹉螺公司由两家世界上最主要的国际资源公司——加拿大泰克明科公司（Teck Cominco）和英美资源集团（Anglo American）投资设立，在加拿大注册，总部在澳大利亚，并在多伦多和伦敦上市。2010 年 12 月鹦鹉螺公司在瑙鲁和汤加注册子公司，即瑙鲁海洋资源公司（Nauru Ocean Resources Inc）和汤加近海采矿有限公司（Tonga Offshore Mining Limited）。同月，鹦鹉螺公司保留汤加近海采矿有限公司 100% 股份，而将瑙鲁海洋资源公司 100% 股份转让给由鹦鹉螺公司前总裁戴维·海顿控制的一个公司。在 2011 年 7 月海管局第 17 届会议审议两公司提交的多金属结核的勘探申请时，虽然受到了多国针对其被发达国家实际控制而不应具有保留区申请资格的身份质疑，但瑙鲁和汤加的代表以两家公司根据其国内法成立，受其管辖而属于发展中国家公司，主张两家公司具备保留区申请的身份条件。理事会最终批准了两项申请。参见周勇：《国际海底“人类共同继承财产”原则的困境与原因》，载《国际论坛》2012 年第 1 期，第 10 页。

〔4〕 Council, *Draft Regulations on Exploitation of Mineral Resources in the Area: Note by the Legal and Technical Commission*, International Seabed Authority (Jul. 10, 2018), https://ran - s3. s3. amazonaws. com/isa. org. jm/s3fs - public/files/documents/isba24_c20 - en. pdf.

三、"区域"矿产资源开发融资法定范式流变的考量

"区域"矿产资源开发融资法定范式流变的考虑因素不一而足,社会性、阶段性与民族性纵横交错,个人利益、集体利益和国家利益彼此牵扯,既有为抵御"区域"作业风险而对企业承包者社会责任提出的更高要求,也有缔约国承包者和企业部承包者引领构建可持续的海洋经济融资机制的情势需要,还不可忽视国际社会对"区域"矿产资源开发领域的国际直接投资便利化的不懈追求。

第一,企业承包者在"区域"内活动中的社会责任。在"区域"制度安排下,企业承包者履行开发合同义务,除向其股东承担经济责任外,还需要对指定矿区的自然资源及其工作人员履行法律上应尽责任。[1]海洋环境保护组织对"区域"管理制度完善的推动、企业承包者融资与其员工保护的内在逻辑关联,使企业社会责任为"区域"内活动风险融资保险选择法定化奠定了基础。一方面,为代际利益发声的非政府组织一般难于对企业承包者经营绩效施加干预和影响,在利益关系链条中长期处于弱势一环,通常只能通过"区域"制度安排约束企业承包者的开发行为,降低其对"区域"内自然资源的不利影响。特别是"区域"矿产资源的稀缺性、使用权的排他支配性以及产品供应的区域性等特点,使企业承包者在"区域"矿产品供应关系中处于一定的垄断地位,担保国政府买受人和其他终端消费者无须或无法成为企业履行社会责任的对象或利益相关者,弱化了市场监督机制对企业承包者的"区域"矿产资源开发行为的制约,从而导致企业承包者越发关注履行合同义务的成本控制而往往忽视效益回报。而以深海管理倡议(Deep Ocean Stewarolship Initiative,DOSI)为代表的海洋环保组织,旨在整合科学、技术、政策、法律和经济各方面策略,对有利于确保"区域"生态系统完整性的管理制度提出完善建议;其往往在国际法发展过程中,推动海管局基于人类共同继承财产原则为全人类利益实现的考虑采取必要措施,在"区域"管理制度中明确企业承包者从事"区域"内活动应当

---

〔1〕 自从奥利弗·谢尔登(Oliver·Sheldon)1923 年在他的《管理哲学》一书中提出"企业社会责任"的概念以来,学术界和相关组织对这一概念作出了许多不同解释。笔者对承包者企业社会责任的界定采用了利益相关者理论的观点。参见张兆国、梁志钢、尹开国:《利益相关者视角下企业社会责任问题研究》,载《中国软科学》2012 年第 2 期,第 141 页。

承担与保护矿产资源、环境资源有关的义务和责任。[1] 另一方面,企业承包者的融资行为与其员工保护具有内在逻辑关联。企业承包者员工劳动报酬、工作条件等保护水平的提升,相应增加了生产经营成本,阻碍其在利益竞争中占据有利地位。为降低“区域”作业的经营成本,企业承包者可能会有意控制薪酬水平增长幅度,逃避为雇员投保社会保险,对优化工作环境以及防治污染的态度也不积极;但提升保护水平也确实可以使企业员工心有归属感、增强责任感,从而为企业承包者带来更多的增值效益。故而企业承包者的融资行为需要接受法律规章的调整、海管局和担保国的政策引导、行业自律的约束、国际社会舆论的监督。就公法而言,承包者应遵守船旗国(就船只而言)或担保国(就设施而言)与船只标准和船员安全有关的相关国内法;对于不属于船旗国管辖范围的任何事项,例如,非船员的劳动者权利以及与船舶操作以外的采矿过程有关的人身健康和安全,遵守担保国的国内法;确保其所有人员在上岗前均具备必要的经验、培训和资质,能够安全地、称职地并按照海管局规则和开发合同条款履行职责;已制订职业卫生、安全和环境意识计划,使参与开发活动的所有人员都能了解其工作可能产生的职业和环境风险以及应对此类风险的方式;已保存其所有人员的经验、培训和资质记录,并按要求向海管局秘书长提供这些记录。[2] 就私法而言,环境和劳工标准规则的适用愈加广泛。与企业承包者履行社会责任直接相关的合同区环境问题、劳动标准问题成为制定国际投资规则的新议题,环境和劳工标准规则在缔结国际投资规则时被各国普遍接受。[3] 由此可见,企业承包者履行社会责任逐渐从一种道德强制变为法律强制,这为融资保险法定范式的产生奠定了基础。

第二,缔约国承包者和企业部承包者引领构建可持续的海洋经济融资机制。可持续海洋经济(Sustainable Ocean Economy, SOE)的界定尚未形成全球共识,笔者采用可持续海洋经济高级别小组提供的定义,即以平衡人类、地球

---

〔1〕 See Deep - Ocean Stewardship Initiative, *Commentary on "Draft Regulations on Exploitation of Mineral Resources in the Area"*, International Seabed Authority (Mar. 25, 2019), https://isa.org.jm/files/files/documents/DOSI%20Comment%20on%20ISA%20Draft%20Exploitation%20Regulations%20October%202019.pdf.

〔2〕 参见《开发规章草案》第 30 条。

〔3〕 参见李玉梅、桑百川:《国际投资规则比较、趋势与中国对策》,载《经济社会体制比较》2014 年第 1 期,第 183 - 184 页。

和繁荣需求的方式发展海洋经济。“区域”矿产资源开发作为海洋经济的新兴部门，需要缔约国承包者和企业部承包者引领构建可持续的海洋经济融资机制，将投资导向尽量减少海洋风险、最大限度地实现社会公平和环境可持续性的活动、政策和行动。要想让这些投资对私营部门有吸引力，就需要使用开发合同作担保的项目融资这种混合融资模式，将来自不同提供者的资金组合起来，以便平衡项目风险和收益。[1] 一方面，履行指定矿区开发合同义务的承包者在“区域”制度中可以是以所属缔约国政府名义申请的国营企业，也可以是以自己名义申请的企业部。考察勘探活动承包者的背景情况，基本上存在国家间的国际组织、国家下属的研究机构、国营企业、公私合营企业以及私营企业五种承包者类型，其中承包者的主流形式是国家下属的研究机构和国营企业。[2] 在以商业目的回收“区域”矿产资源的过程中，国营企业将扮演关键角色，其基于勘探活动承包者的身份获得优先开采权，往往过渡成为开采活动承包者。根据《海洋法公约》第 153 条第 2 款(b)项规定，缔约国或国营企业与“在缔约国担保下的具有缔约国国籍或由这类国家或其国民有效控制的自然人或法人”之间是并列关系，这说明缔约国和国营企业的工作计划申请无需国家担保。但《海洋法公约》附件三第 4 条又只规定了缔约国为申请者时，审查其资格的程序应顾及其是国家的特性。这隐含“国营企业”可能不具有“国家性”，因而与其他开发实体一样，需要得到国家担保，何况国营企业本身就可以获得法人身份，二者并非截然对立。从《开发规章草案》第 5 条与第 6 条看，缔约国申请者与国营企业申请者提交申请书的方式不同，缔约国的申请书，由该国指定机构提交；而国营企业作为企业部以外的其他申请者，由其指定代表或由担保国指定机构提交。并且，国营企业或实体的申请书被要求附有担保书，而缔约国不在此列。笔者认为，为协调《海洋法公约》体系的内容冲突，第 153 条赋予了国营企业法律地位的双重性，《海洋法公约》附件三与《开发规章草案》剥离了其与缔约国重合的法律身份，当其作为缔约国申请者的工作计划执行者时，无须国家担保，就等同于“国家性”的承包者。从这个意义上说，企业

[1] See U. Rashid Sumaila et al., *Financing a Sustainable Ocean Economy*, Nature Communications, Vol. 12:1, p. 2 – 3(2021).

[2] 参见吴慧：《“区域”勘探开发主体研究》，载薛桂芳主编：《海洋法学研究》第 1 辑，上海交通大学出版社 2017 年版，第 134 页。

部以自己名义独立开发保留区，由其主管机构提交拟议工作计划申请书，无须海管局或其他缔约国出具担保书，即可行使商业实体的经营自主权，作为狭义的国际联合企业，可类比为“国家集合性”的承包者。另一方面，使用开发合同担保的项目融资平衡了缔约国承包者或企业部承包者的融资风险和收益。其一，从风险角度出发，开采合同下的融资以项目为导向，贷款偿还来源仅限于融资项目本身，使作为发起人的承包者，特别是缔约国和企业部的财产能得到有效保护，通过与各参与方签订一系列合同、协议和有关方提供的担保，分散了经济风险。其二，从收益角度出发，秉持竞争中立规则，开采合同下的融资将带动其他国家及实体的参与，填补作为发起人的承包者，特别是缔约国和企业部的开发资金缺口之余，还带来了先进的技术和管理经验，提高了指定矿区开发项目的运行效率，减轻了该国政府与海管局的财政负担，[1]呈现了动员公共资本和私有资本更具包容性的方式，向可持续海洋经济过渡。[2]

第三，国际直接投资便利化在“区域”矿产资源开发领域的新发展。相较于投资自由化的最终理想状态，国际直接投资便利化的发展过程更加细化和务实，[3]包括促进投资、减少对投资者权利限制、降低与行政效率和腐败有关的“紊乱成本”、提供信息服务和技术支持、融资便利化活动和国际政策协调等措施。[4] 投资便利化不仅因应发达国家资本具有生产利润最大化的逐利本质趋向，对许多发展中国家来说，参与“区域”内活动的主要手段可能也是通过与

---

〔1〕 从已有的相关实践看，英国国家石油公司取得北海石油项目贷款，并非以政府名义，也没有英国财政部担保，更没有使用股权抵押，而是以自己的名义发起产品支付的项目融资。并且，该公司为确保北海石油项目的产品得以供应英国国内市场，承诺将根据国际市场的价格购入其中的51%。就此而论，英国国家石油公司不仅拥有项目发起者的身份，而且成为项目产品的买受人。参见蒋先玲：《项目融资法律与实务》，对外经济贸易大学出版社2004年版，第76页。

〔2〕 U. Rashid Sumaila et al., *Ocean Finance: Financing the Transition to a Sustainable Ocean Economy*, MedBESP (Nov., 2020), https://medblueconomyplatform.org/wp-content/uploads/2020/11/file-library-85582906edbb79cca982.pdf.

〔3〕 亚太经济合作组织将投资便利化作为独立议题在《投资便利化行动计划》(Investment Facilitation Action plan, IFAP)中首次提出并付诸实施。其与中国—东盟《投资协议》以及各国已签署和正在谈判的双边投资协定(Bilateral Investment Treaty, BIT)等均明确提出了透明性与开放性、可预测性与连续性、效率与有效性、构建利益攸关者等投资便利化和自由化原则。参见张亚斌：《“一带一路”投资便利化与中国对外直接投资选择——基于跨国面板数据及投资引力模型的实证研究》，载《国际贸易问题》2016年第9期，第166页。

〔4〕 参见卢进勇、冯涌：《国际直接投资便利化的动因、形式与效益分析》，载《国际贸易》2006年第9期，第51页。

私营部门企业结成伙伴关系来吸引外国投资，甚至自愿成为发达国家谋求保留区资源利益的搭档。海管局从自身的监管成本以及企业部未来独立运作的长远利益考虑，成为“区域”矿产资源开发投资自由化的推手。首先，国际直接投资便利化在“区域”矿产资源开发领域的发展离不开发达国家国内立法与政策的推动。[1] 依据《海洋法公约》附件三第9条的规定可知，发达国家实体开发保留区资源的唯一途径是与企业部联合经营，但这取决于企业部的合作意愿，发达国家实体不具有主动权，完全是在企业部主导控制下实施的被动行为。然而，《第11部分执行协定》附件第2节通过申明企业部初期“区域”采矿业务须以联合企业方式进行的原则，突破了这种被动约束，扩大了发达国家实体通过与企业部成立联合企业开发保留区资源的机会，并给予为海管局提供保留区的发达国家实体成为企业部合作方的优先条件；甚至明确规定以15年为限，当企业部确无开发保留区意愿时，允许提供该保留区的发达国家实体独力开发。在联合企业控制权融资中，发达国家投资者可以直接收购或扩大与合作方当地资本结合的联合企业持股比例，虽然无法成为独立的开发实体，但可在未来申请保留区的其他工作计划时，获得与在发展中国家缔约方直接新设全资子公司相同的法律效果。可见，保留区已不是发达国家投资者的禁域，联合企业内由发达国家投资者主导保留区开发存在国际法基础。发达国家作为“区域”矿产资源开发投资便利化的积极倡导者，以其掌握世界绝大多数的跨国公司为排头兵，寄希望于通过跨国公司的技术和资本优势蚕食保留区资源的开发利益。其次，发展中缔约方的发展水平参差不齐，国际法上不宜采取统一的兼并限制模式。发展中缔约方经济发展程度不同，决定了彼此的根本利益具有不同的特质。缔约国或由其担保的实体垄断与拟议工作计划中“区域”矿产资源类别有关的活动，是针对同一种资源而非各种资源总量的限制，并且既是对国家申请者的限制，也是对实体申请者的限制。规制“垄断”的手段主要是限制承包者可申请开发的矿区面积，而并非直接限制可供缔约国担保的申请数目或矿区总面积。[2] 并且，变更控制权无法否认联合企业的设立

[1] 就国际矿业资本市场发达的加拿大联邦政府及省政府来说，其不仅将增进矿业投资和融资的便利化作为致力完善投资环境的途径之一，甚至给予外国投资在税收、商业贷款、矿业权使用地质信息准入等方面与本国投资类似待遇。参见杨贵生、王璐、舒茂琳：《加拿大矿业投资法律制度概述》，载《矿产勘查》2014年第1期，第101页。

[2] 参见《开发规章草案》第15条。

性质,基于属地管辖,担保国仍可通过税收、劳动力就业、能力建设等途径间接从“区域”矿产资源开发活动中获益。[1] 因此,外资兼并当地企业对发展中缔约方国家安全的影响往往需要建立在个案分析的基础上才能做出判断,发展中缔约方对外资并购产生的国家安全问题所采取的认定标准不尽相同,联合企业控制权变更的国际法规则尊重了担保国责任制度赋予发展中缔约方国内审查机关的裁量空间和经济政策的灵活性。最后,海管局积极维持和发展承包者的财务能力,追求开发过程的效率价值。任何股权变动均可引起资产控制效应改变,以股权转让对特定资产的控制权改变来对股权转让的效力加以认定并不明智;特别是企业控制权的变更,除能经由股权结构调整的路径达到预期目的外,设置关联企业、实际控制人以及其他安排也能完成这一既定目标,仅仅根据股权转让比例来规范转让合同效力会相当困难,审查成本也很高。加之企业部受制于勘探阶段规章设定的联合企业所有权份额,在企业部真正突破独立运作的能力限制后,对取得商业开采阶段的联合企业控制权可能同样有所期待。

第二节 “区域”矿产资源开发风险融资保险范式探源

融资保险是申请者必须参与投保以证明自身有能力承担开发合同条款所有费用的财务能力保证,其正当性与合理性源于法律和技术委员会对不同工作计划所需费用的估定,与承包者的财务能力密切相关。融资保险是一种隐性强制的海上保险,对其进行制度规制存在“商业保险”和“强制保险”两个切入点。前者聚焦于相应的险种设计与市场推广,后者应海管局的审查要求在“区域”矿产资源开发领域强制施行,理应纳入监管体系的研究范畴。融资保险的规制空间指向了统筹承包者强制投保义务与保险机构有效参与的法律关系。“区域”内活动风险与融资保险制度之间存在本体关联。规避制度风险不

---

[1] 比如,根据斐济《2013 年国际海底矿物管理法》第 16 条和第 31 条,担保国有可能签订额外的担保协议,该协议确定与这种担保条件有关的补充条款和条件,使与海管局签订开发合同的承包者还需要向该担保国支付对价。

仅要对《海洋法公约》框架体系的弊端进行反思，还有必要以风险防范为进路，追问如何促进制度之间相互协调，从而跨越既有制度框架的藩篱。

一、“区域”矿产资源开发风险融资保险的性质定位

融资保险是法律和技术委员会评估申请者财务能力的重要指标之一，其保险标的是拟议工作计划申请者因动机意思强制而产生的开发费用支付责任，不具有人身属性；作为一种承保“区域”矿产资源开发全过程的专业性综合保险，融资保险属于隐性的海上强制保险制度范畴，制度核心不仅在于为公共利益目的，降低环境污染与生命财产损害发生的概率而要求承包者强制投保，还在于为激励保险机构有效参与，允许保险合同内容由投保人与保险机构自由协商约定。

第一，融资保险是一种财产保险。拟议工作计划申请者的可保事项为从事该工作计划的花费（包括开采活动结束后对环境污染和损害的清理开销）以及对第三者的责任。保险标的在不同强制因素作用下具有同质性，其并非从事开发活动的个人的健康与安全，而是申请者因动机意思强制所实际发生的费用支付责任，属于一种财产保险。一方面，融资保险的标的并非从事开发活动的个人的健康与安全。有效保护从事开发活动的个人健康和安全是法律和技术委员会审查申请者拟议工作计划是否载列的事项之一，[1]因而当申请者为从事开发活动的个人健康投保时，健康保险的属人性客观上迫使融资保险产生人身保险的等价转换，保险标的呈现人身性的法律外观。但这一逻辑推论与保险标的内涵相悖，融资保险申请者需要投保的直接对象是实施开发计划的“区域”内活动产生的费用，保险标的理应具有财产性。需要指出的是，将这种费用开销认定为一种人身损害固有的具体损失，进而将从事开发活动时产生的个人同时认定为投保对象，仍无法化解从保险标的内涵角度识别时产生的冲突。事实上，个人从事开发活动时产生的人身损害并非“区域”内活动费用开销的充分必要条件，人身损害事实发生并不必然引起申请者的财务支出，原因在于二者之间尚有被保险人动机意思的作用。具体而言，当申请者与被保险人并非同一主体时，申请者若有足够证据证明被保险人在某一损害事实发生后其个人的财务能力足以承担并且也自愿承担全部损失，此时并不必然构成委员会认定申请者履行合同义务的潜在财务能力减损。就被保险人自

---

〔1〕 参见《开发规章草案》第13条第4款(c)项。

愿承担的动机意思而言,可能是权衡向申请者主张人身损害与自力救济对个人未来职业发展的利弊得失后得出的结论。当申请者与被保险人为同一主体时,自然人申请者不因遭受人身损害而开支费用可能是出于稳定投资信心与保持工作进度的考量。另一方面,融资保险标的是申请者因动机意思强制所实际发生的费用支付责任。为厘清融资保险是具有人身性还是财产性,以及保险标的与开发活动费用开销之间的真正关系,应从另一可保事项——对第三者的责任入手,类比责任保险的逻辑构成。责任保险属于财产保险范畴,适用补偿原则,即被保险人致第三者受损后,保险人的赔偿金额不超过被保险人对第三者的赔偿金额,[1]保险标的并非人身与财产,而是被保险人对第三者的法定赔偿责任。损害事实发生后,作为受害者的第三人损失是直接损失,将之转化为被保险人间接损失是基于法定赔偿责任的强制作用。需要指出,损害事实发生后保险标的必然受损,而保险利益作为投保人与保险标的之间的一种经济利害关系,自然也将投保人与这一受损结果结合起来,确定由投保人最终承担实际受害人损失的金钱给付责任。基于此,开发活动个人的人身损害与申请者费用开销之间存在类似于这种法定强制的因素才使保险利益发挥了由申请者承担风险和消化损失的作用,即对申请者动机意思产生决定影响,使其在开发活动损害事故发生后必须承担“责任”的强制因素,与责任保险的法律责任相同,这种“责任”也应是具有财产性不利益的保险标的,实质是申请者因动机意思强制所实际发生的费用支付责任,因而融资保险属于一种财产保险。

第二,融资保险属于海上保险。融资保险脱胎于海上保险,是承保多金属结核、富钴结壳、热液硫化物和天然气水合物等多种“区域”矿产资源开发风险的专业性综合保险。海上保险属于财产保险范畴,又不同于一般的财产保险,是对海上自然灾害和意外事故造成的财产损失给予经济补偿的法律制度。[2]融资保险属于海上保险,二者可保财产与承保风险范畴相同。一方面,融资保险与海上保险的可保财产范畴相同。被保险法学者奉为圭臬的《英国1906年海上保险法》(以下简称MIA1906)将海上保险的标的认定为是补偿被保险人遭受的与合法海上冒险有关的损失(marine adventure),特别是因海上危险

---

〔1〕 参见王玉玲主编:《责任保险》,首都经济贸易大学出版社2014年版,第9页。
〔2〕 参见杜鹃编著:《海上保险》(第2版),上海财经大学出版社2015年版,第4页。

(maritime perils)而遭受影响的“可保财产”、金钱利益以及对“可保财产”有利益或有责任的当事人对第三方的责任。其中“可保财产”包括受海上危险影响的任何船舶、货物或其他动产。[1] “区域”矿产资源开发是一个多环节串联的系统工程,采矿、加工和运输系统离不开钻探供应船、采矿船、运输船等各类船舶的支持,[2]用以开采、加工的机器设备、运输船上的矿产品同样属于海上保险的可保财产范畴。另一方面,融资保险与海上保险承保的风险都属于海上危险。Mustill 法官在 The Captain Panagos D. P. 案中考虑了某一保险是否属于 MIA1906 规定的海上保险合同的标准问题,并指出虽然 MIA1906 第 3 条第 2 款将“海上危险”定义为因航海引起或与航海有关的各项危险(the perils consequent upon or incidental to the navigation of the sea),也即海难、火灾及任何诸如此类的或保险单清楚地标明的其他危险。但 MIA1906 第 3 条第 2 款中列举的一系列危险,并非完全性的列举,只要被保险人所面临的危险是海上危险,那么承保此类危险的保险合同即应被视作海上保险合同。因此,“区域”内活动风险是否属于海上危险,或者进一步说,因在“区域”建造供生产和销售矿物之用的采矿、加工和运输系统以及回收资源并从中选取矿物而造成的某种损失是否可被认定为“因航海引起或与航海有关”,保险法理论认为,“因航海引起或与航海有关”揭示了海上冒险的本质特征,海上危险与海上冒险的类别之间不存在直接关系:船舶锅炉爆炸可能并非海上的危险,但不能排除船舶在航行途中发生此种事件的危险,可作出因航海而发生或与海上航行有关的归类。[3] MIA1906 第 2 条海陆混合风险(mixed sea and land risks)规定了承保建造中的船舶,或者船舶下水,或类似海上冒险的任何冒险,均得适用

---

〔1〕 参见 MIA1906 第 3 条。

〔2〕 “区域”多金属开发系统主要由集矿机、扬矿子系统、监控子系统、采矿船和运输支持子系统构成;锰结核开采技术和装备主要有流体提升采矿系统、空气提升采矿系统、海底机器人采矿系统、拖网采集。热液矿的开采技术和装备与锰结核的开采技术和装备基本相同,但由于块状热液矿分布集中、矿石硬度高、密度大,需要用自动控制的海底钻探,然后在钻孔内爆炸,炸碎矿体,随后用集矿机和扬矿机等与锰结核采集相类似的方法采集。目前,天然气水合物的开采还是建立在传统海洋资源开发的基础上,传统油气资源的开采装备大部分适用于天然气水合物的开采,开采装备主要包含勘探调查船、海洋平台系统和深海机器人三种。参见刘贵杰、严谨、黄桂丛编著:《海洋资源勘探开发技术和装备现状与应用前景》,广东经济出版社 2015 年版,第 102 – 104 页。

〔3〕 参见[英]Dorold O'may、[英]Juliam Hill:《OMAY 海上保险:法律与保险单》,郭国汀等译,法律出版社 2002 年版,第 40 – 41 页。

MIA1906 的可适用规定。[1] 因此,MIA1906 管辖权扩大条款使承保陆域建造“区域”矿产资源开发系统中各种深海船舶的风险成为可能,举重以明轻,那么在“区域”内建造运输系统的融资保险可以划归海上保险范畴。而对于“区域”内从事的回收资源并从中选取矿物的开采加工作业而言,从制定开发规章的国际法发展趋势看,除规定有效保护从事开发活动的个人的健康和安全以外,申请者拟议工作计划还需要载列实施开发活动应合理顾及海洋环境中的其他活动,包括但不限于《海洋法公约》第 87 条所述航行、铺设海底电缆和管道、捕鱼与海洋科学研究。因而申请者不仅需要把各类“船舶”和水上水下各种固定或浮动建筑、装置和固定平台等“设施”作为投保财产,还需要投保与“作业”有关的勘探、开采、加工等各项水上水下施工活动可能招致的海上交通安全责任,以分散与在公海航行的其他船舶和设施碰撞等事故风险责任承担。因此,融资保险所承保的“区域”内活动风险与海上航行具有牵连性,属于海上保险承保的风险范畴。

第三,融资保险属于隐性强制保险。融资保险是基于海管局政策的需要,通过法律法规的形式强令拟议工作计划申请者必须投保,并以该保险关系的建立作为从事指定矿区开发活动的合法前提,保险人与被保险人之间的权利义务关系并未法定,双方有自主选择的余地,因而属于隐性强制保险。一方面,融资保险在性质上属于一种强制保险。融资保险的“强制”体现了社会公益性特征,申明了保护公共利益的优先序位,给付与受益之间并未形成完整对价。保险合同构成了开发合同的基本条款,海管局有权要求申请者维持保险合同的充分效力及其作用,并在修改条款或终止合同时,受到海管局秘书长事前同意的严格法定限制。[2] 缔约国应在适当情形下,拟订强制保险的义务,确保污染海洋环境所造成的一切损害能得到迅速且适当的补偿。[3] 因此,融资保险具有监管工具功能,制度建立并非完全依赖于市场运行,也存在特定的政策目标作为该制度的道德支撑,包括申请者将承担与“区域”环境及劳工保护相关的社会责任,对涉及公共利益的、高度危险的突发性环境侵权行为和人身安全责任采取强制投保方式,通过国际条约对融资保险的提供加以约束,体现

---

〔1〕 参见 MIA1906 第 2 条第 2 款。
〔2〕 参见《开发规章草案》第 36 条第 3－5 款。
〔3〕 参见《海洋法公约》第 235 条第 3 款。

立法者的价值取向和衡量标准。另一方面,融资保险的强制性属于一种事实上的强制。这种事实上的强制集中体现在保险标的由法律规定,但投保人可以自由选择保险人。融资保险制度不仅有保险标的法定"强制"所象征的社会公益性,还有保险所自然衍生出的商业性。融资保险商业性的利益驱动使其覆盖面更加多元化,成为责任社会化的普遍实现方式,并赋予投保人可自主选择保险机构的个人权益,成比例的对价支付成为必需。[1] 保险合同内容由投保人与保险机构自由协商约定,海管局只能以指定矿区的行为自由权对拟议工作计划申请者形成强制投保约束,其不具有与主权国家相同的管辖权,无权对保险机构施以强制承保的法定义务,因而融资保险并非海管局在申请者和保险机构之间强制建立保险关系,而是依靠申请者必须遵守的海管局规章、标准、行业制度、协会/组织的规定或章程等手段打造保险交易环境,依靠缔约国政府的行政力量推动,由相关行业组织代表其成员统一参加,形成处于需求端的申请者不得不买保险的环境条件,使非自愿保险行为转为自愿保险行为。[2]

二、"区域"矿产资源开发风险融资保险的规制空间

承包者的经营决策一定程度上决定了"区域"内活动风险的控制,制度的存在又会对人类活动产生约束,因而风险防控离不开相应的制度保障;"区域"全球治理中的许多风险本质上属于制度风险范畴,源于相关制度冲突导致融资保险制度本身之目的和功能发生偏离。融资保险制度虽然确认了申请者强制投保私人环境责任保险的义务,但缺乏将风险预防原则实质化的机制体现,风险量化的方式有待进一步落实。植根于公共利益维护目的的融资保险制度还处于原则性规定的阶段,没有统一的承保平台,在立法技术层面需要通过强制性规范予以保护。海管局通过制定规章笼统地规定其他民事赔偿责任公约的适用,并不能保证融资保险制度的赔偿责任体系建立,还会使海管局纯获利益并加重保险机构与承包者的义务与责任,这将为个体利益的协调设置阻碍,令保险机构望而却步。

第一,融资保险制度风险量化的方式有待进一步落实。融资保险制度引入了国际环境法中的"风险预防原则",但仍缺失对"严重的或不可挽回的环境损害"等风险量化的方式,加剧了"区域"作业风险信息不对称,衍生出保险机

---

〔1〕 参见王理万:《商业性强制保险制度的合宪性分析》,载《法学家》2017 年第 2 期,第 31－32 页。
〔2〕 参见汪立志主编:《强制保险的国际比较研究》,中国金融出版社 2016 年版,第 5 页。

构的逆向选择问题及拟议工作计划申请者的道德风险问题。首先,融资保险制度缺失风险量化的方式。融资保险制度风险量化方式缺失,集中体现为就如何解释并适用风险预防原则的“严重的或不可挽回的环境损害”缺乏明确的法律指引。随着“区域”矿产资源商业开发的愿景逐渐转为现实,在“区域”制度中如何引入并适用国际环境法上的风险预防原则,成为国际法发展的一项新议题。风险预防原则具有有效应对欠缺科学确定性的环境风险的重要功能,该原则的核心在于申明当有环境风险发生或发生之虞,人们不应以缺乏科学确定性为由限制必要措施的施行。〔1〕 在有关论及风险预防原则的国际法文献中,《里约环境与发展宣言》原则 15 对风险预防原则的界定被公认为最准确的表述。〔2〕《开发规章草案》要求海管局、担保国和承包者采用《里约环境与发展宣言》原则 15 所反映的风险预防办法(precautionary approach),评估和管理“区域”内开发活动危害海洋环境的风险,确保在执行此类措施时适用最佳可得技术和最佳环保做法(best environmental practice),并将最佳可得科学证据(best available scientific evidence)纳入环境决策。〔3〕 因此,“区域”立法确立了风险预防原则,〔4〕而融资保险制度作为环境责任保险计划的一项财政安排,构成了风险预防原则确立的间接标准。〔5〕 虽然融资保险制度引入了风险预防原则,但对于如何解释“严重的或不可挽回的环境损害”,在定量与定性方面同样存在说明不到位的缺陷。〔6〕 其次,融资保险制度缺失风险量化方式引起保险机构逆向选择。逆向选择发生在保险合同订立以前,缘于私人保险市场通

---

〔1〕 参见高晓露、周振新:《论风险预防原则的国际法律地位》,载《江西社会科学》2012 年第 4 期,第 147 页。

〔2〕 依照《里约环境与发展宣言》原则 15 的表述,风险预防原则的基本构成要素有以下几点:第一,存在一定风险,要求环境受到的威胁已达严重或不可逆转程度。第二,风险具有不确定性,主要由于人类认识能力相对有限。第三,不应迟延采取措施防止环境恶化,在一定科学证据证明损害可能发生时,即便证据不充分,也应采取措施。第四,采取符合成本效益的预防措施,要求各国尽其所能地预防环境风险,但也应考虑各国具体情况。参见李艳芳、金铭:《风险预防原则在我国环境法领域的有限适用研究》,载《河北法学》2015 年第 1 期,第 44 页。

〔3〕 参见《开发规章草案》第 44 条。

〔4〕 See Arie Trouwborst, *Evolution and Status of the Precautionary Principle in International Law*, American Journal of International Law, Vol. 96:1016, p. 1016(2002).

〔5〕 See Charmian Barton, *The Status of the Precautionary Principle in Australia: Its Emergence in Legislation and as a Common Law Doctrine*, Harv. Envtl. L. Rev., Vol. 22:509, p. 518 – 522(1998).

〔6〕 参见陈维春:《国际法上的风险预防原则》,载《现代法学》2007 年第 5 期,第114 – 115 页。

常在风险能够被准确评估并被分散至大量投保人时发挥最佳作用。然而,保险机构通常没有能力评估不同拟议工作计划申请者面临的环境风险,准确地说,基于平均风险确定的保险费将使该融资保险对开采项目风险较低的申请者失去吸引力。当允许申请者自愿投保时,这些承担低风险的申请者往往缺乏投保意愿;相比之下,当保险具有强制性时,根据平均风险支付保费使承担低风险的申请者实际上补贴了高风险的申请者,保险机构则可能由于多数的投保人是高风险类型的承包者而面临更高的赔付责任风险。逆向选择问题在“区域”矿产资源开发这一新兴行业更加复杂,在减轻环境损害、损害的性质及其判定方面,几乎没有成熟经验可供借鉴。这种相当大的不确定性增加了准确厘定保险费率的难度。最后,融资保险制度缺失风险量化方式容易诱发拟议工作计划申请者的道德风险。当保险合同没有完全和准确地涵盖与环境损害有关的所有可能的意外事件时,保险合同签订、公布、支付后,会产生更多的风险。申请者获得承包者的身份转换后,出于融资保险涵盖了环境损害发生费用的考虑,难免会以一种微弱的谨慎动机从事“区域”内活动。由此,保险合同通常载列一项免赔额条款,即被保险人在得到保险赔付以前必须先行支付约定的固定金额。免赔额条款实际上是规定了由被保险人(这里指承包者)和保险人共同承担责任,将激励承包者减少对“区域”内环境的损害;但尽管如此,它并没有完全解决融资保险的道德风险问题。保险赔付如同责任一般,通常需要一个事件或情况来触发。一个可观察的触发点或阈值需要被清晰地定义和测量,以允许保险机构制作相应的保单,引导其承保和赔付。[1]

第二,融资保险制度的赔偿责任体系有待建立健全。融资保险制度还处于原则性规定的阶段,没有统一的承保平台,海管局通过制定规章笼统地规定其他民事赔偿责任公约的适用,并不能保证融资保险制度的赔偿责任体系建立。与拟议工作计划申请者履行合同义务有关的国际公约对融资保险只采用了强制保险模式,明确要求申请者具有强制投保义务,但是,对于融资保险的赔偿责任限额等内容并未作出统一的规定,保险机构制定标准合同容易产生纰漏。一方面,融资保险制度的赔偿责任体系建立主要依赖于相关国际民事

---

〔1〕 See Michael W. Lodge, Kathleen Segerson & Dale Squires, *Environmental Policy for Deep Seabed Mining*, in Rahul Sharma ed., Environmental Issues of Deep - Sea Mining, Springer, 2019, p. 362 - 363.

赔偿责任协定。由于海管局制定规章并未提供可供遵循的规则,尚待进一步调查具体保险要求,诸如环境赔偿责任保险等可供申请者通过商业手段获得的融资保险类别仍有待调整。[1] 环境赔偿责任保险与环境费用一样,承包者将根据预期的环境损害支付保险费用,按照“污染者自付原则”承担开发作业的全部预期社会成本。环境影响报告模版的执行摘要要求承包者列出适用于“区域”作业的国际协定,除《海洋法公约》外,包括国际海事组织的一套环境和安全公约,以及适用的区域协定。[2] 在自然人和法人的义务和责任方面,与“区域”矿产资源开发环境损害民事赔偿责任有关的区域协定,比如北海沿岸国家谈判形成并在伦敦签署的《1977 年关于勘探和开采海底矿物资源引起油污损害民事责任的公约》(Convention on Civil Liability for Oil Pollution Damage Resulting from Exploration and Exploitation of Seabed Mineral Resources 1977)从未生效,因此,融资保险制度的赔偿责任体系的建立将更多依靠国际民事赔偿责任协定。另一方面,融资保险的赔偿责任限额并未作出统一的规定,保险机构制定标准合同容易产生纰漏。越来越多来自国际方面的压力要求各国进行谈判,以缔结此类民事责任协定,扩大受害方可要求赔偿的损害范畴,扩大协定适用的地域范围,将责任转移到特定的责任人身上,以及确定责任的财务保证。在责任转移方面,国际民事赔偿责任协定的一个积极方面是其所构想的责任仅针对某一特定主体,以便受害者明确应向谁提出索赔,这不仅简化了索赔程序,还有一个额外的好处,即在保险能力有限的市场上,只需要责任人独自(如 CLC69 中事故发生时的船舶所有人)拥有和维持保险;在责任限额方面,除欧洲理事会、欧洲委员会 1993 年公布的《环境危险活动造成损害的民事责任公约》(Convention on Civil Liability for Damage Resulting from Activities Dangerous to the Environment)这一特例外,所有民事责任协定都将责任人对任何一次事故致损所负的一般或严格责任限制在一定数额内,通常以国际货币基金组织所界定的特别提款权表示。任何责任限制制度的有效性都离不开赔偿限额以及在需要时增加数额的可能。然而,有关赔偿责任限额的磋商谈判

〔1〕 See Council, *Draft Regulations on Exploitation of Mineral Resources in the Area*, International Seabed Authority(Jul. 10, 2018), https://ran - s3. s3. amazonaws. com/isa. org. jm/s3fs - public/files/documents/isba24_c20 - en. pdf.

〔2〕 参见《开发规章草案》执行摘要 2.3。

最为棘手,因为不仅要在责任人的利益和财务能力与为受害者提供足额赔偿之间达成妥协,还要考虑责任担保的要素,即为支付该数额获得保险或其他财务担保的可能性。由于无法确定所涉风险的大小以及缺乏处理相关事故的经验,保险公司只愿意接受有限金额的保险。[1] 尽管保险合同订立伊始,难以识别从事“区域”内活动实际承担赔付责任的大小,但保险金额作为保险合同项下保险机构承担赔偿或给付保险金责任的最高限额,有赖于融资保险制度的赔偿责任体系健全,避免保险机构在制定融资保险标准合同时,面临保险责任、除外责任等格式条款设计无所适从的尴尬境遇。

第三,融资保险制度确立的权利义务关系有待进一步平衡。融资保险制度维护的公共利益需要与拟议工作计划申请者、保险机构的个体利益相协调,这是从具体到抽象、特殊到一般的过程。应当看到,融资保险制度是长期应对“区域”环境风险的可行办法,揭示出将引致生命财产损失发生的可能性通过保险制度予以分散的有效性。可行性与有效性的实施统筹可以确保环境公共利益与生命财产安全的关系得到充分协调,然而《开发规章草案》对如何兼顾“区域”环境利益与人身财产安全的规定并不清晰。从形式上看,该草案第38条第1款重申申请者维持合同效力及履行义务的优先性,强调合同条款和数额符合国际海事惯例与良好行业做法的重要性,体现了申请者选择保险机构的自主性,预留了建立保险关系的充分自由度,但不可忽视的是,直接请求权是强制保险制度的灵魂,海上保险中第三方强制责任保险制度的核心是授权受害人可以选择直接向事故责任人或其责任保险人索赔,其目的不仅是为弥补一般海上保险的保障功能不足,还有突破受害人遭遇保险人基于先付原则而拖延赔付的障碍。基于此,融资保险的承保人对受害人的第二位责任主体地位将变成第一位,与被保险人共同直面受害人的损害赔偿请求权,海管局无偿取得额外被保险人地位及保险人代位求偿时的豁免一定程度上使海管局纯获利益并加重了保险机构与承包者的义务与责任,或将阻碍融资保险关系的形成。一方面,融资保险制度使海管局纯获利益的价值取向,单方面加重了保险机构责任的限制性规定,可能成为后者拒绝承保或者寻求制度漏洞以求开脱责任的诱因。《开发规章草案》进一步申明了将海管局等被保险人风险和损

---

〔1〕 See Johan G. Lammers, *International Responsibility and Liability for Damage Caused by Environmental Interferences*, Envtl. Pol'y & L., Vol. 31:94, p. 115(2001).

失的转嫁范围扩大到受害人是其他承包者时的保险人，但保险人先行赔付后获得的向实际责任人或责任人的保险人代位求偿等追偿权行使受到了阻碍。这意味着，海管局不但无偿取得保险合同权利主体的法律地位，而且在“区域”内活动损害事故发生后，即使承包者企业因破产、解散或清盘而使责任主体地位归于消灭，海管局仍可对受损承包者的保险人免责。因此，《开发规章草案》第38条第2款中的承保人代位求偿等追偿权放弃，附件十第7节有关“区域”作业赔付责任范围扩大，以及保险机构根据“大数法则”运营保险产品的市场范式本质，决定了应对“区域”环境和人身财产损失风险的制度措施协调终将被迫走上迎合最低行业标准的道路。另一方面，融资保险制度引起重复救济，加重了承包者责任。第三者责任是融资保险制度的可保事项之一，因而融资保险制度对环境侵权行为的调整，允许以责任保险的形式对受害方进行充分的救济赔偿。承包者投保的责任保险作为一种额外保险，独立于财产灭失损害险和雇员人身伤亡险，当保险事故发生以后，不但需要基于受损方的财产损失险进行理赔，而且可能面临因侵害方投保责任险而重复救济的情况，这无疑会增加以保险方式对抗“区域”内活动风险的成本。

三、“区域”矿产资源开发风险融资保险的制度因应

根据公共利益确定标准中的公共受益性标准、可持续发展标准以及透明度标准，融资保险制度中的公共利益主要体现为海洋环境利益、航行安全以及人身权保护三个方面。[1] 融资保险制度的长稳运行需要以海洋环境利益维护为核心建立融资保险风险量化第三方主体辅助机制作为风险量化的方式；构建融资保险民事赔偿责任机制作为保护环境、恢复生态系统平衡的工具，以及加强风险预防原则和污染者付费原则实施的重要补充手段；围绕航行安全以及人身权保护，构建融资保险制度权利义务平衡机制，在国际层面形成针对私有财产利益与人身安全利益保障的法律机制，试图在“区域”矿产资源开发领域创设更加简便、实用、均衡的责任分担形式，在行业互免协议支持下，优化融资保险合同的格式和条款，统一损害性质及其责任认定的标准。

第一，建立融资保险风险量化第三方主体辅助机制。就“区域”内活动责任事故可追索的损害赔偿而言，除一般会涉及的恢复原状的费用、利润损失、

---

〔1〕 参见张丽娜：《海上强制保险适用范围的合理性解析》，载《武汉理工大学学报（社会科学版）》2009年第5期，第93－94页。

为防止进一步损害而采取合理措施的费用和代替实际恢复原状的偿付费用以外,还应纳入对纯生态损失和"区域"资源所受损害的补偿措施。故而,融资保险制度风险评估和量化方法的标准化,有赖于以环境风险评估、环境风险监管、环境损害评价为重点的第三方主体辅助机制的建立,离不开有关技术标准、配套指南的有力支撑,[1]需要完善国际合作机制和平台,建立"区域"环境污染风险评估系统、影响评价体系以及监管框架结构。首先,建立风险评估系统识别并量化"严重的或不可挽回的环境损害"。在"区域"矿产资源开发领域,生态阈值应有助于确定何时可以认为不利的变化和/或影响是重大的,即"严重的或不可挽回的环境损害"。通过对生态阈值的理解,决策者针对可能超过生态阈值的环境影响,管理、监测和在接近阈值时禁止其作业。生态阈值的确定依托于大量"区域"环境数据支撑,如果没有可用的信息来设置特定的生态阈值,则可以使用一套其他指标来确定"严重的或不可挽回的环境损害"的可能性,包括那些涉及物种、社区或生态系统层面影响的指标,其中生态系统服务属于基础指标,为了执行与"区域"矿产资源开发有关的适当的环境影响评估、环境管理计划和其他的技术规程以及支付制度(包括环境损害评价),必须有能力识别和量化重大影响,并对与其有关的关键生态系统服务作出评价;[2]既要系统排查可能引起"严重的或不可挽回的环境损害"的操作环节、技术参数、装备、作业顺序、自然条件、项目环境等各类风险和质量控制点,有针对性地制定相应的预防措施,也要采取反映关键生态系统服务的其他措施,将生态系统服务损失的可量化指标纳入重要性评估系统。其次,确立全球统一的"区域"环境影响评价体系,提高保险机构与拟议工作计划申请者的信息对称度。环境影响评价是海洋环境保护体系的重要组成部分,对可能引起环境重大不利影响的作业活动进行环境影响评估成为习惯国际法的一项原则。针对尚无默认的国际法框架或机构网络来评估"区域"矿产资源开发对环境的潜在影响,[3]相关研究最好从小规模的现场试验开始,逐步扩大,直到最终达到工业生产的水平。每一个环境影响实验的结果都要仔细评估,只有当它们

---

〔1〕 参见竺效:《论环境污染责任保险法律体系的构建》,载《法学评论》2015 年第 1 期,第 165 页。

〔2〕 See Lisa A. Levin et al., *Defining "Serious Harm" to the Marine Environment in the Context of Deep – Seabed Mining*, Marine Policy, Vol. 74:245, p. 249 – 256 (2016).

〔3〕 See Robin Warner, *Oceans beyond Boundaries: Environmental Assessment Frameworks*, International Journal of Marine and Coastal Law, Vol. 27:481, p. 481 – 482 (2012).

被发现是可以接受的,才能采取下一步行动。这一程序要求制定相关标准,以便使“区域”环境影响的评估结果具有可接受性,[1] 为此应促进国家间有关“区域”矿产资源开发试验环境影响研究的情报交流和资料共享,经过海管局等国际组织合作汇总分析,逐渐形成可由缔约国普遍接受的全球指导方针,提高保险机构与拟议工作计划申请者的信息对称度。最后,建构“区域”环境管理框架,使海管局及担保国更好履行对承包者从事“区域”内活动的管理职责,降低道德风险发生的概率。“区域”环境管理框架说明每个项目阶段所需的与环境管理有关的活动及其相互关系,有助于在采矿项目的各个阶段编制环境资料和作出决策。它以相关行业中使用的环境管理框架为基础,但针对“区域”矿产资源开发的独特性进行了调整,定义了信息的收集和综合及其在决策中的使用,并将概念模型作为特定索赔信息不断增长的存储库。每个阶段的环境管理活动都旨在实施决策中的预防方法,同时促进审查适应性管理措施,以便随着数据的数量和质量的提高以及技术的发展而改善环境管理。该框架将确保环境标准应用的公平性和一致性,有利于更早地识别环境风险,结合及扩展海管局所提供的现有指引,协助担保国等监管机构保护环境,并通过减少过程中的不确定性使承包者和融资方受益。[2] 在此基础上,担保国应定期向海管局反馈其国内相关监管政策的动态变化,海管局就其是否能够对承包者的开发行为实施有效监管进行综合评价,并提出指导和完善的建议。

第二,构建融资保险民事赔偿责任机制。民事赔偿义务和责任是促进承包者保护环境、加强风险预防原则实施的重要补充手段,也是实施污染者付费原则和恢复生态系统平衡不可或缺的工具。基于环境影响报告模版的执行摘要要求列出适用于作业的国际协定,各国可考虑修改现有的民事赔偿责任公约,将海底活动造成的污染包括在内,并且审慎应对全球海洋治理可能存在的碎片化的挑战,确保制定这类公约的国际组织与海管局之间的关系协调。[3]

---

[1] See Ahmed Ahnert & Christian Borowski, *Environmental Risk Assessment of Anthropogenic Activity in the Deep – Sea*, Journal of Aquatic Ecosystem Stress and Recovery, Vol. 7:299, p. 311(2000).

[2] See Jennifer M. Durden et al., *A Procedural Framework for Robust Environmental Management of Deep – Sea Mining Projects Using a Conceptual Model*, Marine Policy, Vol. 84: 193, p. 193 (2017).

[3] See Luz Danielle O. Bolong, *Into the Abyss: Rationalizing Commercial Deep Seabed Mining through Pragmatism and International Law*, Tul. J. Int'l & Comp. L., Vol. 25:127, p. 177 – 179 (2016).

首先,可扩大现有船舶油污民事责任国际立法的适用范围。就赔偿责任限制而言,从国际立法实践看,赔偿责任的强制保险制度首先适用于船舶油污损害赔偿,如 CLC69 及其 1992 年议定书规定的油污强制保险。据此,以 CLC69 及其议定书为目标靶向,通过对"船舶"用语的扩大解释,将"区域"作业系统作为调整对象,并考虑到"区域"作业可能引发"严重的或不可挽回的环境损害",在环境赔偿责任限额方面制定更高的标准,实现船舶油污损害赔偿与"区域"作业油污损害赔偿的双轨安排。其次,加强不同制定组织之间的沟通协调。虽然"区域"作业系统以船舶的航行功能为依托,然而由于 CLC69 的目的在于对船舶溢出或排放油类造成污染而遭受损害的人员给予适当的赔偿,并且排放油类造成污染只是"区域"环境风险因素之一,开采、加工过程中排放的其他有害物质对"区域"生态系统的影响也不应被忽视,因此,海管局应加强与国际海事组织(International Maritime Organization,IMO)等国际海事立法部门的沟通协调,基于"区域"环境污染的特殊性,促使民事赔偿责任机制逐渐覆盖到"区域"矿产资源开发的各个环节,包括但不限于保险机构的承保风险、保险期间以及除外责任等内容。考虑到在"区域"以外从事矿产品加工与运输活动是否应交由海管局统一管辖的磋商谈判,一定程度上会延缓开发规章的制定进程,以及商业开发初期拟议工作计划申请者的保费支付能力、保险人偿付能力有限的客观情况,有关融资保险民事赔偿责任的规则制定应遵循基本保障原则,保险标的、承保风险不宜过多或过高,支付保费应基本保证承包者补偿环境损害后能够恢复和维持履行开发合同义务的能力,保险机构收支基本平衡,可略有盈余。

第三,构建融资保险制度权利义务平衡机制。融资保险制度的权利义务平衡机制是基于其具有的隐性强制力(或称为事实强制力),根据承包者之间形成共同免责协议的良好行业做法,优化保险条款设计并设定为格式条款,再经由缔约国政府行政力量和行业组织代表申请者统一参与推动,在国际层面适时构建针对私有财产利益与人身安全利益的法律机制。其一,针对财产损失和人身伤亡,建立融资保险制度的"共同免责协议"(Mutual Hold Harmless,MHH)或"互撞免赔协议"(Knock For Knock)赔偿机制。"共同免责协议"或"互撞免赔协议"赔偿机制的主要目的是识别和降低缔约方在"区域"作业中面临的重大风险。除将风险限制在缔约方可接受的水平之外,该机制还使缔约方得以避免重复保险。承包者出于开发活动风险可以被投资回报所抵消的考虑,愿意通过保险或自我保险来承担风险,如此,风险报酬关系就构成了责任关系和相关保险,[1]如果分包合同含有适当的条款和条件,确保履行分包合同能反映并维护与承包者和海管局之间的与本合同相同的标准和要求,承包者此时可以将开发合同的部分义务分包,但仍不得免除其根据本合同应承担的任何义务或责任,即使将履行这些义务的某些部分分包,也仍然对根据本合同履行其义务向海管局负有责任,[2]责任和赔付责任涉及的主体包括承包者及其雇员、分包者、代理人及为进行承包者的业务而雇用为他们工作或代他们行事的所有人员。[3] 共同免责协议应聚焦于本合同的承包者与履行其他开发合同的第三方承包者各自负担所遭受的私有财产损失与人身安全损害,纵然该损失和损害是因业务合作方的过失所致,对于承包者及其雇员、代理人和分包者及其根据承包合同开展业务而雇用工作或代理行事的所有人员,第三方就其任何不当行为或不作为而提出一切主张和赔偿要求的,承包者应使海管局、其雇员、分包者和代理人免受损失。[4] 对此,不妨借鉴海上货物运输中的喜马拉雅条款(Himalaya Clause)[5],引入“团体概念”以突破合同相对性,免除过错方责任,由协议双方自负损失,免除过错的举证责任,从而降低诉讼的经济成本和时间成本,使受害方获得及时救济。考虑到适用共同免责协议赔偿机制的目的之一在于使承包者和保险机构预估风险价值,按需投保与承保,建立恰当的保险关系,而前文所述“区域”环境风险难以识别量化,可能会为免责协议规则的适用与调整带来挑战,因而这种免责协议应该仅适用于财产损失和人身伤亡,不包括环境污染等其他风险。其二,在共同免责协议下设计平衡权利义务关系的保险条款。要针对“区域”作业的特点,包括不同类型的“区域”作业系统,不同水深和地质结构的作业区域,不同程度的风险和损失来设计保

---

[1] 在全球范围内,针对近海环境影响的控制、清理和第三方责任,已建立了两种赔偿制度,并被纳入服务合同的行业模型,如英国的“Leading Oil & Gas Industry Cumpetitiveness 海上建造合同”、美国的“国际钻井承包商协会标准合同”。国际海事承包商协会也在促进服务合同风险分配的公平性方面发挥了作用。See Peter Cameron, *Liability for Catastrophic Risk in the Oil and Gas Industry*, International Energy Law Review, Vol. 6:207, p. 207 – 208(2012).

[2] 参见《开发规章草案》附件十第 6 节。

[3] 参见《开发规章草案》附件十第 7 节。

[4] 参见《开发规章草案》附件十第 7 节 7.2 段。

[5] 喜马拉雅条款,又称“分立契约、赔偿以及抗辩、免责事项及责任限制条款”,源自 1953 年英国阿德勒诉狄克逊案,主要内容是承运人的免责和限制赔偿金额的权利同样适用于雇佣人员和代理人。现已成为海商法一个通行的重要条款。

险条款的独有格式,其专业性和技术复杂度远远超过近海石油勘探开发的海上石油开发保险(offshore oil exploration development insurance)。一方面,设计矫正保险机构与承包者信息不对称的格式条款。融资保险制度分散风险和消化损失的过程仍要以保险合同为载体,保险合同的实质是风险信息交换,即为投保人掌握的保险标的的个体信息与保险人掌握的社会范围内的某类风险的整体信息的交换。对保险条款进行优化设计,并将其设定为格式条款,就是要通过规则的设计来增加人们行为的可预见性,减少对信息的依赖,矫正融资保险制度适用所面临的信息不对称性,降低保险机构逆向选择及承包者道德风险的可能。这些条款包括减赔条款和共保条款、无损失保费优惠条款、免责或减责条款、保险合同的连续性条款等。[1] 另一方面,设计避免"共同免责协议"机制的风险负担约定目的的落空的特殊格式条款。"共同免责协议"机制可将损失风险导向受损一方的承包者,这对承包者而言可能是一种无法保险的风险,破坏了侵权责任赔偿机制,并可能因为承包者将为其没有真正保险利益的风险投保而增加费用;[2]但如果承包者集团与合作方只投保财产损失险,相应也会减少责任保险的投保需要,从而降低保费支出,并且无论是按照一般的侵权法原则还是"共同免责协议",都不会取代承包者投保的财产损失险,因为损害发生的事由可能是作为被保险人的合作方自身过失所致,甚至是无法归责于任何一方的自然灾害。相比于"共同免责协议"或"互撞免赔协议",第三者责任保险意味着承保财产险的保险机构可凭借向被保险人履行赔付义务后所获得的追偿权,向侵害方的责任保险人主张利益补偿,这一过程存在诸多不确定性,产生的时间拖延将为财产保险人与责任保险人双方带来更高的时间成本与诉讼成本。因此,为避免保险机构因行使追偿权而使承包者就"共同免责协议"机制的风险负担约定目的的落空,可以推进融资保险机构之间达成"互撞免赔协议",融资保险合同还可设计两种特殊的格式条款,一是基于使分包者与此类保险人维持适当保险合同的规定,[3]把合作方归为保险合同中与海

---

〔1〕 参见张长利:《政策性农业保险法律问题研究》,中国政法大学出版社 2009 年版,第 119 - 124 页。

〔2〕 See Helen Franklin, *Irretrievable Breakdown? A Review of Operator/Contractor Relationships in the Offshore Oil and Gas Industry*, Journal of Energy & Natural Resources Law, Vol. 23:1, p. 9 (2005).

〔3〕 参见《开发规章草案》第 36 条第 1 款。

管局具有相同法律地位的额外被保险人范畴;二是基于所有保险均经过批单变更,规定承保人放弃包括就开发活动向海管局代位求偿等任何追索权,[1]适时考虑纳入对额外被保险人的代位求偿权放弃条款。

第三节 “区域”矿产资源开发合同担保的项目融资范式探究

担保是项目融资的生命线。“区域”矿产资源开发合同担保的项目融资是承包者以指定矿区开发权利为担保基础,通过价值评估为特定开发项目找寻的融资方式。该权利属于勘探、开采、销售矿产品并维护周边环境的经济权利,[2]对其形成的完整推演需要追溯到缔约国对海管局让渡主权使用权的过程,进而厘清海管局与承包者之间的权利义务关系,把握承包者采用该权利的担保方式进行项目融资的行为性质以及限制因素。[3]

一、“区域”矿产资源开发合同担保的项目融资权利来源

海管局经由缔约国集体让与“区域”内活动的主权行使权路径,以受托人(trustee)而非主权人(sovereign)的身份,为了全人类的利益而管理“区域”矿产资源。主权权力与主权权利作为主权行使权的两种直接形式,[4]对应形成指定矿区开发的行为自由权及“区域”矿产资源使用权,成为承包者的项目融资权利来源。海管局理事会作为执行机关,实际履行管理权,使承包者经批准而获得指定矿区开发的行为自由权,促进项目运营的持续稳定。海管局大会作为权力机关,向承包者让渡“区域”矿产资源所有权的使用权能,使后者得以

---

[1] 参见《开发规章草案》第 36 条第 2 款。

[2] 参见郗伟明:《当代社会化语境下矿业权法律属性考辨》,载《法学家》2012 年第 4 期,第 101 – 102 页。

[3] 《开发规章草案》第 22 条指出,使用开发合同担保是一条须执行的复杂的技术规章,国际社会正推动针对这一问题的深入思辨。海管局理事会下属的法律和技术委员会要求解决潜在财产负担的典型条件(Typical Terms of Any Potential Encumbrance)与原转让人的地位(Position of the Original Transferor)等若干问题。See Council, *Draft Regulations on Exploitation of Mineral Resources in the Area*, International Seabed Authority (Jul. 10, 2018), https://ran – s3. s3. amazonaws. com/isa. org. jm/s3fs – public/files/documents/isba24_c20 – en. pdf.

[4] 参见黄嘉树、王英津:《主权构成:对主权理论的再认识》,载《太平洋学报》2002 年第 4 期,第 8 页。

凭借私法规制在权限范围内获得项目融资担保的财产权源。

第一,承包者基于海管局理事会的主权权力获得指定矿区开发的行为自由权。海管局理事会的主权权力实质是缔约国向海管局让与的对本国及实体的“区域”内活动实施监督、管理的派生权力。这一具体权力不仅涉及政府运作,具有职能性;还可自主限制或让渡,处于低一级被支配的地位。[1] 海管局理事会由部分缔约国按照地区和特殊利益集团分配席位所形成,是海管局实际受让这一派生权力的机构。其通过审查“区域”内活动的准入资质、处置突发事件等实质性安全事务等方式支配承包者,维护公共利益。承包者基于理事会的主权权力获得指定矿区开发的行为自由权,主要的表征是采矿资格,该资格更宜被识别为特许物权,是一种在指定矿区排他的特许经营权。这种权利并非资源使用权的财产权利凭证,其所具有的对指定矿区资源使用权利的证明与确认功能,应被视作开发行为专属性的权利来源,并决定了这一特别许可授权的转让限制。当承包者的采矿资格被撤销时,指定矿区的经营活动陷入关停状态,留待符合“区域”内活动准入标准的其他承包者承继。这是基于委托—代理理论,从独立于缔约国让渡主权使用权的控制视角来看待海管局的自主性,作为占有并管理“区域”矿产资源的代理人,其依然能够采取独立行动。[2] 这意味着在为承包者提供融资支持方面,海管局虽不具有提供资金和担保的义务,但其主体地位并未发生动摇,其承担审查承包者经营资质的职能,履行定期审查已设置财产负担的开采合同的职责。因此,财产负担受益人是否具有采矿资质等详情属于理事会定期审查的范围,[3] 这是要求使用这一

---

〔1〕 参见韦经建、庞小妹:《论欧洲联盟法的效力及其对于国家主权理论的影响》,载《法制与社会发展》1999 年第 6 期,第 58 – 59 页。

〔2〕 国家允许这种自主性存在的原因在于,与分散化的合作方式相比,向国际组织授权能够带来集中化与独立性的优势,从而产生改善信息流动、分担合作风险、去政治化等诸多收益,有效降低国际合作的交易成本。参见汤蓓:《试析国际组织行政模式对其治理行为的影响》,载《世界经济与政治》2012 年第 7 期,第 47 页。

〔3〕 融资计划是《开发规章草案》附件十第 3 节所明确的七项工作计划之一,而成立于 2017 年的合同管理股的主要职能就是监督海管局签发的有关“区域”活动的所有合同,从而促进秘书处内部的协调。此外,还包括按照适用条例的要求定期审查工作计划。而定期审查正是有效的合同管理工作办法,是海管局继续提高合同管理效率和成效的目标手段。See Assembly & Council, *Proposed Budget for the International Seabed Authority for the Financial Period* 2019 – 2020, International Seabed Authority (May 24, 2018), https://ran-s3.s3.amazonaws.com/isa.org.jm/s3fs-public/files/documents/iba24c11-a5-en.pdf.

权利作为融资担保的承包者提供相关证据证明自己能有效预防受益人取消赎回权(foreclosure)时无法承接后续经营活动计划的题中之义,[1]也是受益人选择特定项目接管人的意义所在。

第二,承包者基于海管局大会的主权权利获得“区域”矿产资源使用权。“区域”矿产资源使用权与各国或各民族在其管辖范围内有自由处置其自然资源和财富的主权权利不同,[2]其不是一种颇具自然资源永久主权宣示意味的抽象国际法权利,而是基于所有权权能分离所产生的以勘探和开采为核心内容的财产权利,具有私权性质,属于民法意义上的定限物权,源于海管局代为行使“区域”矿产资源所有权的主权权利。这种权利可视作主权权能,在国际关系中,主权权能所具有的权利属性意味着其与物权相通。作为一种权利让与的过程,物仅为权利的载体,[3]海管局大会成员及其担保下的开发实体从指定矿区回收“区域”矿产资源,将取得回收后的矿产资源所有权,[4]从而使海管局大会成为承包者实际取得指定矿区资源使用权的媒介。一方面,海管局大会由全体缔约国组成,是象征“区域”矿产资源的所有权主体的国家集合,作为缔约国共同且无排斥形成的一种联合,代表全体缔约国居民支配和使用“区域”矿产资源,[5]因而支配力只及于“区域”矿产资源这一权利客体。另一方面,承包者取得指定矿区资源的使用权,支配力集中体现为对资源的勘探和开采权利,作为一种财产权利,具有可供融资担保的交换价值。一是以开采合同为载体的专属权利包括对指定资源类别的勘探权,[6]设置财产负担的对象可以是开采合同下的部分权益,相较于“区域”内从事搜寻矿床并估计经济价值的探矿权,勘探权不仅具有专属性,而且享有就同一“区域”和资源开采的优惠性和优先性。因而勘探权虽不能带来直接的经济利益,但勘探权内容实现相当于优先获得开采权这样一种期待权,权利主体可获得优先开采的法律地

---

〔1〕 参见《开发规章草案》第22条第3款。

〔2〕 参见杨泽伟:《论国际法上的自然资源永久主权及其发展趋势》,载《法商研究》2003年第4期,第69页。

〔3〕 参见张军旗:《主权让渡的法律涵义三辨》,载《现代法学》2005年第1期,第99页。

〔4〕 参见《开发规章草案》附件十第5节。

〔5〕 参见刘青建:《国家主权理论探析》,载《中国人民大学学报》2004年第6期,第104页。

〔6〕 参见《开发规章草案》第18条第1款(a)项。

位,[1]使勘探权可单独设置融资担保。[2] 二是勘探权的价值相对确定,用益物权性突出,与开采权结合构成了完整的获益权,是承包者获得项目融资担保的财产权源。而采矿权的行使往往耗损指定矿区的资源赋存,产生并排放废弃污染物,不具有用益物权外观。相较于开采活动对"区域"环境的损益性,勘探权更显用益性,采矿权的价值也并非自设置担保时就能确定,而是随着承包者出资勘探的持续深入而不断被认识。因此,二者结合才能从根本上体现指定矿区资源使用权是具有子权属性的获益权,可不依附于特定身份自由流转,为使用权人带来直接或间接的经济利益,承包者的采矿资格即使被撤销也不会丧失"区域"矿产资源使用权的权利内容,确保了财产负担受益人的投资回报,成为承包者获得项目融资担保的财产权源。

二、"区域"矿产资源开发合同担保的项目融资行为性质

"区域"矿产资源开发合同担保的项目融资属于一种采特许模式的契约型公私合作行为(PPP)。[3] 按国际惯例,公私合作项目一般都成立项目公司(SPV),并大多采用股份制,这样做有很多优点。[4] 但笔者认为,"区域"矿产资源开发合同担保的项目融资采用了广义的公私合作行为模式,以授予特许经营权为特征,[5]是否组建项目公司并非关键,正如生产支付公私合作行为模式本以贷款等值部分的项目产品所有权为担保,但同样要求附加承包者的开采合同权利作为抵押。作为一种合同安排,最核心的是特许经营协议,[6]也就

---

[1] 参见李显冬、刘志强:《论矿业权的法律属性》,载《当代法学》2009 年第 2 期,第 107 页。

[2] 参见《开发规章草案》第 22 条。

[3] PPP 与私人主动融资(PFI)之间并没有十分明确的界限,这两个术语经常被替代使用。但是 PPP 的概念比 PFI 更宽泛,只要存在公私两部门长期的广泛的合作,都可以被称作 PPP 模式。在这种模式下外资企业介入得较多,而 PFI 更强调启动民间资金,实现公共项目融资、建设和运营的多元化,强调国内私营企业的主动介入。英国财政部将 PFI 作为 PPP 内的一种主要模式对待,加拿大和澳大利亚的相关文献也以 PPP 模式为主,而日本几乎所有关于公私合作的讨论都是在 PFI 主题下进行的,这是由于日本的私有资金更为充裕,其在国内及海外的融资和经营基本是以 PFI 模式进行的。PPP 与 PFI 这两种模式都认为,在完成一项特定任务时,公共部门和私营部门之间的确存在某种互惠互利的关系,通过合理的分配,各自完成其最适合的工作,从而使公共服务和基础设施能以最经济有效的方式被提供。参见杜静、仲伟俊、李启明:《私人主动融资(PFI)模式在公共项目中的应用》,东南大学出版社 2014 年版,第 26 页。

[4] 参见王守清:《PPP 为什么要成立项目公司并进行风险分担?》,载《中国财经报》2016 年 4 月 7 日,第 5 版。

[5] 参见刘薇:《PPP 模式理论阐释及其现实例证》,载《改革》2015 年第 1 期,第 79 页。

[6] 参见李霞:《论特许经营合同的法律性质——以公私合作为背景》,载《行政法学研究》2015 年第 1 期,第 22 页。

是指定矿区的开采合同。承包者的开采合同源自海管局对指定矿区的开发授权,授权依据为《海洋法公约》及其配套规定;海管局与承包者之间的监管和指令性事项,由理事会行使强制性特权;涉及承包者筹措项目资金的经营风险转移事项,由法律和技术委员会与理事会分别实施建议权和审批权,财产负担受益人行使介入权。这些规定使指定矿区开采合同下的融资构成了以海管局与承包者为核心的公私合作行为模式。

首先,指定矿区开采合同源于特许协议在全球公域自然资源开发领域的延伸与演化。特许协议是资源国为弥补开发技术能力的不足,以签订协议的方式,将一定时期、某个区域的资源勘探权或开采权,特许给符合条件的外国投资者的法律文件。特许协议的法律性质仍有理论分歧,主要学说有国际协议说、准国际协议说、国内法契约说等。争论焦点在于其是国内法契约还是国际协议。[1] 应该承认,“区域”内指定矿区开采合同属于契约而非国际条约范畴应无太大争议,但到底是国内法契约,还是国际协议,抑或其他性质的契约尚有探讨空间。笔者认为,“区域”内指定矿区开采合同属于具有国内因素的国际协议。[2] 一方面,其国际性表现为合同当事方的特性与开发授权的法律依据。指定矿区开采合同一方是国家集合的海管局,对该矿区拥有资源管辖权,相对方承包者除企业部外,可以是缔约国,而非缔约国的实体也必须获得国家担保,在为开采合同规定的承包者义务筹资方面,海管局无义务提供任何资金、出具任何保证或以其他方式直接或间接承担责任;合同的授权依据主要是以《海洋法公约》为核心的国际法体系,承包者未来应遵守不定时修订的开发规章和海管局的其他规则及其有关机构的决定等,[3] 缔约国国内的审批环节也大多参照海管局的规则、规章和程序来进行。另一方面,国内因素体现在海管局及承包者可选择适用缔约国国内规则的争端解决机制。在当事方有关合同解释或适用问题的争端解决方面,海管局实施的行为并非一国政府行为,

---

〔1〕 参见余劲松主编:《国际投资法》,法律出版社 2014 年版,第 85 页。

〔2〕 就合同性质而论,国际常设法院(PCIJ)在 1929 年的塞尔维亚贷款案中明确指出,国际法仅适用于作为国际法主体的国家间合同,即只有此类协议才能以有关合同关系的有效性、约束性或后果的国际法一般规则为基础。相反,国家与私人之间的合同只能以某个国家的国内法为基础,具体的法律制度是由国际私法规则确定的,国际私法规则本身构成了国内法的一部分。考虑到这些原则,法院最终决定该案适用的法律总体来说是塞尔维亚法律。See Roland Portmann, *Legal Personality in International Law*, Cambridge University Press, 2010, p. 75.

〔3〕 参见《开发规章草案》附件十第 3 节 3.3 段(a)项。

承包者无法在某一缔约国境内直接获得救济。在《海洋法公约》第十一部分第5节的争端解决机制方面，尽管海底争端分庭也拥有对此类争端的管辖权，然而只要经争端任何一方请求，该争端事项在诉诸有拘束力的商业仲裁时，海管局与承包者理论上就可以协议选择担保国国内，甚至是其他缔约国国内的仲裁程序来排除为该争端解决机制提供兜底选择的联合国国际贸易法委员会的仲裁规则以及海管局规定的其他仲裁规则的适用。其次，海管局与承包者之间的监管和指令性事项，由理事会行使强制性特权。这种强制性特权与主权国家的行政优益权相似，在开发合同标准条款中体现出一定的“行政性”，主要涉及保留区开发的合同标的决定权；涉及维持商业生产的合同履行监督权；除因不可抗力事件或条件导致无法履行合同义务外的直接暂停或终止契约权；对相对方严重性违规行为罚款的制裁权；对合理期限内未能履行暂停义务以及后合同义务相对方采取必要拆除措施的直接强制执行权。[1] 最后，承包者筹措项目资金的经营风险转移事项，由法律和技术委员会为理事会的事前审批提供建议，财产负担受益人根据直接协议介入重整。承包者将根据法律和技术委员会的建议，抵押、质押、留置或押记其在开采合同下的全部或部分权益，或以其他方式将其设置为财产负担，以便为履行开采合同规定的义务筹资。承包者在征求海管局的事先同意时，将向理事会与法律和技术委员会披露前述任何此类财产负担的条款和条件，以及在违约的情形下，该财产负担对开采合同规定的活动有何潜在影响。[2] 针对可能提前终止合同或出现提前终止合同威胁的情况，贷放资金的金融机构作为优先债务出借人有权行使介入权，为可归因于承包者的违约提供救济，[3]同意或在取消赎回权时按照开采合同和规章的要求开展开发活动，或由其指定的其他适格主体接管项目。[4] 作为海管局理事会同意的条件，承包者需要提供的贷款金融机构行使介入权的证据将涉及直接协议。通过订立直接协议，允许贷款金融机构在承包者违约时替代履行开采合同，实际上起到担保贷款金融机构债权实现的作用，是项目融资特有的且常采用的担保措施之一。这种担保措施是通过贷款银行介入相

〔1〕 参见《开发规章草案》附件十第12－13节。
〔2〕 参见《开发规章草案》第22条第1－2款。
〔3〕 参见莫莉：《英国PPP/PFI项目融资法律的演进及其对中国的借鉴意义》，载《国际商务研究》2016年第5期，第57－59页。
〔4〕 参见《开发规章草案》第21条第3款。

关合同来实现的。这意味着为确保作为财产负担受益人的金融机构,[1]能够按照合同开展开发活动采取的其他手段,[2]涉及介入期内海管局与承包者权利义务关系的法律应对,包括明确由承包者继续承担合同项下的责任直至先前的违约无法补救或发生新的违约,海管局据此终止合同。这是因为对承包者而言,直接协议仅是其可采用的一种担保形式。换言之,提供贷款的金融机构通过直接协议的方式获得项目的控制权并不意味着承包者永久地丧失合同项下的权利,他可以通过提供其他担保形式,重新获得有关合同项下的权利,或者在提供贷款的金融机构介入有关合同、收回贷款后,承包者仍然可重新恢复对项目的控制权。[3]

三、“区域”矿产资源开发合同担保的项目融资行为限制

承包者的开采合同权利涵盖了指定矿区资源勘探、开采的相应专属权,可视为国际矿业界的矿业权,这样一种财产权利具有可流转性,而完备的市场配置体系由两个层级构成:一个是开采合同权利出让时的一级市场,另一个是开采合同权利交易的二级市场。开采合同权利的财产属性获得了《开发规章草案》的认可,具备了可融性的法律基础,有关承包者可通过合同抵押、典当、留置等担保方式进行融资,说明承包者可以将合同所赋予的专属权利作为资产,通过资产抵押和转让的不同形式与相关的活动主体进行资产重组,建立新的利益关系。[4] 但在指定矿区开采合同下的融资可行性方面,行政性管制权及合同性的因素相互交融,金融机构作为财产负担受益人的潜在市场条件以及担保国事前审批的法律地位将会对这种利益关系的形成与变化产生影响。

第一,“区域”矿产资源开发合同担保的项目融资行为受制于金融机构作为财产负担受益人的潜在市场条件。“区域”矿产资源开发合同担保的项目融资行为涉及指定矿区开采合同权利的法定条件与潜在条件:前者属于立法技

---

〔1〕 参见《开发规章草案》第21条第4款。

〔2〕 See Council, *Comments on the Draft Regulations on the Exploitation of Mineral Resources in the Area*, International Seabed Authority (Dec. 4, 2019), https://isa.org.jm/files/files/documents/26-c-2-en.pdf.

〔3〕 参见朱怀念:《国际项目融资法律问题研究》,武汉大学出版社2002年版,第298-299页。

〔4〕 参见陆浩主编:《中华人民共和国深海海底区域资源勘探开发法解读》,中国法制出版社2017年版,第94-95页。

术范畴，聚焦于开采合同权利在不同融资模式中的具体效力，依托权利性质与内容，为承包者的抵押、质押、留置或押记开采合同权利设立效力规范，引导并规范承包者的项目融资行为；后者则是应英美法系由当事人约定而决定的担保权利实现方法的需要，除作为担保物的开采合同项目接管外，由金融机构设置私力救济的市场条件，针对“区域”矿产资源开发合同担保的项目融资行为，指向了有限追索权担保及政府担保。法定条件设置的公力救济方式有限，缘于在开采合同权利形式以及行使方式上，量化后的行政管理成本包括但不限于对明确列举授予指定矿区行为自由权标准的审查成本、财产权利外观主义要求按照使用开采合同担保条款所承担的与开采合同有关的任何财产负担进行登记的公示成本。[1] 从某种程度上说，法定条件量化后的行政管理成本越多，海管局理事会、法律和技术委员会基于个体偏好许可项目融资行为的风险越高。并且因勘探权和采矿权的自然属性和法律属性，开采合同权利取得和履行的法律状态不易把握，以至于精确评估其价值确有难度。换言之，开采合同中的勘探权利履行意味着开采价值的潜在转换，以开采前的勘探结果确定合同权利的市场定价可能会产生误差，而开采权利的履行又意味着指定矿区资源储量减少，开采合同的价值减损，实现这一担保权利的价值随之降低，因而开采合同担保权利价值评估存在正常的商业风险，指定矿区开采合同下的融资条件更多依赖于作为财产负担受益人的金融机构对承包者违约风险和介入补救的成本预估，除可能涉及生产支付公私合作行为模式下第三方与承包者签订的长期承销协议外，[2] 还会指向有限追索权担保与政府担保。[3] 一是

---

〔1〕 参见《开发规章草案》第92条。

〔2〕 澳大利亚阿盖尔钻石矿（Argyle Diamond Mine）的项目融资具有示范意义。该钻石矿占世界钻石产量的1/3，在开发的早期阶段，投资者之一的澳大利亚阿什顿矿业有限公司（Ashton Mining Limited）准备利用项目融资来筹集工程所需的建设资金。但由于参与融资的银团对钻石市场价格和销售情况不确定，资金筹集迟迟未果，而后该矿选择与总部位于伦敦的中央钻石销售组织（Central Diamond Sales Organization）签订了长期承销协议，借助后者世界级的销售能力和声誉大大增强阿什顿矿业有限公司与银行谈判的地位，很快顺利完成了项目融资。参见张极井：《项目融资》，中信出版社2003年版，第8页。

〔3〕 担保作为一种私人监管手段，存在于市场、政府及更宽泛的政治领域，已经成为一种具有巨大政治与经济正当性的平衡纽带——尤其是在市场及其监管来自内部与外部两方面的正当性面临明显不足的时刻。从法律上讲，担保是一种数量不大但却复杂的准则组合体，因此笔者以金融机构的私人监管者视角，仅选取了可能存在于市场领域的有限追索权担保及规避政治风险的政府担保两个维度。参见[美]万安黎：《担保论：全球金融市场中的法律推理》，江照信等译，中国民主法制出版社2013年版，第4、38－39页。

有限追索权担保在矿产资源开发等大型工程项目中比较常见,其是指金融机构出于降低贷款风险的考虑,不仅要求借款人对特定项目设定担保物权,并以该项目资产收益作为偿还贷款本息的资金来源,还往往要求项目实体以外的第三方提供各种担保。当项目经营失败,项目资产和收益又无法足额清偿债务时,可以主张在上述第三方的担保义务范围内行使追索权。[1] 二是由承包者所属国提供规避政治风险的政府担保。政府担保可视为一种隐性的“自身担保”,即承包者所属国政府虽然并未与受保方签订担保合同,不具有承担后者债务的法律义务,但仍可采取规避政治风险的行政措施或制定具有特殊制度安排的法律政策来为承包者提供“隐性”担保。这种隐含在政府行为或制度安排中的政府担保,既非以第三人名义担保,也并非对第三者担保,而是用以分散政治风险中的政府违约风险及国内法律风险,降低政局结构和演变因素以及政府管理和控制因素给金融机构债权人造成经济损失的可能性。就政府违约风险而言,主要指承包者所属国批准延误风险,即主管部门未能及时批准与开发项目有关的许可,或是对任何已批准许可予以撤销,从而影响整体经营项目的工作进度,对融资可行性造成损害。随着国际形势的发展和国际投资法律体系的健全,公开征用、大规模国有化、全面的外汇管制已不多见,战乱事件的发生也极其偶然,反倒是政府违约风险的发生愈加普遍。[2] 就法律风险而言,主要指承包者所属国国内“区域”矿产资源开发法律体系不健全与不稳定所引发的风险。不健全主要是指与《海洋法公约》体系配套的法律法规与行政措施,缺乏相应的外汇平衡、税收优惠等内容。不稳定主要指借贷关系形成后,承包者所属国政府对相关法律法规予以修改、解释,或者对相关政策措施实施调整,从而对维持项目运营的特许经营权、投资环境条件造成实质性阻碍。为预防和规避上述风险,确保预期贷款利益的实现,金融机构在决定是否接受承包者使用开采合同权利作为贷款担保以前,往往要求先予提供某些确保项目收益的政府担保举措。

第二,“区域”矿产资源开发合同担保的项目融资行为受制于担保国事前审批的法律地位。担保国具有事前审批所担保的让承包者设置开采合同权利

---

〔1〕 参见陈安主编:《国际经济法学》,北京大学出版社 2017 年版,第 376 页。

〔2〕 参见李寿双、周双庆:《国际直接投资的政治风险及其法律应对——以国际直接投资保险制度为例》,载《学术论坛》2003 年第 5 期,第 48 页。

负担的法律地位,源于国家担保的“尽职”义务下,担保国适用国内法律法规与行政措施对承包者融资能力的审查标准不应低于海管局的规则、规章和程序的要求,这意味着担保国对承包者选定财产负担受益人的事先同意条件构成对“区域”矿产资源开发合同担保的项目融资行为之限制。一方面,经过国家担保,海管局在一级市场将开采合同权利出让给承包者。在一级市场中,海管局代表全人类行使资源所有权,将指定矿区一定年限的行为自由权出让给承包者,收取后者缴纳的权利金。海管局作为出让人,致力于实现全人类的财产权益与开采利用的环境效益的平衡,因而在受让人的选择上具有相应的技术条件和财务能力等资质限制,需要由国家提供担保。另一方面,担保国事前的“尽职”审查奠定了承包者使用这一财产权利在二级市场自由流转的基础。承包者在二级市场以设置开采合同权利负担的方式融入资金,财产负担受益人基于担保权利的效力不可分,在承包者全部清偿金钱债务前,有权就开采合同的全部行使其权利。以金融机构为代表的财产负担受益人不以受让开采合同权利为目标,而是聚焦于取得开采合同担保权利所体现的交换价值,确保其债权的优先受偿与满足。凭借担保权利的不可分性,即使承包者仅针对开采合同的部分设置了担保权利,在财产负担受益人贷款债权存续期间仍可就全部合同主张权利。因此,指定矿区开采合同下的融资对价尊重承包者与财产负担受益人之间的意思自治,允许开采合同担保部分的价值低于金融机构基于融资可行性分析提供的贷款数额,从而“物尽其用”,更好地实现开采合同权利的经济效用。但这也意味着在二级市场上无论是有限追索权担保与政府担保,还是财产负担受益人的介入权,都会加重担保国责任,引起担保国相关行政措施或具体制度安排的变更,从而为合同履行以及收益期待带来不确定性。不仅如此,立足于法定融资范式的定位本身,承包者设置开采合同权利负担在主观上应推定为具有继续履行合同的善意,若以融资为名,行倒卖矿区利益之实,会扰乱正常的“区域”内活动秩序,加大审查力度无可厚非。因此,不宜认为只要第三方愿意接受施加给承包者的全部义务就可由承包者将这一变化通知所有有关当局和国家而不必征得同意。[1] 担保国对承包者在二级市场开采

〔1〕 See Council, *Comments on the Draft Regulations on the Exploitation of Mineral Resources in the Area*, International Seabed Authority (Dec. 4, 2019), https://isa. org. jm/files/files/documents/26 - c - 2 - en. pdf.

合同权利负担设置时的审查方面，将贯彻普遍性与选择性相结合的原则，识别财产负担受益人或其他项目接管人，综合考虑开采合同权利负担并非必然实现而实际产生合同全部或部分转让的法律后果，使用开采合同作为担保的条件不高于开采合同下的权利和义务的转让要求。

第四节 联合企业控制权融资中外国投资者与国家争端解决路径探索

联合企业控制权融资使外国投资者得以在“区域”矿产资源开发国际直接投资便利化的发展趋势下，在其与合作方当地资本相结合并依据当地法律建立联合企业的同时，还将对该联合企业的国籍国产生新一轮冲击。以联合企业的国籍国充当担保国或缔约国开发实体的不同角色切入，分析联合企业控制权融资中外国投资者与其产生矛盾纠纷的可能原因及表现，借鉴《海洋法公约》有关“区域”矿产资源开发争端解决的“双轨”制度构建思路，顺应《开发规章草案》对这一“双轨”制度继承并创新的形势，针对联合企业控制权变更引发外国投资者与联合企业国籍国争端的潜在问题，寻求国际投资法制与国际海洋法制同频共振的争端解决思路及策略。

一、联合企业控制权融资中外国投资者与国家争端溯源

从起因上看，投资争议可分为非直接基于契约所引起的争议和基于契约所引起的争议。[1] 就联合企业控制权融资中外国投资者与国家争端而言，可以是外国投资者与联合企业国籍国政府之间的争端，并且基于契约所引起的既可以是国家担保协议争端，也可以是联合风险经营合同争端。鉴于缔约国国内深海立法并未广泛纳入担保协议制度，因此本节着眼于国家担保终止的间接征收争端和联合开发违约的商业合同争端。目前虽并无“区域”矿产资源开发实践相关案例可循，但可在鹦鹉螺公司与巴布亚新几内亚政府（以下简称巴新政府）及其国有控股的巴新石油矿产股份公司（Petromin PNG Holdings

〔1〕 参见余劲松主编：《国际投资法》，法律出版社2014年版，第343页。

Ltd.)的索尔瓦拉开发项目中初见端倪。[1]

第一,国家担保终止的间接征收争端。这一争端是指通过个案分析的方法判定外国投资者直接控制联合企业的经营管理后,联合企业国籍国采取终止国家担保的措施,虽然没有直接将外国投资者的私有财产转移到国家或国家授权的第三方,但实际上通过撤销对联合企业承包者的国家担保,使联合企业被迫终止"区域"内指定矿区的采矿作业,相当于采取了剥夺外国投资者有效行使联合企业控制权这一财产权利的措施,从而被外国投资者主张间接征收。[2] 一方面,联合企业国籍国终止国家担保属于依据国家安全和公共利益所采取的社会管理措施。国际法的权威性决定了任何以取得权利为目的而依照现有规则实施行为的个体,对延续其法律行为效力应当具有可期待性。换言之,外国投资者对直接控制联合企业经营管理的既得权利应当得到尊重,联合企业国籍国应维持其原有对联合企业承包者担保关系的性质和效果。但从国家担保酌处权的存在来说,体现为一种广义的外资准入措施,它涵盖了可在联合企业控制权变更后进行的公共利益审查措施,构筑了外资兼并国家安全审查后的第二道外资准入防线。[3] 联合企业国籍国基于联合审查的行政裁

---

[1] 鹦鹉螺公司计划2019年开采的巴布亚新几内亚俾斯麦海域的索尔瓦拉金、铜和银项目,属于该国东北部新爱尔兰省的近海范围,巴新政府先给予了为期20年的采矿租约。鹦鹉螺公司与巴新政府以组建不具有法人资格的契约式联合企业(Unincorporated Joint Venture)的方式进行开发,其中,前者持有70%的分成比例,后者通过巴布亚新几内亚石油矿产股份公司对该项目持有30%的分成比例。巴新政府还在与鹦鹉螺公司成立的一家独立合资控股企业(Separate Joint Venture Holding Company)中,以提供人员和设备等非现金资产的方式获得5%的股权。

[2] See Andrew Newcombe, *The Boundaries of Regulatory Expropriation in International Law*, ICSID Review, Vol. 20:1, p. 7(2005).

[3] 国际条约中经常采用"公共秩序""公共政策""公共利益""公共安全"等词汇。不同的国家采用了各具特色的外资审查模式,概括可分为单独的国家安全审查模式和结合其他公共利益的联合审查模式。美国采用的是单独的外资并购国家安全审查模式,加拿大是净利益、文化及民族统一性以及国家安全等审查并行联合的模式,德国是公共秩序、公共安全和国家安全等联合审查的模式,法国是公共秩序、公共安全和国家安全并行的联合审查模式,韩国是单独的国家安全模式,俄罗斯是单独的国家安全审查模式,印度是联合的国家利益审查模式。综合而言,大多数国家为保护本国利益,采用的是更全面的联合审查模式。参见李军:《外资国家安全审查制度历史考察及我国制度选择》,载《云南大学学报(法学版)》2014年第6期,第163页。

量，从国家经济安全角度评估外资并购给国家安全带来的影响，[1]出于实现保护环境、公共健康、劳工权益等社会政策的需要，[2]可以书面通知秘书长，终止其担保。[3] 当然，由外国投资者控制联合企业经营对当地经济和社会的发展造成的不利影响将被放大，[4]这在索尔瓦拉开发项目中已初见端倪，[5]联合企业国籍国更倾向于主张终止国家担保的理由是为保护公共利益所采取合法管理措施。[6] 另一方面，联合企业国籍国撤销担保是否构成间接征收需要结合个案分析。越来越多的国家要求在设立、收购或扩大投资时给予投资者最惠国待遇和国民待遇。一旦投资完成，投资者可能面临的最大风险之一就是其财产或资产被当地政府毫无理由地剥夺。为了应对这种威胁，大多数投资协议都规定，在没有正当程序和赔偿的情况下，国家不得将投资收归国有或征收。[7] 根据《开发规章草案》第 21 条的规定，“区域”制度赋予承包者在原担保国终止国家担保生效后的6 个月或12 个月的宽限期内寻求其他缔约国的担保以继续履行开发合同的权利，这意味着国家担保终止并不必然导致承包者对指定矿区开发项目的作业终止。由于要构成征收还要证明财产所有权的基

---

〔1〕 外资并购不仅涉及经济利益的得失问题，而且涉及社会就业、环境保护以及国民经济体系稳定，进而影响国家军事安全和政治安全。参见吴汉洪、李秀玉：《外资并购的反垄断审查和国家安全审查的比较》，载《国家行政学院学报》2008 年第 1 期，第 39 页。

〔2〕 参见徐崇利：《晚近国际投资争端解决实践之评判："全球治理"理论的引入》，载《法学家》2010 年第 3 期，第 145 页。

〔3〕《开发规章草案》第 22 条。

〔4〕 参见《美国公司退出索瓦拉铜金矿项目》，载中华人民共和国驻巴布亚新几内亚大使馆经济商务参赞处网 2018 年 6 月 12 日，http://pg.mofcom.gov.cn/article/sqfb/nky/201806/20180602754370.shtml。

〔5〕 英美资源集团（Anglo American plc.）已被证实退出了该项目的投资，原因是海底资源开发在环境和经济上都有风险，该项目的合法性从一开始就受到质疑，特别是环境影响报告存在重大瑕疵。与此同时，在巴布亚新几内亚的新爱尔兰省举行的正式听证会上，当地社区反对鹦鹉螺公司勘探许可证的延期。此外，海底资源开发为巴布亚新几内亚国民提供的就业机会相当有限：Solwara 1 项目将雇用大约 140 名雇员，其中大部分是外籍人士。尽管鹦鹉螺公司计划在巴布亚新几内亚陆地上建造一座选矿厂，但据报道，选矿厂将在中国进行。巴新政府的收益将再次局限于租金。See Luz Danielle O. Bolong, *Into the Abyss: Rationalizing Commercial Deep Seabed Mining through Pragmatism and International Law*, Tul. J. Int'l & Comp. L., Vol. 25:127, p. 148 – 149 (2016).

〔6〕 See Rudolf Dolzer & Felix Bloch, *Indirect Expropriation: Conceptual Realignments?*, Int'l LFD Int'l, Vol. 5:155, p. 155 (2003).

〔7〕 See James Harrison, *International Investment Law and the Regulation of the Seabed*, in Catherine Banet ed., Law of the Seabed, Brill Nijhoff, 2020, p. 492 – 494.

本权能受到严重程度的剥夺,如果外国投资者在联合企业国籍国终止担保后的法定期间内获得另一适格缔约国提供的担保,则联合企业国籍国终止担保的行为可能只构成干扰而不是征收,但仍需结合个案进行分析。[1] 事实上,正是由于政府管理与间接征收处于模糊状态,间接征收的手段可能更加隐蔽复杂,增加了投资者的判断和识别难度,[2]在联合企业国籍国终止国家担保的情况下,外国投资者基于这一国家行为的结果,主张其在担保国的这项资产已被剥夺,担保国行为构成投资条约和习惯国际法所禁止的间接征收行为。联合企业国籍国为避免撤销担保被认定为公共权力滥用,强调追求的公益目标具有全球共识性,所需保护的公益价值具有紧迫性,[3]可能会援引《海洋法公约》体系的“区域”制度内容进行抗辩以证明监管趋严具有合理性、终止国家担保是正当的。当然,这类抗辩的成功与否将取决于争议的事实背景以及围绕投资的法律框架。[4]

第二,联合开发违约的商业合同争端。联合开发违约的商业合同争端是对联合企业共同经营合同的解释、执行、修改或废除产生的争议,联合企业国籍国的“代理人”与外国投资者之间的法律关系是平等的,争议直接涉及的是双方的契约权利义务问题,一般并非由联合企业国籍国的管理行为引起,导火

---

[1] 间接征收是指东道国政府在未从法律上取得外国投资者财产所有权的情况下,采取阻碍或影响外国投资者对其资产行使有效控制权、使用权或处分权的行为。从以往涉及东道国管制措施的国际投资仲裁案件来看,应该采用个案分析的方法来判定有关措施是否构成间接征收,这一观点已经被国际投资仲裁庭普遍接受。参见张光:《论东道国的环境措施与间接征收——基于若干国际投资仲裁案例的研究》,载《法学论坛》2016 年第 4 期,第 61 - 64 页。

[2] 有学者提出以“公共利益”作为判断间接征收与政府管理的标准。但因为间接征收也包含此标准,所以对政府管理并不能以此目的加以判定。因此,财产干预程度就成为唯一的标准。国际仲裁庭在实践中也对该标准的确立做了尝试,如引入“比例原则”,即将一国公共利益与投资者利益进行评价时,要考虑公共利益的维护与投资者利益的丧失是否成比例,如果公共利益的取得是对投资者负担的不合理增加,那么所涉及的两者利益就是不成比例的,政府的措施也因此不能被划定在政府管理措施当中。但由于此原则的抽象性,还需结合个案进行分析,况且也只是少数仲裁庭在权衡东道国权力与投资者利益之间努力。这意味着财产损害程度的标准是模糊的,征收与管理权力都由东道国掌握,投资者只能承担艰难的举证。由于普遍承认的税收、保护环境等政府行为的合法性、合理性,在东道国政府管理与投资者利益的划分中,投资者支付的成本可能更大。参见杜萱:《对国家契约非稳定性的探讨》,载《法律科学(西北政法大学学报)》2012 年第 3 期,第 150 页。

[3] 参见王燕:《国际投资条约仲裁审查标准之反思》,载《法学》2013 年第 6 期,第 128 页。

[4] See Alberto Pecoraro, *Law of the Sea and Investment Protection in Deep Seabed Mining*, Melbourne Journal of International Law, Vol. 20:529, p. 570(2019).

索往往是外国投资者掌握联合企业的控制权,〔1〕从国际实践前瞻性角度来看,潜在争端包括联合企业的国籍国基于缔约国拥有“区域”内活动主体的法律身份,通过国有企业以及其他形式的“国家代理人”采用联合风险经营融资范式,在外国投资者控制联合企业的情况下,不履行或不完全履行共同经营合同约定的出资义务而被主张违约责任。〔2〕缔约国采用联合风险经营融资范式属于国家商业行为,将为其“代理人”的行为承担责任。国家商业行为的判断标准用以解决何种行为能够被识别为国家豁免中的商业行为,当前在国际社会中尚未明确统一,主要有行为目的标准与行为性质标准。目的标准并没有否定性质标准本身,而是扩大了仅仅依据性质标准的国家豁免的范围。一般来说,判断国家行为是否具有商业性质,性质标准使用在前,目的标准使用在后,〔3〕因为即使仅以区分而论,国家实施的所有行为基本上都可视为出于公共目的考虑,因而性质标准更具有价值。〔4〕《联合国国家及其财产管辖豁免公约》第2条为最大限度反映多数国家意见,兼采了目的标准和性质标准,并以后者作为主要标准,但规定了“合同或交易的当事方已达成一致”“根据法院地国的实

〔1〕 在实际操作中,可能包括两种方式:一是在合资企业设立时,就提高持股比例,实现相对控股或绝对控股。二是合资企业在经历一段发展时期后,根据市场状况和市场潜力,外商通过增资扩股由参股变为控股。参见张晖:《在华外商投资企业控制权争夺及资本运作分析》,载《投资研究》2000年第5期,第40页。

〔2〕 Solwara 1项目的商业性违约争端,源于巴新政府直接违反了与投资者鹦鹉螺公司签订的投资契约,给后者造成损失。2013年10月初,在澳大利亚悉尼进行的仲裁裁决认定巴新政府违反了于2011年3月签署的国家股权期权协议(State Equity Option Agreement),未能在2011年11月7日收购Solwara 1项目30%的股份;要求其遵守协议约定的义务,完成收购约定股份并在仲裁后的合理时间内支付该项目迄今为止全部开支的30%。See Nautilus Minerals Inc. ,*Nautilus Minerals Awarded Favourable Arbitration Decision*,Nautilus(Oct. 3,2013),http://www.nautilusminerals.com/irm/PDF/1136_0/NautilusMineralsAwardedFavourableArbitrationDecision.

〔3〕 行为性质论认为,国家与外国私人的行为是否构成商业行为,只需表面审查该行为是否属于私法上的行为,即如果能把国家视作普通的民事主体,国家与外国私人的行为是否和私人与私人的交易行为毫无二致,如果是的话,则国家与外国私人的行为构成商业交易行为,不得主张对外国法院的豁免。在这项交易中,私人一般以营利为目的,至于国家,甚至不需考虑是否以营利为目的的问题。行为目的论认为,如果根据性质标准,国家与外国私人的行为确定为非商业性的或者是政府性的,则不必做进一步审查;如果审查的结果表明,国家与外国私人的行为构成商业交易行为,则须进一步调查国家行为目的,调查其是否涉及政府的公共目的。参见黄进、曾涛、宋晓等:《国家及其财产管辖豁免的几个悬而未决的问题》,载《中国法学》2001年第4期,第141-144页。

〔4〕 澳大利亚联邦法院和高等法院在2009年Garuda案中,印证了对国家控股企业的商业行为不予豁免的立场。参见何志鹏:《主权豁免的中国立场》,载《政法论坛》2015年第3期,第67页。

践,合同或交易的目的与确定其非商业性质有关”两种情形出现时应当兼顾目的标准。但当前存在专门国家豁免立法的国家基本倾向于不以行为目的为考虑,因而该公约实质上并未给行为目的因素预留足够空间。[1] 就行为性质而论,该公约以列举形式从三个方面规定了“商业交易”的情形,[2]可以涵盖联合风险经营协议。从法律主体的角度看,尽管国家在一定程度上控制其代理人,但它们毕竟是两个相互独立的法律主体。依据国际法的基本原则,国家一般不为个人(作为独立法律主体的“国家代理人”)的行为承担责任,除非可以表明该代理人的行为可以归责于国家,并对国家豁免权进行一定限制。《联合国国家及其财产管辖豁免公约》第2条对于“国家”一词进行了宽泛的界定,[3]国家并不仅仅限于传统的主权国家,还包括其他多种主体。加上被广为接受的国家限制豁免理论,即国家的豁免权在国家从事私法行为时应受到限制,因此有理由相信,《海洋法公约》缔约国通过政府的某个部门,依据法令而建立的公有公司、企业,或国家作为控制股东的私人公司等“国家代理人”与外国投资者组建联合企业开发“区域”内指定矿区的矿产资源,“国家代理人”违反联合风险经营协议约定义务的责任可能由联合企业国籍国承担。[4]

二、联合企业控制权融资中外国投资者与国家争端解决的思路同频

就联合企业控制权融资而言,可能不仅涉及公平公正待遇标准、征收条款、稳定条款等国际投资法制内容,也涉及担保国责任制度、人类共同继承财产原则、控制权变更等“区域”制度内容的解释或适用问题,一个相对稳定的争端解决法律机制框架对外国投资者和联合企业国籍国的关系发展至关重要。虽然《海洋法公约》体系缺乏对上述争端问题解决方式的明确规定,但在理论上,外国投资者可通过内部契约(国家担保协议或共同经营合同)或联合企业国籍国的国内法或其他国际法安排(例如,涉及“区域”矿产资源开发投资条款的双边或多边投资条约)启动救济程序。其中,投资条约是否能够解释为适用

---

〔1〕 参见陆寰:《国家豁免中的商业例外问题研究》,武汉大学出版社2016年版,第67-68页。

〔2〕 “商业交易”是指:(1)为销售货物或为提供服务而订立的任何商业合同或交易;(2)任何贷款或其他金融性质交易的合同,包括涉及任何此类贷款或交易的任何担保义务或补偿义务;(3)商业、工业、贸易或专业性质的任何其他合同或交易,但不包括雇用人员的合同。

〔3〕 “国家”是指:(1)国家及其政府的各种机关;(2)有权行使主权权力并以该身份行事的联邦国家的组成单位或国家政治区分单位;(3)国家机构、部门或其他实体,但它们须有权行使并且实际在行使国家的主权权力;(4)以国家代表身份行事的国家代表。

〔4〕 参见池漫郊:《论国家对商事行为的责任承担》,载《太平洋学报》2007年第2期,第16-22页。

于"区域"内活动的投资还有待确定。[1] 考虑到《海洋法公约》体系赋予承包者诸多具有国际投资法制度保障功能的权利,可以从《海洋法公约》第十一部分第5节下设的海底争端分庭职能性强制程序、《海洋法公约》第十五部分第1节下设的争端当事方协议优先程序入手,审视其与国际投资法争端解决程序密切联系的规则元素,勾勒制度协同的争端解决思路。

第一,国际商事仲裁程序与海底争端分庭职能性强制程序同频。一般而言,外国投资者与联合企业国籍国就联合企业控制权融资产生的争端可以通过国内裁判机制解决,但外国投资者考虑到联合企业国籍国当地司法机构与政府之间保持着千丝万缕的联系而可能作出有失公允的裁判,因而更青睐于国际裁判机制,特别是通过国际仲裁这一准司法制度解决联合企业控制权融资争端。遗憾的是,迄今在如何适用国际裁判机制方面缺乏明确的国际法安排指引。理论上,国际商事仲裁程序与海底争端分庭职能性强制程序具有一定的适用性。一方面,联合企业控制权融资争端属于国际商事交易中的国际投资争议,具有适用国际商事仲裁程序解决的基础。国际投资条约一般以国家领土为基础来强调其适用性,"区域"内活动不在国家管辖范围内。一种观点认为,国际投资条约不能应用于"区域"内活动投资的法律关系调整,投资者只能依赖《海洋法公约》第十一部分的特殊规定寻求保护;[2] 另一种观点则认为,承包者的外国股东是受国际投资法保护的投资者,在某些情况下,"区域"内活动可能构成在担保国领土上的投资。[3] 笔者基本认同第二种观点,外国投资者与联合企业国籍国上述争端解决的国际法安排的存与废,是向国际商

---

〔1〕 例如,投资条约不太可能适用于承包者与其担保国关于"区域"内活动投资的争端。任何这类争端将主要由国内法加以管制,包括根据担保协议本身的条款。因此,希望确保投资保护的承包者应在一开始就在安排其投资和选择担保国时,确保根据担保协定的条款,它有充分的保障,不受担保国的干涉。See Joanna Dingwall, *International Investment Protection in Deep Seabed Mining beyond National Jurisdiction*, Journal of World Investment & Trade, Vol. 19: 890, p. 916 – 928 (2018).

〔2〕 See James Harrison, *International Investment Law and the Regulation of the Seabed*, in Catherine Banet ed., Law of the Seabed, Brill Nijhoff, 2020, p. 488.

〔3〕 "区域"内活动的(难题或问题的)关键是不在国家管辖范围内,大多数国际投资协定都是以国家领土为基础来定义其空间应用的。从表面来看,海管局拥有"区域"内活动的主权行使权,投资条约制度似乎不适用于涉及人类共同继承财产的这类经济活动。然而,仲裁先例表明,对经济活动与国家领土的关系往往采用"宽松解释说",即只要国家能够获得并利用投资,就保留对其领土以外的服务的管辖权。See Alberto Pecoraro, *Law of the Sea and Investment Protection in Deep Seabed Mining*, Melbourne Journal of International Law, Vol. 20: 529, p. 530 – 534 (2019).

事仲裁程序靠拢抑或驶向海底争端分庭职能性强制程序，前景尚有很大的不确定性，这是讨论适用基础的逻辑起点。从国际法安排较于国内法的权威性和公信力以及国际商事仲裁程序以往在涉环境投资等社会认同度高的领域争端解决的贡献和经验，联合企业控制权融资争端的国际商事仲裁程序安排应当得到应有的重视，国际商事仲裁庭对“区域”投资的管辖权问题需要进行更加缜密的推理。一项投资运作的整体一致性原则可能突破联合企业国籍国领土投资的属地原则限制，缘于大多数投资条约并没有对“投资”予以精确界定，这使在理论上灵活处理投资的领土联系成为一种可能。[1] 事实上，“区域”矿产资源开发是一个过程，这一经济活动本身集合了众多交易活动，“区域”内活动是产业链上的一环，投资运作与运输、加工和销售等经济交易相关。联合企业国籍国依托联合企业的注册地、船籍港，陆上选冶加工厂的管辖控制，通过税收、特许权使用费或其他利益分享获得了促进当地国民经济发展的便利。[2] 这或许也是联合企业国籍国愿意为联合企业承包者提供国家担保、履行担保国责任的主要原因所在。而根据《海洋法公约》第188条的规定，联合企业承包者与海管局之间对开发合同或工作计划的解释、适用发生争端的，经争端任何一方请求，提交具有拘束力的商业仲裁；开发合同对仲裁程序未作规定的，除争端当事方另有约定外，应根据联合国《国际贸易法委员会仲裁规则》（UNCITRAL Arbitration Rules）或海管局的规则、规章和程序中所规定的此类仲裁规则进行仲裁。之所以将有关合同解释或适用的争端提交有拘束力的商业仲裁规定为强制性，而非选择性义务，是因为商业仲裁的程序和形式更为争端各方所熟悉。出于统一解释《海洋法公约》的需要，除非争端各方另有协议，此类商业仲裁法庭无权对《海洋法公约》相关问题作出任何解释，争端所涉第十一

---

〔1〕 参见徐树：《国际投资仲裁庭管辖权扩张的路径、成因及应对》，载《清华法学》2017年第3期，第190页。

〔2〕 对“投资”的界定一直是国际投资规则特别是双边及区域规则适用范围的基础规范，近十年来形成的投资规则已将“投资”概念的厘定作为重要前提。与此同时，国际投资争端解决机制历经半个多世纪的实践也对“投资”形成了独特的界定标准。“投资”在国际投资法律与实践中的定义基本上遵循了以资产为基础的列举模式，大多数国际投资协定将在企业中的股份、股票和其他形式的参股认定为构成投资的资产。在此基础上，根据国际投资争端解决中心的归纳，“投资”还应具有的特征包括实质投入、一段时间的运营、风险以及对东道国发展的贡献。该学说由著名的Salini案发展而来，成为指导多数仲裁庭界定“投资”的重要依据。参见张正怡：《中欧投资协定中“投资”定义的空缺与应对》，载《国际贸易》2021年第5期，第48－49页。

部分及其相关附件的解释问题应交由海底争端分庭作出裁定。[1] 这表明《海洋法公约》有关“区域”争端解决的程序机制不能直接用以解决外国投资者与联合企业国籍国的联合企业控制权融资争端，所涉及的“区域”制度内容解释或适用问题的裁决职权可由商业仲裁庭行使，也可参照《海洋法公约》第188条第2款(b)项对商事仲裁庭的管辖权进行限制，在此种仲裁开始时或进行过程中，如果仲裁庭经争端任何一方请求，或根据自己决定，断定其裁决须取决于海底争端分庭的裁定，商事仲裁庭可以暂停程序，将此种问题提交海底争端分庭裁定，然后根据海底争端分庭的裁定结果继续推进其他事项的仲裁程序。另一方面，外国投资者可能通过其母国的外交保护在《海洋法公约》的“区域”争端解决机制框架内寻求间接救济。《海洋法公约》第138条就缔约各国对于“区域”矿产资源开发各阶段的一般行为规定了一般性义务，明确各国要受三个要素的支配：一是《海洋法公约》第十一部分的规定；二是《联合国宪章》所体现的原则；三是其他国际法规则。[2] 这为《海洋法公约》框架下的争端解决机制吸收国际投资法制度的外交保护方法奠定了基础。在国际投资法制中，外交保护是解决投资争议的一种“剩余机制”，它可以在投资仲裁或其他解决方式都不能被使用时发挥作用。一般认为，联合企业国籍国终止对联合企业提供国家担保侵害了联合企业权益，使外国投资者的股东利益遭受损失，“国家代理人”违约更会直接侵害外国投资者的股东权利，作为例外情况，外国投资者母国可以行使外交保护权。[3] 并且《外交保护条款草案》第11条(b)项在一定程度上提供了外国投资者凭借联合企业股东的法律地位，在联合企业遭

---

〔1〕 参见高健军：《〈联合国海洋法公约〉争端解决机制研究》，中国政法大学出版社2014年版，第112－114页。

〔2〕 第十一部分的规定一般是指根据第十一部分建立的制度和《第11部分执行协定》，包括关于海管局及其子机构的规定以及由海管局通过的支配“区域”活动的规则、规章和程序的规定。《联合国宪章》所体现的原则，是指已被普遍接受的宪章的既定规定。“其他国际法规则”指向了适用于这些情况和相关实践的国际法的所有规则，包括习惯国际法和条约法，尽管条约所包含的规则只适用于该条约的缔约各方。参见［斐济］萨切雅·南丹原书主编、毛彬中译本主编：《1982年〈联合国海洋法公约〉评注》，焦永科等译，海洋出版社2009年版，第100页。

〔3〕 国际法院在巴塞罗那电车公司案中坦承，有关外交保护的习惯国际法的缓慢演变已经不能真正反映国际投资增长和跨国公司国际活动扩张的现实。在该案中，国际法院主张依据外交保护有关的国际法，只有公司才有权寻求其国籍国采取外交保护，在不存在例外的情形下，股东国籍国不得行使外交保护权。参见张生：《国际投资条约体系下外交保护的空间》，载《中外法学》2017年第4期，第1091－1093页。

受联合企业国籍国的损害时,通过其母国获得外交保护的可能。《海洋法公约》第187条(a)项明确了海底争端分庭具有就缔约国之间关于《海洋法公约》第十一部分及其有关附件的解释或适用的争端的管辖权。应该承认,外国投资者母国与联合企业国籍国就《海洋法公约》有关"区域"制度内容的解释或适用问题的争端并不当然以联合企业控制权融资争端的存在为前提,但正如双边投资保护条约中关于将两国之间因解释和适用条约所生争端提交仲裁或国际法院解决的约定,一般不能免除投资者首先用尽当地救济的义务,用尽当地救济作为一项公认的习惯国际法原则,原则上具有可适用性,意味着外国投资者在联合企业国籍国当地救济不能或不力时,以联合企业控制权融资争议为载体诉诸作为《海洋法公约》缔约国的母国提供外交保护,间接获得了海底争端分庭的职能性强制程序救济,这在一定程度上也增加了未来将这一争端问题直接引向海底争端分庭的可能性。

第二,替代性纠纷解决程序与争端方自由选择解决方法程序同频。学界鲜有对替代性纠纷解决程序所作语言精确与逻辑严密的概念界定,但大致上存在广义说和狭义说,两种学说的基本差别在于仲裁是否属于替代性纠纷解决机制范畴。[1] 这里采用狭义说,聚焦投资仲裁开始之前的协商、调解以替代对抗性的裁判机制,外国投资者与联合企业国籍国可以有更为灵活、满足双方需求的解决方案,包括超出仲裁中对法律框架的解释和对违约和赔偿等问题的限制,意味着在"一揽子"纠纷化解的同时仍可尽力促使争端当事方保持长期稳定的合作关系。根据《海洋法公约》第285条的规定,第十一部分"区域"第5节解决海底争端的机构和职能性强制程序与《海洋法公约》第十五部分的程序并不截然分离。因"区域"内活动产生的争端在适用有拘束力的职能性强制程序前,争端当事方同样有权自由选择解决方法。因此,争端各方自由选择解决方法原则优先于海底争端分庭的职能性强制程序。依据该条规定,海底争端的当事方同样有就争端解决方法交换意见的义务,可以将争端交付《海

〔1〕 参见范愉主编:《多元化纠纷解决机制》,厦门大学出版社2005年版,第123-126页。

洋法公约》第 284 条规定的自愿调解程序解决。[1] 由于“区域”内活动的主体不局限于国家,还包括海管局、企业部、国营企业、自然人或法人,海底争端的主体相应地也包括它们。但非国家实体,尤其是自然人或法人,在国际法上能否与国家处于平等地位一直存在疑问。所以,缔约国以外的实体作为海底争端当事方时,就争端解决方法交换意见、协商选择解决方法等,可以比照缔约国进行。[2] 这表明虽然《海洋法公约》有关争端方自由选择解决方法程序不能直接用以解决外国投资者与联合企业国籍国的联合企业控制权融资争端,但以第三方介入与否为标准,替代性纠纷解决程序中的协商与调解被视为两种友好解决争议的非正式方法,它们都是在争端当事方相互谅解的基础上,基于双方相互的同意达成解决的协议。因此,广义的协商包括谈判,无须通过第三方介入解决,与《海洋法公约》的交换意见具有共通性,避免一方因不能全面理解争端的性质或对方的立场造成争议的延误和恶化。在国内一级,联合企业国籍国可基于国内法,授权领导机构或专门委员会等特定机构,与外国投资者就争端解决一事举行专门的会谈交换意见,[3] 还可在当事方共同组成的现

---

[1] 一般来说,《海洋法公约》第 280 条声明可以自行选择解决的方法应该足以引导人们选择使用自愿调解的方法。然而,《海洋法公约》的制定者采取了进一步行动,他们制定了《海洋法公约》第 284 条和附件五。第 284 条规定的调解无疑是自愿调解。该框架要求每次争端各方启动调解程序都要得到各方的同意。有关《海洋法公约》的解释或适用的任何争端都可提交调解。争端各方可以使用附件五第 1 节规定的程序,他们也可以通过协议采用其他程序。如果争端各方在使用程序的问题上不能达成一致,调解程序将被视为终止。但是,如果他们同意使用附件五第 1 节规定的程序,那么任何有关具体规则的分歧,将会由调解委员会依据附件五第 1 节第 4 条来解决。最后,除非争端各方另有约定,一旦争端提交调解,调解不得终止,除非争端各方同意的调解程序允许终止调解。根据自愿调解的框架和程序,委员会有可能会作出并提交一份争端各方全心全意或勉强接受的报告,这份报告可能会解决该争端。但是,如果报告不被争端各方接受,争端各方可依据《海洋法公约》第十五部分第 2 节诉诸一个有约束力裁判的强制程序,除非争端的主要内容是该部分第 3 节规定的“导致有拘束力裁判的强制程序”的例外。参见易显河、郝雅烨子:《〈联合国海洋法公约〉下的自愿与强制调解》,载《法治研究》2013 年第 4 期,第 44 – 45 页。

[2] 参见张海文主编:《联合国海洋法公约释义集》,海洋出版社 2006 年版,第 488 页。

[3] 2012 年 7 月 17 日,鹦鹉螺公司宣布,除了准备对从巴新政府收到的仲裁通知作出回应之外,它还继续尝试与巴布亚新几内亚政府友好地解决问题。根据巴新政府指派团队(State's Nominated Team)的建议,在仲裁程序之外解决这一争端必须获得巴新政府执行顾问(The State's National Executive Counsel,NEC)的批准。鹦鹉螺公司确认其偏好将是在不经过仲裁程序的情况下解决争端,并且它正在采取措施与巴新政府代表会面以实现这一目标。此外,鹦鹉螺公司基于仲裁过程可能会持续数月的忧虑也比较排斥采用这一争端解决方法。See Nautilus Minerals Inc. ,*Nautilus Aims to Resolve Dispute*,Nautilus Minerals(Jul. 17,2012),http://www. nautilusminerals. com/irm/PDF/1028_0/Nautilusaimstoresolvedisput.

有联合企业的董事会或类似的领导机构内提出互利互让的解决方案。在国际一级,国际商事仲裁庭可基于双边投资促进与保护条约,在正式启动仲裁程序前留有一个交换意见的缓冲期,使外国投资者与联合企业国籍国尽量争取通过谈判或协商友好解决联合企业控制权融资争端。[1] 外国投资者与联合企业国籍国也可商定将争端交付调解,由双方认可的国内或国际第三方机构审查争议的各个方面,并基于公平和相互的让步提出解决方案,这种调解只具有劝告性质,对双方并无约束力,由其自由决定接受方案与否。综上所述,国家间协定或国内法在赋予争端当事方自行选择争端处理方式的权利基础上,鼓励尽可能地采取替代性纠纷解决程序化解争端,或者明确优先选择替代性纠纷解决程序,提交仲裁须以协商、调解等替代性方案无果为前提。[2]

三、联合企业控制权融资中外国投资者与国家争端解决的策略共振

联合企业控制权融资中外国投资者与国家争端解决的策略共振植根于《开发规章草案》在秉承《海洋法公约》以往行之有效的争端解决机制的同时试图进行的一些创新,[3] 协同国际投资法争端解决策略,建议海管局可与国际海洋法法庭商定建立法庭之友制度的特别程序规则的可能性以加快对国家担保终止的间接征收纠纷的审理;倡导法律和技术委员会为联合开发违约的商业合同争端设立一个非正式的联防联调机制。

其一,针对国家担保终止的间接征收争端引入法庭之友(Amicus Curiae)制度的特别程序规则。法庭之友概念源于罗马法,后经英美法系的司法活动得以发扬光大。最初的法庭之友与案件并无利害关系,属于独立于当事人的第三方。但是随着司法实践的发展,这一传统发生了变化,《布莱克法律词典》有关"因有重大利益关系向法院请求发表意见或经法院要求发表意见的非当事人"的界定很好地体现了这种变化。由法庭之友提交的关于案件事实或法

---

[1] Joerg Weber & Catharine Titi, *UNCTAD's Roadmap for IIA Reform of Investment Dispute Settlement*, New Zealand Business Law Quarterly, Vol. 21:319, p. 324 (2015).

[2] 比如,斐济《2013 年国际海底矿物管理法》(International Seabed Management Decree 2013)第 54 条规定,争端各方就该法中的行政管制可能产生的纠纷,将由各方通过相互协议或调解予以解决,如果此种方式没有解决纠纷,则按照仲裁法由仲裁机构对纠纷作出仲裁。

[3] See Council, *Comments on the Draft Regulations on the Exploitation of Mineral Resources in the Area*, International Seabed Authority (Dec. 4, 2018), https://ran-s3.s3.amazonaws.com/isa.org.jm/s3fs-public/files/documents/25c-2-e_3.pdf.

律方面的意见即法庭之友意见,[1]产生了可供普遍接受的特殊效用。联合企业控制权变更不仅事关缔约方国内的产业政策、竞争政策和经济运行安全及发展,而且影响变更当事方,尤其是原先拥有控制权一方的股东、职工、债权人等利益相关者的权益。因而,应允许其作为法律之友维护自身的合法权益,[2]对终止国家担保引起的间接征收争端发表意见。缘于此类国际仲裁呈现的公益性,从实体上维护公共利益的第三方参与将获得正当性的支持,[3]为分析其活动范围与争端所涉领域的关系,以及与争端各方是否存在利害关系,从而帮助争端解决机构判断其提交陈述的价值,应要求其说明其姓名或名称、住所、通信地址、活动宗旨、活动性质、财政来源,与争端各方是否具有任何直接或间接的关系,在准备其陈述时是否接受或准备接受源于争端各方或其政府部门、组织、个人的财政援助或其他方面的援助等。海管局与国际海洋法法庭商定建立对联合企业控制权融资争端涉及“区域”制度内容解释或适用问题的法庭之友制度特别之程序规则的考虑,除前述商业仲裁庭可能将这一问题的裁决交由海底争端分庭外,还有避免海底争端分庭因这一问题的管辖权分散而面临裁判权威性被冲淡的风险,未来通过制定开发规章和签订开发合同的机会,在前述外交保护间接救济的适用基础之上,评估将这一争端问题直接引向海底争端分庭的可能性,增进裁决一致性,从而确保联合企业承包者从事“区域”内活动将遵循《海洋法公约》第 139 条第 1 款的规定,即依照《海洋法公约》第十一部分“区域”制度要求进行,并且使各缔约国和与海管局签订开发合同的其他承包者信赖“区域”制度的稳定性和可预测性。在具体设计上,应遵循司法经济原则,控制法庭之友的数量,细化陈述的程序性规则,以期减少争端各方的负担,提高争端解决机构的效率。一方面,在法庭之友主体资格方面,对

---

〔1〕 参见赵红梅:《跨国公司对国际经济法创制和实施的参与》,北京邮电大学出版社 2014 年版,第 133 页。

〔2〕 参见李冬梅、高国珍:《跨国并购及其公司治理结构的法理研究》,中国商业出版社 2006 年版,第 303 页。

〔3〕 在最初的一些第三方参与的案件中,第三方主要为一些非政府组织,它们所主张的是环境、人权等公共利益;另一类参与主体是利益团体,这些利益团体所主张的是与本身紧密相关的经济利益,如在 2005 年的格兰德河公司诉美国案中,仲裁庭接受了“盖丘亚印第安民族”(Quechan Indian Nation)的书面材料,材料指向美国在国际法下宣称的保护矿井所在的神圣土地,另外还接受了代表采矿行业利益的“国家矿井协会”(National Mining Association)提交的材料,要求国家的规定不应损害矿工的利益。参见张庆麟:《国际投资仲裁的第三方参与问题探究》,载《暨南学报(哲学社会科学版)》2014 年第 11 期,第 80 - 81 页。

可以作为法庭之友参与争端解决程序的非政府个人或实体,原则上应是外国投资者所属国和联合企业国籍国的自然人或在其境内设有场所的非政府组织。虽然《国际海洋法法庭规则》规定国家和政府间组织能够凭借法庭之友的主体身份参与海洋法法庭和海底争端分庭的诉讼程序以及海底争端分庭的咨询程序,[1]但在成员国境内活动的非政府个人或实体能更好地了解争端事实,更好地理解争端所涉及的法律问题以及公共利益所在,故而应适当考虑赋予其在争端解决中的法庭之友资格。另一方面,在法庭之友陈述的程序性规则方面,应允许法庭之友直接提交其陈述,陈述应采用书面形式,由申请者署名并注明日期,支持原告或上诉方或不支持任何一方的法庭之友陈述使用一种颜色封面,支持被告或被上诉方的法庭之友陈述使用另外一种颜色的封面,以更直观地对法庭之友陈述进行分类。为保证争端当事方对法庭之友陈述有充足的回应时间,还应明确限定陈述的长度和期限。[2]

其二,针对联合开发违约的商业合同争端设立联防联调机制。这一联防联调机制是指基于联合风险经营协议违约将对联合企业承包者持续履行与海管局签订的开发合同的财务能力造成不利影响,通过争端预防政策联动,使海管局与联合企业国籍国信息互通、矛盾共调,避免该联合企业控制权融资争端产生或者升级为正式争端解决程序。根据某些国家和 UNCTAD 等国际机构总结的经验,争端预防政策(Dispute Prevention Policies,DPPs)一般包括建立系统的投资争端预防和管理机构体系、建立信息收集和沟通系统等,能够及时发现潜在的争议,以便尽早进入解决通道,避免争端升级为国际投资协定项下的国际投资仲裁。[3] 其中,联合企业国籍国采取建立信息收集和沟通系统的政策,尤其是建立完善的信息沟通系统内容,应是当前海管局法律和技术委员会考虑构建"较为非正式"的争端解决机制策略共振的核心。这是因为各利益攸关方特别是海管局成员提供的反馈对行政审查机制可能损坏《海洋法公约》中精心拟订的争端机制感到关切,ISBA/23/法律和技术委员会/CRP.3 号文件删

[1] 参见赵海峰、高立忠:《论国际司法程序中的法庭之友制度》,载《比较法研究》2007 年第 3 期,第 70 页。

[2] 参见钟立国:《区域贸易协定争端解决机制:理论及其条约法实践》,上海人民出版社 2014 年版,第 140 - 142 页。

[3] 参见刘万啸:《国际投资争端的预防机制与中国选择》,载《当代法学》2019 年第 6 期,第 54 - 57 页。

除了原规章草案所载的行政审查机制。这意味着,根据《海洋法公约》所载的现有争端解决机制,重新考虑行政审查机制的依据,[1]可以在制定开发规章有关控制权的变更条款的基础上,从联合企业承包者遵守与海管局签订的开发合同角度,对标联合企业国籍国采取 DPPs 的信息沟通系统内容,构建由开发合同的守约判定体系和违约反应体系构成的联防联调机制。一方面,在开发合同守约判定体系中,由海管局的秘书长针对联合企业承包者控制权变更的情况合理索取详细信息,从而通过分析变更后联合企业的财务能力,评估开发合同违约风险。当秘书长确定控制权变更后的联合企业可能因为内部联合风险经营协议当事方违约而没有财务能力继续履行开发合同时,将据此通知法律和技术委员会,由后者深度调查分析联合开发违约的具体事实情况,包括了解联合企业成员诉求,判定争端升级导致开发合同违约的风险系数,使理事会获得进一步反应的“钥匙”。另一方面,在开发合同违约反应体系中,由理事会根据法律和技术委员会调查结果和建议的报告,采取预先控制手段,包括通知联合企业国籍国的争端反应系统授权的协调机构由该协调机构与组建联合企业的各方成员进行协商,在此阶段,鼓励争端方通过各种途径交换观点和信息,从而使有关各方能提早对所面临问题的性质和范围进行评估,并试图避免可能导致问题恶化的行动,促进问题友好解决,防止联合开发违约问题变成争端,从而避免争端经由国际仲裁解决,达到在开发合同违约发生前就将其消灭在萌芽状态的目的。

---

〔1〕 See Council, *Statement by the President of the Council on the Work of the Council during the First Part of the Twenty – Fourth Session*, International Seabed Authority(Mar. 13, 2018), https://ran – s3. s3. amazonaws. com/isa. org. jm/s3fs – public/files/documents/isba24c – 8 – en. pdf.

第四章

“区域”矿产资源开发惠益分享秩序规范化

“区域”矿产资源开发惠益分享秩序规范化遵循获取与分享一体联动的逻辑周延性，是在缔约国利益共同体构建的“区域”矿产资源开发制度框架内，对相互渗透的责任共同体技术能力发展、融资方式选择与命运共同体普遍惠益共享实施统筹，真正落实人类共同继承财产原则的机制。“区域”开发秩序共商、“区域”治理能力共建到“区域”普遍惠益共享体现利益共同体、责任共同体和命运共同体层层递进且相互嵌套的三个阶段，每一阶段都具有历史和现实的合理性，诠释着渐趋深化与上升的共生逻辑。在惠益分享阶段形成的命运共同体，不但以海管局为分配环节的行动主体，秉持超越担保国以自我为中心的发展理念，共享“区域”矿产资源利益，而且以人类海洋的共同命运为联结主线，着眼于全人类对未来“区域”自然资源保护与利用的同命运共呼吸前景，谋求利益之上的国际关系调整。因此，本章从国际关系功能主义理论出发，明晰“区域”矿产资源开发惠益分享秩序规范化的法理架构实质，进而从国际合作优势角度厘定并分析与缔约国管理模式、产品分成安排以及财政运行机制有关的法律问题。

第一节 “区域”矿产资源开发惠益分享秩序规范化的法理架构

当前国际海洋争端多元化，集中表现为各国对能源资源、生物资源等各种海洋资源利益的不同主张，承包者开发利益的公平分配将是未来“区域”制度所应重点关注和推进的事项。惠益分享或者说是利益共享机制，应当平衡责任共同体成员商业生产与其他命运共同体成员有效继承之间的关系。[1] 但仅以此为指导对惠益分享秩序予以规范化的机制安排略显晦涩抽象，令人无所适从。破局关键不在于演绎并细化开发利益的识别标准，缘于体系繁复、内容庞杂，这样做消耗巨大而见效甚微。比较而言，立足于“区域”立法价值理念和

---

〔1〕 See Managing Impacts of Deep - Sea Resource Exploitation, *Discussion Paper on the Development and Implementation of a Payment Mechanism in the Area - MIDAS Comments*, International Seabed Authority(May 29,2015),http://isa. org. jm/. files midas_input_discussion_paper_on_payment_mechanism_in_the_area_dr_29_may_2015_2. pdf.

基本原则的相通性,借鉴生物遗传资源获取与惠益分享制度的国际合作经验,确立"区域"自然资源开发惠益分享的秩序框架,进而从国际合作优势角度厘定"区域"矿产资源开发惠益分享的架构要素更为高效妥当。

一、"区域"自然资源开发惠益分享秩序框架的创建缘由

"区域"矿产资源开发惠益比利益的含义更能贴合海管局、担保国以及其他当事方在"区域"治理能力共建中结成的责任共同体关系,〔1〕而命运共同体的分享秩序规范化难点源于"惠益分享"的不成文法特征,因而要求海管局的战略计划必须对此作出某种结论。〔2〕 国际关系功能主义理论倡导将国际合作共识深化为国际合作优势,强调"形式为功能服务",设立专门性的国际组织并不断扩展其功能,将多种资源与法律政策相联系以实现"一揽子"惠益。据此,"区域"自然资源开发惠益分享秩序框架的创建利于形成全球多边机制和国际合作共识,通过"区域"立法价值理念和基本原则的相通性真实反映"区域"矿产资源与生态系统的共生关系,不断编织"区域"矿产资源利益分配制度,使其成为一个合作优势日益扩展的"区域"全球治理活动和国际组织网络,并让各国身处或通过该网络参与其中,命运共同体理念下各国的利益和生存方能有效融合。

首先,"区域"自然资源开发惠益分享秩序框架创建利于形成全球多边机制。在"区域"自然资源开发惠益分享问题上,国内学者当前的关注焦点多集中在国家管辖范围外海域的遗传资源,主要从《生物多样性公约》、《名古屋议定书》和《粮食和农业植物遗传资源国际条约》入手,对遗传资源获取和惠益分享相关的概念界定、管辖范围、内容遵守等方面予以比较分析,进而提出有关

---

〔1〕 《生物多样性公约》在论及惠益分享时选用"惠益"而非"利益"一词,其原因在于"惠益"一词所指的回报,通常是某一主体对某一对象付出抑或奉献之后而获得,它存在的一组对应是,该主体所付出的代价及成本。与此同时,惠益还代指一方主体给对方带来的好处或是利益,可见惠益的含义在于两方以上主体所形成的主体关系。而利益是"人们,个别地或通过集团、联合或关系,企求满足的一种要求、愿望或期待"。从本质上讲,利益的基础是人的愿望或者需要。参见马旭:《遗传资源获取与惠益分享国际规则研究》,吉林大学 2016 年博士学位论文,第 27 页。

〔2〕 海管局必须作出某种结论的问题包括:垄断、共同财产、惠益分享、有效控制和支配地位,以及根据《海洋法公约》第 162 条第 2 款(z)项要求设立指导和监督视察工作人员的适当机制以监测合规情况。See Assembly, *Letter Dated* 3 *February* 2017 *from the Chair of the Committee Established by the Assembly to Carry Out a Periodic Review of the International Regime of the Area Pursuant to Article* 154 *of the United Nations Convention on the Law of the Sea to the Secretary - General of the International Seabed Authority*, International Seabed Authority (Feb. 8, 2017), https://ran - s3. s3. amazonaws. com/isa. org. jm/s3fs - public/files/documents/isba - 23a - 3_1. pdf.

"区域"遗传资源惠益分享机制的构建主张。[1] 应当承认,这一论证层次贯彻了《海洋法公约》的立法宗旨、原则和精神,回应了联合国大会考虑着手制定的《国家管辖范围以外海域生物多样性国际协定》对"区域"遗传资源惠益分享的各方关切,成为学界研究的主流方向有其合理性。但需要指出的是,上述三个国际法文件均以国家主权管辖为先决因素,在这种情况下,利益交换的外观与普惠价值的内核难免"格格不入"。并且就《粮食和农业植物遗传资源国际条约》而言,其虽已经确立了多边惠益分享机制,但将其机制内容进行一定修改以适用于国家管辖外海域遗传资源的尝试仍将面临挑战,表现为只有其附件一所列明的作物可以划归植物遗传资源的调整范围,而在海洋生物多样性与海洋生物技术不断发展的背景下,国家管辖外海域遗传资源的种类将远不止于此。[2] 而"区域"自然资源开发惠益分享秩序框架创建不是从已有国际公约与协定的规则体系入手,直接研究如何横向嫁接相关制度内容,而是根据惠益分享本身的价值理念和基本原则,从自然资源纵向种属关系的角度抽丝剥茧,层层揭开"区域"矿产资源开发惠益分享秩序规范化的国际合作优势。"区域"矿产资源具有生态系统的共生性,为使资源保护、可持续利用以及惠益分享这三个目标紧密相连,形成相互促进的良性循环,[3] 命运共同体可创立一种

---

〔1〕 参见徐靖、郑苗壮等:《国家管辖范围外海域遗传资源获取和惠益分享机制构建建议》,载《生物多样性》2016年第1期,第108-113页;郑苗壮、刘岩、裘婉飞:《国家管辖范围以外区域海洋生物多样性焦点问题研究》,载《中国海洋大学学报(社会科学版)》2017年第1期,第62-69页;张湘兰、李洁:《国家管辖外海域遗传资源惠益分享机制的构建——以知识产权保护为视角》,载《武大国际法评论》2017年第4期,第62-75页;任秋娟:《国际海底区域生物采探惠益分享与知识产权保护的平衡》,载《社会科学辑刊》2017年第6期,第126-132页。

〔2〕 See David Leary, *Moving the Marine Genetic Resources Debate Forward: Some Reflections*, International Journal of Marine and Coastal Law, Vol. 27:435, p. 442-443(2012).

〔3〕 《生物多样性公约》第一个目标是把保护生物多样性作为全人类共同关心的问题。生物多样性具有广泛意义,主要包括保障食物、医药与能源的供给以及维护生态平衡。物种在20世纪已经以50到100倍的自然速率消失,并且这种速率到2020年可能加剧到1000倍甚至10,000倍。这一威胁的产生既是因为人口数量的不断增长,也与20世纪工业产值18倍的增长息息相关。为了应对这种威胁,实现该公约的第二个目标——可持续利用生物多样性,惠益分享必不可少。为了全人类共同利益看管资源是一回事,而立足于自身获益则是另外一回事。相比从自然资源中所能获得的大量利益,人们会更希望保护地球的生物多样性。此外,在源自关注自身遗传资源开发的发展中国家越来越多的批判背景下,发达国家的获取与利用被授权更具可能的前提是发展中国家所关切的事项通过获取与惠益分享协定得到满意解决。因此,该公约的第三个目标——惠益分享有助于实现前两个目标。See Doris Schroeder & Julie Cook Lucas, *Benefit Sharing: From Biodiversity to Human Genetics*, Springer, p. 37(2013).

促进"区域"自然资源使用者出于道德、企业社会责任或市场的一些原因主动分享开发惠益的全球多边机制,用以在没有可操作的惠益分享机制或没有对特别情况提供解决方案的情况下(如在无歧视基础上公平分配可从"区域"内活动取得的相关利益非常分散)提供履行《海洋法公约》义务、执行"区域"内活动政策的方法,为保护和可持续利用生物多样性的财政机制创新作出贡献。[1]

其次,"区域"自然资源开发惠益分享秩序框架的创建有利于形成具体的分配制度。惠益分享具有学科交叉的研究背景,源于美国威廉·伊文(William M. Evan)教授和爱德华·弗里曼(R. Edward Freeman)教授提出的著名经济伦理理论——利益相关者理论,即应由利益创造者和相关贡献者共享利益。"公平合理的惠益分享"理念则代表了一种法律现象,出现在若干国际公约中,并逐渐成为与自然资源有关的规范概念。[2] 一方面,基于"区域"立法价值理念和基本原则的相通性,整合"区域"自然资源开发惠益分享机制具有必要性。惠益分享在国际法领域的适用对象并非局限于遗传资源,与科学有关的人权也是其适用对象,强调人类分享科学成果的权利具有普遍性,并不需要对科学进步作出贡献,这事关公正。如果不分享惠益,可能会导致剥削产生。[3]《世界人权宣言》有关科学成果福利的惠益分享,更好地诠释了"举重以明轻"的真谛:拓展惠益分享适用至更为广阔的科学进步及其产生的福利领域业已成型,那么将惠益分享引入遗传资源以外的自然资源回归轨道更为必要。遗传资源惠益分享制度建立的初衷,在于消弭各国客观存在的遗传资源禀赋与研发生产能力差距,使发展中国家与发达国家公平合理地分享当中的社会经济利益。这也是海管局通过任何适当的机构,在无歧视的基础上公平分配从"区域"内活动取得的财政及其他经济利益,并特别考虑发展中国家和尚未取得完全独立或其他自治地位的人民的利益和需要的原因所在。另一方面,基于国际关

---

〔1〕 参见[德]Thomas Greiber 等:《遗传资源获取与惠益分享的〈名古屋议定书〉诠释》,薛达元、林燕梅校译,中国环境出版社 2013 年版,第 108 页。

〔2〕 See Maria S. Tysiachniouk & Andrey N. Petrov, *Benefit Sharing in the Arctic Energy Sector: Perspectives on Corporate Policies and Practices in Northern Russia and Alaska*, Energy Research & Social Science, Vol. 39:29, p. 30(2018).

〔3〕 See Doris Schroeder & Julie Cook Lucas, *Benefit Sharing: From Biodiversity to Human Genetics*, Springer, p. 2 - 3(2013).

系功能主义理论整合“区域”自然资源开发惠益分享机制具有正当性。“区域”作为超越一国主权管辖的人类活动“新疆域”，需要审慎构建系统的制度来规范分配活动秩序，而以调整国际关系秩序为核心的国际制度的产生，不但需要相关国家在国际关系某一特定领域依靠合作取得共同利益，而且只有当这种合作的优势明显才会最终促成合作。[1] 这不仅意味着将资源利益的分配方式重新导向国际合作框架，弱化国家之间的竞争和冲突关系，谋求共同利益；还意味着需要各国在经济、技术和社会福利等领域开展更深层次的合作，将多种资源与法律政策相联系以获得更多创造性解决方案的机会，从而通过“一揽子”惠益实现更高的经济效益。[2] “区域”自然资源开发惠益分享秩序框架的创建正是将命运共同体的国际合作意识作为形成“区域”分配秩序的前提，指引命运共同体成员彼此形成观念和身份上的认同，强化对分配环节国际合作优势的认知，结合当前国际社会就惠益分享核心议题的谈判背景，[3] 考察现有遗传生物资源惠益分享形式和内容的借鉴意义和局限性，寻求相通的立法原理和技术，使“区域”开发的普遍惠益共享符合生态系统的共生性，据此形成规范“区域”矿产资源开发惠益分享秩序的具体机制，从而满足命运共同体当前及未来的价值追求和解决集体行动困境的需要。

二、“区域”自然资源开发惠益分享秩序框架的组成体系

“区域”自然资源开发惠益分享秩序框架的组成体系包括主体、行为、客体三个维度。基于命运共同体成员合作共享资源利益条件的相似性，阐释生物遗传资源获取与惠益分享相关理论的适用性，形成以《海洋法公约》缔约国为主体的利益衡平的分配为行为和以国家发展利益为客体的秩序框架。

其一，“区域”自然资源开发惠益分享的主体是《海洋法公约》缔约国。明

---

〔1〕 See Robert O. Keohane, *After Hegemony: Cooperation and Discord in the World Political Economy*, Princeton University Press, 1984, p. 49 – 132.

〔2〕 See Aaron T. Wolf, *Criteria for Equitable Allocations: The Heart of International Water Conflict*, Natural Resources Forum, Vol. 23:3, p. 14 – 15(1999).

〔3〕 2004 年起，联合国大会成立了一个特别工作组专门研究包括深海遗传资源在内的国家管辖外海域生物多样性议题，并于 2015 年 6 月 19 日作出决议，就国家管辖范围以外海域生物多样性的养护与可持续利用问题拟订一份具有约束力的国际文书，即第三个执行协定。其中，包括惠益分享在内的海洋遗传资源的养护和可持续利用正是四大核心议题之一。2016—2017 年，筹备委员会先后召开了三次会议，召集各国和相关国际组织就核心问题深入探讨。参见张湘兰、李洁：《国家管辖外海域遗传资源惠益分享机制的构建——以知识产权保护为视角》，载《武大国际法评论》2017 年第 4 期，第 63 页。

确“区域”自然资源开发惠益分享的主体,解决的是惠益分享权利义务关系的基本单元问题。惠益分享并非孤立存在,它需要建立在对一系列问题达成共识的基础上,适用于受国际法调整的各种关系,国际海洋法主要涉及的是国家之间的惠益分享,其特点是主权平等。《海洋法公约》缔约国既是命运共同体的成员,也是海管局的成员,公平公正分享惠益的核心规范趋同,[1]集中体现为《海洋法公约》框架下的“区域”开发秩序赋予海管局代表缔约国履行对“区域”的管理职责。一方面,《海洋法公约》框架下的“区域”开发秩序具有可塑性。以一项得到广泛批准的公约加强国际海洋法的效力,等同于整体强化了国际法对主权国家的影响。自格劳秀斯时代以来,国际海洋法就一直是现代国际法的一个重要组成部分。国际法的固有缺陷之一在于,各国在原则上不愿意接受法院和仲裁员的管辖。而就与海洋有关的许多国际法问题而言,拥有如此众多的强制性妥协条款并得到普遍接受的《海洋法公约》将从根本上纠正这一缺陷,它甚至接纳了对“区域”制度存有异议的新案文,将成为实现全球多边外交的里程碑。这表明缔约国可在协调安全、经济、环境和其他利益关系方面达成共识,并可借助于合理的典章制度来表达,从而缩小分歧、限制争议,接受符合共同利益的结果。从最广泛的角度来看,那些特别重视参与国际谈判和组织机构来提高国际事务影响力的政府,[2]倾向于通过包容和理性的对话形成国际法治秩序,切实分享“区域”自然资源及其衍生利益,因而批准和加入公约对其而言至关重要。另一方面,海管局作为“区域”开发秩序的管理者,将拥有主导“区域”自然资源利益分配的职责。虽然《海洋法公约》对“资源”的界定并未明确提及生物遗传资源,但主流观点认为其指向了所有自然资源,包括矿产资源与环境资源,生物遗传资源属于环境资源范畴,海管局负责控制“区域”内活动对这些资源及服务功能的不利影响。生态系统服务可视为人类从生态系统获得的所有惠益。在“区域”生态系统中,生物多样性是提供生态系统服务的关键因素,与矿物资源因使用而枯竭相反,环境资源可随着时间推移而不断提供一系列生态系统服务。根据《海洋法公约》第 145 条的规定,“区

---

〔1〕 See Elisa Morgera, *Fair and Equitable Benefit - Sharing: History, Normative Content and Status in International Law*, in E. Orlando & L. Krämer eds. , Encyclopedia of Environmental Law: Principles of Environmental Law, SSRN Electronic Journal, p. 2 - 6(2017).

〔2〕 See John R. Stevenson & Bernard H. Oxman, *The Future of the United Nations Convention on the Law of the Sea*, American Journal of International Law, Vol. 88: 488, p. 499(1994).

域”内活动将破坏海洋环境，进而可能影响“区域”环境资源的生态系统服务功能，因而要求海管局制定规则、规章和程序来保护和养护“区域”自然资源。[1]因此有理由相信，未来国际社会可能通过一项新的执行协定，扩大海管局职能范围，赋予其公平分配因利用“区域”生物遗传资源而取得的财政和其他经济利益。

其二，“区域”自然资源开发惠益分享属于利益衡平的分配行为。“区域”自然资源开发惠益分享的行为，重在解决惠益分享如何实现的问题，也就是惠益分享中的“分享”。“分享”传递的是代理性作为，而不是被动接受惠益，意味着惠益分享不是自上而下的单向或一次性的利益流动，而是为不同参与者之间的全球伙伴关系奠定基础的过程，是命运共同体成员之间“新的合作水平”，因而需要协调一致的反复对话，寻求惠益分享有关的共同理解。《生物多样性公约》有关获取遗传资源和利益共享的目标可以通过立法机制和合同安排得到最佳实现。[2] 立法机制的支持论者主要是发展中国家，其主张各方就惠益分享有关的权利和义务通过国际法文件予以明确，从而强化生物多样性保护的公法性质。合同安排的推动力量主要是以美国为代表的发达国家，其倾向于意思自治下的协商谈判和市场调节，主张通过合同明确当事方的权利义务关系。当前，国际海洋法领域并无涉及“区域”生物遗传资源惠益分享实现形式的共同理解，可预见的是，在制定第三个执行协定过程中，发展中国家与发达国家关于“立法机制”和“合同安排”的争议与交锋将长期持续。考虑到所有资源问题本质上产生于资源及从中得到的福利和财富随时间和空间在各利益集团之间有关分配方式上的冲突，[3]在当前国际经济政治体系下，以“区域”全球治理的国际合作关系切入，“区域”自然资源惠益分享实质是统筹“立法机制”与“合同机制”，将分配过程的利益冲突调节到命运共同体所能承受的范围，并尽量满足发展中国家成员与发达国家成员不同资源权益主张的利益衡

---

〔1〕 See Michael W. Lodge, Kathleen Segerson & Dale Squires, *Sharing and Preserving the Resources in the Deep Sea: Challenges for the International Seabed Authority*, International Journal of Marine and Coastal Law, Vol. 32:427, p. 430 (2017).

〔2〕 See Reji K. Joseph, *International Regime on Access and Benefit Sharing: Where Are We Now?*, Asian Biotechnology and Development Review, Vol. 12:77, p. 83-84 (2010).

〔3〕 参见［英］朱迪·丽丝：《自然资源：分配、经济学与政策》，蔡运龙等译，商务印书馆2002年版，第1页。

平行为,兼容了“合同机制”的市场导向型与“立法机制”的权威型这两种国际公共资源的分配模式。市场导向型的分配模式支持资源的私有实体分配,反对国家等管理者实施干预,需要明确的产权或使用权结构,保障私有财产利益,鼓励并支持私有实体承包。在另外一个极端,权威型的分配模式涉及的是管理者对资源的直接控制,并需要更广泛的、潜在自治的组织结构。问题领域的性质与寻求合作的程度在一定程度上决定了市场导向型与权威型分配模式的选择偏好。许多问题领域固然可以采用其中任何一种方式来组织,然而其分配结果却截然不同。有关 77 国集团主张建立国际经济新秩序的国际争论基本围绕着分配机制展开,发展中国家普遍倾向于权威型的分配机制。[1] 但正如罗伯特 · 基欧汉(Robert O. Keohane)指出的那样,目标固然重要,但权力的影响也不可忽视。发展中国家虽然可在各个领域获得制定规则的机会,针对不同国际问题,将以市场为导向的原则和规范转变为由其自身控制的权威规则,但发达国家仍可能会否认结果的合法性。例如,由于发达国家倾向于认可经济合作与发展组织制定的自愿行为守则,联合国一直未能在外国直接投资领域确立主要监管机构的法律地位。[2] 因此,在“区域”自然资源开发惠益分享问题上,既要确保由具有权威性的国际组织制定有利于命运共同体成员,尤其是发展中国家成员公平分享资源利益的法律与政策,同时也要保证在所获资源权益让渡方面留有自由协商的余地,适度消解自然资源可得性的空间分布不均与开发能力失衡的利益分歧,确保利益共享的即时性和灵活性,这正是利益衡平的本质所在。

其三,“区域”自然资源开发惠益分享的客体是国家发展利益。“区域”自然资源开发惠益分享的客体解决的是惠益分享的对象类型问题,也就是惠益分享中的“惠益”。国家发展利益主要包括经济利益、环境利益和科学利益,核心是可供命运共同体成员当前或未来从“区域”自然资源中获得综合国力提升的基本条件。一方面,“区域”可持续开发原则要求在“区域”内活动不对环境造成重大损害的前提下,促进命运共同体经济福祉和财政机遇的广泛、长期增

---

〔1〕 See Stephan Haggard & Beth A. Simmons, *Theories of International Regimes*, International Organization, Vol. 41:491, p. 498(1987).

〔2〕 See Robert O. Keohane, *Multilateralism: An Agenda for Research*, International Journal, Vol. 45:731, p. 761 – 762(1990).

长，因此，保护环境资源并发展技术能力成为必需。[1] 一般而言，可以在软法文件和判例法中找到关于国家之间惠益分享的适用规范，当中可供分享的无非是经济性惠益和非经济性惠益。2000 年通过的《国际人类基因组织伦理委员会关于利益分享的声明》直面人类遗传资源获取和惠益分享的基本原则，指出惠益不等同于金钱或经济意义上的利润，断定是否是惠益取决于需要、价值、轻重缓急和文化期望。而有关正义的各种观念涉及政治偏见和道德判断，所重视的是所有人，而不仅仅是为了有需要的人，因此即便是最普遍的惠益基本都是以价值为基础。[2] 国际社会的无政府状态凸显了责任共同体成员与其他命运共同体成员之间的利益交换关系，交换正义构成了分配正义的基础。因责任共同体的“区域”内活动产生的经济利益与货币利益（财政利益），人类共同继承财产原则所隐含的诸如培训、能力建设、科学信息和国际合作等非货币利益密切相关。此外，海管局还为“区域”内海洋科学研究创建了一个捐赠基金。因此，尽管通常通过自愿捐款获得稳定供资以分享非货币利益的做法仍面临挑战，但在货币利益和非货币利益之间进行选择的可能性具有优势，即在货币利益累积的同时可以分配更直接可得的非货币利益，提高那些无法直接参与“区域”内活动的命运共同体成员的国家能力。[3] 另一方面，《海洋法公约》第 143、242 - 244 条等相关规定可为命运共同体的惠益分享机制的完善提供相应的法律依据。考虑到即将对与“区域”生物遗传资源有关的惠益分享问题作出进一步规定，未来主权国家政府之间的谈判可能参照《名古屋议定书》和《粮食和农业植物遗传资源国际条约》以及其他国际海洋科学研究和实践成果，充分借鉴已有的非货币惠益内容，以促进海洋科学研究与开发为原则细化惠益分享机制，以专门化的处理使其适应涉及“区域”遗传资源的活动特点，[4] 将相

---

〔1〕 See Anthony Artuso, *Bioprospecting, Benefit Sharing, and Biotechnological Capacity Building*, World Development, Vol. 30:1355, p. 1356(2002).

〔2〕 See Kadri Simm, *Benefit - Sharing: An Inquiry Regarding the Meaning and Limits of the Concept in Human Genetic Research*, Genomics, Society & Policy, Vol. 1:1, p. 31(2005).

〔3〕 See Elisa Morgera, *The Need for an International Legal Concept of Fair and Equitable Benefit Sharing*, European Journal of International Law, Vol. 27:353, p. 368(2016).

〔4〕 在特设工作组和预备委员会的商讨中提出的非货币惠益形式有：样本和数据的便利获取、信息的交流、技术转让和能力建设。参见张小勇、郑苗壮：《论国家管辖范围以外区域海洋遗传资源适用的法律制度——以海洋科学研究制度的可适用性为中心》，载《国际法研究》2018 年第 5 期，第 27 页。

关"区域"内海洋科学知识真正转化为可直接提高命运共同体成员综合国力与国民生活质量的经济福利。此外,与开发活动直接产生的经济利益不同,环境资源本身就是一种非经济利益存在,此种利益共享并无必要借助于人类活动,反而需要保护以深化共享程度,因而更好的"区域"环境管理也属于可供分享的国家发展利益。

三、"区域"矿产资源开发惠益分享秩序规范化的架构耦合

"区域"矿产资源开发惠益分享秩序规范化的架构耦合,是基于"区域"自然资源开发惠益分享秩序框架的国际合作共识,通过缔约国国内管理组织的主体、统筹产品分成安排与财政再分配的行为和财政运行机制转化货币惠益的客体形成具体的国际分配机制,彰显命运共同体成员的合作优势,推动"区域"矿产资源开发分配过程的国际关系法治化。

其一,缔约国国内管理组织的主体兼容性。所谓主体兼容性,是指"区域"矿产资源开发惠益分享主体与"区域"自然资源开发惠益分享主体的架构要素相协调,满足于解决权利义务基本单元问题的需要。缔约国国内管理组织的惠益分享涉及对因使用"区域"矿产资源而产生的经济、社会、文化和环境优势在不同的利益相关者之间的分配,是从命运共同体到缔约国成员的国际分配,再由缔约国国内管理组织为国内社会配置利益的运作过程。缔约国国内管理组织的惠益分享运作与协商民主或合作治理的管理模式相统一,在考虑参与分配的成本和效益时,缔约国国内社会因此会受到何种影响至关重要。这是因为缔约国国内管理组织惠益分享的主体资格由国内社会赋予,并且由其确认国内社会成员的参与分配权利。一方面,缔约国国内管理组织具有与海管局相似的信托管理权,在国际分配环节拥有代表国内社会的惠益分享主体资格。惠益分享蕴含的分配正义理念将在缔约国国内社会产生共鸣,但这不意味着缔约国国内社会可以通过国际分配得到公平、公正、民主或文化上的适当结果。事实上,某些"区域"内活动可能会冲击国内社会与缔约国管理组织之间的信托关系,甚至引发政治反对行为。由此,关于"区域"矿产资源开发国际分配的性质以及可以从中获得福利分配的多寡,将集中体现为一种利益诉求。这意味着缔约国国内社会作为一种强有力的社会组织形态和利益表达形式,[1]需要国

---

[1] See Lila Barrera - Hernández et al., *Sharing the Costs and Benefits of Energy and Resource Activity: Legal Change and Impact on Communities*, Oxford University Press, 2016, p. 10 - 11.

内管理组织作为其代表，对命运共同体主导下的“区域”矿产资源利益国际分配表达实际诉求。这使缔约国国内管理组织在一定程度上反映了与海管局相似的国家代表性。另一方面，缔约国国内管理组织具有与海管局相似的开发确权职责，为国内社会配置资源利益的过程体现国内社会成员参与分配的权利不同。缔约国国内社会不同成员参与惠益分享初次分配环节的能力和需求不同，对于有参与能力和需求的企业承包者及其利益相关者而言，它们多以营利为目的，要求更多的资源利益配置份额，并更多地参与相关政策的制定与决策过程。然而，“区域”矿产资源在国际海洋法视域下属于人类共同所有的公共财产，全体缔约国将管理权移交给海管局的模式以及重新认识和再开发的可持续发展范式，使企业承包者参与惠益分享的初次分配环节，除需要满足准入“区域”内活动的能力标准而获得采矿许可证外，还应当获得“社会经营许可证”以得到国内社会其他成员的批准和广泛接受，避免在“区域”内活动中产生代价高昂的国内冲突和社会风险。缔约国国内管理组织的惠益分享管理模式是社会经营许可证产生的基础，具有多样性和复杂性，涉及多个国家、市场和民间社会行动者以及经营范围广泛的机构，[1]使缔约国国内管理组织在一定程度上还具有与海管局相似的社会公益性。

其二，统筹产品分成安排与财政再分配的行为兼容性。所谓行为上的兼容性，是指“区域”矿产资源开发的利益分配行为符合“区域”自然资源开发惠益分享秩序框架的行为要素，解决的是“区域”矿产资源开发惠益分享意味着什么的问题。命运共同体成员具有国际合作优势的参与分配层次指向了企业部在命运共同体初次分配环节的产品分成安排、海管局在命运共同体再分配环节的财政再分配，二者共同构成了利益衡平的“区域”矿产资源开发惠益分享的行为模式，是命运共同体成员公平分享“区域”矿产资源利益的根本体现。首先，企业部的产品分成安排属于“合同机制”的市场导向型分配模式。命运共同体国际分配阶段的初次分配与再分配的节点是“区域”矿产资源开发的销售环节，与由企业部主导的产品分成安排直接相关。产品分成安排将在初次分配环节对开发制度的分配模式予以补正。对于联合企业制的分配模式而

---

〔1〕 See Jason Prno & D. Scott Slocombe, *Exploring the Origins of "Social License to Operate" in the Mining Sector: Perspectives from Governance and Sustainability Theories*, Resources Policy, Vol. 37:346, p. 346 (2012).

言,股权式联合企业所有权份额的法定比例范围为企业部设立的投资回报率仅应作为"区域"矿产资源利益分配额度的下限。通过与合作方之间的自由协商,企业部董事会可根据产品分成安排的规定对分配额度予以调整。[1] 对于平行开发制的分配模式而言,企业部开发保留区的工作计划也应按照《海洋法公约》附件三第 3 条采取海管局授权合同的方式进行,并按照附件三第 11 条作出产品分成的联合安排。[2] 这意味着企业部在初次分配环节可根据作业区块位置、金属价格涨跌等外部因素和商业运作条件、抵御风险能力等内部因素,灵活调整产品分成合同的分成比例,实现特定经济环境下收益的最大化。并且对分配比例的调节能够激发新的投资意向,促进其他保留区块的开发。因此,产品分成安排将成为真正实现平行开发制下保留区与合同区分配价值相同的有效措施。其次,海管局的财政再分配属于"立法机制"的权威型分配模式。海管局的财政再分配是海管局为实现其职能,凭借全体缔约国让渡的主权权力对命运共同体收入中的剩余产品进行的分配,是财政利益筹集、分拨和使用过程的总称。海管局有权就财政再分配事项制定并划一地适用规则、规章和程序,以执行《海洋法公约》第十一部分所规定的职责。[3] 最后,统筹产品分成安排与财政再分配的行为模式是命运共同体成员公平分享"区域"矿产资源利益的根本体现。一般来说,"区域"矿产资源租金的公平分配可基于共享所有权的概念和收益再分配的愿望。基于共享所有权的公平分享,要求单独或以合作的方式直接从事"区域"内活动的命运共同体成员参与资源利益的初次分配阶段。当这些资源被允许用于商业目的开采和销售时,命运共同体成员应当按照由能力决定的初次分配的份额比例享有该阶段资源销售的收益。而基于收益再分配愿望的公平分享则要求通过海管局的财政再分配平衡

---

[1] 《海洋法公约》规定在选举企业部董事会董事时,应妥为顾及公平地域分配的原则。《海洋法公约》还规定,在选举董事会董事时,应注意提名具备最高标准的能力并在各有关领域具备胜任条件的候选人。企业部应为董事会制定议事规则,涵盖的领域包括会议、决策和表决、选举主席、总干事参加会议、向董事会任命一名秘书以及处理投资评估、治理、业务、审计和道德操守的董事会各委员会。See Council, *Issues Relating to the Operation of the Enterprise, in Particular the Legal, Technical and Financial Implications for the International Seabed Authority and for States Parties to the United Nations Convention on the Law of the Sea*, International Seabed Authority(Jun. 12,2019), https://isa.org.jm/files/files/documents/isba_25c_26-e_0.pdf.

[2] 参见《海洋法公约》第 153 条第 3 款。

[3] 参见《海洋法公约》附件三第 13 条第 1 款和第 17 条第 1 款(c)项。

命运共同体成员在初次分配阶段所获利益的落差。[1]

其三,财政运行机制转化货币惠益的客体兼容性。所谓客体兼容性,是指因“区域”矿产资源开发所产生的国家发展利益可以通过财政运行机制予以转化共享,解决的是如何能够或应该如何实现“区域”矿产资源开发惠益分享的问题。财政运行机制是指各种财政构成要素之间相互联系与相互作用,推动其运行的有机体。命运共同体在国际分配阶段的再分配环节,通过该机制使海管局和投资者之间建立“区域”矿产资源国家发展利益共享长期稳定的合作关系。一方面,“区域”内活动正在使自然资源利益减损,因而必须建立有效的财政运行机制以确保命运共同体成员公平分享“区域”矿产资源开发的国际发展利益。“区域”自然资源的可耗竭性以及因稀缺性产生的资源租金,对财政运行机制的设计产生了重要影响。准入初次分配环节面临壁垒的命运共同体成员,使“区域”矿产资源租金长期存在。海管局需要平衡命运共同体成员的财政收益,最大限度地提高无法参与初次分配环节的发展中国家成员的收益份额,同时需要维持对承包者的盈利激励,尽量减少税收扭曲,这不是一个容易达到的平衡,[2]特别是在“区域”环境资源养护方面,需要出于代际平等的考虑,对因“区域”内活动造成的生物多样性损失及由此引起的生态系统服务功能退化进行财政补偿。金额量化需要与所损失的自然资源的总经济价值(工具价值和内在价值)挂钩。考虑到“区域”生态系统服务功能的重要性、生物遗传资源进化的独特性,以及环境修复面临的诸多挑战,计算过程将是复杂的,总额将是巨大的,并且人类共同继承财产原则要求将整个国际社会的利益,包括子孙后代所丧失的机会都涵盖在这类价值评估中。[3] 另一方面,财政运行机制创建一个类似于主权财富基金的资源基金来管理和配置资源租金,

---

〔1〕《海洋法公约》对此均有所体现:第140条不仅规定了“区域”矿产资源开发须为全人类利益进行,而无论一国所处的地理位置是沿海还是内陆,这是基于共享所有权的公平分享;还规定了海管局特别考虑发展中国家和尚未获得充分独立或其他自治地位的人民的利益和需要,反映的则是基于收益再分配愿望的公平分享。See Michael W. Lodge, Kathleen Segerson & Dale Squires, *Sharing and Preserving the Resources in the Deep Sea: Challenges for the International Seabed Authority*, International Journal of Marine and Coastal Law, Vol. 32:427, p. 431 – 433(2017).

〔2〕 See Peter Mullins & Lee Burns, *The Fiscal Regime for Deep Sea Mining in the Pacific Region*, Marine Policy, Vol. 95:337, p. 337(2018).

〔3〕 See Holly J. Niner et al., *Deep – Sea Mining with No Net Loss of Biodiversity—An Impossible Aim*, Frontiers in Marine Science, Vol. 5:53, p. 9(2018).

用于处理海管局收缴的财政收益如何在不同世代的命运共同体成员之间合理分配的事宜。子孙后代只能通过命运共同体当前的惠益分享机制来维护自身的"区域"矿产资源开发权益,但由于新资源发现潜力不确定,长期价格预测困难,社会折现率选择不确定,[1]任何可以共享的财富预估都存在相当大的风险,这种不确定性将影响如何公平分享资源租金。应该承认,海管局仍然必须设法分配在某一时间点可用的财政利益,[2]如通过财政运行机制对资源租金按照主体、类别进行分配。主体分配主要指向无法参与初次分配环节的最不发达内陆国以及其他发展中国家;类别分配主要指向生态补偿和社会福利的分配,缘于经济利益的获取以环境利益的牺牲为代价,要求海管局应将收缴的货币惠益反馈到发展中国家"区域"开发能力建设与环境资源养护上,以实现重新认识和再开发。

第二节 "区域"矿产资源开发惠益分享的缔约国管理模式探析

"区域"矿产资源开发的国家担保制度由国际法明确规定,各国国内法对此规定呈主流认同趋势,少数未予提及担保制度内容的《海洋法公约》缔约国仍应承担国家担保义务。因此,"区域"矿产资源利益分配的基本精神是义务,要求缔约国采取限制性的管理措施防止承包者恣意开发牟利,所形成的缔约

---

〔1〕 一般来说,关于跨代分配资源的社会决策反映了一些隐含的公平原则,体现在时际间的社会福利函数中,该函数为不同世代的社会福利分配权重,这些权重反映的则是一个基于效用的"社会折现率"。但即使不同世代基于效用的权重相同,社会也可能会根据收入或财富的差异,为不同的世代选择不同的消费权重。See Michael W. Lodge, Kathleen Segerson & Dale Squires, *Sharing and Preserving the Resources in the Deep Sea: Challenges for the International Seabed Authority*, International Journal of Marine and Coastal Law, Vol. 32:427, p. 437 – 438(2017).

〔2〕 至少存在三种备选方案,一是将财政利益分配给适当的命运共同体成员;二是将财政利益用于投资可惠及这些成员现有人口的商品和服务(如卫生保健、住房和食品)项目;三是将财政利益用于投资可惠及后代成员的人力资本(通过教育)或有形资本(如基础设施)等。《海洋法公约》对上述备选方案的适用依据指导不是很清晰,应由海管局作出决定。See Michael W. Lodge, Kathleen Segerson & Dale Squires, *Sharing and Preserving the Resources in the Deep Sea: Challenges for the International Seabed Authority*, International Journal of Marine and Coastal Law, Vol. 32:427, p. 440(2017).

国管理模式是根据国内相关立法授权,统一维护本国“区域”矿产资源权益的机构设置、职权划分和活动方式。管理模式的差异性,客观反映了缔约国对建立于海洋行政管理体制内惠益分享管理组织的职能承载与权力运用的不同理解。本节从管理组织在行政机关的层级定位切入,对惠益分享缔约国管理模式予以分类,分析比较各管理模式的规律性特征,指出有利于“区域”矿产资源分配秩序稳定的管理模式发展方向。

一、“区域”矿产资源开发惠益分享缔约国管理模式的结构形态

从各国现行“区域”矿产资源开发立法对主管当局的设置看,所有国家均指定中央政府或一个或多个部委为主管当局,就颁发许可证或国家担保证书作出决策,并且大多数国家均明确指定了一个或多个特定部门。一些太平洋岛国新设了专门负责海底采矿活动的国家主管当局,并进一步赋予其特定职能和权力。此外,一些国家还指定了由其他部门或实体协助主管当局履行其职能。[1] 因此,无论采取国家担保制度还是许可证制度,缔约国管理模式研究应该回归主管当局的主体本位,聚焦管理权力配置。[2] 从中央与地方之间就惠益分享管理权力的配置不同切入,惠益分享缔约国管理模式基本上可分为中央集权型管理模式、中央半集权型管理模式以及地方分治型管理模式。就目前已知通过国内立法管制“区域”内活动的《海洋法公约》缔约国而言,[3]选择中央集权型管理模式的国家数量最多。

第一,中央集权型管理模式。中央集权型管理模式,是指代表缔约国管理“区域”矿产资源惠益分享的权力集中于最高行政机关及其组成部门,其他具

---

〔1〕 比利时指定环境部;捷克指定外交部;中国规定其他部门负责国务院(中央政府)规定的相关管理工作;法国指定主管机关;德国指定联邦海事和水道测量局与联邦环境局对申请提出意见,并指定联邦经济和技术部将申请提交管理局;日本指定中央矿山安全委员会处理有关事项以确保“区域”矿产资源开发安全。See International Seabed Authority, *Comparative Study of the Existing National Legislation on Deep Seabed Mining*, International Seabed Authority (November, 2021), https://ran - s3. s3. amazonaws. com/isa. org. jm/s3fs - public/files/documents/compstudy - nld2. pdf.

〔2〕 即作为一种行政权力,在不同权力主体之间的分配,体现为静态的分布。参见石佑启、陈咏梅:《论法治社会下行政权力的配置与运行》,载《江海学刊》2014 年第 2 期,第 133 页。

〔3〕 目前能检索到相关国内立法的域外国家有 14 个,分别是捷克、德国、斐济、英国、美国、日本、法国、新加坡、汤加、库克群岛、新西兰、俄罗斯、澳大利亚和比利时。其中,库克群岛(海底矿产资源管理局)、新西兰(能源部)、俄罗斯(联邦地质和底土利用管理局)、澳大利亚(指定机关 + 联合机关)所管制的是在国家管辖范围内的深海活动,美国并非《海洋法公约》缔约国。

体实施机构接受其统一领导，并给予充分的配合与协助，典型的代表国家是英国。英国采用许可证制度，负责管理"区域"内活动的国家机关是国务大臣(Secretary of State)。英国的政体是议会君主制，行政权归内阁行使，各部由相关大臣负责。国务大臣为部长称谓，协助主管大臣领导该部，[1]并在颁发勘探和开采许可证时，同财政部(treasury)进行商议。国务大臣凡依照许可证条款规定收到的费用款项，均将纳入"统一基金"。需要指出的是，除国务大臣外，苏格兰部长(Scottish Minister)也有权力在一定范围内颁发勘探和开采许可证。[2] 随着英国《2009 年海洋法》(Marine and Coastal Access Act 2009)的施行，国务大臣也会就海洋管理组织(Marine Management Organisation)的行为向议会承担责任。海洋管理组织作为英国海域的综合性管理部门，根据《英国海洋法》、《英国海洋政策》以及《英国女王陛下政府与英国海洋管理组织框架文件》行使职能，承担了环境、食品和农村事务部(Department for Environment, Food and Rural Affairs)的海洋事务管理工作，除继承海洋渔业管理机构(Marine and Fisheries Agency)原有的发放海上资源开发许可证等职责外，又新获得了原来由能源与气候变化部(Department for Energy and Climate Change)所行使的与海洋能源设施有关的涉海工程管理权限。其不属于任何一个政府机构，仅基于自身的专业知识与环境、食品和农村事务部的国务大臣相互配合，具有非政府部委的公共机构属性(Statutory Executive Non - Departmental Body)，[3]国务大臣则居于英国海洋矿产资源利益分配及相关涉海事项管理的机构顶层。除英国外，法国《1981 年深海海底矿物资源勘探和开发法》(Law on the Exploration and Exploitation of Mineral Resources of the Deep Seabed)第 4 条指出，有关许可证的发放、延期、转让、撤销等事项需遵循国务院(State Council)的有关规定；[4]日本《1982 年深海海底采矿临时措施法案》(Act on

---

〔1〕 参见谭融、毕宇飞：《论英国的政府官僚制》，载《武汉大学学报(哲学社会科学版)》2012 年第 4 期，第 22 页。

〔2〕 参见英国《2014 年深海开采法》第 2 条第 2、5 款。

〔3〕 参见李景光主编：《国外海洋管理与执法体制》，海洋出版社 2014 年版，第 44 页。

〔4〕 法国的情况比较特殊。根据法国驻牙买加大使馆在 2013 年 3 月 22 日的普通照会内容，其指出，考虑到国家责任、国内立法与《海洋法公约》条款保持一致，特别是与当中第 139 条的衔接问题，2012 年法国就开始了一系列部际之间的协商，以期制定调整法国实体"区域"内活动的国家立法。但由于涉及的因素和制定立法本身的复杂性，2013 年通过立法的可能性很低。虽然法国承诺向海管局秘书处随时通报立法进展，但截至目前，法国仍没有向海管局秘书处更新立法内容。

Interim Measures for Deep Seabed Mining)第二章第4条确认了日本中央政府的直属省厅——经济产业省(Ministry of Economy Trade and Industry)具有主管权力;捷克颁行的《捷克共和国关于国家管辖范围外海底矿产资源的探矿、勘探和开采的第158/2000号法令》第3条明确了颁发许可证的是工业和贸易部(Ministry of Industry and Trade),它属于捷克共和国总理府的中央部门之一;新加坡《2015年深海海底采矿法》虽然尚未明确有关“区域”内活动的管理部门,但其中第6条与第8条分别提及了授予许可证和发放担保证书的工作由部长来完成,而新加坡的部级单位都是内阁的组成部门;比利时《2014年深海海底区域资源探矿勘探和开采法》也将该事宜交由经济部长(De Minister Bevoegd Voor Economie)审查。

第二,中央半集权型管理模式。中央半集权型管理模式,是指由最高行政机关组成部门的下属机构管理“区域”矿产资源开发惠益分享事务,并且要与其他机构或部门充分协商与合作。典型的代表国家为斐济、汤加。一方面,斐济立法采用国家担保制度管制“区域”内活动。斐济《2013年国际海底矿物管理法》第10条第1款赋予了斐济国际海底管理局(Fiji International Seabed Authority,以下简称斐济管理局)处理“区域”勘探和开采申请的职责。而负责监督和促进斐济国内矿区和地下水资源开发的中央政府组成部门是土地和矿产资源部(Ministry of Lands and Mineral Resources)。[1] 根据该法第9条第4款和第19条的规定,该部部长就有关斐济管理局的履行职责和义务事项,给出不违反该法以及《海洋法公约》的指导,并亲自任命为斐济管理局提供技术和政策建议的工作小组组成人员。该部的秘书长是斐济管理局的主席,斐济管理局的秘书长一职则由政治条约局局长来担任。另一方面,汤加的立法包括采用许可证制度管理国家管辖范围以内海底矿产资源活动,也包括采用国家担保制度管理“区域”矿产资源开发活动。汤加《2014年海底矿产资源法》(Seabed Minerals Act 2014)第10条和第12条第1款明确了由汤加海底矿产资源管理局(Tonga International Seabed Authority,以下简称汤加管理局)代表皇室履行管理权利证书分配的职责,并通过主要负责其国内海底矿产资源的部长向议会汇报。担保证书需要内阁同意和部长签名,并且汤加管理局在部

---

〔1〕 See Fiji's Ministry of Lands and Mineral Resources, *Department of Lands of and Mineral Resources*, http://www.lands.gov.fj/index.php/department.

长同意的前提下,原则上可在任何时候以书面方式与被担保方签订有关担保安排的额外条款和条件的协议。

第三,地方分治型管理模式。地方分治型管理模式,是指由中央政府和地方政府共同实施"区域"矿产资源开发惠益分享的管理权限。选择地方分治型管理模式的是德国。德国《1995 年海底采矿法》(Seabed Mining Act of 6 June 1995)规定了"区域"采矿活动由州采矿局、能源局和地质局(State Office for Mining, Energy and Geology,以下简称三机构)共同管理。三机构主要负责审批申请者的资质条件,联邦海事和水文署(Federal Maritime and Hydrographic Agency)、联邦环境署(Federal Environment Agency)一起参与协商,但联邦经济和技术部(Federal Ministry of Economics and Technology)拥有最终的审批决定权。[1] 德国《2010 年海底采矿法》第 2 条第 7 款和第 3 条新设了国家采矿、能源和地理办公室[Landesamt, the Landesamt für Bergbau, Energie und Geologie, LBEG(State Office for Mining, Energy and Geology) in Hanover and Clausthal – Zellerfeld],替代原三机构管理"区域"内活动,该办公室是下萨克森州有关采矿、能源和地质的办公室,代理州执行该法。从这个意义上说,该办公室将接受联邦法律的实质监督。可见,德国《2010 年海底采矿法》重新划分了管理权限,州政府通过联邦政府下放的权力提升了对"区域"内活动的管理权重,当国家采矿、能源和地理办公室批准"区域"采矿申请时,其应当将该批准、签订合同的申请、作业计划的初稿以及所有其他必要的文件传送联邦经济和技术部,由后者将该批准以及相关材料发送海管局。[2]

二、"区域"矿产资源开发惠益分享缔约国管理模式的规律归结

对于缔约国国内分配秩序而言,惠益分享不仅要求缔约国管理组织通过具备资金和技术条件的承包者完成资源到利益的初次转化与分配,而且更重

---

〔1〕 州采矿、能源和地质署应对批准申请人的先决条件是否已经符合进行审查。采矿、能源和地质署应就运输和环保事项征求联邦海事和水文署对工作计划草案的意见,并应在自己的决定中考虑到这些意见。关于环境保护事项,联邦海事和水文署应与联邦环境署协商一致后提出评论意见。联邦经济和技术部受权颁发内载关于执行上述细则和条例的各项条文的法令。See Council, *Laws, Regulations and Administrative Measures Adopted by Sponsoring States and Other Members of the International Seabed Authority with Respect to the Activities in the Area*, International Seabed Authority(May 4, 2012), https://ran – s3. s3. amazonaws. com/isa. org. jm/s3fs – public/files/documents/isba – 18c – 8_0. pdf.

〔2〕 参见德国《2010 年海底采矿法》第 4 条第 10 款。

在确保由利益到惠益的完全实现。这一过程离不开国家强制力的保障，是海洋资源管理权的行使结果，呈现出国家权力的本质属性，具有属人性特征，权威性和公信力源于满足稳定国内“区域”矿产资源利益分配秩序的需要。不同缔约国普遍设有全国统一的管理组织，通过立法机关赋予的次级立法权，制定促进相关国家政策目标实现的措施或者规范准则。但对惠益分享管理的集中度和体制不尽相同，集中表现为管理组织的职能配置差异。

第一，惠益分享缔约国管理组织普遍拥有次级立法权。如果说国家管理模式从公共管理模式到公共治理模式的转变，是因应现代社会利益呈现的多元化趋势，要求政府、社会自治组织、市场主体、公众都广泛参与社会公共事务，通过硬法和软法的共同治理整合国家强制与社会自治两种资源，增强法治的开放性和弹性，[1]那么反过来说，没有国家强制的公共治理模式将因为缺乏塑形力而失去存在的根基。因此，直接获取和利用的初次分配要旨是开放竞争环境的权利自由，基于共同利益再分配的关键则是平衡国内社会利益落差的权力强制。缔约国处理惠益分享事宜作为海洋资源管理权的有机构成，秉承了权力的属性，具备命令他人作为或不作为的能力，凸显强制性，是国家最高行政机关对管理组织职能的强化，要求其具有依托自身力量实现惠益分享完整治理的强制举措，属于国家主导下的管理。当然，这并不意味着惠益分享行政事务须全部交由中央政府直接管辖，而是要求有统一的管理组织和政策体制来确保惠益分享问题得到有效解决。当前惠益分享的三种管理模式表征出缔约国国内管理的政策体制，无论采取的是中央集权的直接管理、中央半集权的授权管理，抑或中央与地方结合的分治管理，在国家一级普遍设有明确的管理组织代表国家行使“区域”矿产资源利益的国内配置权，凭借次级立法权制定相关措施或者规范准则，贯彻落实国家有关政策。一方面，“区域”矿产资源利益的国内配置权通过国家政策体现该项行政权力的张力。“区域”矿产资源利益的国内配置权不仅同样以维护社会稳定、促进经济社会发展和保证民众福利为目标，而且与各国在深海大洋的战略利益和话语权相关。“区域”矿产资源开发属于海洋经济范畴，英国、日本等主要海洋国家往往从战略高度认识并推进其发展，聚焦市场对资源利益的优化配置。这些国家大多通过制定

---

〔1〕 参见廖丽、程虹：《法律与标准的契合模式研究——基于硬法与软法的视角及中国实践》，载《中国软科学》2013 年第 7 期，第 167 页。

跨行业的国家政策打破行业之间的隔阂与障碍,促进各部门之间"区域"矿产资源开发政策与环境政策的战略对接。[1] 从某种程度上说,许可证制度的灵活性迎合了国家政策灵活调整的需要,成为缔约国国内立法较普遍采取该制度的原因之一。[2] 因此,"区域"矿产资源利益的国内配置权张力范围广阔,集中体现为相关国家政策的制定与调整。[3] 另一方面,缔约国管理组织拥有贯彻落实国家有关政策的次级立法权。随着社会发展进步,专业化、精细化分工越来越明确,在优化调整深具复杂性的"区域"矿产资源开发政策方面显得尤为突出。原本拥有专属立法权的国家机关难以根据相关国家政策调整的新情况作出及时应对,转而通过将次级立法权授予惠益分享管理组织以求快速出台相关措施或者规范准则,[4] 从而实现政策目标。例如,日本政府出于国家主导的考虑,赋予经济产业省制定国家一级计划的相关职责和义务,后者根据主要"区域"矿产资源产业化现状和前景预测,遵循《日本海洋基本法》基本理念,秉承《日本海洋基本计划》原则精神,制定出台了《日本海洋能源、矿物资源开发计划》,详细规划了"区域"矿产资源的开发活动。[5]

---

〔1〕 参见高之国:《借鉴国外经验发展我国海洋经济》,载《中国海洋报》2013 年 8 月 30 日,第 1 版。

〔2〕 "区域"资源开发制度必然会进一步发展,许可证制度对于促进该制度建设的优点在于:一方面,许可人和被许可人的权利义务关系可以在许可证中载明,即使法律已经规定了许可人和被许可人之间的权利和义务,双方仍然可以根据实际情况在许可证中附加额外的权利和义务;另一方面,当外部情况发生变化时,有关部门可以直接修改许可证中的条款而避免反复修法,从而保证国内法律的稳定性。英国的立法只规定许可证制度而没有规定国家担保责任,原因之一是受其国内政治制度影响:英国认为提供国家担保是一种外交行为,此种权力是皇室的特权,因而无须将国家担保写在法律中,但实践中承包者仍需向英国政府申请国家担保证书并将证书以及其他相关材料提交海管局审核。英国政府所提供的国家担保证书往往是一种简单的说明,证明该公司受到了国家的担保。许可证制度的灵活性也是英国立法中采取该制度的一个重要原因。参见张梓太:《构建我国深海海底资源勘探开发法律体系的思考》,载《中州学刊》2017 年第 11 期,第 54 - 56 页。

〔3〕 参见彭中礼:《论国家政策的矛盾及其规制》,载《法学》2018 年第 5 期,第 66 页。

〔4〕 参见英国《2014 年深海开采法》第 10 条;法国《1981 年深海海底矿物资源勘探和开采法》第 4 条;《捷克共和国关于国家管辖范围外海底矿产资源的探矿、勘探和开发的第 158/2000 号法令》第 15 条;新加坡《2015 年深海海底采矿法》第 24 条;斐济《2013 年国际海底矿物管理法》第 10 条;汤加《2014 年海底矿产资源法》第 17 条;德国《2010 年海底采矿法》第 7、10 条。

〔5〕 国家主导是日本进行海底矿产资源开发最鲜明的特征,表现在国家直接承担的责任和对政府各部门乃至政府与民间的协调作用。《日本海洋基本法》《日本海洋基本计划》《日本海洋能源、矿物资源开发计划》对国家的直接责任和协调作用作了具体的规定,明确指出国家负有综合、有计划地制定和实施海底矿产资源政策的职责和义务,要求其在法律、财政、金融等方面积极采取措施,推进相关计划的实施。参见唐杰英、金钟范:《日本海底矿物资源开发政策实践与启示》,载《亚太经济》2010 年第 4 期,第 58 - 60 页。

第二,惠益分享缔约国管理组织的职能配置不尽相同。政府职能配置更多关注如何根据事务的类型来确定行政主体的职能权限,规定由哪一个机关管理哪些事务和如何管理这些事务,并且如何将具体的行政事务有秩序地分配给各个行政机关,依法赋予它们相应的行政管辖权。[1] 这意味着通过权力配置标准实现的是中央与地方之间对惠益分享管理任务的宏观调配,关注的是管理利益所及的地区范围与部门之间的层级关系。而职能配置标准追求的是透析将该项管理任务交由某一特定组织治理的动机,侧重于将任务特性与管理组织的功能予以匹配,是各国政府从主观性出发,结合权力配置标准所反映的管理惠益分享事务的客观性,以最适合的权限归属来选择惠益分享的治理机关。具体而言,从任务特性出发,惠益分享的治理与管理组织的职能大致存在三种配置途径:一是基于矿产资源的同质性,对应部门职能所产生的矿物能源主管型模式,日本经济产业省为典型代表。经济产业省所属资源能源厅下设资源燃料部、电力燃气事业部和节能新能源部处理涉海事务。其中,资源燃料部的矿物资源课经营与海洋资源、海洋产业有关的业务;而衔接《海洋法公约》和《深海底矿业临时措施法》等法律法规业务交由资源燃料部的政策课处理。[2] 根据形势发展需要,2006 年以来,日本政府还先后出台了与矿产资源安全相关的《资源综合保障战略》《能源政策基本法》《能源基本规划》。经济产业省根据《能源基本规划》中的《资源保障指南》,与具体实施机构相互配合,在海外矿产资源开发活动的七个阶段对企业实行全程的“无缝隙”支援,为国家经济发展提供了长期、稳定的矿产资源保障。[3] 可以说,经济产业省主要承担了取得与转化日本国家领土范围内与属地管辖以外,包括其他资源国与“区域”的矿产资源分配利益职责。选择这一配置路径的还有德国(国家采矿、能源和地理办公室)、捷克(工业和贸易部)等缔约国。二是基于海洋生态系统共生性,指向部门职能所出现的海洋自然资源主管型模式,英国(主管海洋的国务大臣)是海洋自然资源主管型的典型国家。三是基于地下赋存环境的依附性而产生的底土资源主管型模式。底土指代地下的物质、能量、结构与空间

---

〔1〕 参见宋华琳:《政府职能配置的合理化与法律化》,载《中国法律评论》2017 年第 3 期,第 68 页。

〔2〕 参见姜雅:《日本的海洋管理体制及其发展趋势》,载《国土资源情报》2010 年第 2 期,第 8 页。

〔3〕 参见陈喜峰、叶锦华、陈秀法:《日本海外矿产资源开发模式及对我国的启示》,载《资源与产业》2014 年第 3 期,第 19 – 21 页。

的总和，引入底土资源概念，实质上是将矿产资源与其周围的环境因素（物质、能量、空间等）统一起来，形成区别于地表土地资源的地下“大资源”概念。[1]选择与海管局治理结构相似的管理模式，在一定程度上可以使缔约国依托地缘优势和相关国际组织，在“区域”全球治理方面提升话语权，获取相关政策倾斜为“区域”矿资源开发惠益优先分享提供支撑。选择这一模式的缔约国包括斐济（斐济管理局）、汤加（汤加管理局）。

三、“区域”矿产资源开发惠益分享缔约国管理模式的发展方向

“区域”矿产资源开发惠益分享管理模式作为国家海洋管理体制的重要组成部分，本不具有最佳模式选择。但随着全球治理理论的兴起，惠益分享管理事宜逐渐迈向海洋治理的范式变革，管理主体愈加多元化、权力运作聚焦组织网络而非行政等级、权威基础注重协商而非强制，[2]这意味着在缔约国管理组织制定法律规章，采取行政措施的权威强化基础上，必须在制定、实施、监督方面充分反映协商民主的合作特点，形成多中心治理的决策结构。针对缔约国管理组织的职能配置不尽相同，但在统筹“区域”的自然资源惠益分享问题导向下，政府高层级的海洋自然资源主管型管理模式更具适应性和生命力。

第一，惠益分享缔约国管理模式形成多中心治理的决策结构。多中心治理的决策结构是由社会中多元的独立行为主体，基于一定的集体行动规则，通过博弈、协调、合作等互动，形成的多样化的惠益分享管理制度或组织模式。[3]这意味着在缔约国管理组织制定规范准则，采取行政措施处理许可证或国家担保申请等惠益分享有关事项决策时，应确保其他咨询机构或政府机构的有效参与，[4]促进缔约国政府有效进行“区域”矿产资源利益的国内配置管理。就“区域”内活动管理组织的组成而言，各国立法的做法包括使已有管理组织

---

〔1〕 参见李裕伟：《基于底土资源管理的俄罗斯矿业权制度》，载《国土资源情报》2018 年第 1 期，第 3 页。

〔2〕 参见于思浩：《海洋强国战略背景下我国海洋管理体制改革》，载《山东大学学报（哲学社会科学版）》2013 年第 6 期，第 155－156 页。

〔3〕 参见贾宇主编：《海洋发展战略时论》，海洋出版社 2017 年版，第 186－187 页。

〔4〕 比利时、捷克、斐济、德国、基里巴斯、瑙鲁、汤加和图瓦卢 8 个国家规定了与咨询机构或其他实体建立机构之间的协调机制。在斐济、基里巴斯和图瓦卢，创建咨询机构的目的是促进透明度，向公众开放咨询或提供信息，在这种情况下，主管当局审查申请时会考虑咨询机构和/或公众提出的建议。See International Seabed Authority, *Comparative Study of the Existing National Legislation on Deep Seabed Mining*, International Seabed Authority, https://isa.org.jm/files/files/documents/Comparative_study_NL.pdf.

的职能扩大或建立新的管理组织来履行职责。[1] 因此,决策结构形态可以是综合性协调模式,或者是专门性辅助模式,具体采用哪一种,取决于各国的惯例。值得借鉴的是,虽未加入《海洋法公约》,但仍可影响海管局惠益分享管理决策的美国组织模式,[2]以及缔约国国内立法管制国家管辖范围以内深海活动的诸多制度,尤其是库克群岛立法中的相关制度。[3] 一方面,综合性协调模式依托于本国现有的高级别海洋事务协调与决策机构,“区域”采矿的国内立法将往往指向与管理组织合作履行职责的政府机构。以美国和俄罗斯为例,美国《1980 年深海海底硬矿物资源法》明确了国家海洋和大气管理局(National Oceanic and Atmospheric Administration)作为其国内管理“区域”内活动的政府机构。该局属于美国商务部的一个独立科技部门,在批准颁发许可证或执照的申请以前,应当同法定职责内的计划或活动可能会因此受到影响的其他联邦机构或部门充分协商和合作,并且依照该法颁发的每一份许可证和每一份执照,都应包括局长制定的相关条款、条件和限制,规定领证者和领照者在进行勘探和商业采收活动中应采取行动,确保环境受到保护。[4] 该局局长由商务部负责海洋和大气业务的副部长兼任,其职责包括代表美国管理海洋及资源,保护海洋,制定国家海洋政策,参与国际海洋事务和区域合作等。美国的国家海洋委员会(National Oceanographic Council)作为内阁级最高决策与海洋协调机构,将协调管理现有机构,对各部门的海洋活动和政府行政部门的海洋科学技术问题进行协调。[5] 俄罗斯《联邦大陆架法》第 8 条第 1 款规定了由联邦地质和底土利用管理局(Specifically Authorized Federal Agency for Geology and Use of Subsoil)负责管理事宜。该局隶属俄罗斯联邦自然资源与生态部

---

〔1〕 参见张梓太:《构建我国深海海底资源勘探开发法律体系的思考》,载《中州学刊》2017 年第 11 期,第 53 页。

〔2〕 美国是《海洋法公约》唯一一个在“区域”采矿决策小组中被赋予永久席位的国家。参见吴慧:《美国批准加入〈联合国海洋法公约〉的影响》,载《世界经济与政治论坛》2012 年第 5 期,第 13 页。

〔3〕 参见张梓太、沈灏、张闻昭:《深海海底资源勘探开发法研究》,复旦大学出版社 2015 年版,第 88 页。

〔4〕 See Council, *Laws, Regulations and Administrative Measures Adopted by Sponsoring States and Other Members of the International Seabed Authority with Respect to the Activities in the Area*, International Seabed Authority(May 4, 2012), https://ran - s3. s3. amazonaws. com/isa. org. jm/s3fs - public/files/documents/isba - 18c - 8_0. pdf.

〔5〕 参见刘洋、高雪梅编著:《海洋行政管理》,东南大学出版社 2017 年版,第 84 - 85 页。

(Ministry of Natural Resources and Environment of the Russian Federation),[1]在向适格申请人颁发许可证书前,需要与联邦渔业局、联邦环境资源保护局、联邦国防部等联邦机构形成合意,并通知联邦水文和环境监测局、联邦科技局、联邦海关总署、联邦前沿服务局等联邦机构。俄罗斯的国家海洋委员会是俄罗斯联邦政府的常设机构,以联邦政府副总理为首,居于政府各部门之上,履行协商机关的职能,其基本任务包括协调各部门,完善国际合作的法律基础,开发世界海洋的矿物和生物资源,[2]作为海洋管理高层决策和行动协调的部门设置。该委员会所制定的规范性文件对涉海事务具有行政约束力,且还下设了9个跨部门委员会和1个常设秘书处,其中"矿产和能源资源开发委员会"专门负责深海矿产资源和能源的开发事宜。[3] 另一方面,专门性辅助模式与海管局的决策结构形态类似,将通过"区域"采矿的国内法明确咨询机构的设置与权力。以库克群岛和斐济为例,库克群岛《2009年海底矿产资源法》(Seabed Minerals Act 2009)成立了库克群岛海底矿产资源咨询理事会,作为政府与当地社会就库克群岛海底矿产资源管理等事宜进行协商沟通的官方渠道,理事会将向库克群岛海底矿产资源管理局提供相关建议;[4]斐济《2013年国际海底矿物管理法》明确设立了斐济管理局工作小组,该工作小组人员由该国负责管理土地和矿产资源的部长任命,并就"区域"内活动的一切管理事项与该局进行协商,为该局履行职责提供技术和政策意见和建议。[5] 这些关于"区域"矿产资源开发国内立法相对超前的国家,其海洋管理理论与实践都证明了多中心治理的决策结构更为科学,可以考虑更多的利益和更多的经验,决策一旦被惠益分享管理组织采纳,将发挥更大的作用。

第二,中央级海洋自然资源主管型的功能定位渐趋主流。惠益分享管理

---

[1] See Ministry of Natural Resources and Environment of the Russian Federation, *The Statute on the Ministry of Natural Resources and Environment of the Russian Federation*, http://www.mnr.gov.ru/en/.

[2] 参见左凤荣:《俄罗斯海洋战略初探》,载《外交评论(外交学院学报)》2012年第5期,第133-134页。

[3] 参见彭建明、鞠成伟:《深海资源开发的全球治理:形势、体制与未来》,载《国外理论动态》2016年第11期,第119页。

[4] 根据该法第16、25、33条,库克群岛海底矿产资源管理局(Cook Islands Seabed Minerals Authority)是其国内深海活动的管理组织,该局首长是海底矿产资源委员长,委员长向主管部门首长汇报工作,对主管部门负责。

[5] 参见斐济《2013年国际海底矿物管理法》第19条。

组织的功能定位在形式上取决于缔约国国内“区域”矿产资源开发法律体系的规范、机制以及制度。从本质上讲,这与划分政府层级所赋予的法律地位、资源属性与赋存位置所定位的管理功能以及经济和人力资源等因素所决定的治理能力密切相关。一方面,海洋自然资源主管型的功能定位较为适宜。功能最适理论强调合理统筹可供分享的“区域”矿产资源与环境资源条件,综合考虑矿产资源特性及其主要用途的不同(能源矿产、金属矿产、非金属矿产和水气矿产)以及与生物多样性的关系。国家管辖范围外海域遗传资源管理并非局限于《海洋法公约》界定的“区域”范畴,除附着于海床、洋底及其底土以外,生长于上覆水体的种类也应属于管理对象。当管理组织功能由国家宪法和组织法作同质性的统一规定时,矿物能源主管型无法涵盖所有的海洋自然资源;倘若全面考虑不同海洋自然资源类型属性,据此设定管理组织的相应职能,可能导致同一层级的权限不一。特别是“区域”内活动引起环境资源减损,国内管理组织承担辅助海管局的控制义务。如果未来国内立法纳入并转化“第三个执行协定”,赋予新设机构遗传资源惠益分享的管理职责,可能会引起矿物能源主管型组织有权监管担保对象保护海洋生态环境,却无权对同一区域遗传资源开发实施有效管辖的冲突,这不利于治理体系的权威与稳定。因此,如前美国国家海洋和大气管理局局长罗伯特·怀特(Robert White)所言,“政府是以问题为导向,而不是以位置为导向”,[1]在统筹国家管辖范围外区域海洋生物多样性问题的当下,惠益分享管理组织的功能界定应当动态调整,兼容并包,日趋全面。底土利用主管型和矿物能源主管型模式不但难以促使全球海洋治理与国家治理形成良性互动,而且可能违背“区域”矿产资源的生态系统共生性规律。相比之下,海洋自然资源主管型模式的组织功能定位更为适宜。另一方面,与“区域”内自然资源有关的惠益分享事宜属于全球治理范畴,由中央政府组成部门集中管辖比较稳妥。为尽量减少传统多层次的官僚体系施加

---

〔1〕 一些人认为,美国建立国家海洋和大气管理局只是海洋权力和政策集中进程的开始,事实上,国会当时提出了几项法案来呼吁成立海洋部、环境和海洋部或者一个独立的海洋机构。但20世纪70年代阿拉伯石油禁运引发能源危机,使重组焦点转移至能源和自然资源上。在这一背景下,海洋项目和资源不被视为提供整合的主题,而是作为创建能源和自然资源部可能包含的内容要素。See Lawrence Juda, *Changing National Approaches to Ocean Governance: The United States, Canada, and Australia*, Ocean Development & International Law, Vol. 34: 161, p. 166 (2003).

行政权力制约与政治干预的影响,应尽量提高管理组织的政府层级,提高机构运作的自决性,保障人员任期稳定以及决策公平客观。具体来说,首先,不管授权依据和形式为何,应确保其法律地位独立,从而公正履行惠益分享的管理职责。例如,汤加根据《2014 年海底矿产资源法》第 9 条成立海底矿产资源管理局,该局代表皇室履行其职责,通过部长向议会汇报。其次,通过法律明确管理组织高层决策的人力资源配置,任免程序法定,任期条件固定。例如,库克群岛负责的部长根据《公共服务法》的要求,在取得内阁同意的情况下,有权任命合适的、具有资历的人担任海底矿产资源委员长职务,后者再根据《公共服务法》与负责的部长签订雇佣合同,载明其受雇佣时间不得超过 3 年,但到期可获得重新任命,只有在其资历欠缺、丧失能力、破产、失职或者不当作为的情况下,负责的部长才可以暂停其职务或者在取得内阁同意的情况下,解除其职位。但也应该看到,该体制下委员长对部长负责,并且至少每 3 年向部长所提交的运作计划须涵盖负责部长要求的其他事项,以及更具体的事宜,因此在一定程度上会受到部长的干预和影响。再次,凭借独立地位自主履行职责,在职权范围内针对依靠专业识别和认定的事实所作出的决定拥有相当于司法判决的最终效力,唯司法机关有权并应仅限于法律适用审查。例如,斐济《2013 年国际海底矿物管理法》第 57 条规定,任何司法机关都不具有接受、听取、确定有关该法真实性、合法性和适当性的事项,以及部长或者其他任何政府官员根据该法作出的任何决定事项的争端管辖权。对于具有司法权的个人受理的程序,第 2 款中的证书对此程序中的相关事项作出的是终局的决定。首席注册官根据第 2 款作出的发布证书的决定,相关人也不得向任何司法机关就该决定提出司法审查。最后,经费来源并非完全依赖于政府财政拨款,往往还取自惠益分享的管理对象。例如,斐济管理局的资金构成除政府拨款以外,还包括管理局或者以管理局的名义通过斐济《2013 年国际海底矿物管理法》收取的费用、税收以及管理局或者以管理局的名义获得的其他资金。综合惠益分享管理组织应该实际具备的条件来看,中央级海洋自然资源主管部门不仅法律地位独立,而且具有人力、财力等方面的先天优势,有能力统领未来“区域”内自然资源惠益分享的国内管理事务。因此,中央级海洋自然资源主管型的功能定位渐趋主流不足为奇。

第三节 “区域”矿产资源开发惠益分享的产品分成安排探源

产品分成合同(Production Sharing Contract)成为承包者与企业部的一种联合安排并非空穴来风,在传统国际石油合作领域,这种分享产品的形式备受发展中国家青睐。[1] 但是,这种联合安排在“区域”矿产资源开发惠益分享问题领域的适用逻辑并不清晰,针对性研究与探讨在学界亦不多见。产品分成安排作为市场导向性的分配模式,在《海洋法公约》制度框架下,选择企业部的视角审视这种联合安排与初次分配环节的关系是梳理问题脉络,反思适用障碍的逻辑进路。在此基础上,针对“区域”矿产资源开发的加工、运输和销售环节,通过洞悉满足企业部履行职能及利益相关者合作优势需要的规律,引导初次分配秩序规范化的规则制定与机制构建走向,使命运共同体在国际分配阶段的初次分配中实现合作共赢。

一、“区域”矿产资源开发惠益分享的产品分成安排适用逻辑

阐明逻辑是“区域”矿产资源开发惠益分享的产品分成安排适用之必要步骤。以《海洋法公约》框架下产品分成安排的有效适用与企业部按照健全的商业原则运作的密切关联为逻辑起点,立足于管理权的归属、资金与风险的承担以及产品的分配这三大核心条款赋予产品分成合同独特的法律特征,[2]考察产品分成安排对“区域”矿产资源开发惠益分享初次分配秩序规范化的适用逻辑,分别指向了联合安排制度化、生产政策市场化以及合作参与扩大化三个层次。

第一,产品分成安排适用的逻辑在于初次分配联合安排制度化。初次分配联合安排制度化对应的价值理念是权力。只有权力才能从根本上带来联合安排的制度化,体现为产品分成合同中管理权的归属这一核心条款的适用目标在于企业部行使其在营业上所必需的附带权力。联合安排制度化作为初次

---

〔1〕 也可称为“产量分成合同”,是外国企业向资源国投资油气田开发的国际通行的合同形式。

〔2〕 See Achmad Zen & Umar Purba, *Production Sharing Contract: Is it within Private or Public Domain*, Indonesian Journal of International Law, Vol. 7:21, p. 24(2009).

分配秩序规范化的内容之一,凸显的是海管局对"区域"矿产资源开发的经营管理控制。产品分成合同将这一项目管理权指向了企业部行使其在营业上所必需的附带权力。一方面,联合安排制度化强化了海管局对"区域"矿产资源开发的经营管理控制。联合安排制度化是指在"区域"矿产资源开发制度下,承包者的开采合同将规定在缔约国或由其担保的实体与企业部之间采用各种形式的联合安排。联合企业制下的开采合同已经规定了股权式或契约式的联合企业安排。就平行开发制的运行而言,联合安排形式将以联合企业、产品分成、服务合同等国际石油合作领域的合同模式为代表,选择适用保留区的开采合同。[1] 因此,开采项目可以在矿业权价款缴付后,根据联合安排,以特定行业的费率征收利润税的方式进行运营,[2]联合安排之间的差别主要涉及投资者对指定矿区生产经营的控制程度、成本回收及利润分配的补偿方式和企业部在其中的参与度。[3] 这意味着,海管局的项目管理权可体现在对承包者经营管理权的控制上。其中,平行开发制下的合同区经授权由承包者独立生产,此时的开采合同与国际石油合同中的租让制合同(或称"许可证协议")相似,海管局对承包者生产过程的经营管理控制程度最低。相比之下,海管局通过企业部与缔约国或由其担保的实体缔结的联合企业、产品分成、服务合同等联合安排,间接提高了对"区域"矿产资源开发的经营管理控制,并且这种控制程度在联合企业安排下最高。另一方面,产品分成合同将这一项目管理权指向了企业部行使其在营业上所必需的附带权力。随着"区域"监管框架发展,关于如何以最佳方式支持海管局机构运作的讨论也将持续进行。《海洋法公约》第十一部分和附件三许多地方泛泛提到"海管局",但没有具体说明要求海管局的哪个职能机关采取行动。应当承认,理事会在妥为顾及节约和效率的情形下,可设立认为按照第十一部分行使其职能所必要的附属机关,将其职能下放;秘书处这一由秘书长领导的海管局主要机关,在《海洋法公约》的制度框架

---

〔1〕 See Francisco Orrego Vicuña, *The Regime for the Exploitation of the Seabed Mineral Resources and the Quest for a New International Economic Order of the Oceans: A Latin – American View*, U. Miami Inter – Am. L. Rev., Vol. 10:774, p. 777(1978).

〔2〕 See Paul Collier & Anthony J. Venables, *International Rules for Trade in Natural Resources*, Journal of Globalization and Development, Vol. 1:1, p. 7(2010).

〔3〕 See Kato Gogo Kingston & Uzodinma Frank – Igwe, *The Negative Effects of Petroleum Gaming on Nigeria's Institutional and Legal Regimes*, Port Harcourt Journal of Business Law, Vol. 6:158, p. 163(2019).

内,哪些职能和哪些级别的权力可以且应当授予秘书长,如何将这种授权转化为透明有效的行政和执行程序,以及如何根据这种授权作出包括适当程序和问责制的决定,这些都是需要考虑的核心因素。同样,理事会和大会有权通过即将核准和通过的规章进行职能授权,关键在于如何确保适当的问责和善政。[1] 就此而论,海管局代表命运共同体行使“区域”内待开发资源的所有权,企业部与海管局的开采合同只规定产品分成的联合安排时,企业部作为“区域”矿产资源使用权主体,产品分成合同的投资对其而言只是辅助作业,回收后资源的所有权归属企业部才是重点。投资者从中取得的部分实物利益实质是回收成本费与取得报酬,在理论上可以免缴权利金。[2] 企业部凭借狭义的国际联合企业的身份定位,不仅可以成为承包者,在开发“区域”矿产资源时按照健全的商业原则经营业务,[3]而且在实现其宗旨和执行其职务时,可优先遵从《海洋法公约》以及海管局的规则、规章和程序行事。[4] 在投资者辅助企业部完成开采业务后,企业部作为从事运输、加工和销售从“区域”内回收的矿产资源的海管局机关,[5]将代表海管局逐一执行这些在初次分配环节的职务,行使海管局对其授予的这些权力,[6]并且在不妨害根据《海洋法公约》其他规定授予的任何一般或特别权力的情形下,应行使其在上述初次分配环节营业上所必需的附带权力。[7] 综上所述,产品分成安排将海管局与初次分配有关的经营管理控制权归为企业部的一种附带权力,从而推动初次分配联合安排制度化。

第二,产品分成安排适用的逻辑在于初次分配生产政策市场化。初次分

---

[1] See Council, *Delegation of Functions by the Council and Regulatory Efficiency*, International Seabed Authority(Dec. 21,2018), https://ran - s3. s3. amazonaws. com/isa. org. jm/s3fs - public/files/documents/25c - 6 - e. pdf.

[2] 有学者认为,在油气行业国际合作领域,很多产品分成合同也并未设置矿区使用费,石油产品在分成后可部分归投资者所有。服务合同因为不涉及对石油产品的占有,投资者对项目提供资金和技术服务取得的纯粹是货币报酬,该合同项下的石油产品归属产油国,投资者所获得的是利润分成(Share of Profits),而不是产量(Production),这种合同实际上应称为收益分享(Revenue Sharing)或利润分享(Profit Sharing)合同。See Daniel Johnston, *International Petroleum Fiscal Systems and Production Sharing Contracts*, PennWell Books, 1994, p. 23.

[3] 参见《海洋法公约》附件四第1条第3款。

[4] 参见《海洋法公约》附件四第1条第2款。

[5] 参见《海洋法公约》附件四第1条第1款。

[6] 参见《海洋法公约》第158条第2、4款。

[7] 参见《海洋法公约》附件四第12条第6款。

配生产政策市场化对应的价值理念是权利。只有权利才能实现生产政策市场化,体现为产品分成合同中资金与风险的负担这一核心条款的适用意在使企业部能够在缔约国领土内获得执行其职务的地位、特权和豁免。[1] 一方面,“区域”矿产资源开发的生产政策正处于以市场为基础手段平衡生产者和消费者及其所属国家或实体之间的利益的一种状态。《海洋法公约》第151条的生产政策涵盖了关于商品政策和协定、生产许可、最高生产限额、不公平经济措施的规定以及为经济和出口收益受到“区域”内活动的严重不良影响的发展中国家建立补偿或援助制度的规定,实质是鼓励“区域”矿产资源开发的同时,保护海底矿物的陆上生产者的利益。[2] 基于陆上的金属生产国大多是发展中国家的事实,出于保护其利益的考虑,这些政策内容在初次分配环节主要侧重的应是通过限制有能力的发达国家实体开采“区域”矿产资源的产量,从而确保国际金属市场价格的稳定。《第11部分执行协定》附件第6节使《海洋法公约》第151条的大部分生产政策失去了效力,特别是对生产限额作了实质性的放宽,取消公约关于“区域”生产数量的具体计算规定,让海管局可根据形势的发展,确定工作计划的生产数量,包括每年生产的矿物最高产量,使海管局的判断更具有伸缩性,[3]生产者与消费者之间的供求关系更符合市场经济规律,因而更易为发展中国家和发达国家所接受。另一方面,产品分成合同中资金与风险的负担条款一定程度上能够为企业部提供在缔约国领土内执行其职务的地位、特权和豁免。虽然《海洋法公约》并未明确界定其第140条所指“区域”内活动产生的财政及其他经济利益的范畴,但当中的经济利益应当与世界海洋资源扩张、有序的资源开发、保护海洋环境、增加有海底技术能力的国民人数、增进对海洋环境和海底区域的了解、原材料市场的稳定性、欠发达国家

---

〔1〕 参见《海洋法公约》附件四第13条第1款。

〔2〕 参见[斐济]萨切雅·南丹原书主编、毛彬中译本主编:《1982年〈联合国海洋法公约〉评注》,焦永科等译,海洋出版社2009年版,第231-232页。

〔3〕 参见张梓太、沈灏、张闻昭:《深海海底资源勘探开发法研究》,复旦大学出版社2015年版,第68-69页。

以优惠条件获得原材料等非财政利益清单内容有关。[1] 其中,产品分成安排的参与属于《海洋法公约》中的经济利益,[2]海管局在无歧视的基础上依据对人类共同继承财产的补偿机制(Mechanisms to Compensate the Common Heritage of Mankind)对其进行公平分配,[3]因而公约在很大程度上赋予了海管局决定由谁参与产品分成安排的酌处权。产品分成的参与涉及原材料市场的稳定性,发展中国家以优惠条件获得原材料,可促进生产政策市场化。应当指出,海管局的这项与“区域”内活动利益分配形式有关的酌处权,虽然不同于沿海国拥有选择“缴付费用或者实物”来履行第 82 条义务的酌处权,[4]但也会引起由谁负责运输和储存实物、是否要求海管局立即出售实物、是否必须履行信托义务以确保其销售实物后获得合理的回报等一系列问题。[5] 考虑到企业

---

〔1〕 涉及《海洋法公约》第 140 条下出现的问题的现有文献有限,包括联合国秘书长关于国际社会分享开采“区域”的资源所产生的收益和其他利益的可能方法和标准的报告(A/AC. 138/38 和 A/AC. 138/38/Corr. 1)。该报告于 1971 年为和平利用国家管辖范围以外的海床洋底委员会(Committee on the Peaceful Uses of the Seabed and the Ocean Floor beyond the Limits of National Jurisdiction)印发。报告讨论了制定公平分享标准的问题,旨在为概念和办法提供依据。报告除载有非财政利益(Non – Financial Benefits)清单外,还指出了财政利益(Financial Benefits)包括从该国际机制所得收入(Revenues)中扣除支出(人事、用品、培训、研究等)后的所剩余额。See Finance Committee, *Rules, Regulations and Procedures on the Equitable Sharing of Financial and Other Economic Benefits Derived from Activities in the Area*, International Seabed Authority(May 18, 2018), https://www. isa. org. jm/sites/default/files/files/documents/isba24 – fc4 – en. pdf.

〔2〕 See Michael W. Lodge, *The Common Heritage of Mankind*, in David Freestone ed., the 1982 Law of the Sea Convention at 30: Successes, Challenges and New Agendas, Brill Nijhoff, 2013, p. 740.

〔3〕 该机制应包括特许权使用费和利润分享,并且模拟不同情景,还应包括根据评价海管局的缴费机制的模型(通过评估该模型中的成本、价格预测和现金流动组成部分的基本假设和数据来评价海管局的缴费机制)进行审查的原则和时间安排。See Council, *Statement by the President of the Council on the Work of the Council during the First Part of the Twenty – Fourth Session*, International Seabed Authority(Mar. 13, 2018), https://ran – s3. s3. amazonaws. com/isa. org. jm/s3fs – public/files/documents/isba24c – 8 – en. pdf.

〔4〕 国际法协会外大陆架法律问题委员会 2008 年的报告赋予了沿海国拥有选择“缴付费用或者实物”来履行第 82 条义务的酌处权。但是,这两种方法不能被合并使用并且只有沿海国而非其他国家或政府间组织或商业实体(如海管局或者与非生物资源实际生产有关的公司)有权决定“费用或实物”将采取的形式、交付海管局的方法、在每年度基础上的准确交付时间。参见高之国、贾宇主编:《海洋法动向》,中国民主法制出版社 2015 年版,第 69 页。

〔5〕 See James Harrison, *Who Benefits from the Exploitation of Non – Living Resources on the Seabed*, The University of Edinburgh(Jul. 1, 2015), https://www. pure. ed. ac. uk/ws/portalfiles/portal/20127911/Operationalizing_the_benefit_sharing_provisions_in_the_UN_Convention_on_the_Law_of_the_Sea_BENELEX. pdf.

部对其生产的一切矿物和加工物质有所有权,其应在无歧视的基础上出售其产品,不得给予非商业性的折扣。[1] 因此,企业部将负责指定矿区资源开发作业的经营管理,投资者则根据产品分成安排的约定实施作业,这种灵活性有利于在确保投资者获得公平回报率基础上使海管局通过企业部设计并适时调整产量分配权利义务框架,实现收入份额可伴随国际矿产品市场价格上升而稳定盈利的目标,并适时解决国际矿产品市场价格下跌所加剧的挑战。具体而言,以法律视角审视所有权及其变动的时间节点,产品分成合同的投资者可分享到一定数量的矿产资源从而取得所有权。相比于将东道国石油资源权利从租让制的井口转移到产品分成合同的出口口岸(Point of Export),[2]投资者对回收后的"区域"矿产资源主张特定物所有权的时间点可以是转运至自己指定的运输船舶,企业部负责剩余资源的运输、加工和销售,将承担相应的费用与风险,当项目产量走低,国际金属市场价格低迷,企业部更热衷于凭借具有的订立联合安排的行为能力,[3]通过产品分成合同中资金与风险的负担条款,将与这些生产活动有关的运营费用与风险转移给产品分成合同中的投资者,[4]这对商业生产初期独立运作能力有限的企业部至关重要,投资者所属缔约国将确保企业部在一定程度上享有与此有关的权利、特权和豁免,[5]进一步使海管局可以通过企业部的产品分成安排实现生产政策市场化。

第三,产品分成安排适用的逻辑在于初次分配合作参与扩大化。初次分配合作参与扩大化的价值依归是自由。只有在合作参与中践行自由,才可确保其扩大化,体现为产品分成合同中产品的分配这一核心条款的适用目标在于形成利益相关者的合作谱系。基于包括企业部在内所有申请者的工作计划经核准后的法律形式都是合同,[6]开采合同条款对所有承包者都是统一的,具

---

[1] 参见《海洋法公约》附件四第 12 条第 4-5 款。

[2] See Daniel Johnston, *International Petroleum Fiscal Systems and Production Sharing Contracts*, Pennwell Corp., 1994, p. 23.

[3] 参见《海洋法公约》附件四第 13 条第 2 款。

[4] 产品分成合同模式追求的是长期的投资效益,是风险和效益并存的合同模式。投资者必须承担产量低于预计产量而带来的成本费用不能完全回收的风险,但相应地,也可以享受优良矿藏资源带来的超额利润。参见葛艾继、郭鹏:《产品分成合同模式和回购合同模式比较分析》,载《国际石油经济》2001 年第 11 期,第 29 页。

[5] 参见《海洋法公约》附件四第 13 条第 4 款(d)、(e)项。

[6] 参见《海洋法公约》附件三第 3 条第 5 款;《第 11 部分执行协定》附件第 2 节第 4 段。

有授权性质。而产品分成等联合安排,作为企业部与承包者之间的共同经营合同,是否在开采合同中采用取决于企业部与投资者是否有合作的意愿。因此,产品分成合同中产品的分配具有双重目的性。一方面,基于产品分成合同能够进行成本回收及利润分配的合作,即引导承包者及其担保国选择这一联合安排,适时调整产品的分成比例,能有效应对当前平行开发制的保留区与合同区价值实现并不平均的情况,并且扭转联合企业制下探矿和勘探规章法定股权比例造成企业部的分配弱势,从而增进“区域”矿产资源的经济效益。另一方面,基于产品分成合同能够进行相关产业链协同的合作,即企业部能够与缔约国、缔约国担保下的具有缔约国国籍或由这类国家或其国民有效控制的自然人或法人或者上述各方的任何组合等实体,同时有效地进行海底采矿,[1] 通过法律预先设定的企业部业务职能,[2] 使产品分成安排参与相关的“区域”矿产资源开发产业链中下游环节的生产要素优化配置,寻求命运共同体成员充分共享“区域”矿产资源利益的进路,引导发展中国家缔约方实体参与这一联合安排,平衡并保护其合法权益,提高“区域”矿产资源的社会效益。

二、“区域”矿产资源开发惠益分享的产品分成安排适用障碍

当前,“区域”矿产资源开发产品分成安排的适用对初次分配秩序的规范作用有待加强,初次分配的联合安排制度化、生产政策市场化以及合作参与扩大化进程尚显缓慢。这种适用逻辑不甚理想的现实状况,一定程度上是由于企业部采矿作业项目适应性管理悖论、企业部生产率控制权利设置不明,企业部的合作方式和范围局限这三大阻碍依次影响了产品分成合同三大支柱条款的适用顺序,未能彰显权力、权利和自由价值理念在初次分配秩序规范化中的功能结构。

第一,产品分成安排适用的企业部采矿作业项目适应性管理悖论。就企业部的采矿作业项目而言,产品分成安排的适用意味着海管局的环境质量目标和标准可能涵盖投资者辅助企业部的开采作业以及就地加工(On – Site Processing)作业。应当看到企业部的就地加工可以显著改善采矿作业项目成本,降低产品分成合同投资者的资金与风险的负担,有利于推动联合安排制度化。但企业部就地加工对采矿作业项目范围内海洋环境的影响存在高度不确定

---

〔1〕 参见《开发规章草案》第 19 条第 2 款。

〔2〕 参见《海洋法公约》附件四第 12 条第 3、7 款。

性,需要采用可控性最强的适应性管理办法。海管局在推行这种管理方式的过程中,将会持续调整采矿作业的环境质量目标和标准,产品分成合同投资者可能需要实际承担因企业部突然增加义务而必须追加投资等不可预估的风险,阻碍推进联合安排制度化,缺乏灵活的适应性管理机制对此予以统筹,将成为产品分成安排适用的障碍之一。首先,企业部就地加工可以降低采矿作业项目成本。就地加工是指在“区域”之内和之上加工矿化物质,包括船上加工,即采矿船回收“区域”内的矿石以后,输送到船上冶炼厂就地快速处理,但不一定精炼,只要求产出高质量的镍、钴、铜、锰等中间产品,再将这些中间产品送回陆地精炼生产各种金属及高纯金属化合物,或将中间产品直接作为产品销售,弃渣简单处理达到排放标准后就地注入海底。正是由于企业部的就地加工在采矿作业成本方面有较大改善,可显著降低运输总量,大幅减少基建投入,因而对降低开采项目投资风险、提高经济效益有望发挥更大作用。[1] 其次,企业部就地加工需采用可控性最强的适应性管理办法。《海洋法公约》附件四赋予企业部加工从“区域”回收矿物的职能,这里的加工环节位于运输之后,更多涉及的是陆地加工。与之相比,企业部就地加工承担的环境风险更甚。申言之,运输含矿矿石包括从海底运至海面以及与转运有关的海上转移,选矿过程可在某国管辖范围内的陆地(海管局管辖范围以外)上进行,环境影响报告应当侧重于海管局管辖范围内发生的那些活动,如从“区域”回收矿物到转运点(Point of Trans - Shipment)之前的活动。[2] 企业部如果基于产品分成安排获得实物利益,在进行就地加工时,环境影响报告要求说明处理沉降物、废物或其他废液和将其排入海洋环境以及处理一般船只作业所产生废物的办法。另外还应该说明危险材料的处理和管理办法,并说明此种材料的性质及其运输、储存和处理办法。[3] 因此,较之于《开发规章草案》执行摘要的产品监管要求说明含矿矿石离开“区域”后的预定用途以及符合环境管理标准的情况,企业部的就地加工与申请者或承包者(视情况而定)制订的“区域”环

---

〔1〕 参见冯雅丽、李浩然编著:《深海矿产资源开发与利用》,海洋出版社 2004 年版,第 156 页。

〔2〕 See Legal & Technical Commission, *Draft Regulations on Exploitation of Mineral Resourcesin the Area*, International Seabed Authority (Jul. 9, 2018), https://www.isa.org.jm/sites/default/files/files/documents/isba24_ltcwp1rev1 - en_0.pdf.

〔3〕 参见《开发规章草案》执行摘要第 3 条第 3 款第 4 项。

境管理和监测计划关系密切,[1]企业部按照良好行业做法执行的工作计划包括了环境管理和监测计划,同样应载有对有计划的监测方案以及环境管理和监测计划的总体办法、标准、协议、程序和执行情况评估的说明,包括必要的风险评估和管理技术以及酌情包括实现预期成果所需的适应性管理(adaptive management)技术(过程、程序、对策)。[2] 再次,海管局推行适应性管理办法涉及持续调整企业部采矿作业项目的环境质量目标和标准。适应性管理是基于环境管理经验的积累,不断改进管理实践的一个有计划、有系统的工程,提高了在采矿项目生命周期内识别并实施新的或修改现有“区域”环境影响缓解措施的灵活性,[3]不仅需要海管局厘定采矿作业的环境质量目标和标准,而且要其在“区域”矿产资源开发过程中,特别是在试采之后依实际情况及时调整。鉴于企业部就地加工不免会引起作业区的海洋环境质量下降,因而即使已经授予企业部指定矿区的开采合同权利,但与企业部就地加工有关的适应性管理方法可能仍涉及修改其必须遵守的采矿作业环境质量目标和标准。最后,缺乏有效的适应性管理机制统筹成为产品分成安排适用的障碍之一。企业部采矿作业项目适应性管理需要可供海管局不断调整采矿作业的环境质量目标和标准的制定与实施机制。但尽管海管局有权制定采矿作业的环境质量目标和标准,[4]目前仍没有全面有效的机制能在企业部开采合同期间对其有效调整并合理统筹产品分成合同投资者风险负担的不确定性,这阻碍了产品分成安排的适用,不利于其推动联合安排制度化,并且容易引发企业部生产率控制权利的设置问题。

第二,产品分成安排适用的企业部生产率控制权利设置不明。《开发规章草案》磋商当中曾围绕“维持商业生产”“因市场情况而减少或暂停生产”“根

---

〔1〕 环境管理和监测计划的目的是管理和确认环境影响符合采矿作业的环境质量目标和标准。该计划将在如何实施缓解措施、如何监测此类措施的有效性、管理层将对监测结果作何种回应以及将采用和遵循何种报告系统方面规定了相关承诺和程序。参见《开发规章草案》第48条第1-2款。

〔2〕 参见《开发规章草案》附件七。

〔3〕 See International Seabed Authority, *A Discussion Paper on the Development and Drafting of Regulations on Exploitation for Mineral Resources in the Area (Environmental Matters)*, International Seabed Authority, https://www.isa.org.jm/files/documents/EN/Regs/DraftExpl/DP-EnvRegsDraft25117.pdf.

〔4〕 See Aline Jaeckel, *Deep Seabed Mining and Adaptive Management: The Procedural Challenges for the International Seabed Authority*, Marine Policy, Vol. 70:205, p. 205-206(2016).

据工作计划优化开发”三个条款展开讨论，呈现了生产政策市场化的国际法发展趋势。[1] 然而，海管局受核算基础、核算方法、核算意愿等诸多因素的制约，“区域”矿产资源生产统计监测工作实施困难。被寄予厚望的“按照良好行业做法，以可行性研究所设想的速率优化回收从采矿区开采的矿物”，也未必是优化生产的有效工具。其在功用上的缺陷主要有两点：一是可行性研究所设想的速率用于实际的商业生产活动存在时滞，按照良好行业做法可控的或许只是远期而非需要适时变化的当期和近期的生产率。二是商业生产推进中因技术条件改进而不时提高生产率的情况并不罕见，维持预设速率可能会迫使产品分成合同的投资者向终端使用者（消费者）转嫁生产成本。申言之，终端使用者向产品分成合同的投资者支付消费价款与承包者向海管局缴纳权利金是截然不同的两种费用，原则上并无直接关联。但技术和经济资源、当时的市场情况以及对海洋环境的影响可能在一定时期内降低商业生产率，为投资者带来成本回收及利润分配的上行压力，资金和风险的负担加重。投资者受利益驱使注重改善经济效益的办法，最便捷的途径莫过于提高销售价格。更为重要的是，对于以何种商业生产率回收实物，宜根据企业部通过产品分成合同资金与风险负担条款所明确的经营管理控制权，由企业部与投资者进行协商安排，海管局理事会并无介入的必要性。2018 年版的《开发规章草案》第 31 条“根据工作计划优化开发”赋予海管局秘书长根据工作计划对“区域”内采矿和加工活动进行审查的监管权，指向了商业生产率，已经引发各利益攸关方对此表达的若干关切。其认为该条监管的是生产率本身，可能不是确保采矿活动具有商业效率和环境敏感性的最有效方式。各利益攸关方所提建议包括，海管局应在生产率偏离采矿工作计划特定百分比的情况下提出咨询性建议或规定通知程序。海管局法律和技术委员会则指出，这条规章草案的意图并非监管商业生产，而是让海管局拥有监督权，确保根据良好行业做法开采和加工共同继承的财产资源。承包者和秘书长在执行这条规章方面采取更具协商性的做法，并不是由秘书长就能自行公布纠正措施。显然，利益攸关方意欲强势维持其对商业生产过程的控制权，而海管局同样考虑到产量和价格引起可用财政资源的波动变化，为求财政支出规模稳定增长，对采矿和加工活动进行审查只是意图把环境控制方面的内容归入海管局的监管范围，防范财政利益流失

〔1〕 2019 年版的《开发规章草案》删除了“根据工作计划优化开发”条款。

与管理“真空”等情况出现，不应视作对商业生产的审查监管。即使可能需要对经核准的采矿工作计划作出修改，[1]其隐含了某种对生产率进行控制的意味，至多是在生产政策制度下对生产总量控制的审查，理事会不应直接对产品分成的合同内容作出任何实质性的修改。事实上，与适应性管理要求制定与修改的环境标准不同，商业生产率不应具有强制性，海管局理事会可以借助财政运行机制的缴费体系，以“看不见的手”实现间接的调控干预。同时，企业部与投资者之间就产品分成的成本回收和利润分成仍需进行协商，因此，可能需要法律和技术委员会的建议而并无必要通过秘书长的审查程序增强商业生产率原本就不存在的“权威性”。但定义“良好行业做法”的内容有待明确，如何把握尚需讨论，由承包者与秘书长商定的修改办法，是否真正能使工作计划及任何采矿和加工做法符合这一要求具有诸多不确定性。为根据工作计划优化采矿所采取的更具协商性的做法不同于秘书长公布的纠正措施，反映出商业生产率调整的权利性。因此，企业部的生产率控制权利设置不明确将不利于产品分成合同投资方因应工作计划调整需要的资金与风险承担，也为企业部的合作方式和范围埋下隐患。

第三，产品分成安排适用的企业部合作方式和范围局限。企业部独立运作前，海管局已经通过制定的探矿和勘探规章启动了股权式联合企业安排。据此，企业部可基于由海管局核准的联合采矿区域的工作计划，分享历史年度与联合企业股份比例相等的资源配额，只要任一年度的联合采矿量不超过按该工作计划估计每年生产的最高产量。[2] 但无论是之前的《海洋法公约》及《第11部分执行协定》，还是后来的《开发规章草案》，均未明确产品分成的具体比重与份额，也未提及产品分成安排如何与联合企业安排选择适用与灵活衔接。相对而言，产品分成安排对联合开发的约束力度要小于联合企业安排。这是因为“区域”反垄断机制在适用于缔约国或由其担保的实体时，是就某种“区域”矿产资源有关的活动以及可供其作为承包者时申请的矿区全部面积进行控制；该机制在适用于企业部时，则只是针对其作为承包者时可申请的某种

---

〔1〕 See Council, *Draft Regulations on Exploitation of Mineral Resources in the Area*, International Seabed Authority (Jul. 10, 2018), https://ran-s3.s3.amazonaws.com/isa.org.jm/s3fs-public/files/documents/isba24_c20-en.pdf.

〔2〕 参见《第11部分执行协定》附件第6节第1段(e)项。

“区域”矿产资源矿区的全部面积进行控制。[1] 并且产品分成安排也并没有为企业部与投资者设置一个刚性的绝对分配比例目标,而是允许二者基于共同经营关系自由协商。因而产品分成安排下受到海管局管制的“区域”矿产资源生产量可只限于按企业部工作计划估计的每年生产的最高产量;联合企业安排则为与企业部合作的每一个缔约国或由其担保的实体设置了在资源类别控制目标下,某种“区域”矿产资源在每一年度刚性的绝对开采上限。这样一来,联合企业安排下受到海管局管制的范围涵盖了作为企业部合作方的缔约国或由其担保的实体每一年度对该种资源的所有实际开采量。鉴于这两种联合安排的管制力度、政策目标和实施机制方面存在一定差异,如果不理顺二者关系,可能会对潜在的产品分成合同投资方造成“双重负担”,或者引起潜在的发展中国家合作方对“区域”矿产资源开发中下游市场扭曲和不公平竞争的非议,最终造成产品分成合同适用的合作方范围缩小。一方面,缔约国或由其担保的实体面临“双重负担”导致的产品分成合同成本回收及利润分配的合作受阻。在企业部独立运作以前,海管局初期的财政收入主要来自对承包者权利金的收缴,但这些收入并不足以支撑海管局日常管理开支以及补偿海底矿物的陆基生产者,更谈不上为广大发展中国家提供惠益。[2] 因此,与分享“区域”内活动产生的收益有关的产品分成安排并不会影响企业部为实现发展中国家的利益而接受发达国家缔约方或由其担保的实体获得保留区的矿产资源。作为企业部产品分成合同中的投资方,缔约国或由其担保的实体已经在自己的合同区或其他“区域”采矿项目中从事了与企业部保留区工作计划中资源类别有关的活动,这意味着投资方就该种“区域”矿产资源在每一年度的开采量可能要受到海管局的双重管制,进而引发双重负担的问题,影响其市场竞争力。虽然《海洋法公约》对与企业部成立这种联合安排的缔约国或由其担保的实体,无论是在平行开发制还是在联合企业制下均持财政鼓励态度,但这种鼓励在开采合同的财政条款中具体为何并不清晰,加之公约原有的相关规定已被《第11部分执行协定》大幅取代,可见产品分成安排的参与对发达国家缔约方或由其担保的实体吸引力有限,导致产品分成合同成本回收及利润分配

---

〔1〕 参见《开发规章草案》第5条和第15条第3款。

〔2〕 See Vincent J. Nigrelli, *Ocean Mineral Revenue Sharing*, Ocean Development & International Law, Vol. 5:153, p. 176 (1978).

的合作关系形成受阻。另一方面,企业部在联合企业开发制度中不能进行产品分成安排可能引发“区域”矿产资源开发中下游市场扭曲和不公平竞争的非议。由于企业部初期的“区域”矿产资源开发业务应以联合企业安排形式并按照健全的商业原则进行,这是其独立于海管局秘书处运作的标志性特征。海管局实施的战略方向再次申明确定设立企业部可能采取的办法,考虑到企业部缺乏资本,仅限于以联合企业方式开展业务。[1] 因而企业部与缔约国或由其担保的实体在联合企业制下的共同经营过程中,将对回收后的“区域”矿产资源根据联合企业股份比例或双方商定的比例进行实物分配或在统一销售后再行利益分配,双方是否最终享有实物利益以及享有的利益的多寡并不确定。[2] 《海洋法公约》规定了联合安排“可以”在开采合同中予以规定,并且在修订、暂停或终止方面与开采合同保障相同。[3] 《开发规章草案》第 19 条第 1 款对可供开采合同规定的联合安排采用了表示选择关系的“或”,这意味着开采合同可能无法同时规定产品分成安排与联合企业安排,联合企业的开采合同只可规定联合企业安排。如果不将可与产品分成安排选择适用的联合企业安排置于平行开发制下保留区的生产经营情境,基于《开发规章草案》第 1 条第 5 款所要求的开采规章应以标准、准则和海管局的其他规则、规章和程序作为补充,这意味着企业部在当前三种“区域”矿产资源探矿和勘探规章中的联合企业股份安排,使其在股权式联合企业分享实物利益时可能处于不利地位。而根据国际石油合作领域的通行做法,[4] 基于产品分成的股权式联合企业经营合同,回收后的“区域”矿产资源将被实施两次分割:第一次按产品分成安排分割,第二次依照股权式联合企业安排分割。可见,当企业部的股权式联合企业开采合同并未兼顾产品分成安排时,将影响企业部在“区域”矿产资源开发

---

〔1〕 See Assembly, *Consideration, With a View to Adoption, Of the Draft Strategic Plan of the International Seabed Authority for the Period* 2019 – 2023, International Seabed Authority (May 21, 2018), https://www.isa.org.jm/sites/default/files/files/documents/isba24_a4 – en.pdf.

〔2〕 契约式联合企业的收益分配方式本就十分灵活,表现为根据双方商定的比例采取利润分成的分配方式,分成比例可以固定,也可根据盈利状况采取滑动比例。

〔3〕 参见《海洋法公约》附件三第 11 条第 1 款。

〔4〕 比如,外国石油公司参股 70%,政府通过国家石油公司拥有 30% 的股份。合营公司缴纳矿区使用费和回收成本后的利润,与国家石油公司按产品分成比例6:4分割利润油。政府作为合营公司合伙人,也可按比例获得分成油。因而合营公司 60% 的利润油还要按外国石油公司与国家石油公司的经营权益比例再行分割。参见王年平:《国际石油合同模式比较研究》,对外经济贸易大学 2007 年博士学位论文,第 57 – 58 页。

的加工、运输与销售环节的职能履行并且削弱其社会权威,使潜在符合与企业部进行后续开发合作条件的发展中国家缔约方实体被排除在初次分配阶段以外,引发"区域"矿产资源开发中下游市场扭曲,招致不公平的窘境。

三、"区域"矿产资源开发惠益分享的产品分成安排适用根基

产品分成安排的有效适用同样需要管理权归属、资金与风险负担、产品的分配在设置上循序推进。初次分配秩序规范化的三大目标构成逻辑循环,它们之间是相互适应的。归根结底,产品分成安排的有效适用需要企业部采矿作业项目适应性管理综合机制,而非联动的商业生产率调控机制只能停留在表面的和谐状态。企业部合作参与自由是联动的产物,无论是对致力于"区域"矿产资源采掘业合作的发达国家缔约方或由其担保的实体,抑或对致力于"区域"矿产资源采矿业中下游合作的发展中国家缔约方或由其担保的实体,皆是如此。故而,企业部商业生产率调控的联动机制也必不可少,企业部合作参与自由的双层激励机制同样是产品分成安排有效适用的根基。

第一,企业部采矿作业项目适应性管理综合机制。企业部采矿作业项目适应性管理综合机制具有制定和实施两个维度,前者是海管局决策框架集成的制定机制,聚焦对海管局"造法"活动的引导,使之能够根据企业部采矿作业项目不同情况对相关规则、规章和程序进行解释或修正,遵照一定的评估原则制定采矿作业的环境质量目标和标准,确保其本身的科学性和合理性,增强行业内外的认知度和接受度;后者是企业部联合安排集成的实施机制,基于开采合同与联合安排相同的保障原则,关注调整后的环境质量目标和标准在联合安排中实施的灵活性,并以保证开采合同的稳定性为前提驾驭和掌握灵活度。一方面,海管局决策框架集成的制定机制。企业部采矿作业项目适应性管理以反馈和调整为核心,海管局制定采矿作业的环境质量目标和标准呈现动态适应、网状化管理的趋势,需要程序机制与其决策框架集成,提高利益相关者的参与度并优化"造法"性研讨会人员构成,确保目标和标准行之有效。在海管局召开专题研讨会时,为确保与会人员提出建议的接受度,应注意选择有能力、有意愿与企业部进行联合安排的潜在的缔约国或由其担保的实体作为代表,使其能够积极参与规章及标准条款的制定修改,有序引导环境管理计划的文件形成。在此基础上,为了广泛提高参与度,也可通过其他渠道设置拟订环境质量目标和标准的公告异议期限,使其他利益相关者也能充分表达自己的利益诉求和意见主张。另一方面,企业部联合安排集成的实施机制。考虑到开采合同应在规定期限内持续有效地保证,一般情况下不得修改、暂停或终止合同,[1]联合安排在修改、暂停或终止方面享有与海管局订立的开采合同相同的保障,[2]因而要确保联合安排的投资者不受任意或歧视性调整的影响,企业部在适应性管理的具体运作中应存在明确而详细的执行标准和条款以及可执行和可达到的目标。此外,标准条款已纳入开采合同,海管局对环境质量目标和标准的调整也不宜简单适用于联合安排的投资者,需要通过企业部与之协商使其同意变更。并且开采合同的其他标准条款还要求包括企业部在内的一切承包者在合理可行的范围内,接受法律和技术委员会不时提出的建议。这种建议具有技术性或行政性,提供了根据海管局规则、规章和程序履行义务制定的更详尽的指导信息,灵活度较高,能够在不经过合同双方事前同意的情况下由法律和技术委员会单方面制定,并可以针对现实情况随时调整或制定新的建议,便于海管局调整后的环境质量目标和标准的有效实施。虽然这种建议对企业部的开采合同并无强制约束力,但法律和技术委员会毕竟是核准及批准延期开采合同的决策机构,在紧急情况下理事会应优先审议其建议发布的停止或调整作业的命令,从而防止"区域"内活动对海洋环境造成严重损害。[3] 因而其提出的建议同样会对企业部采矿作业项目产生影响。企业部基于法律和技术委员会对开采合同的修改建议,合理规划和控制就地加工风险,通过与产品分成合同投资者的协商或约定,调整后者符合海管局新环境质量目标和标准要求的联合安排内容,使之成为应对适应性管理办法的柔性和弹性措施。

第二,企业部商业生产率调控联动机制。企业部商业生产率调控联动机制,是就产品分成合同投资者开采能力较高而企业部独立运作程度尚且有限的情况,允许产品分成合同投资者在"区域"矿产资源开采环节占据主导地位,并基于初次分配秩序规范化的需要,保护并尊重其他缔约国或由其担保的实体在"区域"矿产资源采矿业中下游的主体地位,通过企业部的运作机制和市场规律调控生产率,推动初次分配生产政策市场化,直至将产品的分配条款纳入已有产品分成合同,充分发挥企业部在缔约国领土内地位、特权和豁免的作

[1] 参见《海洋法公约》第153条第6款。
[2] 参见《海洋法公约》附件三第11条第1款。
[3] 参见《海洋法公约》第165条第2款(k)项。

用的机制。一方面,企业部对商业生产率的调控应根据市场供求关系变化,确保程序简化、调整及时、符合市场规律。联合安排下对回收“区域”矿产资源的商业生产率调整仍应遵循一般市场规律,因为只有市场才能够决定公平合理的价格构成。在企业部的运作方面,从事“区域”矿产资源的勘探、开采、运输、加工和销售等业务是“区域”制度具有社群主义特征的集中体现,它使国际联合采矿作业成为可能,也使参与联合安排的各方同意那些支配联合开发秩序的规则体系。《海洋法公约》赋予企业部执行业务的自主权。《第 11 部分执行协定》使企业部能否过渡成为一个独立运作的机构取决于理事会的批准和对健全商业原则的遵守。具体而言,触发理事会必须处理企业部独立运作事宜的条件可以是企业部以外的任何符合条件的实体提出的第一份获得核准的开发工作计划,也可以是理事会收到同企业部联合经营的申请。虽然为了最大限度地降低缔约国成本,企业部初期的深海底采矿业务应当以联合企业的方式进行。但是,理事会只有在“与企业部的联合经营符合健全的商业原则”时,才会发出许可企业部独立运作的指示。[1] 由此不难看出,理事会与企业部的这种关系决定了倘若允许理事会调控商业生产率,联合安排相对方可能会对公平性产生怀疑。就此而言,应明确生产限额政策确定的最高产量不属于生产率控制依据,而是基于共同利益的协商依据,目的在于尽量为利益相关方预先确立一个回收速率与分成比例的变动区间,将利益分歧和冲突控制在合理范围,便于协商一致,降低谈判成本。另一方面,在市场机制框架下,企业部与投资者协商生产率等共同经营合同内容,因最终促进发展中国家及实体有效参与而具有实际意义。企业部致力于初次分配有关的经营管理控制,并且为了能够执行相关职务,在缔约国领土内具有从事商业活动的实体拥有的一切权利、特权和豁免。因此,企业部不以营利为根本目的,而是植根于初次分配秩序规范化的公共利益维护,以公共利益最大化为优先,并非一般意义上的市场竞争主体。虽然其服务对象并非某一特定利益集团,但仍应关注为具备参与初次分配条件的发展中国家或由其担保的实体提供产品分成参与的机会。故而“区域”矿产资源开采属于采掘业范畴,在缔约国经济产业布局中处于上

---

[1] See Aline Jaeckel, Jeff A. Ardron & Kristina M. Gjerde, *Sharing Benefits of the Common Heritage of Mankind – Is the Deep Seabed Mining Regime Ready*?, Marine Policy, Vol. 70: 198, p. 200 (2016).

游基础地位，企业部在协商调整商业生产率时，应注意避免可能使发展中国家的中下游产业成本上涨，造成其国内社会福利减损的举措。

第三，企业部合作参与自由的双层激励机制。“区域”矿产资源开发制度从本质上来说就是规范性的契约。作为企业组织契约的联合企业安排、作为市场交易契约的产品分成安排同属于一种收益的分配方式，决定了“区域”矿产资源配置的效率，或者说是开发制度的效率。而开发制度一经形成，不但拥有了约束性，激励性也必定随之产生，这是确保该制度得到遵守的必然要求。[1] 产品分成安排构成了初次分配秩序规范化的具体机制安排，宜在企业部具备完整商业运作的条件和能力以前，考虑采用多元激励途径，引导更多缔约国或由其担保的实体踊跃参与。就产品分成安排与其他联合安排的选择关系而言，应结合《海洋法公约》附件四“赋予企业部为履行职务与实现宗旨所具有的法律行为能力”作整体目的性解释。通过使企业部借鉴并选择集开采合同、联合企业和产品分成安排优点于一体的合同模式，[2]形成合作主体共赢的双层激励机制，在提高企业部独立运作水平和市场竞争力的同时，实现“区域”矿产资源开发惠益分享秩序规范化的阶段目标。这种激励机制存在制度支撑，具有内外双生的层次结构，法律效果可以期待，符合扩大利益相关者参与的情势需要。一方面，外生激励源于海管局减免收缴经营权费用的财政鼓励。与企业部成立联合安排的承包者，可取得开采合同的财政鼓励，[3]这种鼓励在平行开发制下可体现为在企业部保留区的开采合同中规定联合安排的缔约国或由其担保的实体，海管局对其独立开采合同区矿产资源的权利金进行计算，根据估价点与销售点之间的差异，对运输成本所作的净回处理（netback of transportation costs）。[4] 申言之，开采合同权利金负债的估值点（valuation point）可以是将“区域”内的含矿矿石从合同区运至运输船舶上的第一转移点

---

[1] 参见张屹山等：《资源、权力与经济利益分配通论》，社会科学文献出版社2013年版，第242页。

[2] 外国石油公司出资进行勘探，并承担全部勘探风险。在发现商业性油气田后，由外国石油公司提供资金、技术、管理技能与国家石油公司——中国海洋石油公司（CNOOC）合作开发，除按规定由国家石油公司接替生产作业外，外国石油公司在石油开采的各个阶段为实施作业者，其投资从生产的石油中得到补偿，并取得预先规定比例的石油的所有权和处分权。参见余民才：《论海洋石油勘探与开发的法律方式》，载《法学家》2000年第3期，第39页。

[3] 参见《海洋法公约》附件三第11条第2款。

[4] See Daniel Johnston, *International Petroleum Fiscal Systems and Production Sharing Contracts*, Penn Well Books, 1994, p. 53.

(first point of transfer),也可以是首次出售点(point of first sale)。[1] 因此,将缔约国或由其担保的实体的开采合同估值点选择为第一转移点时,其到销售点之间的运输成本可以扣减,从而减少合同区权利金的缴纳。同理可知,在联合企业制下,同企业部组建联合企业的开发实体,需要按照其在联合企业中的份额缴付该联合企业开采合同的权利金,但可以得到划一而无歧视的财政鼓励,[2]这种财政鼓励可体现为针对同时规定了产品分成安排的股权式联合企业开采合同,在计算权利金时作净回处理,从而减少股权式联合企业内缔约国或由其担保的实体根据三种"区域"矿产资源探矿和勘探规章中法定比例的股份安排应向海管局缴纳的费用。另一方面,内生激励来自企业部为产品分成安排参与合作营造的内生秩序氛围。法社会学奠基人欧根·埃利希(Eugen Ehrlich)认为,因为大量的法直接以社会关系自发秩序的形式产生于社会本身,因此法律规定并不能涵盖所有的法,意味着法学研究不能只局限于法律文本中的条文规定,还必须注重对机械的法律条文之外的"活法"研究。[3] 哈耶克(F. A. von Hayek)也指出,自生自发秩序和组织秩序的型构都是依凭其参与者之行动与其所遵循的规则系统之间的持续互动而实现的,因为"个人行为的规则系统与个人依据它们行事而产生的行动的秩序,并不是同一事情"。[4] 由此,联合企业制下的外生激励着眼于"区域"矿产资源开发上游的固定合作模式,内生激励则是在中下游领域通过国际调节的模式扩张产品分成安排参与的合作空间。[5] 基于商业生产初期的企业部可能缺失营业所需的货物和服务,为取得这种货物和服务进行招标,应将合同给予在质量、价格和交货时间

---

〔1〕 参见《开发规章草案》附录四。

〔2〕 参见《海洋法公约》附件三第11条第3款。

〔3〕 参见王斐:《"活法"与"行动中的法"——兼论民间法研究的两条路径》,载《甘肃政法学院学报》2007年第3期,第45页。

〔4〕 参见邓正来:《社会秩序规则二元观——哈耶克法律理论的研究》,载《北大法律评论》1999年第2期,第402-404页。

〔5〕 这与我国著名经济法学家漆多俊教授的"国际调节说"形成共鸣。该学者通过对国际石油合作模式演变历程的梳理,得出国际石油合作领域存在对运输、炼制、进出口、买卖、储备和消费等中下游领域尚未形成比较固定合作模式的局限性,主张采取国际调节的模式扩张国际石油合作领域,以期在全球范围内实现石油资源可持续勘探开发、公平分配和消费的目的。参见漆多俊、沈明宇:《国际石油合作模式演变及合作领域扩张》,载《河北法学》2007年第12期,第46页。

方面提供最优综合条件的投标者。[1] 而就“区域”矿产资源开发的开采、运输和冶炼环节而言，无论是投资、作业成本，还是运输和冶炼，都是制约经济效益的关键因素，拥有改善整个项目开发经济性的巨大潜力。[2] 因此，对于商业生产初期与企业部组建联合企业的开发实体而言，针对企业部在“区域”矿产资源开发中下游环节业务所需的货物和服务，通过招标、拍卖等公开商业形式营造良性的市场竞争氛围，最优综合条件的中标者能够最大限度实现经济效益提升的目标。[3] 当符合条件的投标者不止一个时，一是在保障发展中国家优惠待遇的原则之下，确保联合企业内的发展中国家缔约方或由其担保的实体依法享有成为合作对象的优先权；[4]二是基于成本效益原则与渐进原则，企业部可以和产品分成合同的投资者约定在其完成成本回收以及利润分配以后，将联合企业开采合同矿区内设置的某些基础设施，包括用来进行“区域”内活动的结构、平台、设备以及海面和海底装置，不管是固定型还是移动型，也包括无人潜水器，在项目结束后皆视情况归企业部所有，此时视作一种符合企业部为实现发展中国家最优利益需要的特殊情形，可由董事会制定规则，免除招标的要求，直接由通过该产品分成合同的投资者取得企业部所需的货物和服务。[5]

第四节 “区域”矿产资源开发惠益分享的财政运行机制探索

“区域”矿产资源开发惠益分享的财政运行机制主要调整的是海管局、承包者与缔约国之间的财政利益再分配关系，该机制以追求平等普惠价值为核心，为保障最不发达国家共享“区域”内活动产生的利益构筑“最后一道防线”。就“区域”矿产资源开发行为主张对价源于对人类共同继承财产使用的补偿请求权，这一原生权利的性质并不因委托给海管局行使而发生改变。通过财政

〔1〕 参见《海洋法公约》附件四第12条第3款。
〔2〕 参见冯雅丽、李浩然编著：《深海矿产资源开发与利用》，海洋出版社2004年版，第156页。
〔3〕 参见《海洋法公约》附件四第12条第3款(a)项。
〔4〕 参见《海洋法公约》附件四第12条第3款(b)项。
〔5〕 参见《海洋法公约》附件四第12条第3款(c)项。

运行机制对所有者权益的补偿予以货币化分配，需要海管局依法筹集承包者的"区域"内活动收益并纳入财政资金范畴，通过国际机构合作与设立援助基金等路径供给法定受益国和人民，并为代际范畴的命运共同体成员保留均等的参与机会。同时，以《开发规章草案》出台为契机，正视财政运行机制面临的挑战，寻求完善接点。

一、"区域"矿产资源开发惠益分享财政运行机制的理论分野

"区域"矿产资源开发可视为自然资本转换为金融资本的过程，再分配的财政运行机制可以说是分享这种转变利益最直接，也是最具争议的方法。[1]当前研究"区域"开发财政问题的进路多着眼于同陆地采矿税费结构和征收方式作横向比较。而制度本位应注重人类共同继承财产原则的补偿向度，对海管局财政本质的理解基于经济属性之"财"与政治属性之"政"的辩证统一，[2]以问题导向辨析并优选矿山地租、税制优化、社会总产品分配理论作为阐释与评价税种设计是否合理、数额厘定是否公平以及利益分配是否规范的学理依据。

第一，绝对地租与级差地租Ⅰ构成缴费种类设计的纬度。虽然价值理论、产权理论和分配理论都与矿产资源有偿使用制度直接相关，但得以集中体现这三种理论要旨的却是地租理论，[3]其中，绝对地租与级差地租Ⅰ共同构成"区域"矿产资源的原始价值。"区域"矿产资源根据人类共同继承财产原则剥离了公海海底所有权的国家私有性，但因海管局的国家集合垄断特性生成的绝对地租依然存在。"区域"矿产资源开发技术、装备高投入，却无须购买原材料，因而资本有机构成通常低于社会平均资本构成，产品价值也就高于它的生产价格。承包者按价值出售矿产品取得的超额利润作为绝对地租来源，理应补偿所有者权益。级差地租分为级差地租Ⅰ和级差地租Ⅱ，前者是等量资本放在相等面积的各级土地上，由于土地的肥力和土地的位置距离市场远近不

---

〔1〕 See Jonathan Sydney Koch, *Institutional Framework for the Province of All Mankind*: *Lessons from the International Seabed Authority for the Governance of Commercial Space Mining*, *Astropolitics*, International Journal of Space Politics & Policy, Vol. 16:1, p. 10(2018).

〔2〕 财政是在剩余产品出现之后，因应社会公共需要以及随着国家形成而出现，因而其出现以剩余产品为经济基础，以国家为政治条件，以社会公共需要为必要前提。参见刘克主编：《财政学》，中国铁道出版社2017年版，第3－4页。

〔3〕 参见丁志忠、孟磊：《矿产资源税费改革研究》，知识产权出版社2016年版，第21－23页。

同而形成。承包者基于开发合同垄断经营特定范围矿区,因矿产丰度、赋存条件、开采难易程度及地理位置等有利条件而超过社会平均利润的超额利润,理应归于“区域”矿产资源的所有者,在“区域”制度中由海管局统一征收。后者指在同一块土地上由于连续投入等量资本产生不同劳动生产率而形成的级差地租。承包者从勘探到开发持续经营,在租约变化中,通过技术创新与投资追加,获得矿物回收品种和资源回收率增长的超额利润,并非矿区固有资源禀赋属性的改善,不应视作对“区域”矿产资源开采利用的补偿征收范畴。可见,惠益分享的财政运行机制以货币利益为媒介,对“区域”矿产资源开发的补偿集中反映于海管局以所有权行使者身份设置的缴费种类中。

第二,再分配税制的利益交集优化成为公平厘定缴费数额的经度。税制优化是惠益分享财政运行机制的重要源头,应当最大限度符合当前环境条件及承包者的利益选择。从对再分配的公平关注层面,无论是供给学派主张通过降低边际税率来提高效率、刺激供给或改进再分配状况,还是公共选择学派主张现行税制向一致赞同程度最高的税制逼近,追求的目标都是改革税制取得充足的税收收入,满足支出需要,促进分配公平,有效降低税收征管成本,[1]就此而论,更多指向在确保海管局足够利得的基础上,为承包者拟定多个可供选择的方案。[2] 从分配依据看,产品分成安排主要依据生产要素施行初次经济性分配,表现为承包者要凭借其“区域”矿产资源开发技术装备、资本投入以及联合企业组织等经济资源,为利益最大化而影响海管局的分配权力。而财政再分配过程却与之不同,带有一定的税收强制色彩,由海管局凭借缔约国赋予的政治资源来支配控制“区域”资源利益再分配。对此,无论是行政预算应缴的会费,还是为公平分享“区域”活动取得财政及其他经济利益制定的规则、规章和程序,都涉及缔约国成员与开发实体缴费数额的厘定,财政运行机制应

---

〔1〕 参见中国矿产资源税费制度改革研究课题组:《中国矿产资源税费制度改革研究》,中国大地出版社2008年版,第51-56页。

〔2〕 See Council, *Report of the Chair on the Outcome of the Second Meeting of the Open - Ended Working Group of the Council in Respect of the Development and Negotiation of the Financial Terms of a Contract under Article* 13, *Paragraph* 1, *of Annex* Ⅲ *to the United Nations Convention on the Law of the Sea and Section* 8 *of the Annex to the Agreement Relating to the Implementation of Part* Ⅺ *of the United Nations Convention on the Law of the Sea of* 10 *December* 1982, International Seabed Authority (Jul. 15, 2019), https://isa.org.jm/files/files/documents/isba_25_c_32-1912014e.pdf.

随着“区域”矿产资源开发事业发展和预算规模扩大,在协商基础上确保缴费数额在海管局适度收入与承包者足够利得之间达致平衡。

第三,“区域”矿产资源开发财政利益用作社会总产品分配提供识别利益需要的风向标。人类共同继承财产与公共财产含义相近,这决定了“区域”矿产资源开发的财政惠益在这种公有制的分配模式下应为满足国际社会的普遍需要而存在,由基于信托关系而直接占有“区域”矿产资源的海管局统一分配的具有全球公共物品属性的财政利益、国际供应虽将普惠社会大众,但为避免生产不足,必须在全球一级建立有效的合作机制,其中包括促进国家间合作的激励措施和有效工具,〔1〕以社会总产品分配的“扣除”理论,指明财政利益分配顺序。虽未必具有固定模式,但仍应优先保证“区域”矿产资源开发再生产的补偿、积累和保险需要,在此基础上再特别考虑非生产性的社会消费需要,〔2〕这在一定意义上契合了功利主义伦理观下再分配的一种有效方式:落后国家更倾向于现金形式的援助,而非技术转让和企业补贴等实物资助。因为如符合利益需要,其总是可以使用现金来购买知识产权;反之,可将现金用于建立医院或学校等。〔3〕

二、“区域”矿产资源开发惠益分享财政运行机制的障碍省思

财政再分配下各方主体的利益维护,尤其是发展中国家利益集团的财产权益维护,多依赖于海管局统筹财政收支一体化过程的利益关系,缴费种类、缴费规则和分配秩序上存在诸多亟待解决的问题,对财政运行机制的畅稳运行提出挑战。

第一,缴费种类功能目的与实施效益存疑。当前《海洋法公约》体系对缴费种类的设置矛盾凸显,固定年费与单一从价的特许权使用费法律定位存在偏差。首先,固定年费抵免功能模糊,难以把握。《海洋法公约》附件三第13条明确缴费主要包括申请费、固定年费、生产费、收益净额份额。《第11部分执行协定》第8节对此作了大幅修正,合同财政条款仅规定了几项原则,申请

---

〔1〕 See Rafael Leal - Arcas, *Sustainability*, *Common Concern*, *And Public Goods*, Geo. Wash. Int'l L. Rev., Vol. 49:801, p. 809 - 810(2016).

〔2〕 参见中共中央马克思恩格斯列宁斯大林著作编译局编译:《马克思恩格斯文集》(第3卷),人民出版社2009年版,第432 - 433页。

〔3〕 See Eric A. Posner & Alan O. Sykes, *Economic Foundations of the Law of the Sea*, American Journal of International Law, Vol. 104:569, p. 588 - 591(2010).

费、固定年费概念仍予保留,生产费和收益净额份额名称则分别为特许权使用费和盈利分享所取代。特别规定了任何财政缴费制度都应包括自商业生产开始之日起缴付的固定年费,强调其具有能够抵免其他缴费种类的功能,但抵免依据与如何抵免并不明确,并且迄今在《开发规章草案》中仍未见分晓。如果从2018年版《开发规章草案》第83条第2款对固定年费的计算依据看,其与陆地采矿中的矿业权租金(也可称矿地租金、权利使用费等)相似,是为取得相应开发授权而向所有者支付的对价,规避承包者大肆圈占闲置国际海底合同矿区,但这又与抵免其他缴费种类的功能相去甚远。其次,单一从价的特许权使用费有碍海管局收入的持续和稳定。以“区域”矿产资源开采价值为依据的从价特许权使用费,反映了价格波动引起的收益变化。当承包者预期金属价格未来上涨,即可扩大当前生产量;反之,就将延缓商业开发进度,这种因应市场变化进行的产量调整取决于承包者对商业生产率的自由调控。为使调控趋于理性而不至扰乱开发秩序并对海管局的收入造成影响,从价的单一性有待完善。最后,从价的特许权使用费未能彰显激励性。该费用是缴费制度的核心内容,它在一定程度上降低了对承包者进行账目审查的行政成本,对海管局而言简单易行并且少担风险,但对承包者从事“区域”内活动的激励不足。一方面,商业开发初期的前端缴费具有风险性。根据三个探矿和勘探规章附件四第10节第10条第2款(c)项,承包者可将会计年度内为执行活动方案而实际和直接支出的勘探费用申报为开始商业生产前的部分开发成本,但从价征收的特许权使用费中,承包者勘探阶段的前端投资无法得到公平对待,势必影响其参与勘探活动的积极性。

第二,厘定缴费数额的透明度和代表性不足。“区域”矿产资源作为人类共同继承财产,在分享意识和普惠观念逐步深入的当下,承包者已承认缴费是合法获取与利用“区域”矿产资源的基本前提,排斥缴费规则并非质疑资源使用权交换对价的正当性,而是作为商榷数额的筹码以求最大限度维护自身利益。这要求海管局应聚合利益攸关方的诉求,将其作为评判缴费规则科学性的参考,确保缴费数额厘定的过程公开透明。考虑到虽然《开发规章草案》将由海管局大会根据理事会的建议正式通过,但财务委员会、法律和技术委员会在起草过程中,特别是在缴费规则的制定上将扮演着重要角色,二者在履行职责方面存在的问题正是海管局制定开发规章,构建惠益分享制度,厘定缴费数额的过程中可能遭受国际社会质疑的主要原因。对于海管局大会下设的财务委员会来说,其主要承担审查财政预算,并向大会对此以及其他财务事项提出专业建议等职责。但财务委员会历来很少发布会议文件,也缺少具体的财务信息,特别是有关海管局的审计情况报告,〔1〕一定程度上反映出起草惠益分享制度的规则、规章和程序的过程也将存在缺乏透明度的弊端。就法律和技术委员会而言,作为海管局理事会的附属机构,承担着协调经济、社会和环境问题的主要职责,其他职能包括审查勘探和开采权的申请、监督勘探和采矿活动以及评估此类活动对环境的影响。法律和技术委员会的成员目前有 30 名,由缔约国提名并由理事会选举产生,选举过程以相关专门知识领域的适当资格、公平地域代表性以及特殊利益代表性为指导。但法律和技术委员会的会议形式为闭门举行,讨论的所有事项均保密,而理事会根据法律和技术委员会的建议采取行动,也未必了解这些保密事项。目前并无检查和平衡的途径来确保问责。〔2〕 除缺乏透明度外,法律和技术委员会受到诟病的另一重要原因则是生态专业知识的代表性薄弱,这与其在保护环境方面的功能不相匹配。2015 年,当时的 24 名成员中只有两名是海洋生物学家。事实上,每个州最多可以提名一名成员,而且各州对环境保护以外的问题的关注度更高,这可能是生物学家较少被提名成为法律和技术委员会成员的原因。〔3〕 综上所述,海管局需要开辟多元化公众参与渠道,广泛深入听取专家学者的意见和建议,以解决缴费数额厘定过程中的透明度不高和代表性不足的问题。

第三,现有指数排序与基金安排难以规范分配秩序。海管局在执行财政利益的分配任务时,按照联合国开发计划署、世界银行等国际组织的现有指数排序对受益国和人民进行排序时,将弱化发展中国家的话语权,基金安排未能厘清"优先考虑"扩大再生产的普遍需要与"特别考虑"不同发展中国家的利益需要之间的关系。首先,现有指数排序不宜简单"拿来"。虽借鉴其他国际组织的专业经验或可避免高昂的时间成本,但现有指数毕竟强化了发达国家在

---

〔1〕 See Jeff A. Ardron, *Transparency in the Operations of the International Seabed Authority: An Initial Assessment*, Marine Policy, Vol. 95:324, p. 5(2018).

〔2〕 See Till Markus & Pradeep Singh, *Promoting Consistency in the Deep Seabed: Addressing Regulatory Dimensions in Designing the International Seabed Authority's Exploitation Code*, Review of European, Comparative & International Environmental Law, Vol. 25:347, p. 359 – 360(2016).

〔3〕 See Isabel Feichtner, *Sharing the Riches of the Sea: The Redistributive and Fiscal Dimension of Deep Seabed Exploitation*, European Journal of International Law, Vol. 30:601, p. 613 – 614 (2019).

财政利益分配方面的控制和影响，挑战和冲击了海管局根据能力、需求标准平衡分配利益关系的权威。其次，环境补偿基金（以下简称环境基金）功能目的存疑，影响补充资金方式的判断。根据《开发规章草案》第55条的规定，环境基金的宗旨不仅涉及填补责任缺口，预防处置与恢复重建“区域”内活动对“区域”造成的任何损害，还包括了相关科学技术研究和教育培训的资助。而当前一个普遍的观点是，此基金的用途应仅限于填补国际海洋法法庭海底争端分庭在其2011年2月1日的咨询意见中提出的在环境赔付责任方面可能出现的缺口，建议成立用以资助研究和培训的其他基金，如何为基金补充资金有待澄清。[1] 再次，科研基金难以有效保证发展中国家“区域”矿产资源开发技术能力的积累。科研基金具有双重用途：既要支持发展中国家合格科学家和技术人员参与“区域”内海洋科学研究方案和活动，又要为这些科学家和技术人员提供参与国际技术和科学合作方案的机会。[2] “区域”内海洋科技成果转化是技术创新的集中体现，科研基金的设立隐含了聘用发展中国家人员的国际技术合作方案可推动创新科技成果的应用转化，这种技术创新与投资追加效果相同，都能满足生产力发展的普遍需要。但由于当前科研基金规模扩张主要依赖国际社会捐赠行为而非承包者的权利金缴费，其是否属于“区域”矿产资源开发惠益分享中的基金安排本就有待商榷。最后，经济援助基金的宗旨未能实际考虑最不发达国家和人民的利益需要。海管局行使财政利益分配职权为发展中国家（内陆国和地理不利国）所作特别考虑应予准许，不视为歧视。但各发展中国家对“区域”矿产资源开发的立场不尽相同，利益需要并不统一，因而设立经济援助基金意在补偿因“区域”内活动造成出口收益降低或经济遭受严重影响的发展中国家。其中，最不发达国家和人民同样拥有“区域”矿产资源使用权，但他们不具备参与初次分配的能力，只能依靠海管局的财政再分配得到补偿。

三、“区域”矿产资源开发惠益分享财政运行机制的合理取向

海管局在“区域”矿产本身价值的超额利润范畴，将绝对地租与级差地租I作

---

〔1〕 See Council, *Comments on the Draft Regulations on the Exploitation of Mineral Resources in the Area*, International Seabed Authority (Dec. 4, 2019), https://isa.org.jm/files/files/documents/26-c-2-en.pdf.

〔2〕 See Michael W. Lodge, *Current Legal Developments International Seabed Authority*, Int'l J. Marine & Coastal L., Vol. 24:185, p. 187-189 (2009).

为缴费种类目的与功能的参照,设计了由基础权利金与超权利金两部分构成的缴费体系。且通盘考虑缴费规则制定的诸多影响因素,提供更多有利于国际社会监督的方法措施和沟通渠道以增强公信力。财政利益国际分配涵盖了国内配置环节,应坚持综合指数排序,注重分配效益与均衡配置多措并举,优先考虑扩大再生产与代际公平的全人类利益需要,理性考虑具备地缘优势的小岛屿发展中国家需要,实际考虑最不发达的内陆国和地理不利国以及尚未完全独立和自治的人民需要。

第一,构建以权利金为中心的缴费体系。权利金缴费是财政运行机制不可或缺的环节。海管局应以矿山地租的视域明晰缴费种类,凸显权利金的功能效力,这对于构建科学合理的缴费机制和完善缴费体系尤为重要。其一,固定年费属于基于绝对地租从量的基础权利金。从量征收的标准既可以是开采量也可以是矿区面积。笔者认为,按开采量计征较为合理,圈占矿区面积可由"区域"反垄断标准对拟议工作计划的事先审查规制,固定年费应聚焦于引导承包者兼顾商业利益、海管局收益以及生态环境影响,合理规划商业生产速率与实际经营规模,在与从价权利金数额的交替适用中达致承包者与海管局的利益平衡。从量与从价计征都属于基础权利金,即最低的支付费用范畴,用以确保海管局商业生产开始时就能获得财政收入。出于避免海管局重复征收给承包者带来繁重财务负担以及《开发规章草案》第77条防范承包者非基于正当商业目的而任意规避、推迟或减轻缴付责任的考虑,某一申报期到期计算数额高者为承包者适时缴纳的基础权利金。值得注意的是,《海洋法公约》附件三第13条第3款也曾规定承包者可自商业生产开始之日起只缴纳固定年费,但条件是只能冲抵数额比它低的生产费,而不包括一份收益净额。其二,增加基于级差地租从利的超权利金。从利的超权利金反映的是级差地租下对"区域"矿产资源超额利润的征收,相当于国内征收的利润税。在陆地采矿制度中,利润税包括企业所得税以及附加利润税。然而,企业所得税作为一种普遍税金,并非"区域"矿产资源自身价值的体现,因而不在权利金缴费体系的讨论范围内。附加利润税才是合理评估因"区域"矿产资源自身条件而可能给承包者带来盈余的超权利金,源于"区域"矿产资源的内在质量、品位或可获取性不同,在承包者盈利达到一定标准(任一年度获得确定回报率)后征收的附加利润税方为基于盈余的超权利金,用以调节级差收益,平衡承包者不同利润时期的收支,并使资源所有者的财务回报随着承包者盈利增长同步提高。对经营效益暂时不佳的承包者,级差收益的折现值不仅应允许其分期支付,还应允许通过转增企业部持股或其他类似权益份额等多种形式征收。勘探阶段投资因开发阶段持续追加自动过渡为级差地租Ⅱ,应在计征权利金时予以相应减免。

第二,双向促进海管局内部决策公开与外部参与畅通。财政利益的收缴与分配由海管局整体规划和实施。为防止任意施为,有必要增加过程透明度,提高主体代表性。一方面,应将财务委员会纳入有关透明度问题的讨论。财务委员会承担了相关规则、程序的起草任务,作为海管局专门机构又担负着监督实施的责任。[1]《第 11 部分执行协定》附件第 9 节第 6 段要求财务委员会成员不应在同委员会有职责作出建议的事项有关的任何活动中有财务上的利益。但财务委员会并没有如法律和技术委员会一般存在处理潜在利益冲突的程序。因此,海管局通过其财务委员会制定惠益分享机制相关的规则、规章和程序时,须以透明度确保厘定缴费数额的公信力,[2]避免利益冲突复杂化,为此可考虑制定财务公开报告制度,纳入采掘业透明度倡议、赤道原则等国际公认的最佳做法和最佳可得信息,使惠益分享的目标得到真正贯彻。另一方面,优化公众和专家等利益攸关方磋商和参与的路径。人类共同继承财产原则要求海管局职能部门履行职责应公开透明。自海管局成立以来,国际社会普遍关注法律和技术委员会的透明度。随着“区域”矿产资源开发热潮兴起,对海管局其他组成部门工作透明度的关注也在不断增加。与开发能力建设相比,惠益分享的利益主体更加宽泛,厘定缴费数额不免牵涉各种利益纠葛,相应要求海管局应广泛吸纳公众参与,包括在其网站上提供用户界面友好的观察员申请表;在大会和理事会的会议议程提供公众参与平台;允许观察员参加财务委员会、法律和技术委员会的预设会议以及在小组委员会任职;鼓励海管局所有机构尤其是法律和技术委员会,注重征求外部专家和组织的意见,建立密切合作关系,[3]提高海管局厘定缴费数额过程的透明度与代表性。

第三,统筹综合指数与基金功能的对接完善。海管局应优先考虑为全人

---

〔1〕 参见《第 11 部分执行协定》附件第 9 节第 7 段(e)、(f)项。

〔2〕 See Aline Jaeckel, Jeff A. Ardron & Kristina M. Gjerde, *Sharing Benefits of the Common Heritage of Mankind – Is the Deep Seabed Mining Regime Ready*?, Marine Policy, Vol. 70: 198, p. 199 – 202(2016).

〔3〕 See Jeff A. Ardron, *Transparency in the Operations of the International Seabed Authority: An Initial Assessment*, Marine Policy, Vol. 95: 324, p. 7(2018).

类利益扩大再生产与促进代际公平的普遍需要,特别考虑不同发展中国家的利益需要。应把握三个核心要义:一是摒弃发达国家利用现有指数主导援助性财政利益的调配使用的做法,依据《海洋法公约》第140条的宗旨由海管局自行制定综合指数来为法定受益国和人民排序;二是理性对待具有"区域"内活动地缘优势的发展中国家"搭便车"的潜在可能,警惕瑙鲁等国卖壳获利、游离于正义"灰色地带"而走偏的"鹦鹉螺模式";三是贴合收益净额有限的最初阶段,把海管局现有收益集中于促进内陆国和地理不利国以及尚未完全独立和自治的人民发展高度优先方案的要求,避免直接分配时财政资源分散。为达到上述目的,首先,出于再生产的普遍需要应将财政利益优先注入环境基金。一方面,为减轻承包者的财务负担,激励其追加扩大再生产投资,建议统筹考虑风险融资保险、环境履约保证金与环境基金的实质性判断标准,在内涵、性质、定位等方面形成共识的基础上,重新审查功能与作用方面的描述。[1]另一方面,"区域"矿产资源与生态系统具有共生性,生物资源属于环境资源范畴,从代际公平角度,生物成矿作用意味着以减少和恢复采矿活动对"区域"环境造成的损害为目标的环境基金具有补偿基金的特质。而在承包者或担保国不能全部履行环境责任支付费用时的补充替代功能,又凸显了后备基金或保险基金的特质,具有救济和补充性,目的在于预防、限制或修复"区域"内活动产生的环境损害。考虑到相关培训可通过承包者履行培训义务、科研基金等渠道予以实施,建议删除有关内容。其次,扩大科研基金的供资来源。国外学

---

〔1〕 要求澄清若干保险相关事项,包括所保风险的类型、作为附加被保险人的海管局被承保的风险、放弃追索权所涵盖的情况,以及海管局因行使权力和职能时的不当行为造成的任何损害的责任或赔付责任是否由承包商的保险承保。法律和技术委员会之前指出,在秘书处完成对保险要求和市场可得性的审查之前,不能对本条内容采取进一步行动;需要处理与环境履约保证金有关的若干方面,包括其范围、目的和方式以及退还或释放履约保证金的方式。建议财务委员会研究保证金的计算方法和上限,并向理事会提出有关建议。建议制定标准而非准则,用于规定保证金的形式和数额;要求澄清环境补偿基金的若干方面,包括基金由谁管理、谁能够向基金寻求赔偿、基金运作方式、如何为基金补充资金以及最优资金水平。建议成立用以资助研究和培训的其他基金。此外,还提及基金与关闭计划的关联。法律和技术委员会要求秘书处考虑与这一专题有关的讨论,以期进一步确定这种基金的设立理由、宗旨和供资,以及如何确保供资充足。See Council, *Comments on the Draft Regulations on the Exploitation of Mineral Resources in the Area*, International Seabed Authority (Dec. 4, 2019), https://isa.org.jm/files/files/documents/26-c-2-en.pdf.

者曾就有关“区域”矿产资源开发惠益分享问题提出两种可能的解决方案。[1]就第一种方案而言,类似于保留各国开发机会平等的平行开发制,同时提出企业部也不宜对保留区实施开发,海管局在此仅具有看管职能,保留区更像是保护区;第二种方案则更接近联合企业的开发模式,并倡导把“区域”海洋科学知识与就业机会的创造纳入“区域”矿产资源开采利用的补偿范畴,计提承包者的权利金可以商讨。“区域”内海洋科学研究获得了可深入了解“区域”及其资源的科学数据(知识),知识转化为技术的过程无形中积累了扩大再生产的能力,同时科学知识的可复制性意味着多重使用的边际成本为零,不会造成利益减损。虽然“区域”内海洋科学研究的国家实践不多,但财务费用可能是一个突出的制约因素,对于发展中国家而言更是如此。为进一步促进海洋科学研究,2006 年,海管局专门成立了科研基金。政府间海洋学委员会对成员国做法的审查表明,各国通常都设有海洋科学研究或海洋技术转让的机构,但很少单一致力于海洋技术转让。[2]可见,“区域”内海洋科学研究与技术转让往往相伴而生,科研基金基于双重目的开展国际研究与合作存在两种可能结果:一是在教育和培训活动中使发展中国家获得当前技术条件下的“区域”内活动能力;二是在国际技术合作中受援助的发展中国家科学家通过科学成果转化而研发出新的尖端技术。这表示在分配层面,针对第一种结果,应坚持以效益原则分配科研基金。当前可供分配的科研基金规模有限,选择发展中国家受援

[1] 一种是将深海海底划分为不同的地理区域,每个国家都获得一份份额。那些拥有技术的国家今天可以开发利用属于他们的区域资源,发展中国家将保留他们的区域份额以供未来发展。另一种是允许拥有必要技术的国家开发他们选择的任何区域,条件是将获得利润的一定比例投入一个基金,该基金将在未来向处于早期技术阶段的国家提供。See Barbara Ellen Heim, *Exploring the Last Frontiers for Mineral Resources: A Comparison of International Law Regarding the Deep Seabed, Outer Space, and Antarctica*, Vand. J. Transnat'l L., Vol. 23:819, p. 846(1990).

[2] 联合国教科文组织所属的政府间海洋学委员会通过其能力建设发展计划,建立了一个全球项目,通过领导力、筹资和技术转让方面的培训,在多个层面加强海洋科学研究机构。该组织开发的一种资源是“海洋专家”,这是一个科学和技术专门知识的数据库。另一种资源是信息交换所机制,以协助有兴趣的发展中国家和发达国家寻求技术转让的适当伙伴关系。该组织的区域附属机构有时被用于海洋技术转让。有限的人力和财力资源对供需双方海洋技术转让构成限制。一些额外的困难与语言和海关限制有关。合作伙伴与联合企业是供需双方转让海洋技术的首选形式。See United Nations Division for Ocean Affairs and the Law of the Sea, *Law of the Sea: Marine Scientific Research: a Revised Guide to the Implementation of the Relevant Provisions of the United Nations Convention on the Law of the Sea*(2010), United Nations, https://www.un.org/Depts/los/doalos_publications/publicationstexts/msr_guide%202010_final.pdf.

国,应考虑地缘优势。识别发展中国家利益需要,为配合其他基金的战略目的,使基金机制之间形成规模效益,科研基金应关注成本控制最佳的小岛屿发展中国家,并致力于当地的“区域”内活动基础能力建设,这要求海管局在国际层面实施统筹。正如海管局在2017年联合国海洋大会上作出自愿承诺所言及的那样,与联合国经济和社会事务部合作推进“蓝色增长深海倡议”,即通过提升发展中国家包括小岛屿发展中国家的社会福利和加强其在“区域”内活动领域的科学知识和研究能力,促进可持续发展目标和“蓝色经济”的实现。针对第二种结果,应坚持以均衡原则配置科研基金。科研基金有关分配国家与配置项目的选定都体现出财政利益此消彼长的变化过程,就后者而言,“区域”内活动基础能力建设应偏重于当前技术的说明示范与应用推广,而国际技术合作则应侧重于为全人类利益的高新技术研发。财政利益的配置均衡很大程度上取决于申请国能否根据受援国的实际情况与利益诉求制订出最佳合作计划,因而应立足于国内层面加以解决。最后,实际考虑最不发达国家和人民的社会消费需要分配经济援助基金。“区域”内活动的波及具有地域性特征,海底矿物的陆基生产者首当其冲。对内陆国和地理不利国以及尚未完全独立和自治的人民等具体援助对象的择定可以其是否制订官方扶贫等社会发展规划为依据,并参考人口规模、收入水平确定配量。为避免实施效果受腐败等因素影响而减弱,应促使被选定的援助对象在国内构建基金形态的对接模式并接受国际社会监管而运营,定期反馈援助实效,辅助海管局完善综合指数更新。

第五章

我国“区域”矿产资源开发权益维护的机制调适

“区域”矿产资源开发权益涵盖了开发权力及开发收益两个方面,缘于不同国家的经济社会发展状况存在差距,利益共同体共商“区域”开发秩序理论落实于一国“区域”矿产资源的开发权益维护,主要存在两个维度:一是赋予具备技术能力及资金条件的引领国优先开发资源权力的维持;二是要求该国在海管局主导的资源开发中采取适当措施兼顾引领对象国利益的保护。当前,中国从“区域”矿产资源开发秩序变革的参与者到引领者的角色切换,需要总览技术能力发展制度化、融资方式选择法定化以及惠益分享秩序规范化的国际法治评估,关注域外国家深海立法中的共同要素,[1]立足于发展中国家引领国的地位,针对当前我国国内深海实践反塑造重构国内法治、涉外法治和国际法治一体化的权益维护机制框架。机制调适的内蕴应当以厘清微观制度规则、中观制度载体和宏观制度理念的权益维护问题构成的层面实然之态为起点,机制调适的具体过程遵循恰适性逻辑和原则,以问题纾解的制度、环境和人的和谐有机统一应然之态为旨归,[2]具有技术能力发展权益维护规则调适的可行性特征,融资方式选择权益维护载体的协调性特征以及惠益分享秩序权益维护理念的合法性特征。我国“区域”矿产资源开发权益维护机制可通过利益共同体共商“区域”开发秩序理论升华博弈规则、个体偏好以及资源分配,[3]输出具有可行性的博弈均衡制度同构原则、协调性的互惠偏好制度协同原则、合法性的关系理性制度导向原则,从而奠定共商“区域”开发秩序的认同基础,增进利益共同体身份的共同认知。[4]

---

〔1〕 此外,大会还在 ISBA/23/A/13 号决定中请秘书长向理事会提供现有国家立法的比较研究,以期在 2018 年年底之前提炼国家立法中的共同要素(E 节,第 3 段)。See Council, *Laws, Regulations and Administrative Measures Adopted by Sponsoring States and other Members of the International Seabed Authority with Respect to the Activities in the Area, and Related Matters, including a Comparative Study of Existing National Legislation*, International Seabed Authority (May 22, 2020), https://isa.org.jm/files/files/documents/ISBA_26_C_19 – 2007015E.pdf.

〔2〕 参见秦国民、高亚林:《恰适性:推进国家治理现代化的制度建设原则》,载《中国行政管理》2015 年第 9 期,第 59 页。

〔3〕 参见[美]詹姆斯·G. 马奇、[挪威]约翰·P. 奥尔森:《重新发现制度:政治的组织基础》,张伟译,生活·读书·新知三联书店 2011 年版,第 162 – 165 页。

〔4〕 马奇和奥尔森认为,个体的偏好、资源分配以及博弈规则都是政治制度塑造的,而且制度的功能就在于为政治认同提供基础,发展关于身份的共同认知。也就是说,偏好、资源的分配以及规则都是内生于制度的。参见魏姝:《政治学中的新制度主义》,载《南京大学学报(哲学·人文科学·社会科学版)》2002 年第 1 期,第 66 页。

第一节　我国"区域"矿产资源开发权益维护机制调适的内蕴

我国"区域"矿产资源开发权益维护机制的内在有机联系构成其实质内容,制度系统构成其外在形式,二者相互作用,从而形成一种内容与形式相统一的有机整体。对象、规则、载体、理念,这四大要素构成制度系统,其中,对象是制度的指向与范围,[1]包括技术能力发展、融资方式选择和惠益分享秩序,规则、载体和理念则以技术能力发展的制度微观视域、融资方式选择的制度中观视域和惠益分享秩序的制度宏观视域为序铺陈。深海法律体系以法律适用的空间范围为标准,以"区域"内活动社会关系作为调整对象,涉及多个部门法规范,[2]意味着在中国特有的深海法律文化土壤中简单"嫁接"国际机制"有机体"可能诱发"水土不服",引起相关权益维护机制与"区域"开发国际法治发展阶段,我国的现实条件和状况,政府机构、承包者、投资者等制度相关人之间的结构性矛盾,指向调适过程蕴蓄规则的情境错配、载体的内卷化和理念的工具导向。

一、"区域"矿产资源开发技术能力发展权益维护规则的情境错配

"区域"矿产资源开发技术能力发展权益维护规则的情境错配,是指技术创新、引进和吸收相关的能力发展国际法制度体系移植较难在我国深海技术实践情景中释放预期功能,《深海法》《深海开发许可管理办法》《深海开发资料管理暂行办法》,尚未兼容互补《专利法》《专利法实施细则》《促进科技成果转化法》《科学技术进步法》《中小企业促进法》《外商投资法》等国内法体系组成部分的适用境况而使相关权益维护规则效用受限。[3]

首先,"区域"矿产资源开发技术创新能力发展权益维护规则的情境错配。《深海法》第15条从规则层面表明国家支持"区域"矿产资源开发技术创新,并

---

〔1〕 参见辛鸣:《制度论:关于制度哲学的理论建构》,人民出版社2005年版,第84－96页。

〔2〕 参见薛桂芳、张国斌:《我国深海法律体系的构建研究》,上海交通大学出版社2019年版,第126页。

〔3〕 参见周天舒:《中国公司治理法律规则发展模式的再探讨:一个路径依赖的视角》,载《中国法学》2013年第4期,第101页。

将其列入科学技术发展的优先领域，构建“以企业为中心，以市场为导向，企业与科学技术研究开发机构、高等学校相结合的深海技术创新体系”。[1] 企业的加入，必将推动相关技术的研发及产业化进程，有利于提前布局资源开发技术储备。科研院所、高校和企业强强联合，覆盖整条行业链，必将大力推动和促进我国深海科技水平的长足进步。[2] 但应该看到，一方面，对深海资料的管理采用国家规制和其他规制的“静态二分法”，未能兼容专利申请报告义务的规定。深海资料具有公共物品属性，深海科技成果的形成与转化需要深海资料作为依据，理应首先确保国家利益及社会公共利益需要，避免企业在营利动机驱使下隐匿资料，阻碍技术创新。《深海开发资料管理暂行办法》第 7 条按照经费来源及承担任务类型，将深海资料分为由国家财政经费支持的国家深海资料和由其他来源经费支持的其他深海资料，只有国家深海资料的提交具有强制性，民间资本支持获取的深海资料则不必向国家报告汇交，这或将影响合作成果的形成与转化。《专利法》第 4 条明确了申请专利的发明创造涉及国家安全或者重大利益需要保密的，按照国家有关规定办理。《专利法实施细则》第 8 条进一步规定了发明专利申请保密性审查的程序。《促进科技成果转化法》第 20 条第 2、3 款也明确规定了项目承担者有义务及时报告其发明创造并申请取得和有效实施与保护其知识产权。因此，深海资料管理规定未能兼容专利申请报告义务的规定。另一方面，深海科技成果国内转化实施的弱性规制未能在深海科学技术研究规则中补强。深海技术系统具有军民两用特性，《促进科技成果转化法》第 14 条明确规定国家建立有效的军民科技成果相互转化体系，推动军用、民用技术相互转移、转化。然而，人类进入深海不过半个多世纪，对探索深海的科学技术知之甚少。根据《科学技术进步法》第 32 条的规定，对某项国家资助深海科技成果的专利申请进行审查，如果被认定无涉国家安全、国家利益和重大社会公共利益，知识产权将归属项目承担者。《科学技术进步法》第 34 条、《促进科技成果转化法》第 6 条仅表明了国家对科技成果首先在中国境内实施的鼓励态度，但缺乏遵守规则的强制性要求；关于向

[1] 陆浩主编：《中华人民共和国深海海底区域资源勘探开发法解读》，中国法制出版社 2017 年版，第 127 页。

[2] 参见《履行国际义务，促进深海海底区域资源勘探开发》，载中国海洋网，http://www.china.com.cn/haiyang/2016-03/21/content_38075418.htm。

境外的组织、个人转让或者许可其实施科技成果应当遵守国家有关规定的原则性表述，也因为没有违反义务承担不利后果的强制措施，难以有效约束机会主义行为。《深海法》作为特别法，对深海科学技术研究秉持国家支持立场，包括该法第16条规定，国家建立深海公共平台共享合作机制，为深海科学技术研究提供专业服务，促进深海科学技术交流、合作及成果共享，但由于其未对转化后成果的使用地域以及转让条件作出明确限定，未能补强《科学技术进步法》《促进科技成果转化法》相关规定的实施效力。

其次，“区域”矿产资源开发技术引进能力发展权益维护规则的情境错配。我国“区域”矿产资源开发许可管理制度是因应《海洋法公约》体系及海管局要求的直接立法回应，作为核心设置的技术、装备能力审查条件，该制度无疑是政府机构主导设立的结果，但在技术能力发展制度规则形成过程中缺乏深海产业主体博弈，使我国这一许可管理制度的功能基础与移植对象存在错位。在设定制度目标方面，我国深海技术能力发展制度规则与移植“区域”矿产资源开发许可管理制度的对象具有同一性，均为监督、管理承包者，控制“区域”内活动，采取预防性措施和最佳环境做法以有效保护海洋环境，也可视作担保国责任制度的产物。但在设置一致制度目标的同时，《深海法》还试图基于“深海科学技术研究与资源调查”的技术创新制度功能来覆盖技术、装备能力发展制度体系，追求与技术转让制度功能相同的“区域”矿产资源开发技术引进能力发展制度效果。应当指出，尽管我国在矿区申请、资源调查和技术设备上取得了明显成就，但在“区域”矿产资源商业化开发的内容、进度、技术、设备等方面，与西方发达国家甚至印度等新兴发展中国家相比仍存在较大差距，[1]这是因为中国发展深海科技起步较晚，基本是由“跟”到“追”，技术和科学分头借鉴欧美国家。这样的对策在起步阶段固然无可厚非，但发展到一定程度就需要提质转型。一是应统筹科学与技术协同发力，以利于集成内生动力和创新实效，而不宜分头规划实施；二是要科学考量成本和效益的比值。每项产出当然都离不开必要投入，但多投入未必就一定多产出，重要的是有效促进配套设备

---

〔1〕 参见赵鹏、曹英志、谭论：《促进我国大洋矿产资源商业化开发的思考》，载《国土资源情报》2015年第2期，第28页。

的升级以及使用效率的提升，进一步发展探索深海的实力。[1]《科学技术进步法》第38、90条表明我国不仅通过税收优惠措施鼓励为实施国家重大科学技术专项、国家科学技术计划重大项目，进口国内不能生产的关键设备、原材料或者零部件，还通过培育和发展统一开放、互联互通、竞争有序的技术市场，鼓励创办从事技术评估、技术经纪和创新创业服务等活动的中介服务机构，引导建立社会化、专业化、网络化、信息化和智能化的技术交易服务体系和创新创业服务体系，推动科学技术成果的应用和推广。但应该注意的是，一方面，我国深海技术装备权利信息管理资源开放不充分。“区域”的极端环境可能引发不可预知的诸多风险，以技术、装备的所有权作为准入“区域”内活动的技术能力标准和条件将使承包者承担巨大的经济负担，不利于开发合同义务的持续履行，也不利于配套设备的完善和使用效率的提升。另一方面，我国深海科学技术服务信息管理资源开放不完整。不但《深海法》、《深海开发许可管理办法》第4条中的“规划”“经济、技术政策和措施”指向不明，而且现有的深海公共平台共享合作机制位列于《深海法》第四章“科学技术研究与资源调查”框架内，限制了调整我国“区域”内活动各阶段社会关系的法律适用范围，技术交易信息公开面临不甚融贯的境遇。

最后，“区域”矿产资源开发技术吸收能力发展权益维护规则的情境错配。“区域”矿产资源开发技术吸收能力发展源于技术转让制度功能，涵盖了技术创新和技术扩散两个方面，涉及技术引进后的消化、吸收和再创新。联合企业安排机制可以使企业部门和发展中国家的人员有机会接受海洋科学和技术的训练并充分参加“区域”内活动，具有促进发展中国家技术吸收能力提升的制度功能。从我国深海实践情景整体上看，深海进入和探索要求的大规模投入，主要是政府或者国有大企业的行为，很容易产生政治影响关联。相比之下，中国加入的国际大洋钻探计划，系由若干发达国家共同提供资金、选择最佳技术，这种“全球支持一条船”进行钻探的合作开发模式更为有利，奠定了我国在未来的“区域”矿产资源商业开发阶段通过联合企业安排机制实现技术吸收能

---

[1] 国际深海探索，是一部科学和技术携手发展的历史，而我们走的却是“科”和“技”分头发展的道路。经过多年的努力，中国的深海“科”和“技”已经具备条件，可以两者结合起来共创新路。例如，俯冲背景下的西太平洋海区，揭示其演化过程，就迫切需要发展新技术向深部推进。参见汪品先：《发展深海科技的前景与陷阱》，载《科技导报》2021年第3期，第74－78页。

力发展的基础。[1] 另外,从《深海法》以及《深海开发许可管理办法》第 2 条的规定看,从事“区域”内活动的申请者是我国公民、法人或者其他组织。质言之,既包括国内企业事业单位、组织和个人,也包括具有我国法人资格的外资企业、中外合资经营企业、中外合作经营企业、在国外申请“区域”内活动工作计划但受我国有效控制的企业。《深海法》第 6 条规定,国家鼓励和支持在“区域”内活动的科学技术研究和教育培训等方面开展国际合作,并在第四章“科学技术研究与资源调查”框架内表明国家支持深海科学技术研究和专业人才培养以及企业进行深海科学技术研究与技术装备研发的立场。然而,我国深海法律体系目前对有效移植“区域”矿产资源开发技术吸收能力发展的联合企业安排机制缺位。具体而言,一方面,现时深海法律体系缺乏对“区域”内活动许可申请者培训技术人员的规范指引。这在一定程度上制约了我国企业的技术人员通过联合企业安排合作机制获得外资合作方提供的深海科学技术培训机会,不利于对技术诀窍的消化与吸收。另一方面,深海法律体系未能体现对国内企业事业单位间相互合作的规范指引。这在一定程度上限制并且降低了在技术创新方面具有潜在专业化能力的中小企业间接投身于“区域”矿产资源开发事业的热情,不利于我国引进消化技术后的再创新。

二、“区域”矿产资源开发融资方式选择权益维护载体的内卷化

我国“区域”矿产资源开发融资方式选择权益维护载体的内卷化源于承载的技术能力发展权益维护规则及其情境嵌入的约束或外部“三位一体”融资国际法范式流变发展阶段的限制下,这一载体未能发挥应有的制度效应,反而呈现一定的惰性,引起政府资本悬置、国内社会资本规避和外国资本的异化行为。申言之,《深海开发许可管理办法》第 6 条第 3 项规定,申请者具备海管局

---

[1] 21 世纪第二个十年以来,中国海洋科技突飞猛进,尤其是挺进深海远洋的“三深”(深潜、深钻、深网)能力,取得了举世瞩目的发展。从本质上讲,“三深”都不过是探索深海的某种单项技术,在未来的科技史里只不过是挺进深海的入门过程,发展的方向必定是将众多技术结合起来解决科学或者工程问题。经过 50 多年的钻探,仅靠钻探单一手段解决科学问题的时代正在消逝,而与深网观测、深潜探索相结合的“三深”联合技术,正在成为未来大洋钻探的新形式。国际合作是深海科技的重要方面,中国深海科技起步晚,“三深”的三大方面都需要通过国际合作继续提高,其中最为重要的是大洋钻探。半个多世纪以来,大洋钻探船成了海洋科学的“航母”,接二连三的重大发现引发了 20 世纪地球科学的革命,大洋钻探本身也成了为时最久、效果最好的大型国际科学合作计划。中国在 1998 年加入国际大洋钻探计划,20 年来实现了南海 4 个航次,钻探了 17 个站位,为认识南海深部作出了不可估量的贡献。参见汪品先:《发展深海科技的前景与陷阱》,载《科技导报》2021 年第 3 期,第 71 – 75 页。

规定的财务和投资能力的证明包括资金证明、经审计的财务报表副本、项目投资报告、融资方案或相关财政资源和资金保证的证明文件,[1]显现出国家海洋行政主管部门与海管局偏好治理工具的趋同、交融态势,意味着不再单一采用申请者自有型融资的许可准入管控模式,而是力求引入多种政策工具引导国内金融机构、外国投资者等相关利益主体在涉及开发合同持续履行的有关作业费用、"区域"内活动风险处置和预防的监管费用等方面提供资金支持。这种国际立法路径依赖在推动我国"区域"矿产资源开发融资方式选择权益维护载体国际化构建的同时,也因我国法制现代化建设具有后发型与外源型的特征而在型构伊始出现与技术能力发展权益维护规则的系统性错配,加之嵌入与融资相关的情境风险导致我国"区域"矿产资源开发融资渠道阻滞,逐渐显现开发风险融资方式选择权益维护保险保障制度载体的内卷化、开发项目融资方式选择权益维护合同担保制度载体的内卷化以及联合开发融资方式选择权益维护争端解决制度载体的内卷化。

第一,开发风险融资方式选择权益维护保险保障制度载体的内卷化。现有的深海法律体系对于提升资源勘探、开发能力的财政支持未予明确,深海科技保险创新激励政策措施无法实施,影响深海技术创新能力发展权益的实现。尤其"区域"内活动事故责任保险在本土化运行过程中逐渐显露理论认知差异和实务操作偏差。不仅《开发规章草案》对"区域"矿产资源开发风险融资保险尚无准确界定,域外国家对"区域"内活动事故责任保险制度载体的立法体例也不统一,我国深海法律体系的专门规定更暂付阙如,加之"区域"内活动信息公开受限,导致"区域"内活动事故责任保险与我国保险市场发展现状严重脱节。一方面,深海技术创新能力发展权益维护规则及其情境嵌入引发国内保险机构抵触国家海洋主管行政部门服务性支出的"杠杆效应"。深海技术创新能力发展权益维护规则具有统筹推进国家资助高新深海科技项目成果转化与

---

[1] 国有企业的申请应提交政府相关部门,证明其拥有执行工作计划所需财政资源的文件。其他实体提出的申请应附有最近3年符合国际公认会计原则并由合格的公共会计师事务所核证的经审计的财务报表,包括资产负债表和损益表的副本。如果申请者是新组成的实体,则应提交经认证的预计资产负债表;如果申请者是另一个实体的子公司,则应提交该实体所核证的财务报表副本及该实体证明申请者具有所需财政资源的文件;如果申请者受国有企业控制,应提交该国有企业证明申请者具有所需财政资源的文件。参见陆浩主编:《中华人民共和国深海海底区域资源勘探开发法解读》,中国法制出版社2017年版,第68-69页。

运用的制度性功能与目的,而深海探索开发过程技术性强、投资巨大,风险难以预知,随着国家深海战略的推进,对风险保障的需求也日趋凸显。然而,保险费率厘定的数理基础是大数法则,而高科技深海项目在承保时既因缺少同质化风险经验及历史数据可供参考,又可能因涉及技术机密而无法掌握具体信息,使深海海流、气象、温度等环境的复杂和未知带来的风险评估难上加难,再者项目标的造价昂贵、涉及技术种类繁多、事故发生后救援难度很大,这些都让诸多保险公司望而却步。[1] 实践中,国家深海基地管理中心"深海一号"船舶、"蛟龙号"载人潜水器、"SF40K"6000 米级 ROV 及万米 ARV 保险采购项目废标的原因就在于此。甚至项目投标时间截止,报价单位还不足 3 家。[2] 另一方面,"区域"内活动事故责任保险的隐性壁垒也降低了国内保险机构的承保意愿。当前,我国深海法律体系并不存在"区域"内活动事故责任保险方面的具体法律、行政法规、部门规章乃至规范性文件,理论界和实务界对"区域"矿产资源开发风险融资保险的国际法机制研究仍处于起步阶段。在法律位阶上,《保险法》第 11 条规定订立保险合同,应当协商一致,遵循公平原则确定各方的权利和义务。除法律、行政法规规定必须保险之外,保险合同自愿订立。在实践中,由于"区域"内活动投资成本巨大,风险因素众多,保险机构的市场准入本来就存在不确定因素,加之深海法律体系有关"区域"内活动信息共享的规定笼统模糊,无形中会对承保技术和能力设定更高的门槛。如此不难想象,国内保险机构承保意愿不强,专门为"区域"内活动事故责任提供的保险产品数量也将非常有限,拟议工作计划申请者无法通过不同的保险产品组合来分散作业风险,难以保障受害方及时、充分地得到救济。

---

〔1〕"大洋号"是我国自主研制的第一艘 4000 吨级大洋综合资源调查船,集多学科、多功能、多技术手段于一体,以大洋多种资源探查为主,同时兼顾深海多学科研究需求的全球级综合科考船,具备海底、水体、大气调查以及深海极端环境探测等七大国际尖端船载科学技术,代表了我国船舶工业和大洋调查科技的最高水平。近日,中国太保集团旗下中国太保产险成功中标新型全球级科考船"大洋号""一揽子"保险,承保范围包括船壳风险、保赔险、设备风险及科考人员意外风险。"大洋号""一揽子"保险项目属于 10 亿美元以上的远洋保赔保险,是中国太保首次与国际保赔协会成员合作签发的保险项目。参见《中国太保成功中标全球级综合科考船"大洋号"一揽子保险》,载新华网,http://www.xinhuanet.com//money/2019-08/29/c_1124937038.htm。

〔2〕参见《国家深海基地管理中心"深海一号"船舶保险、蛟龙号载人潜水器、"SF40K"6000 米级 ROV 及万米 ARV 保险采购项目废标/终止公告》,载中国政府采购网,http://www.ccgp.gov.cn/cggg/dfgg/fblbgg/202001/t20200115_13763573.htm。

第二,开发项目融资方式选择权益维护合同担保制度载体的内卷化。《深海法》《深海开发许可管理办法》的开发许可管理制度框架缺乏矿区租赁许可载体内容,不利于引导国内融资租赁公司进口国外先进深海技术装备供承包者租赁使用,承包者使用开采合同作担保的许可管理制度框架也会降低国内金融机构贷款意愿。一方面,深海技术引进能力发展权益维护规则及其情境嵌入为国家海洋行政主管部门协调勘探承包者与国内融资租赁公司之间的利益关系带来新的挑战。深海技术引进能力发展权益维护规则以全方位开放权利及服务相关的信息管理资源作为其制度功能与目的,但受制于勘探权延续与开采权转化衔接的制度载体“断裂”,导致融资租赁公司的社会资本难以聚合,国家海洋行政主管部门的行政管理费用支出“空耗”。“区域”内活动过渡到大规模的商业化开采阶段仍需时日,勘探承包者承担着巨大的经济压力和环境风险。如果因短期资金周转紧张而无法按期偿还技术装备租金,合理催告期之后,融资租赁公司可能解除合同、取回装备拍卖以弥补租金损失,勘探承包者作业进程不得不减缓甚至停滞,万一面临巨额债务危机,身陷濒临破产的危局,更会加速融资租赁公司进行前述行为的步伐。对于没有回收装备再利用需求的融资租赁公司而言,按照行业的惯例和国际上的通行做法,允许承租人使用折价或者拍卖、变卖标的物后变现的价款冲抵拖欠租金的债务,也会因为深海技术装备较于海洋油气资源开发装备,[1]专业化程度更强、技术门槛更高,使变现受让的吸引力非常有限,租赁协议需要附加勘探合同财产负担。然而,在现行《开发规章草案》建构的国际机制框架下,这仅限于就指定矿区开采项目下合同的全部或部分设置财产负担,而且正如合同数量增加不一定会形成规模经济,勘探承包者若无法顺利过渡成为开采承包者,某种程度上也会

〔1〕 正是这种金融租赁的方式,使“凯旋一号”使用方中海油服、生产方中远船务以及第三方工银租赁实现了共赢。作为钻井平台生产方的中远船务,有平台交付后资金快速到账的诉求。钻井平台属于高投入,资金、技术、劳工密集的产业,对于这种规格的钻井平台,国际上价格往往在3亿美元左右。如果平台直接交付给使用方,往往会有一年左右的账期,而通过工银租赁来交付,则会缩短账期,公司迅速拿到账款。海洋工程装备产业是当前国家重点培育和发展的战略性新兴产业,金融租赁公司不仅为海工企业提供融资服务,还可满足后者盘活存量、资产结构调整等需求。“凯旋一号”的交付又一次印证通过租赁这一“融资融物双结合”的手段可以有效支持和带动中国企业海工建造能力提升,在支持实体经济发展的同时,也将有助于我国海洋工程运营企业提升装备水平,助推国家海洋资源能源的开发和海洋经济的发展。参见《工银租赁转交“凯旋一号”钻井平台》,载国际船舶网,http://www.eworldship.com/html/2014/ship_finance_0627/89031.html。

徒增国家海洋行政主管部门的工作量。因为新的承包者不仅同样需要提交更详细全面的环境影响评估报告,还需要提供其他准入资质证明以供审查来确保有效监管,这会引起很多不必要的行政管理费用开支。[1] 另一方面,使用开发合同作担保的项目融资审批制度载体的缺失制约了国内金融机构行使财产负担受益人的介入权。使用开发合同作担保的项目融资审批源于国家海洋行政主管部门通过颁发许可证方式进行的授权,这不同于海管局的特许协议授权方式,在法律效力方面,后者在授权的同时又构成一项契约关系,即海管局与承包者的双方法律行为,而前者只是一种授权,属于单方法律行为,并不构成契约关系,无须征得被许可承包者的同意即可撤销或更改。这两种授权方式在项目融资中将直接影响金融机构的贷款决定。另外,《开发规章草案》第22条明确了使用开发合同作为担保需要经过担保国和理事会事先同意,但所列诸如补救承包者违约情况的介入权手段尚不足以确保财产负担受益人能够按照开发合同开展作业活动,[2]加之受制于深海采矿行业准入的高门槛,国内金融机构更倾向于将开发合同项下的权利和义务转让给其他适格主体。应当承认,国家海洋行政主管部门先于海管局理事会审批国家担保的承包者使用开发合同的融资行为,审查程序和条件不甚明确,表明当前使用开发合同作担保的项目融资制度尚不足以确保国家对指定矿区矿业权交易二级市场实施有效的监督管理。

第三,联合开发融资方式选择权益维护争端解决制度载体的内卷化。具有我国法人资格的外商投资股份有限公司,能够通过我国提供的国家担保从事“区域”内活动。外方股东在商业开采的利润获取阶段,以增资扩股、追加投资的名义取得公司控制权,可能引发深海开发许可行政管制纠纷与联合风险

[1] 秘书长强调,提交的报告以实际费用估计数为依据。这意味着,如果每年的管理费用保持在目前60,000美元的水平,结果则是要么超支,要么成员国必须通过增加摊款来补贴与承包者有关的活动。如要遵守费用回收原则,就必须将来自承包者的收入数额保持在预算的20%左右。秘书处注意到审查未来申请费数额的可能性,财务委员会决定建议将年度管理费用增加到80,000美元,自2021年1月1日起生效。See Assembly & Council, *Report of the Finance Committee*, International Seabed Authority (Sept. 25, 2020), https://isa.org.jm/files/files/documents/ISBA_26_A_10 - 2012594E.pdf.

[2] See Council, *Comments on the Draft Regulations on the Exploitation of Mineral Resources in the Area*, International Seabed Authority (Dec. 4, 2019), https://isa.org.jm/files/files/documents/26 - c - 2 - en.pdf.

经营合同纠纷，亟待深海法体系对这类纠纷的国内救济途径作出回应。一方面，深海技术吸收能力发展权益维护规则及其情境嵌入呼吁深海开发许可行政管制多元化纠纷解决制度。外方股东并购外商投资股份有限公司后通过派遣外籍人员独揽企业中、高层职位的方式控制公司，以中方职工不适应管理新流程、不懂国外新技术为由将其排除在管理层、核心技术层外，[1]以及以技术革新、经营方式调整为由大肆裁减“技能单一老化、知识陈旧”的职工，这些职工未经职业培训或换岗等必经程序就被解雇。[2] 外方股东侵害外商投资股份有限公司内中方职工劳动就业权的上述表现，可能降低中方人力资本水平，将不利于我国深海技术吸收能力发展。[3] 《深海法》虽然专设第六章“法律责任”赋予国家海洋行政主管部门在承包者违反法律规定的几种过错情形下撤销许可并撤回相关文件的职责，从某种程度上说，构成国家担保终止的法律效果，但《深海法》第 23 条关于撤销许可并撤回相关文件的规定并未纳入该法第 9 条第 4 款有关“安全生产、劳动保护”方面的守法内容，意味着对外方控制的外商投资股份有限公司的规制有“空当”，其违反我国有关安全生产、劳动保护方面的法律、行政法规，未能确保从事“区域”矿产资源开发作业或辅助作业的人员的福利，是否构成我国撤销担保的事由存疑。当我国据此终止担保时，可能引发行政管制纠纷。结合《深海开发许可管理办法》第 26 条的规定，外商投资股份有限公司虽然拥有提起行政复议或者行政诉讼的权利，但因涉及深海法体系与外商投资法体系和公司法体系有关规定衔接问题，仅仅依靠行政复议或行政诉讼手段，会使矛盾纠纷化解缺乏效率，偏离全面深化多元化纠纷解决机制改革的轨道。另一方面，及时化解联合风险经营合同纠纷以长期维系开发关系，迫切需要特殊的纾解渠道。当外商投资股份有限公司经过磨合期开始盈利时，外方在公司增资扩股、追加项目的经营投资时扩大其股权比例，

---

〔1〕 参见陈业宏、肖蓓：《外资并购对职工劳动就业权的侵害及其对策》，载《上海财经大学学报》2008 年第 2 期，第 49 页。

〔2〕 参见陈业宏、肖蓓：《论外资并购中职工劳动就业权的法律保护》，载《江海学刊》2008 年第 3 期，第 137 页。

〔3〕 东道国吸收能力的一个重要组成部分就是人力资本水平。东道国获得技术外溢效应的必要条件之一就是东道国拥有经过良好训练的人力资本。See Rajneesh Narula, *Understanding Absorptive Capacities in an "Innovation Systems" Context: Consequences for Economic and Employment Growth*, United Nations University, http://collections.unu.edu/eserv/UNU:1155/rm 2004 - 003.pdf.

中方由于体制等原因无法追加资金而被迫降低持股比例,外方取得公司经营控制权,重新安排各项规章制度、经营方案,如财务制度安排、供应商选择、价格方案等,使公司的经营决策向有利于自己获取利润的方向倾斜,[1]从而与中方就联合风险经营合同的解释和履行产生分歧,如不及时进行冲突管理而任其发展,不仅会使共同经营的合作关系破裂,公司被迫解散清算,还可能导致与海管局的开发合同终止,使当事方蒙受更严重的经济损失。这反映出与其他在我国境内履行的合资经营合同不同,涉及"区域"内活动的联合风险经营合同,兼具长期性和复杂性,基于这种契约所引起的纠纷化解路径需要深海法体系予以适当的规则指引。

三、"区域"矿产资源开发惠益分享秩序权益维护制度理念的工具导向

我国"区域"矿产资源开发惠益分享秩序权益维护制度理念的工具导向主要呈现的是当前国内有关"区域"矿产资源利益共享的管理体制和分配体系仍属于传统行政管制理念指导下的产物,未能对标"区域"矿产资源开发惠益分享秩序规范化的国际机制,在深海法体系内展现应有的制度认同。秩序权益维护的定位是国务院有关部门实现监督管理目标的手段或工具,集中体现为《深海法》新增的几项配套规范性文件的名称均冠以"管理办法"字样,这将会抑制秩序权益维护促进制度认同的治理功能。应有的制度认同具有国务院有关部门主导下的多元主体平等参与、多元主体间责任合理分担与利益公平共享的表征。检视《深海法》及其规范性文件不难发现,现行"区域"矿产资源开发惠益分享秩序权益维护的制度设计尚未充分体现制度认同理念的特征要求。虽然我国参与"区域"全球治理具有重视使用法律手段维护国家利益的特征,但是,2016 年出台的《深海法》仍较为笼统,相关规范性文件层次较低,适用范围较窄,需要配套制度加以完善,包括"区域"矿产资源开发利益分配制度。[2] 加之深海样品共享平台建设与共享机制探索过程中所暴露的制度认同

---

〔1〕 张晖:《在华外商投资企业控制权争夺及资本运作分析》,载《投资研究》2000 年第 5 期,第 40 页。

〔2〕 杨震、刘丹:《中国国际海底区域开发的现状、特征与未来战略构想》,载《东北亚论坛》2019 年第 3 期,第 121－122 页。

问题,[1]折射出开发惠益国内管理秩序权益维护制度理念的工具导向、经济惠益初次分配秩序权益维护制度理念的工具导向、财政惠益再次分配秩序权益维护制度理念的工具导向。

第一,开发惠益国内管理秩序权益维护制度理念的工具导向。这种工具导向表现为行政管制理念下我国开发惠益国内管理组织的身份异化与分工不明使权益维护制度设计未能充分考量承包者的利益需求和解决相关问题的需要,不利于发挥国内管理秩序权益、维护推动利益共同体成员公私合作关系和谐发展的治理功能。《深海法》体系框架内的大洋协会作为社会团体法人,应当独立于作为机关法人的国务院海洋行政主管部门。但事实上,国家海洋局虽然被我国国内深海立法指定为审批勘探开发申请的国务院海洋行政主管部门,负责向适格申请者颁发、送达许可证,[2]具有惠益分享管理组织的法律身份,但其在国家海洋管理体制改革中经历了重组以及撤销两个阶段。[3] 2013年的国家海洋局与美国国家海洋和大气管理局职能相同,都是国内管理“区域”矿产资源惠益分享事务的领导机构。为了制定更高等级的海洋发展战略和政策,新设立了总理制下的国家海洋委员会,具体工作仍由国家海洋局承担,彼时其作为副部级单位,集预测、决策、监测功能于一体。2018年国家海洋局被自然资源部整合职能,意味着国内惠益分享管理组织已由中央半集权型转为中央集权型模式,决策层级和独立性都获得了相应提升,符合国际法的主流发展和海洋强国战略趋势,但管理对象主体化的问题并未得到解决。20世纪90年代初,我国政府设立于国家海洋局内的中国大洋协会办公室,作为管

---

〔1〕 近年来,大洋矿产资源研究开发协会(以下简称大洋协会)依托样品馆的建设运行与大洋样品管理实践,逐步探索深海大洋样品共享机制,积累了深海样品共享平台建设运行的宝贵经验,为《深海法》中相关条款的起草提供了实践基础,并最终促成了深海样品统一汇交与集中管理制度的建立和《深海样品管理办法》的出台。《大洋样品管理规定》及据其制定的《大洋样品管理细则》,对规范中国大洋协会作为承包者所采集深海样品的安全保存、共享使用、成果反馈等工作,发挥了不可替代的重要作用。但随着五矿集团作为承包者成功申请获得“区域”内矿区,我国的承包者呈现多元化的态势,亟须建立超越承包者共享利用深海样品的管理政策。《深海开发样品管理暂行办法》仍属原则性政策文件,要实现样品资源的集中管理和共享利用,尚需操作层面的相关实施细则、规范性文件及技术标准。特别是对企业来说,如何在实现共享的同时最大限度地保护商业秘密,仍需继续探索。参见卜文瑞:《建立深海样品管理制度,促进深海样品共享利用》,载《中国海洋报》2018年4月25日,第2版。

〔2〕 参见《深海法》第7、8条,《深海开发许可管理办法》第5、9条。

〔3〕 参见金永明:《陆海统筹加快建设海洋强国》,载《检察风云》2018年第20期,第29页。

理和监督中国在“区域”开展勘探和开发活动,[1]负责颁布有关规章制度,监督我国实体的“区域”内活动,确保公约及其他国际法和惯例得到遵守的组织,此时却面临尴尬的境地。从机构性质看,其属于国家海洋局领导,组织协调协会成员从事“区域”矿产资源研究开发活动的社会团体,具体任务包括组织开展“区域”研究工作;向国家提出有关的决策建议;受政府委托,行使承包者的权利并履行义务;组织协调“区域”研究开发活动;开展国际与民间的科技交流与合作。然而,随着自然资源部组建,尽管对外保留国家海洋局牌子,却使《深海开发许可管理办法》将国家海洋局作为我国“区域”内活动的主管机关的规定有待调整,自然资源部与大洋协会的授权关系也有待确认,并且随着大洋协会完成从“区域”矿产资源开发先驱投资者到承包者的身份转换,[2]其应然成为管理对象,而不应充当管理主体。这种行政管制理念下的开发惠益国内管理秩序权益维护的驱动力呈现更多的是实现国家海洋行政主管部门维护国家利益的目标,而缺乏统筹兼顾围绕企业承包者的资源利益需求和解决“区域”内能力发展问题的需要而进行,其结果是抑制了国内管理秩序权益维护在促进利益共同体成员理解、沟通、合作、信任等方面发挥效用。而国际法治层面的管理职能分工理念呈现海管局主导下的责任共同体高效率与初次分配、命运共同体成员间开发惠益双向传递和共享的特点。检视前文我国国内管理组织,不难看出,现行开发惠益国内管理秩序权益维护制度的设计尚未充分体现管理职能分工理念的特征要求,不利于凝聚利益共同体成员公私合作开发“区域”矿产资源的共识。

第二,经济惠益初次分配秩序权益维护制度理念的工具导向。这种工具导向表现在《深海法》对人类共同利益界定模糊可能引起其他利益共同体成员

---

[1] See Council, *Laws, Regulations and Administrative Measures Adopted by Sponsoring States and Other Members of the International Seabed Authority with Respect to the Activities in the Area*, International Seabed Authority (May 4, 2012), https://ran - s3. s3. amazonaws. com/isa. org. jm/s3fs - public/files/documents/isba - 18c - 8_0. pdf.

[2] 1991年3月5日,经联合国批准,中国大洋协会在海管局和国际海洋法法庭筹备委员会登记注册为“区域”开发先驱者。1997年,根据《海洋法公约》有关规定,海管局批准了中国大洋协会在其多金属结核矿区15年的勘探工作计划。随后,中国大洋协会于2001年5月与海管局签订了《勘探合同》,标志着中国大洋协会正式从“区域”开辟活动的先驱投资者成为“区域”资源勘探的承包者。参见《中国大洋矿产资源研究开发协会简介》,载中国大洋矿产资源研究开发协会网,http://www. comra. org/2013 - 09/23/content_6322477. htm。

国误读中国基于负责任大国的道义与担当维护经济利益初次分配秩序权益的善意。人类共同利益是指将整个人类作为一个利益主体，所有人类活动应为人类整体谋求福利。我国一贯坚持维护“区域”及其资源是人类共同继承财产原则，[1]而人类共同继承财产原则的确立，将促使《海洋法公约》体系更多地以法律的形式确认人类共同利益事项。这一原则要求利益共同体以维护人类共同利益的目的，鼓励和支持开展“区域”矿产资源开发国际合作，其负责任大国成员应转变“自利”的开发行为模式，更多地参与经济惠益初次分配秩序的构建，更好地实现“区域”全球治理的目标。[2]然而，《海洋法公约》第140条缺乏对全人类利益的明确界定，仅笼统指向“从‘区域’内活动取得的财政及其他经济利益”。考虑到中国提出的“海洋命运共同体”理念正日益深入“区域”矿产资源开发国际法治的内核，被国际社会所接受和认同，展现了中国负责任大国的担当。为此，中国的深海法律体系在对维护人类共同利益的实现方式进行规制时，理应以“海洋命运共同体”作为价值目标与依归，使其具有深厚的法理意蕴与深切的人文关怀。这意味着中国在深海法律体系内构建开发惠益初次分配秩序权益维护制度时，应注重以“海洋命运共同体”维度来确定其人类共同利益维护条款的适当形式和内容，而且该类条款应当凸显“和谐海洋”理念内容蕴含的国际法要义。[3] 但当前《深海法》关于经济惠益初次分配秩序权益维护的制度理念与海管局秉承立法克制和竞争礼让所构建的相关机制框架融合度不足。在制度取向方面，既未能本着综合管理、标本兼治的原则对“维护人类共同利益”条款进行兼容经济利益实现方式的并入解释，也未能在

---

〔1〕 参见陆浩：《中华人民共和国深海海底区域资源勘探开发法解读》，中国法制出版社2017年版，第20页。

〔2〕 参见许健：《论国际法之“人类共同利益”原则》，载《北京理工大学学报（社会科学版）》2011年第5期，第116页。

〔3〕 “和谐海洋”理念内容蕴含的国际法要义，主要表现在以下方面：第一，应对和处置海洋问题应发挥国际组织尤其是联合国的主导作用，目的是构建公正合理的海洋管理制度。第二，各国在遇到海洋问题的纠纷时，需要通过协商解决，并应遵守国家主权平等原则，以维护海洋正常和安定的秩序。第三，由于海洋问题的关联性和复杂性，需要实施综合管理，所以在处理海洋问题时，必须坚持标本兼治的原则。第四，国际问题包括海洋问题的解决需要各种力量的组合，尤其需要通过多方面和多层次的合作方式解决，而合作具有国际法的基础。第五，为合理开发利用海洋资源，为人类服务，应保护海洋，以实现天人合一目标，实现可持续发展。由此可见，“和谐海洋”理念内容的目标，为我国构建“海洋命运共同体”提供了重要基础和行为规范，必须得到全面有效执行。参见金永明：《论海洋命运共同体理论体系》，载《中国海洋大学学报（社会科学版）》2021年第1期，第6页。

对利益共同体成员国的初次分配利益需要进行综合平衡与合理确定的基础上，将可有序引导开展国际多元合作的联合安排进行分别解释，以有效汇聚利益共同体其他成员的力量协同开发我国承包的"区域"内矿区资源。这或许使《深海法》的"维护人类共同利益"的立法目的遭受来自利益共同体其他成员国的曲解和误判。申言之，中国作为"区域"内勘探合同数量最多(5个)，也是唯一一个对多金属结核、多金属硫化物和富钴结壳3种矿藏拥有优先开发权的先驱投资者的国家，[1]前期勘探投资巨大，加之适应性管理往往要求其在大规模生产前进行小规模的短期试采作业，以便评估环境影响，并及时反馈新的数据信息以辅助政策调整，这不仅需要具备不断监测环境影响的能力和基础设施，还会因为海管局持续调整"区域"内采矿作业的环境标准，[2]面临必须追加投资等诸多不可预估的风险，不得不延长生产准备周期，错失某些商业时机，[3]导致资源开发经济效益降低，引起责任共同体其他成员国对我国从事"区域"内活动的猜忌。[4]

第三，财政惠益再次分配秩序权益维护制度理念的工具导向。这种工具导向体现在我国对海管局构建财政惠益再次分配秩序的立场和主张偏于责任共同体的参与者视角来权衡财政运行机制内容的利弊，不利于团结其他命运共同体成员争取更大的制度性话语权。从惠益分享层面解读"引领"的法律内涵，应当通过国际法规则明确义务的方式呈现合作分享利益最大化的吸引，以尊重多边国际关系功能主义客观规律的要求，使其他命运共同体成员认同我国的主导意志。然而，从参与制定开发规章的立场看，我国更多的是用近似发

---

〔1〕 See Council, *Status of Contracts for Exploration and Related Matters, including Information on the Periodic Review of the Implementation of Approved Plans of Work for Exploration*, International Seabed Authority (Jan. 11, 2019), https://ran-s3.s3.amazonaws.com/isa.org.jm/s3fs-public/files/documents/25c-9-e.pdf.

〔2〕 See Aline Jaeckel, *Deep Seabed Mining and Adaptive Management: The Procedural Challenges for the International Seabed Authority*, Marine policy, Vol. 70: 205, p. 205-206 (2016).

〔3〕 参见薛桂芳、徐向欣：《国际海底管理局适应性管理办法的推行及中国的应对》，载《中国海商法研究》2017年第2期，第54-57页。

〔4〕 例如，有国外学者提出，尽管印度和中国都是"区域"内活动"先驱投资者"的国家，但相较于同时期的印度局限于从事印度洋地区的"区域"矿产资源开发研究，中国放眼全球范围内的"区域"矿产资源开发研究，特别是在印度洋拥有多金属硫化物的开采权，并努力在这个海洋空间中获得更多的矿区面积，可能使中国在印度洋的过境和存在合法化，从而威胁到印度的国家安全。See Nitin Agarwala, *Advances by China in Deep Seabed Mining and Its Security Implications for India*, Australian Journal of Maritime & Ocean Affairs, Vol. 2: 94, p. 94 (2021).

达国家的参与者视角来权衡财政运行机制内容的利弊。中国代表团在海管局第24届大会会议上关于《开发规章草案》第7、8部分的发言中指出，就缴费范围而言，目前《开发规章草案》的缴费范围过宽，似乎包括采矿的上下游整个全产业链，不符合世界采矿立法的实践。开采等上游环节应当属于缴费范围；运输、选冶等下游环节不应在缴费范围之内。对于《开发规章草案》第61条涉及的财政激励机制，应进一步研究规定供资方式的必要性。其实，早在《海洋法公约》缔结前，缔约国就对由生产费和收益净额份额分享构成的混合缴费机制多有分歧。发达国家认为，生产费只能从开采阶段提取，即从回收的多金属结核矿石价值中提取一定的百分比；收益净额份额分享也只能从开采阶段征税，因为此后阶段已脱离了矿址，不应再向海管局缴税，因而产生了一项“开发合同区域收益净额”的新概念。发展中国家则认为，生产费应从一个矿址开发、运输、加工、销售的全部综合过程的收益净额中提取，即交付经过冶炼加工金属市价的一个百分比；而只征收开采阶段的收益净额，就等于在其他几个阶段的收益净额中没有把多金属结核的价值计算进去，这是不合理的。因此，发展中国家坚持应从综合作业的全部净收益中缴付一定的百分比。[1] 有理由相信，利益共同体成员内部因为国家间地理位置、经济实力等参与初次分配的潜在条件不同，识别促成合作的共同利益绝非易事。特别是澳大利亚和新西兰等国一直对中国在南太平洋地区的投资表达担忧，忌惮中国对该地区的财政援助和特惠贷款会削弱他们的地缘影响力，有意联合排挤施加遏制，极力压缩可供我国有效实施深海战略的运作空间。

第二节　我国“区域”矿产资源开发技术能力发展权益维护规则调适

恰适性的制度必是可行的制度，首先表现为制度的可操作性，即能够被人们理解和执行。[2] 在利益共同体共商“区域”开发的秩序理论下，这一制度规

---

〔1〕 参见陈德恭编著：《国际海底资源与海洋法》，海洋出版社1986年版，第360－361页。

〔2〕 参见秦国民、高亚林：《恰适性：推进国家治理现代化的制度建设原则》，载《中国行政管理》2015年第9期，第60页。

则调适遵循的可行性原则在方法论意义上可视为博弈均衡制度同构。博弈规则是内在产生的，它们是通过包括实施者在内的博弈参与人之间的策略互动而自我实施的。从这种观点出发思考制度的最合理的思路是将制度概括为一种博弈均衡。[1] 显然，制度的博弈均衡观是将制度视为一种内生于博弈过程的均衡结果，既包括博弈策略均衡结果，也包括有关博弈如何进行或如何达至某一具体策略均衡的共有信念。[2] 从制度演进看博弈规则，以《深海法》为核心的深海法律体系属于外生规则（组织规则），[3] 可行性调适的核心动力来自"供给—需求"两端政府和深海产业主体的交互作用。总体构成博弈过程的均衡结果，意味着与我国深海技术实践及相关部门法规则的情境适配将通过深海法律体系框架内我国"区域"矿产资源开发技术能力发展权益维护相关规则的制度同构实现，具体表现为技术创新能力发展权益维护强制同构的知识产权保护制度规则、技术引进能力发展权益维护模仿同构的市场信息公开制度规则、技术吸收能力发展权益维护规范同构的联合企业安排制度规则。

一、技术创新能力发展权益维护强制同构的知识产权保护制度规则

深海技术创新能力发展权益维护强制同构的知识产权保护制度规则源于其运作所处的国家管控优先的深海法律文化期望施加的非正式压力。这种压力可能被感知为一种强制，也可能被感知为被说服或被邀请，[4] 具体表现为其他深海资料自愿汇交的效率性缺陷与政府机构对及时掌握和评估资料保密价

---

〔1〕 参见[日]青木昌彦：《比较制度分析》，周黎安译，上海远东出版社 2001 年版，第 2 页。

〔2〕 制度通常被视为博弈的规则、博弈的参与者或者博弈的均衡结果。制度的博弈规则观是将制度视为博弈的外生规则，它是所有参与者事前必须共同遵循的规则，是参与者之间有关博弈场景的共同知识。这方面的研究集中在机制设计理论中。但是，如果将制度视为博弈规则，那么制度的生成和实施只能诉诸一个更高层级的博弈，而后者博弈规则的生成和实施又必须再次诉诸更高层级的博弈，如此递推直至无穷，很难真正回答制度生成问题。制度的博弈参与者观实际上是将制度视为一个特殊的参与者，通过引入这个参与者（如政府），改变其他参与者的策略集合、支付集合、信息集合博弈的次序等，亦即改变原有博弈的外生规则，这实际上是形成新的博弈规则。在这个意义上，所谓的博弈参与者观实际上也可以视为一种博弈规则观。参见黄凯南：《偏好与制度的内生互动：基于共同演化的分析视角》，载《江海学刊》2013 年第 2 期，第 81 – 82 页。

〔3〕 哈耶克对"内部规则"和"外部规则"的界分对应到他对秩序的理解也区分为"内在秩序"（或"自生自发秩序"）和"组织秩序"（或"人造秩序"），奠定了他的"法律（内在规则）与立法（外在规则）二元观"的法律哲学基础。参见邓正来：《哈耶克法律哲学的研究》，法律出版社 2002 年版，第 306 页。

〔4〕 参见何俊志、任军锋、朱德米编译：《新制度主义政治学译文精选》，天津人民出版社 2007 年版，第 263 页。

值的期望之间的反差,国家资助深海科技成果使用规则一般性鼓励的效率性缺陷与政府机构对本国优先使用和购买的期望之间的反差。可以说,对这一制度规则的调适主要依靠供给端政府机构的强制力,源于行政主导型市场经济国家的定位。

第一,国家保留产权保护的深海资料汇交强制规则。深海资料管理中的汇交强制规则,是指在立法上强制要求任何从事"区域"矿产资源勘探、开采和相关环境保护、科学技术研究、资源调查活动的公民、法人或者其他组织应当忠实履行汇交各类原始资料、成果资料和实物样品信息的目录清单的义务要求。由于深海资料具有公共物品属性,深海科技成果形成与转化需要集中"区域"内收集获取的大部分数据信息来源,所以无论是由国家财政经费支持的国家深海资料还是由其他来源经费支持的其他深海资料,在汇交范围、时限、程序等方面应该具有平等地位。立法上设立对深海资料汇交的强制,目的就在于经由法律手段纠正以深海资料有无某种经费来源及承担任务类型作为是否汇交标准的二分法。在充分掌握汇交资料基本情况的前提下,政府机构方能适时识别是否涉及"国家利益和战略需求"并作为后续深海科技成果专利申请保密性审查的重要依据,从而对该项成果的产权是否予以保留作出决策。当然,无论是《深海开发资料管理暂行办法》中的"国家利益和战略需求"还是《科学技术进步法》中的"国家安全、国家利益和重大社会公共利益",抑或《专利法》中的"国家安全或者重大利益",都存在进一步解释的空间,权利申请人对政府部门的审查认定结果存有异议,需要配备行政程序上的权利救济途径。总体而言,在统一强制深海资料的汇交义务基础上,对于汇交范围、时限、程序等方面的规定有待开采规章制定"合理需要的"数据和资料的范围以及提供这些资料的方式的准则、关于数据和资料机密性质的行政程序的附件,澄清哪些数据和信息是机密资料并为此设定标准或具体规定最低限度必须分享的数据和信息后,[1]再适当调整深海法律体系中的相关规定。

第二,国内优先权利保护的深海成果使用强制规则。深海成果共享中的使用强制规则,是指在立法上强制要求拥有国家资助深海科技成果知识产权

---

〔1〕 See Council, *Comments on the Draft Regulations on the Exploitation of Mineral Resources in the Area*, International Seabed Authority (Dec. 4, 2019), https://isa.org.jm/files/files/documents/26-c-2-en.pdf.

的项目承担者应当优先确保我国深海产业使用，我国公民、法人或者其他组织享有同等条件下受让或者被许可实施的优先权。国家资助深海科技成果的权利审查与授予、本国优先使用与购买属于政府介入权等权力干预，“同等条件下”的限定目的在于平衡知识产权作为私权保护的价值，综合后的法律效果实质是在项目承担者与国内需求者之间构筑事前协商的强制规则，完整实现公益优先与“私权自治”。《科学技术进步法》第32、33、34条标志着“拜杜规则”在中央立法层面得以确立，核心在于对知识产权归属问题采取“放权”政策，但是中国的科技成果转化率仍远低于发达国家水平，国家资助科技项目成果权益规则没有发挥其特有的作用。[1] 因此，寄希望于通过《科学技术进步法》《科技成果转化法》的激励性原则达致提高深海科技成果转化率的目标仍然任重道远。国家管控优先的深海法律文化反映出我国属于行政主导型的市场经济国家，在深海科技成果使用、转让或者许可实施问题上，如果说《科学技术进步法》《科技成果转化法》的激励性原则已经存在选择缔约对象的平等性强制，即要求获得国家资助深海科技成果产权的项目承担者在对成果的转让或者许可实施时平等对待包括境外公民、法人或其他组织，那么作为特别法的《深海法》及其规范性文件在以“同等条件下”有机衔接缔约对象平等性强制立法宗旨之余，更要以国内优先权的设置保护财政资金贡献的公平性，避免项目承担者利用成果传播渠道上的支配力，差别对待作为纳税人的国内公民、法人或其他组织。

二、技术引进能力发展权益维护模仿同构的市场信息公开制度规则

深海技术引进能力发展权益维护规则的模仿同构源于技术本身及其引进相关立法技术的实效难以把握，借鉴同样具备良好的深海技术基础的域外国家经验做法，有利于提高立法质量。深海技术系统具有非同寻常的复杂性，当前，世界上绝大多数国家尚不具备进入深海、探测深海的技术条件，完全依靠自主研发技术的深海开发更是绝无仅有。海管局成员和其他利益攸关方对《开发规章草案》评论的一般性意见普遍强调发展中国家能力建设的重要性，

---

〔1〕 参见骆严、焦洪涛：《政府资助科技项目成果转化中国有资产管理制度的障碍及对策》，载《中国科技论坛》2015年第5期，第24页。

建议规章附带一项明确和可衡量的工作计划以加强能力和转让技术。[1] 从技术转让角度来看，国家政府更倾向于技术购买的社会效益，而企业承包者追求利润最大化的个体理性决定自身更青睐技术租赁的经济效益。故而针对深海技术本身及其引进能力发展相关的立法技术实效具有不确定性，基于当前勘探阶段已核准工作计划承包者的担保国（捷克、汤加、库克群岛等）有相关立法经验，[2]借鉴其国内深海立法经验不失为调适成本和降低风险的做法。从这个角度来讲，模仿机制也当然是效率导向，模仿成功制度的过程，实际上就是学习并接受其成功经验的过程。[3] 换言之，我国“区域”矿产资源开发技术引进能力发展权益维护规则形式融合的演进模式，强调立法者应关注于如何使被移植的法律规则经适当调整更加具有本地特色。为了强化法律规则的可操作性，立法者应更关注中国本土的政治与经济情境，并制定出与这种情境相适应的法律。[4] 因此，在技术引进能力发展的市场信息公开方面，以承包者实际需求为导向，国家政府基本处于公共服务提供者的地位，需求端的承包者在其中的推动作用渐趋增强。

第一，技术装备租赁的权利信息管理公开模仿规则。我国深海开发许可管理制度中，权利信息管理公开模仿规则，是指借鉴域外国家深海立法的技术装备租赁规则设置，明确申请我国担保从事“区域”内活动的公民、法人或其他组织提供技术装备的所有权、租赁情况作为技术能力说明信息内容。技术能力信息反映了申请者的技术能力状况，在申请书中应载明足够的具体资料，使国务院海洋行政主管部门能够据此确定申请者是否拥有执行工作计划所需的技术资源，能否履行未来海管局合同规定的义务。从可行性上看，深海科学研究规则功能基础的局限，在于投入和产出的比值有限。实践中，为了最大限度

---

〔1〕 See Council, *Comments on the Draft Regulations on the Exploitation of Mineral Resources in the Area*, International Seabed Authority (Dec. 4, 2019), https://isa.org.jm/files/files/documents/26-c-2-en.pdf.

〔2〕 See Council, *Status of Contracts for Exploration and Related Matters, including Information on the Periodic Review of the Implementation of Approved Plans of Work for Exploration*, International Seabed Authority (Dec. 17, 2019), https://isa.org.jm/files/files/documents/isba-26c-4-en.pdf.

〔3〕 参见田湘波：《制度同构理论视角下国家监察体制改革的价值追求》，载《湖湘论坛》2018 年第 2 期，第 148－149 页。

〔4〕 参见周天舒：《中国公司治理法律规则发展模式的再探讨：一个路径依赖的视角》，载《中国法学》2013 年第 4 期，第 101 页。

地提高深海技术装备的使用效率,融资租赁成为一种新范式。[1] 承租人通过估算装备折旧淘汰的期限,确定租赁周期,即使该技术装备折旧淘汰,租期任务也已相伴完结,承租人可再租赁彼时生产效能处于更领先地位的新技术装备,从而持续稳步推进作业进程。因此,借助权利信息管理公开规则,细化《深海法》中的"技术能力说明材料"以及《深海开发许可管理办法》中的"技术装备说明",明确国家担保申请者需要提交从事"区域"内活动所需船只、设备的所有权证明,租赁合同证明或其他相关文件,能集中公示多元权利类型的情况以便于我国政府机关、海管局及时了解权利的状态,更有效率地承担开发权利许可中的担保国责任和有效解决监督控制"区域"内活动问题。

第二,产业技术指导的服务信息管理公开模仿规则。我国深海开发许可管理制度中,服务信息管理公开模仿规则,是指借鉴域外国家深海立法的产业技术指导规则设置,结合我国当前深海公共平台的建设和运作的本土情境,有机衔接深海公共平台共享合作机制,为我国从事"区域"内活动的公民、法人或其他组织提供深海技术市场交易信息情况查询、筛选等专业服务。及时发布、传播和有效利用深海技术市场信息,对提高深海科学技术研究起点、加速资源调查、促进深海公共平台的建设和运行意义重大。为着力解决深海公共服务需求,服务信息管理公开规则应突破深海开发许可管理制度中国家海洋行政主管部门与承包者之间监管者和被监管者角色定位的局限,在法律层面上体现双方平等的"伙伴关系"。人类挺进深海开发的征途上,技术事故当为最大的挑战;然而决策上的失误,却可以造成更大程度的损失。[2] 无论是承包者根据拟议工作计划对所需技术装备及其租赁周期的决策,还是中介服务机构从事深海技术评估、深海技术经纪等活动的决策,都离不开产业技术指导规则的明确指引。因此,借助服务信息管理公开规则,有利于培育和发展技术市场,引导建立社会化、专业化和网络化的深海技术交易服务体系。一方面,细化

---

〔1〕 由我国建造的世界首艘深海采矿船,船东为阿联酋海工(MAC),该船总造价约5亿美元,计划在2018年年底或2019年年初交给鹦鹉螺矿业公司在西太平洋进行深海金属矿产开发。鹦鹉螺矿业公司在2014年签订的是租用协议,租期至少5年,日租金为199,910美元,5年租期满之后,鹦鹉螺矿业公司可选择续租或是购买。参见《深海采矿船吹响进军深海号角》,载国际船舶网2017年11月6日,http://www.eworldship.com/html/2017/ship_market_observation_1106/133362.html。

〔2〕 参见汪品先:《发展深海科技的前景与陷阱》,载《科技导报》2021年第3期,第76页。

《深海法》、《深海开发许可管理办法》第 4 条的“规划”“经济、技术政策和措施”，明确国家海洋行政主管部门有权出版、传播与“区域”内活动相关的技术性的或者行政性的程序、标准、建议的实践措施和相关的手册，以协助权利证书持有人、政府机构和其他利益相关人执行和落实国内深海法律体系以及海管局相关机构所颁布的文件规定。另一方面，完善深海公共平台的专业服务功能，扩大深海公共平台共享合作机制的适用范围。深海公共平台包括各类深海活动的业务平台，其功能界定既要考虑当前需求，也要兼顾长远发展。《深海法》第 16 条没有直接定义深海公共平台的概念，而是通过描述其基本功能的方式对其予以界定。未来我国深海事业的发展，应要求对可能形成的深海信息服务咨询平台须符合《深海法》所界定的平台功能，[1] 在此基础上，应注意提高深海公共平台共享合作机制在深海法律体系中的适用层级，依托深海开发许可管理制度，覆盖“区域”内活动各阶段的社会关系，使平台提供的深海技术市场交易信息情况查询、筛选等专业服务得到法律确认。

三、技术吸收能力发展权益维护规范同构的联合企业安排制度规则

“区域”矿产资源开发技术吸收能力发展权益维护规则的规范同构源于深海科学技术训练方案与中小企业伙伴关系措施的专业化结果，捏合了深海法律体系与相关部门法规则，勾勒了政府和大型企业承包者博弈策略均衡的共有信念。

一方面，对深海科学技术训练方案来说，《科学技术进步法》第 41 条明确指出国家鼓励企业对引进技术进行技术消化、吸收和再创新。联合企业安排是一个长期合作的过程，对引进后的技术装备进行消化、吸收和再创新离不开对相关技术人员进行能力建设，即使大型企业也需要广泛吸收诸多成员企业技术和管理所长。另一方面，就中小企业伙伴关系措施而言，《中小企业促进法》第 39 条表明，国家支持大型企业与中小企业建立以市场配置资源为基础的，稳定的原材料供应、生产、销售、服务外包、技术开发和技术改造等方面的协作关系，带动和促进中小企业发展。我国中小企业催生深海产业的能力不

---

〔1〕 公共平台涉及领域多、用途广泛，深海公共平台应同时满足以下基本功能：(1) 能够为深海科学技术研究、资源调查活动提供专业服务；(2) 能够促进深海科学技术交流、合作及成果共享。参见陆浩主编：《中华人民共和国深海海底区域资源勘探开发法解读》，中国法制出版社 2017 年版，第 130－131 页。

断壮大,[1]并具有成为深海技术创新"排头兵"的潜在条件,[2]既能够为大型企业提供优势互补、共担风险的多元合作选择,也能够为国内大型企业在与联合企业的技术引进谈判时争取和外方平等的地位。总的来说,联合企业安排通过多家不同背景企业的合作运营可以分散政治风险和安全风险,政府与大型企业在与外国投资者和国内中小企业的互动过程中形成加强技术引进后的消化吸收再创新的权益维护效果,表现为通过深海科学技术训练方案与中小企业伙伴关系措施的专业化规则兼容《外商投资法》第 22 条,补强《中小企业促进法》第 5 条。

第一,消化吸收能力发展的深海科学技术训练方案专业化规则。消化吸收能力发展的深海科学技术训练方案专业化规则是指基于《深海法》第 7 条第 5 项和《深海开发许可管理办法》第 6 条第 8 项的资料清单兜底条款,在许可管理制度中将深海科学技术专业化训练方案纳入技术能力说明申请材料范畴,要求被许可人在从事"区域"内活动期间,按照方案训练其科学和技术人员,促进技术消化吸收能力发展。就《深海开发许可管理办法》而言,有意从事"区域"内活动的我国公民、法人或者其他组织需要提交的技术能力说明申请材料涉及面广,不但涵盖申请者相关的先前经验、知识、技能、技术资格和专长的一般说明,预期用来执行合同的设备和方法的一般说明,以及关于这些技术的特点的其他非专有性相关材料,甚至还涵盖了申请者处理对海洋环境造成严重

[1] 2020 年"创客中国"海洋产业中小企业创新创业大赛以"助力中小企业经略海洋,共筑海洋强国创新生态"为主题,自 7 月启动以来,在全国范围征集海洋中小企业创新创业项目 240 个,涵盖海洋装备制造、海洋新材料、信息技术、人工智能和大数据等海洋及相关领域,最终世界陶瓷科学院院士团队成果产业化项目荣获一等奖,彩虹鱼海洋大数据与智慧海洋等 3 个项目荣获二等奖,便携式水下智能航行器等 8 个项目荣获三等奖,AI 航海—船舶航行智能辅助系统等 8 个项目荣获创新奖。参见《2020 年"创客中国"海洋产业中小企业创新创业大赛圆满落幕》,载即墨政务网 2020 年 9 月 24 日,http://www.jimo.gov.cn/n28356046/n5218/n5234/200929112019302176.html。

[2] 2014 年 11 月获批的上海深渊科学工程技术研究中心以全海深载人深渊器研制为抓手,采用科学与技术、技术攻关与市场开发、民间资金与国家支持相结合的新模式致力于深渊科学技术流动实验室建设,努力把我国载人深潜技术发展成为世界先进水平。同时,通过与相关企业紧密合作,全面挖掘深渊技术和科学的市场潜力,形成一个自成体系的完整产业链,使深渊中心成为一个国际知名的"产、学、研一体化"研究机构。2014 年搭建了"上海叔同深渊科学技术基金会",邀请合作伙伴创建"上海彩虹鱼海洋科技股份有限公司"与"上海彩虹鱼科考船科技服务有限公司",吸收民间的捐资和投资,完成 4800 吨级科考母船"张謇"号设计与制造,是深渊中心探索的"民间资本 + 国家支持""科学家 + 企业家"创新模式的一个重大成果。参见周悦、崔维成等:《深渊科学工程技术研究中心建设的探索与实践》,载《实验技术与管理》2016 年第 10 期,第 16 - 17 页。

损害的事件或活动的财政和技术能力的一般说明,不可谓不严密。然而,就技术吸收能力发展而言,深海科学技术专业化训练方案的规定不可或缺。深海科学技术专业化训练方案在性质上既非申请者过往资质说明,也并非直接相关未来履行合同的能力,按照现行规定,其并非属于适格申请者的技术能力说明材料范畴。事实上,将深海科学技术专业化训练方案纳入技术能力说明申请材料范畴较为合理,因为这样不但可以促进技术能力审查制度的细化,推动国内社会消化吸收技术能力向纵深方向发展,反过来也能使承包者持续履行合同的资质和能力得以进一步的证明和提高,走上良性循环的道路。从表面上看,这一规则针对的似乎是所有申请者,实际却不然,如果申请者是合伙企业或联营企业,则各个合伙者或联营者均应提供上述要求的财务和技术资料,[1]这有机衔接了《外商投资法》第 22 条所规定的国家鼓励在外商投资过程中基于自愿原则和商业规则开展技术合作,技术合作的条件由投资各方遵循公平原则平等协商确定,行政机关及其工作人员不得利用行政手段强制转让技术的规定,从而为联合企业组建协议厘定了核心条款范畴及商务磋商焦点。鉴于这种理由,在提交技术能力说明材料的规定中,建议明确要求提交深海科学技术训练方案,为联合企业安排下的技术消化吸收能力发展创造规范空间。

第二,再创新能力发展的中小企业指导措施专业化规则。再创新能力发展的中小企业伙伴关系指导措施专业化规则是指基于《深海法》第 4、5 条的规定,国家海洋行政主管部门与国务院其他有关部门按照国务院规定的职责,与行业协会、企业代表联合拟定深海技术创新能力资质鉴定政策和措施,申请并通过资质鉴定的中小企业将被授予“伙伴”地位,要求申请从事“区域”内活动的我国公民、法人或其他组织在选择国内合作对象方面对符合资质的“伙伴”给予优先考虑,并对具有“伙伴关系”的企业及之外的中小企业提供参与我国深海事业的额外便利政策措施。《中小企业促进法》第 5 条第 3 款规定了国务院有关部门根据国家促进中小企业发展政策,在各自职责范围内负责中小企业促进工作,这也意味着国家海洋行政主管部门应在联合企业安排促进技术再创新能力发展的职责范围内加强对中小企业的指导与服务。考虑到我国国内中小企业直接参与“区域”内活动的实力普遍有限,深海技术创新能力资质

---

〔1〕 参见陆浩主编:《中华人民共和国深海海底区域资源勘探开发法解读》,中国法制出版社 2017 年版,第 69 页。

鉴定优先以政府及大型企业的实际需要为标准，但对中小企业参与“区域”内活动的指导与服务应适当开放，如此方能最大限度地确保相关政策措施实施进程中的公平性。细思之下不难发现，国家海洋行政主管机关执行“伙伴关系”政策措施之后，仍会有相当数量的中小企业不符合资质鉴定标准。无论是我国《深海法》第6条鼓励“区域”内活动各阶段的“国际合作”，还是《深海法》第15条支持“科学技术研究与资源调查”的企业参与，从不同侧面反映了国家海洋行政主管机关指导与服务的重点对象为大型企业或高新技术企业。但不容忽视的是，我国中小企业正迅速成长，未来在扩大海洋领域就业渠道、优化深海产业结构与深海经济增长等方面将扮演重要角色。因此，在制定面向具有“伙伴”地位潜质的中小企业优惠政策和措施之余，国家海洋行政主管机关还可考虑由内设机构与专业人员履行对中小企业的服务指导职责，定期举办专场咨询会和发展论坛，加强与中小企业之间的沟通对话，为中小企业提供参与“区域”内活动的业务指导。

第三节　我国“区域”矿产资源开发融资方式选择权益维护载体调适

协调性是指在制度的设计、执行等过程中，制度与其所在环境、制度与人以及制度相关的人与人组成有机整体，彼此之间配合得当，协调一致。[1] 在利益共同体共商“区域”开发秩序理论下，这一制度载体调适遵循的协调性原则在方法论意义上可视为互惠偏好制度协同。个体偏好是指主体以满足自身利益最大化的需要，倾向于能达到某种目的或结果的心理状态的反映或期望；互惠偏好则是以关心他人利益的方式而使自己获得最大的利益的反映或期望。但自愿的互惠无法形成，于是政府作为第三者，强制执行互惠。[2] “区域”矿产资源开发融资方式选择权益维护载体的互惠偏好指向一个结构体系，涵盖

---

〔1〕 参见秦国民、高亚林：《恰适性：推进国家治理现代化的制度建设原则》，载《中国行政管理》2015年第9期，第60页。

〔2〕 参见刘连泰：《法理的救赎——互惠原理在管制性征收案件中的适用》，载《现代法学》2015年第4期，第66页。

了政府与拟议工作计划申请者的合作要素以及政府与利益相关方的合作要素，国家海洋行政主管部门代表公众和环境利益的政府偏好作为当中的关键一环，主要涉及消费性支出与服务性支出，[1]分别由政治领导学的政治过程理论和政治制度自我作用理论放大为居间和导向并用的制度协同方式，[2]协调并整合载体背后多元主体间的利益关系，[3]构建出开发风险融资方式选择权益维护激励协同的保险保障制度载体、开发项目融资方式选择权益维护居间协同的合同担保制度载体、联合开发融资方式选择权益维护诱导协同的争端解决制度载体。

一、开发风险融资方式选择权益维护激励协同的保险保障制度载体

开发风险融资方式选择权益维护激励协同的保险保障制度载体追求制度的设计者与需求者最终目标的一致性，意味着在深海法律体系框架内探索一种激励相容模式，这种模式属于导向型制度协同，不仅以利益聚合过程激励国内保险机构触发技术创新能力发展权益维护的规则效应，[4]变更政府执行互惠的强制方式，还在协调政府和拟议工作计划申请者利益偏好过程中，由国家

〔1〕 政府偏好是政府财政支出中的客观支出偏好。政府支出分为三类：一是投资性支出，以直接促进经济建设投资为主，包括基础设施的投资开发、能源勘探、交通运输等；二是消费性支出，包括行政管理费等；三是服务性支出，包括科教文卫支出、社会保障支出、国防及公共安全支出等。投资性支出具有生产性，具有促进经济发展的作用；消费性支出不具有生产性，仅是维持政府正常运行的必要支出；而对服务性支出是否具有生产性则意见不一。参见后小仙、郑田丹：《晋升激励、政府偏好与区域经济增长》，载《财贸研究》2016年第4期，第70页。

〔2〕 在政治领导学理论中，有两类概念对比强烈。第一种经典的政治领导学理论强调，要在具有特定需求的参与者中间建立起有战斗力的政治同盟。领袖的作用就像是经纪人：提供信息、甄别可能的联盟、降低边际成本以及在投票中互相帮衬。这种领袖理论隐含在近年来的政治过程理论中。第二种领袖理论强调领袖及其追随者的偏好转型。领袖与其追随者间相互影响，并被新的理念和责任所吸引。领导的作用就是进行教育、激励并接受新的世界观，更新理念，激发责任感。这种观点在更认同政治制度自我作用的理论中尤为突出。参见［美］詹姆斯·G.马奇、［挪威］约翰·P.奥尔森：《重新发现制度》，张伟译，生活·读书·新知三联书店2011年版，第163页。

〔3〕 参见魏建国：《现代社会进程中的利益冲突与制度协调》，载《当代世界与社会主义》2005年第6期，第84页。

〔4〕 聚合的政治过程基本上是利益、权力和交换的过程。在理性交换的聚合理论中，代理问题被解释为激励相容（Incentive Compatibility）问题。政府官僚被认为具有私人安排和偏好，并通过公职来寻求进一步实现这些目标。这个问题的对策可以通过对激励和控制机制进行设计来找到，从而使代理人的理性自利行为促进人民的利益的获得。参见［美］詹姆斯·G.马奇、［挪威］约翰·P.奥尔森：《重新发现制度》，张伟译，生活·读书·新知三联书店2011年版，第120页。

海洋行政主管部门及国务院其他有关部门从外部推动国内保险机构督促拟议工作计划申请者恪守“区域”内活动风险谨慎注意义务，构建一种基于申请者全面履行保险合同义务的辅助监管制度。与一般责任保险投保与承保的双向强制不同，这是一种建立在有限市场容量和承保主体受限情境下的强制投保模式，申请从事“区域”内活动的我国公民、法人或其他组织均应就责任事故预防投保，这是授予国家担保及开发许可的前提。为此，建议出台“深海法实施条例”，通过国家海洋行政主管部门的深海技术创新服务性支出与深海开发许可消费性支出并用的方式，平衡政府、开发申请者、保险机构、事故受害人等多方利益，使这一保险保障制度载体激活内部的风险补偿及风险监管功能，从而发挥支持技术创新、监控作业行为和修复事故损害的制度效用。

第一，开发技术创新风险补偿的保险保障激励载体。就我国深海法律体系而言，国家鼓励与相关产业合作研究深海科学技术原则下的保险保障激励载体，服务于深海技术创新能力发展权益维护规则，面向科研机构与技术创新企业保险，旨在促进国家资助深海科技成果的转化与应用，对参与深海技术创新活动保险以及承保高科技深海项目的保险机构给予补偿。建议在“深海法实施条例”中细化《深海法》第4条的“经济、技术政策和措施”以及第15条的“鼓励与相关产业的合作研究”，采取各种形式的补贴、优惠价格、税收减免、贴息或低息贷款等激励方式，[1]鼓励保险机构在“提升资源勘探、开发的能力”上有大作为。在实际操作中，对于风险评估及补偿的计算，相关部门要结合具体的科技项目作出分析和评价，需遵循公平、公正、公开的原则。相关的政策措施设计，要进一步明确深海技术创新风险补偿的实施主体、监管主体以及获得补偿的条件、程序等问题。在一些具体的政策措施规定上，既要借鉴国外的先进经验，又要结合我国当前的实际情况，如基于《科学技术进步法》第92条鼓励保险机构根据高新技术产业发展的需要开发保险品种，进一步深化科技保险创新激励，在财政支持的基础上，对率先开发出适应市场需求的新产品的保险公司给予特别奖励，加强对创新型科技保险产品的产权保护，防止因市场模仿抄袭行为对原创公司合法权益造成侵害。同时，保监会要逐步放开保险机构准入门槛，鼓励成立专营性科技保险公司，提高科技保险经营的专业化和

---

[1] 参见张梓太、沈灏、张闻昭：《深海海底资源勘探开发法研究》，复旦大学出版社2015年版，第220页。

精细化水平。[1]

第二,开发活动事故风险监管的保险保障激励载体。就我国深海法律体系而言,国家海洋行政主管部门及其他有关部门依职权监督管理保险保障激励载体,依托于“区域”矿产资源开发风险融资保险机制,面向拟议工作计划申请者保险,旨在有效预防和处置“区域”内活动的责任事故,在监督检查框架内通过对海管局和国家海洋行政主管部门收集的“区域”内活动信息的合理共享,激励保险机构督促申请者全面履行保险合同义务。当前,“区域”内活动事故风险监管保险制度大致有两种立法体例:一种是以德国为代表的国家在国内深海立法的开发资质审查框架内引入这一制度;另一种是以库克群岛为代表的国家在国内深海立法的开发资质审查以及法律责任框架内对其予以引入。就我国深海法律体系而言,《深海开发许可管理办法》第8条第6项“是否符合国际海底管理局规定的各类资源勘探、开发应具备的条件”已为在开发资质审查框架内设置“区域”内活动可能造成损害的保险留有余地。而从政府部门监督管理的互惠偏好角度来看,对该保险保障激励载体的引入还需要拓宽监督检查和法律责任方面的制度空间。申言之,在“区域”内的活动方面,随着大数据和信息共享的变化,资源需求和检查方法必然与时俱进发生改变,并将根据有效勘探和采矿作业的规模、数量以及该行业的发展情况重新评估资源需求。近年来,利益攸关方在与海管局磋商过程中作出的一些回应中,就建议使用远程监测技术。[2]《开发规章草案》第102条“电子监测系统”第2款和第4款规定,所有采矿船只和采集器均应配备电子监测系统。该系统应记录所有采矿活动的日期、时间和位置。报告细节及其频率应与准则相符;根据本条转交海管局的所有数据均应转交担保国。而从我国《深海法》《深海开发资料管理暂行办法》来看,深海资料汇交规则的适用主体为从事“区域”内活动的

---

〔1〕 参见李亚青:《供给侧改革视角下科技保险“供需双冷”困境及其化解》,载《科技进步与对策》2018年第15期,第124页。

〔2〕 关于“区域”内活动,需要对远程监测和其他加强安全的技术的适当使用、作用和费用进行调查和讨论。在这一方面,海管局可以借鉴其他离岸监管机构实施的检查方案,并考虑远程技术在石油和天然气活动监管方面发挥的作用。然后,可以评估制定使用远程监测技术的最低要求[海管局应在开发规章(和准则)中设定]方面的最佳做法,以及海管局如何利用这种技术针对应监测的采矿作业的具体参数更有效地开展执法活动。See Council, *Implementing an Inspection Mechanism for Activities in the Area*, International Seabed Authority (Dec. 20, 2018), https://isa.org.jm/files/files/documents/25c-5-e.pdf.

我国公民、法人或其他组织，负责接受汇交的部门应当对汇交的资料和实物样本进行登记、保管，并按照有关规定向社会提供利用。承包者在监督检查法律框架内向国务院海洋主管部门定期报告履行勘探、开发合同的事项，这一定期报告具有向社会公开的可能。然而，海管局根据电子检测系统收集的数据资料以及国务院海洋主管部门检查获得的航海日志、记录、数据等，在我国深海法律体系内并无向社会提供利用的明确规定。“区域”内活动信息客观反映了承包者履行开发合同的情况，对于保险机构来说，既是厘定保险费率、设计免责条款的重要参考，也是事故发生后简化理赔流程的事实依据。因此，建议在监督检查法律框架内明确在合适的情况下可以向社会提供“区域”内活动信息，并就有关事宜进行商讨，从而激励保险机构以目标市场为导向进行保险产品设计与开发，推动“区域”内活动风险评估与云计算、大数据、互联网和人工智能等信息技术、智能技术的深度融合，使保险合同实现个性化定制，辅助监管“区域”内活动，与政府及海管局的监管形成良性循环。

二、开发项目融资方式选择权益维护居间协同的合同担保制度载体

开发项目融资方式选择权益维护居间协同的合同担保制度载体追求在具有“区域”矿产资源开发项目融资需求的承包者与融资租赁公司、金融机构等投资者之间构建利益共同体，国家海洋行政主管部门主要具有消费性支出的政府互惠偏好，发挥着“经纪人”的作用：通过勘探合同担保项目融资的保留租约制度载体，降低边际成本；通过开采合同担保项目融资的事前审批制度载体提供信息，甄别可能的利益共同体结构。[1]

第一，勘探合同担保项目融资的保留租约制度居间载体。所谓保留租约制度，系指拥有勘探权的被许可人在许可期限即将届满时，虽已明确矿床储量、完成商业开采评估，但在短期内因某种原因，如政治形势、技术障碍、资金困难等，无法实现商业开采而未来仍具有开采潜力的，由许可证持有人向监督机关申请以租赁方式在许可载明区域内保留排他勘探权的一种许可制度类型。对于众多发展中国家来说，勘探权人在勘探许可期间如未能成功解决技术“瓶颈”或遭遇资金困难，极易导致前功尽弃，挫伤投资人的积极性，而实行保留租约制度能够争取更多时间，降低投资风险，对海底资源开发利用起促进

---

〔1〕 参见［美］詹姆斯·G. 马奇、［挪威］约翰·P. 奥尔森：《重新发现制度》，张伟译，生活·读书·新知三联书店 2011 年版，第 163 页。

作用。[1] 将保留租约制度作为载体，在权利出让时的一级市场居间协同深海技术引进能力发展权益维护规则发挥应有的功能与目的，将有助于国内融资租赁公司，特别是银行系融资租赁公司接受勘探权利担保，引入覆盖开采阶段需求的深海技术装备，使勘探承包者的优先开采权成为抵押财产，确保同一主体完整参与“区域”内活动，减少国家海洋行政主管部门不必要的行政管理费用开支。基于利益共同体内发展中国家引领国的地位维护，我国保留租约制度既不能满足于现行立法规定，也不宜简单移植别国已有经验，而应当根据我国利益维护的现实和相关产业特点，反思、辨析保留租约制度实施存在的缺陷，合理借鉴别国既有的规范模式，包括深海实务与立法跟进的互动机制，为我国保留租约制度的建构提供必要论证和立法范本。据此，建议在“深海法实施条例”的许可管理制度框架内引入保留租约制度载体，时间限制、条件限制、保留撤销等具体内容设计可参考澳大利亚《1994 年离岸矿产法》以及库克群岛《2009 年海底矿产资源法》的相关规定。

第二，开采合同担保项目融资的事前审批居间载体。开采合同担保下的项目融资事前审批制度是基于担保国的法律地位，通过制定“深海法实施条例”并采取合理适当的行政措施，由国家海洋行政主管部门识别承包者使用开采合同作担保的项目融资计划申请是否适合指定矿区的开发活动，并通过细化法律责任防范不利后果的发生的制度。将开采合同担保项目融资的事前审批制度作为载体，在权利交易的二级市场居间协同转让开采合同下的权利和义务的法律效果，有利于甄别出符合国家利益、申请者的资金状况和诚信状况的可行的项目融资计划。在开采合同履行期间，以授予的开发权为担保融资项目所需资金将承担还本付息义务，这种债权融资的特点决定了其用途主要是解决营运资金短缺的问题，在某种程度上反映了承包者财务危机由萌生到逐步恶化的过程，可以结合承包者定期向国家海洋行政主管部门提交的年度投资情况识别其是否有能力继续进行指定矿区的开发活动。随着承包者本身情况的变化，承包者也可能产生变更和转让合同的意愿。如同承包者对合同进行转让、作出重大变更（包括中止合同），在向海管局提出并获得同意前，须先经过国家海洋行政主管部门审查同意，事前控制承包者设置开发合同财产

---

〔1〕 参见刘画洁：《国外深海底矿产资源许可制度比较与借鉴》，载《江苏大学学报（社会科学版）》2015 年第 2 期，第 72 页。

负担的项目融资也应当从我国履行担保国责任应负监管职责的角度,确保承包者的义务可以被执行,根据我国的法律制度[1]以及许可管理制度在准入"区域"内活动主体资质上具有的国籍和诚信要求,针对项目融资申请可能涉及的承包者的贷款债务清偿能力、财产负担受益人的代为管理项目能力、承包者与财产负担受益人是否明确约定违约补救措施等情况,根据《海洋法公约》附件三第21条第3款对国内深海立法制定标准的要求,有机衔接海管局的规则、规章和程序"适当尽职"审查,达到协同效果。因此,国家担保下的承包者违约时,财产负担受益人或其代理人介入补救,在特定期间内承担承包者合同项下的权利和义务,可以明确开采项目接管者的选定范畴;在审查不利后果防范上,应细化适应承包者诚信状况变化的法律责任,尽合理努力避免开发合同财产负担设定的项目融资目的落空。一方面,明确开采项目接管者的选定范畴。承包者违约时,无论是取消赎回权还是在财产负担受益人同意下转让合同,开采项目接管者的主体资格将受到"区域"内活动准入资质与反垄断标准的双重约束,一定程度上增加了担保权利实现的难度,降低了指定矿区投资回报预期。相比之下,财产负担受益人基于项目融资的直接协议介入补救获得项目的控制权后,承包者仍然具有赎回权,这意味着无论是财产负担受益人还是其代理人在一定期限内代管开采项目,都应当符合承包者及其担保国的权益维护需要。对此,要确保开采合同财产负担设置时的项目融资与实现时的合同转让规则接轨,建议明确开采项目接管者的选定范畴,贯彻普遍性与选择性相结合的原则,依托于具备"区域"内活动准入资质的我国公民、法人或其他组织构成的接管者信息库作为审批同意的条件,要求承包者提供相关证据证明在其违约的情况下,财产负担的受益人选择自己的代理人介入补救还是同意承包者将设置财产负担的开采合同转让,转让开采合同时应优先考虑在开采项目接管者信息库内选定代管主体或受让对象。另一方面,细化适应承包者诚信状况变化的法律责任。《开发规章草案》第22条明确了指定矿区开发权是承包者的一项财产权利,并赋予了设置开采合同财产负担的合法性。但从海管局授权以及担保国履行尽职义务角度出发,指定矿区开发项目融资申请仍属于许可管理范畴。即使认为拟议项目融资机制详情是融资计划的一项

[1] 参见陆浩主编:《中华人民共和国深海海底区域资源勘探开发法解读》,中国法制出版社2017年版,第74-96页。

内容,属于开发合同标准条款下的工作计划,且已在申请指定矿区开发合同时向海管局和担保国作出了说明,设置开采合同财产负担也并不构成开发合同变更。但是,开发合同财产负担实现时将引起指定矿区矿业权转让,因而对使用开采合同作担保的项目融资申请的审批、备案等程序性要件需要统筹合同转让的条件和程序予以管理,对接海底采矿登记国际法制度有关承包者应向海底采矿登记册提交项目融资协议摘要以及登记与开采合同的全部或部分有关的任何财产负担的规定,要求我国担保的承包者自海管局登记之日起30日内,将项目融资协议摘要以及设置财产负担的开采合同副本报国家海洋行政主管部门备案,由国家海洋行政主管部门及时将信息通报有关机关,使有关机关及时知悉并掌握与其管理职能相关的信息变化,这也会起到保障财产负担受益人的法律效果。在《深海法》第六章“法律责任”制度框架下,如果指定矿区开发项目融资的承包者提交虚假申请材料或未经同意实施项目融资计划,或者财产负担受益人介入补救承包者违约的合同履行义务不符合约定,从承包者申请项目融资较于申请开发许可时的诚信状况变化角度审视不利的法律后果,都将表现为承包者被撤销许可并撤回相关文件,抑或在此基础上承担替代财产负担受益人进行赔偿的法律责任,使开采合同财产负担设定的项目融资目的落空。有关“区域”内矿产资源开发合同标准条款都对承包者的赔偿责任作了规定,承包者应当对本身及其雇员、分包者、代理人的不当作为或者不作为所造成的任何损害,包括对海洋环境的损害的实际数额负赔偿责任。对第三方因承包者及其雇员、代理人和分包者的不当作为或者不作为而提出的赔偿要求,承包者应当使海管局及承包者的雇员、分包者和代理人免受损失。[1] 针对承包者在指定矿区开发项目的违约可能造成提前终止合同或出现提前终止合同威胁的情况,财产负担受益人或其代理人的介入补救属于以承包者的名义实施的代理行为,这一代理权限范围内所履行的合同义务如果不符合约定,承包者除了承担被撤销许可并撤回相关文件的法律责任之外,还应当按照国内相关法律的规定和其与海管局签订的合同的约定,承担相应的赔偿责任。细化适应上述承包者诚信状况变化引起的法律责任有两种方法:一是明确对具体责任人员的追究,在目前《深海法》已有的停止违法行为、罚款和

---

〔1〕 参见陆浩主编:《中华人民共和国深海海底区域资源勘探开发法解读》,中国法制出版社2017年版,第165－166页。

没收违法所得基础上，对情节严重的，由市场监管部门吊销企业执照并追究相关责任人员的行政责任；二是提高违法成本，加大事后失信惩戒力度，在撤销许可并撤回相关文件、没收、罚款等一次性处罚之外，还应将涉案法人和有关人员记入“失信者名单”，向社会公众曝光，同时录入国家海洋行政主管部门数据库中，限制其从事“区域”内活动的其他申请。

三、联合开发融资方式选择权益维护诱导协同的争端解决制度载体

联合开发融资方式选择权益维护诱导协同的争端解决制度载体意在发挥联合开发融资方式选择权益维护制度的自我作用，通过深海法体系与外商投资法体系在立法精神上有所承袭，在具体制度规定上合理衔接，诱导争端解决方法偏好转型，激励并接受总体国家安全观，统筹发展和安全，转换诉讼仲裁事后救济理念，激发将外商投资股份有限公司的开发许可行政管制纠纷与联合风险经营合同纠纷“定、止”在国内行政机关系统内部的责任感。[1]

第一，联合开发行政管制争端解决诱导载体。这一制度载体是指充分利用当前深海法体系内解决承包者与担保国之间争议的国内行政救济程序，整合外商投资法体系中的征收补偿投资保护原则以及外商投资企业投诉工作机制作为纠纷解决资源，诱导产生联合开发许可证撤销的行政管制争端在国家海洋行政主管部门与国务院其他有关部门的相互配合中妥善、高效化解的制度。一方面，衔接征收补偿投资保护原则，细化联合开发许可证撤销的事由。《外商投资法》第20条和《外商投资法实施条例》第21条均规定了在特殊情况下，国家为了公共利益的需要，依照法律规定对外国投资者的投资实行征收的，应当依照法定程序、以非歧视性的方式进行，并按照被征收投资的市场价值及时给予补偿。作为与实质性条款相呼应的非实质性条款，英国《2014年深海开采法》在第2条第3款A项即呼应该法第6条第1款(a)项“国务大臣认为必须进行更改或撤销许可证以确保从事任何获许作业或辅助作业的人员的安全、健康或福利”，点明“勘探或者开发许可证应当载有从事获许可作业或辅助作业的人员的安全、健康和福利的条款和条件”。新加坡《2015年深海海底开采法》第14条第1款第4项“部长认为中止或者吊销许可证符合新加坡之

---

〔1〕 参见［美］詹姆斯·G.马奇、［挪威］约翰·P.奥尔森：《重新发现制度》，张伟译，生活·读书·新知三联书店2011年版，第163页。

国家利益”也呼应了该法第7条第3款第3项“授予该公司许可证并为其签订对应海管局合同提供国家担保符合新加坡之国家利益”。我国《深海法》第3条第1款的“深海海底区域资源勘探、开发活动应当坚持和平利用、合作共享、保护环境、维护人类共同利益的原则”以及第2款的“国家保护从事深海海底区域资源勘探、开发和资源调查活动的中华人民共和国公民、法人或者其他组织的正当权益”则更为概括,建议在“深海法实施条例”中明确保护国内正当公共福利的目标,并将违反我国有关安全生产、劳动保护方面的法律、行政法规,未能确保从事“区域”矿产资源开发作业或辅助作业的中国劳工权益,纳入许可证的撤销事由,以此辅助解释撤销许可证属于非歧视的管制措施。另一方面,衔接外商投资企业投诉工作机制,赋予外商投资股份有限公司持证人在联合开发许可证撤销前的陈述权利。《外商投资法》第26条和《外商投资法实施条例》第29条至第31条确立的外商投资企业投诉工作机制指明,外商投资企业或者其投资者认为行政机关及其工作人员的行政行为侵犯其合法权益的,可以通过外商投资企业投诉工作机制申请协调解决,并且不影响其依法申请行政复议、提起行政诉讼。因此,这一机制为外国投资者和我国政府搭建了平等对话的平台,目的在于合理引导开展对话沟通,广泛交换意见,提供争端当事方均可接受的解决方案,可视为对投资争议进行的事前处理,有利于纾解外资行政管制行为或政策措施的负面影响,免于诉诸国内司法或国际投资仲裁程序。我国《深海开发许可管理办法》第15条规定,被许可人在向海管局提出“区域”矿产资源开发合同延期申请前,应当向国家海洋行政主管部门申请许可延续,国家海洋行政主管部门作出不予许可延续决定的,应当书面说明理由,并告知被许可人享有申请行政复议或者提起行政诉讼的权利;逾期未作决定的,被许可人可以依法申请行政复议或者提起行政诉讼。但该法第23条和第24条就撤销开发许可证并办理注销手续的决定并无书面说明理由的规定。建议衔接外商投资企业投诉工作机制,在“深海法实施条例”中明确撤销许可证应给予相对人陈述和申辩的机会。

第二,联合开发商事合同争端解决诱导载体。这一制度载体是指审慎对待争端当事方“协议优先”的纠纷处理办法,整合外商投资法体系中的投资信息报告制度以及国家安全审查制度作为纠纷解决资源,诱导产生联合开发商事合同争端在国家海洋行政主管部门与国务院其他有关部门的相互配合中妥善、高效化解的制度。通常而言,外商投资股份有限公司的合资经营规定的纠纷处理办法并不完备,缘于"区域"内活动有关的共同经营合同是否属于在中国境内履行的合同尚存争议,在深海法体系内构建"仲裁前公断"制度作为兜底,可以防止当前"无法可依"的状况出现,[1]辅以构建预约商谈制度,可以有效减少此类纠纷的产生,并在确有争议时加快"公断"进程。一方面,衔接外商投资安全审查制度,在深海法体系内构建"仲裁前公断"制度。《外商投资法》第35条、《外商投资法实施条例》第40条以及《外商投资安全审查办法》均明确了国家建立外商投资安全审查制度,对影响或者可能影响国家安全的外商投资进行安全审查,依法作出的安全审查决定为最终决定。我国的"国家安全审查"制度在内涵上更类似于国家利益审查,[2]在外方兼并外商投资股份公司取得经营控制权后,我国不予变更国家担保,这意味着我国将继续承担担保国的义务和责任,如共同经营合同解释和执行上的分歧难以弥合,不仅会影响海管局的开发合同履行,甚至可能危及国家安全以及国家利益。鉴于目前我国外商投诉处理机制的受案范围过于宽泛,可能为外商投诉机构带来繁重的业务负担,分散其本应着力解决的外国投资者与我国政府投资争议这一工作重心。因此,联合风险经营合同纠纷不宜简单适用外商投诉机制来处理,备选协商、调解、仲裁和诉讼的争端解决方法或更为妥当。根据《深海法》第5条的规定,不应否认国务院海洋主管部门与国务院其他有关部门在解决这类争端

---

〔1〕 根据原《合同法》第126条第2款以及2017年《民事诉讼法》第266条的规定,因履行中外合资经营企业合同、中外合作经营企业合同、中外合作勘探开发自然资源合同发生纠纷提起的诉讼属于我国人民法院专属管辖,而且强制适用中国法律,约定由境外法院管辖的条款会被认定为无效。但《民事诉讼法》并不限制当事人约定以仲裁的方式处理上述纠纷。例如,在(2018)京04民特361号民事裁定书中,法院认定在中国境内履行的中外合资经营企业合同中的仲裁条款合法有效。《中外合作经营企业法》《经营企业法》《外资企业法》废止后,2021年1月1日生效的《民法典》也废止了原来的《合同法》,然而在新颁行的《民法典》"合同编"中却未对中外投资者之间发生争议的法律适用作出规定。中外投资者之间发生的上述合同争议是否还属于我国人民法院专属管辖存在争议。在法律适用上,目前也仅有《涉外民事关系法律适用法》可能作为法律依据,如果适用该法第41条的规定,中外投资者之间发生的合资合同争议,双方可以协议选择合同适用的法律。当事人没有选择的,适用履行义务最能体现该合同特征的一方当事人经常居所地法律或者其他与该合同有最密切联系的法律。

〔2〕 参见赵海乐:《国家安全还是国家利益——美澳外资审查比较研究对我国的启示》,载《国际经贸探索》2018年第6期,第109页。

中可以发挥的特殊作用。不妨参照国际商会提供的“仲裁前公断”,[1] 协调出对争端当事方具有临时拘束力的解决方案,并允许这一“公断”结果为最终的仲裁裁决或司法判决所取代。另一方面,衔接投资信息报告制度,在深海法体系内构建预约商谈制度。《外商投资法》第 34 条、《外商投资法实施条例》第 39 条以及商务部、市场监管总局联合制定的《外商投资信息报告办法》均规定了国家建立外商投资信息报告制度,明确了通过部门信息共享能够获得的投资信息不得再行要求报送。我国《深海法》虽然在第五章“监督检查”第 20 条设置了定期报告制度,但其实质是国家海洋行政主管部门在海管局审查应审事项前把关,并且通过报告审查把关评估承包者执行开发合同的情况,履行其事中监督管理的职能。承包者有义务向国家海洋行政主管部门定期报告年度投资情况,但其报告内容似乎仅限于“程序性”问题,难以涉及特定的交易内容,与投资信息报告制度相同,也并无反馈沟通的规则设计,不利于外国投资者事先知悉兼并审查的实质标准,从而导致其无法适时调整其经营计划与投资方案,消除对国家安全或国家利益可能造成的不利影响,实现成功兼并的预期目标。因此,应当允许外国投资者兼并前向商务部、国家海洋行政主管部门等国务院有关部门提出商谈咨询的申请,由相关部门为其提供合理的指导和建议,以保证其行为符合国家安全审查的要求。同时,通过兼并前的商谈机制,商务部、国家海洋行政主管部门以及国务院其他有关部门在纠纷产生前对经营计划和投资方案的变化有所掌握,更便于其在产生争议时提供有临时拘束力的解决方案,提高“公断”的效率。

---

[1] 国际商会对《仲裁前公断程序规则》的适用范围没有加以限制。因此,从原则上说,该规则可以适用于一切国际合同。但是,该规则在“前言”中曾指出,这项规则特别适合于长期合同。因为在履行长期合同如国际工程承包合同、国际开发资源合同、合资经营合同等过程中,有时可能会遇到一些急切需要解决的争议,遇到这类争议时,尽管合同中可能订有仲裁条款或诉讼条款,当事人完全可以通过合同规定的仲裁程序或司法程序使争议得到解决,但是,无论是通过仲裁还是诉讼的途径解决争议,仲裁机构或法院都需要相当长的时间才能对争议作出裁决或判决。而争议如不立即解决,将会影响整个工程、项目的进行,给当事人带来严重的、甚至是不可挽回的损失。因此,在这类合同中采取“仲裁前公断”程序将是适宜的。参见冯大同:《快速解决国际经济贸易争议的新途径——国际商会〈仲裁前公断程序规则〉评述》,载《国际贸易》1991 年第 5 期,第 40－43 页。

第四节 我国"区域"矿产资源开发惠益分享秩序权益维护理念调适

合法性的概念与单纯的法学研究中探讨的"合乎法律规定"的概念有所不同,主要体现在两个层面:一是指符合法律规定;二是指人们对制度的认同。[1]基于利益共同体共商"区域"开发秩序理论,这一制度理念调适遵循的合法性原则在方法论意义上可视为关系理性制度导向。对符合法律的合法化或法律认可(legalization)来说,"区域"矿产资源开发惠益分享秩序权益维护理念调适可以被理解为一种特殊的制度化形式,由授权、精确性和义务三个维度共同构成。总的来说,这三个维度中的每一个都反映程度和层次的问题,而不是严格的"二分法",并且每个维度都可独立变化,[2]这意味着将借以人们对制度的认同这一理性来固化识别。从方法论角度讲,理性具有经济学内涵,指的是在给定条件或约束下最有效地实现预期目标的行为方式。理性伴随"区域"矿产资源开发惠益分享制度的创建与变迁,关系理性一定程度上支配国际制度性话语权的资源配置过程。[3] 我国"区域"矿产资源开发惠益分享秩序权益维护制度体系影响利益共同体制度性话语权力资源配置的互利交换,这反过来影响我国在缔约国利益共同体中的话语权,并由此影响我国的权益维护制度体系。利益共同体内部的引领地位提供了合法性的制度导向,赋予利益共同体其他成员参与的权利,改变了利益共同体内部的话语权配置及获取权力的路径,[4]指向我国追求"区域"矿产资源开发惠益分享制度性话语权,实际

---

〔1〕 参见秦国民、高亚林:《恰适性:推进国家治理现代化的制度建设原则》,载《中国行政管理》2015 年第 9 期,第 60 页。

〔2〕 See Kenneth W. Abbott et al., *The Concept of Legalization*, International Organization, Vol. 54:401, p. 401(2000).

〔3〕 主要原因包括一国成员在进入某一利益共同体时,他会将相当一部分自己原本拥有的关系资源带入利益共同体,这种资源提供一种利益共同体内部其他成员实现利益最大化的价值,是决定他在利益共同体中的地位的重要因素。这样,他个人拥有的关系网络资源就可以供这个利益共同体中的许多成员分享,从而使整个利益共同体可供利用的关系资源得以成倍地放大。参见何显明:《非正式关系与权力资源的获取》,载《社会科学家》2003 年第 2 期,第 55 页。

〔4〕 参见[美]詹姆斯·G. 马奇、[挪威]约翰·P. 奥尔森:《重新发现制度》,张伟译,生活·读书·新知三联书店 2011 年版,第 163－164 页。

上是以关系理性的思维去解构海管局对决策和执行机构的设置，通过企业部提供产品分成参与的经济利益和直接安排财政利益再分配的过程，以及以关系理性的秩序权益维护方法反塑这一国际制度的过程，[1] 呈现开发惠益国内管理秩序权益维护授权导向的组织分工制度理念，经济惠益初次分配秩序权益维护精确导向的多元联动制度理念，财政惠益再次分配秩序权益维护义务导向的通约互融制度理念。

一、开发惠益国内管理秩序权益维护授权导向的组织分工制度理念

“授权”是指国内惠益分享管理组织授予第三方执行、解释和运用规则解决争端和（可能）制定进一步规则的权力。公平、合理（程序上，参与涉及自身利益的决策能力；分配上，获得合理利益的能力）和正义（赔偿损失）防止了将法律视作由最高主权者强制执行的主张，“去政治化”本质上降低了国家至上的地位，中心权力机构的强制执行不再必要，其他机构的合作参与成为可能。[2] 在关系理性的授权制度导向下，国家海洋行政主管部门调整并完善深海产业政策的方向并非完全由“区域”制度外部环境决定，现存的行政机构对其有重大影响，对这一方向的认知和投入的精力内生于我国“区域”矿产资源开发权益维护的过程以及相关制度体系，这些制度的内部运作有利于提供创新机遇，[3] 在具体制度调适方面，指向授予相关国内组织和单位第三部门（the third sector）法律地位的组织分工制度理念。[4] 第三部门由众多组织组成，这些组织并非政府部门，它的出现不是为了使其所有者获利，而是为其成员或他

---

〔1〕 命运共同体意象源于中国的关系理性思维。关系理性逻辑超越了个体理性对自身利益盲目而短视的追求，更多着眼于世界的全面、均衡与可持续发展，对应国际合作的命运共同体。中国的关系理性偏好与命运共同体观也许并不完美，但其最大的优势就在于，它能够相对妥善地处理我他、群己关系，是现实环境中实现共享利益最大化的“和策略”。参见韩雪晴：《理性偏好、共同体意象与国际制度性话语权的建构》，载《欧洲研究》2020 年第 3 期，第 35－45 页。

〔2〕 参见王铁军：《世界政治的法律化：国际制度主义理论的新探索》，载《世界经济与政治》2006 年第 11 期，第 40－43 页。

〔3〕 参见［美］詹姆斯·G. 马奇、［挪威］约翰·P. 奥尔森：《重新发现制度》，张伟译，生活·读书·新知三联书店 2011 年版，第 163－166 页。

〔4〕 劳动和专业分工常常被认为是有效的组织原则。大家通常认为，当任务单一、能力较高时效率就高，或者把相似的任务分门别类时效率较高。对于我国的“区域”矿产资源开发权益维护更是如此，相关机构总是希望把要接待的有特定需求的利益共同体成员进行分类。这种分类边界最显著的政治作用，是可以作为抵挡冲突的缓冲。参见［美］詹姆斯·G. 马奇、［挪威］约翰·P. 奥尔森：《重新发现制度》，张伟译，生活·读书·新知三联书店 2011 年版，第 25－26 页。

人提供商品或服务的私人集体行动的产物。投资利润最大化并非其主要目标,其行为也与传统的商业组织有所不同,不仅大多采用民主管理的形式,而且几乎都明确地禁止将利润直接分配给其成员或其他利益相关者,表明其实质是多样化的社会组织形式,包括政党、政府之外的各类民间性组织,如非政府组织、协会、社团等。[1] 相较于第一部门(公权部门)和第二部门(私人部门),其同时具备非政府性和非营利性两大要件,在外延上,既包含公共事业类型的第三部门,受到政府的必要监管,不采用企业化的管理形式,主要通过政府财政或社会资助获得除因其向社会提供服务所得收入外的其他资金;也包含公益企业类型的第三部门,由政府对该企业向社会提供的准公共物品定价,采用企业化的管理形式,具有竞争性企业化倾向但仍不以营利最大化为根本目的,资金来源以自负盈亏为主、政府补贴为辅。[2]

第一,授予公共事业类部门承担行业协会的组织协调职能。行业协会在国际上统称为非政府机构,可视为具有特定政治议程和目标的利益集团,在当代治理语境下,这些民间团体通常被视为民间社会的组织形式。[3] 尽管非政府组织的民主合法性不能仅凭他们自己声称是"民间社会"组成部分来确立,但多边治理维持其合法性的关键在于需要某种形式的非政府组织代表。[4] 一方面,行业协会作为代表特定行业利益的会员制组织,通过代表其成员与政府协商,助力政府规章政策的形成;另一方面,可将其视为"政策子系统"的组成部分,组织成员来自不同的公共及私有部门,他们积极关注政策问题研究,并经常影响该领域的政策导向。在这方面,大洋协会成立以来卓有成效的行动表明,其正是实现"区域"全球治理以及惠益分享制度合法性的重要参与者。其最初设立的宗旨就在于为我国开辟海洋新资源提供一个渠道来源,维护国

---

〔1〕 See Samiul Hasan & Jenny Onyx, *Comparative Third Sector Governance in Asia: Structure, Process, and Political Economy*, Springer, p. 2 – 3(2008).

〔2〕 参见刘大洪、李华振:《政府失灵语境下的第三部门研究》,载《法学评论》2005年第6期,第12页。

〔3〕 非政府组织通常扮演以下一个或多个角色:向公民提供服务;与政府合作提供公共物品;要求政府承担责任和改变公共政策。See Marcus B. Lane & T. H. Morrison, *Public Interest or Private Agenda?: A Meditation on the Role of NGOs in Environmental Policy and Management in Australia*, Journal of Rural Studies, Vol. 22:232, p. 233(2006).

〔4〕 See Joseph S. Nye & John D. Donahue, *Governance in a Globalizing World*, Brookings Institution Press, 2000, p. 32.

家“区域”开发权益，因而拥有政府主导的官方背景，与“区域”政策规划关系密切，往往呈现行政功能的外观，有时会被误认是国家行政机关，其行为也相应地被认定为国家行为，使国家承担责任的风险上升。为淡化这种行政色彩，可以考虑将大洋协会的行政功能收归自然资源部，[1]参照海管局的法律和技术委员会与理事会的隶属关系，授予大洋协会在国内层面审查拟议工作计划申请者的能力资质，并向自然资源部作出是否准予提供国家担保的建议。在此基础上，设置经常性对话机制，反映利益相关者的诉求，搭建政府与企业的沟通平台，确定公共政策的价值并及时进行反馈，推动贴合实际的深海产业发展政策出台，增强政策的可执行性。此外，缘于国家创新体系的“政治”结构，需要行业协会作为创新平台和媒介，在联合研发项目的合作伙伴之间，在日益复杂的生产和供应链当中，发挥促进知识创新与技术转移的纽带作用，成为与国际法主体协商合作的策略行动者，与之建立起良性互动关系。[2] 具体来说，国务院海洋行政主管部门作为大洋协会的业务主管部门，在对大洋协会工作进行认真指导与有效监督的同时，应注重发挥大洋协会作为组织协调大洋资源研究开发活动的国家级平台和协会常务理事会等运行机制的功能，积极争取并取得各政府部门对大洋工作的政策指导和资金、能力方面的大力支持。依托国内优势单位，大洋协会在大洋资源勘查技术与“区域”内海洋科学研究、大洋地球科学与环境、大洋生物基因等领域搭建了一批业务平台，加强了中国大洋样品馆和大洋信息系统的建设，通过该业务平台，为国际海域各项工作提供了强有力的技术支撑，并且作为国家级的“区域”矿产资源开发技术装备公共服务平台，大洋协会积极参与国际合作，与国际组织和发展中国家建立了良好的国际关系。[3]

第二，授权公益企业类机构接受政府委托执行国家申请的项目。公益企业的识别标准与社会公共利益直接有关，主要负责提供社会公共物品或与之

---

〔1〕 参见张辉：《论国际海底区域开发担保国责任制度》，载《人民论坛·学术前沿》2017 年第 18 期，第 50 页。

〔2〕 See Andrew Watkins et al., *National Innovation Systems and the Intermediary Role of Industry Associatixcsons in Building Institutional Capacities for Innovation in Developing Countries: A Critical Review of the Literature*, Research Policy, Vol. 44:1407, p. 1408 - 1417(2015).

〔3〕 参见金建才：《经略大洋　拓展我国在国际海域的活动空间》，载《海洋开发与管理》2011 年第 4 期，第 36 页。

密切关联的产品。“区域”矿产资源属于公共物品,国家或政府作为这种公共物品供给最一般、最有效的组织和执行主体,即使采取面向私人市场主体外包或公私合作方式提供指定矿区的资源利益,仍须依赖政府部门或公共权力机构的主导作用。[1] 从这个意义上说,国家通过公益企业向海管局申请从事的“区域”矿产资源开发项目与海管局企业部生产经营的矿区项目在性质上类似,这类项目作为一种公共物品,非排他性以及收益非独占性特征明显,这意味着进入大规划商业化生产时期,可以同时供两个以上的利益共同体成员联合消费、利益共享,无论利益共同体成员对这一项目是否以勘探和开采的劳动形式支付了对价,都不宜排除其消费这种公共物品,即取得该项目的商业生产利益;公益企业作为生产者提供与“区域”矿产资源利益实现密切关联的产品,难以通过价格机制完全收回应得的利益,造成社会收益大于个体收益而个体成本却大于社会成本之结果。一国向海管局申请从事这一性质项目的动因除其他外,可能涉及“区域”反垄断机制对该国或由其担保的实体在“区域”申请其他同类资源矿区的约束,[2] 以及该国对其自身在利益共同体中的角色定位和认知。就“区域”勘探合同现状及相关事项而言,[3] 我国担保下的大洋协会、五矿集团和北京先驱高技术开发公司已经获得了三块“区域”多金属结核资源的勘探合同。其中,大洋协会成立之初便被授予国有企业的职权,要求其为中国开发新的矿产资源,发展“区域”采矿高技术,以及为全人类开发和利用

---

〔1〕 参见张晋武、齐守印:《公共物品概念定义的缺陷及其重新建构》,载《财政研究》2016 年第 8 期,第 11 – 12 页。

〔2〕 参见《开发规章草案》第 15 条第 3 款。

〔3〕 截至 2019 年 7 月 17 日,中国拥有三种矿物、五个矿区,包括中国大洋矿产资源研究开发协会承包的克拉里昂—克利珀顿断裂区的多金属结核矿区、西南印度洋洋脊的多金属硫化物矿区和西太平洋的富钴铁锰结壳矿区;中国五矿集团公司承包的克拉里昂—克利珀顿断裂区(保留区)的多金属结核矿区;北京先驱高技术开发公司承包的西太平洋的多金属结核矿区。See Council, *Status of Contracts for Exploration and Related Matters, Including Information on the Periodic Review of the Implementation of Approved Plans of Work for Exploration*, International Seabed Authority (Jan. 11, 2019), https://ran-s3.s3.amazonaws.com/isa.org.jm/s3fs-public/files/documents/25c-9-e.pdf. See Council, *Report and Recommendations of the Legal and Technical Commission to the Council Relating to an Application for Approval of a Plan of Work for Exploration for Polymetallic Nodules by the Beijing Pioneer Hi-Tech Development Corporation*, International Seabed Authority (Jun. 28, 2019), https://ran-s3.s3.amazonaws.com/isa.org.jm/s3fs-public/files/documents/isba25_c30-e.pdf.

“区域”内资源作出贡献。[1] 北京先驱高技术开发公司则隶属于自然资源部，由大洋协会全资控股，当前的主营业务包括深海工程勘查服务、深海装备研发制造以及深海矿产资源加工利用等。[2] 因此，为了合理规避“区域”反垄断制度环境的外部风险，更有效地协调利益共同体成员的合作关系，在制度合法性的授权要求下构建并完善具体的规章制度时，不妨参照海管局法律和技术委员会与企业部的组织分工理念明确公益企业第三部门的法律地位，下放大洋协会商业生产阶段的承包者职能，授予以北京先驱高技术开发公司为代表的企业类机构相应的公共权力，使其经营由国家直接向海管局申请立项却不宜由政府部门直接参与运作的“区域”矿产资源开发项目。一方面，授权公益企业类机构为利益共同体其他成员国提供取得“区域”矿产资源利益的便利。公益企业类机构在平行开发制下为全人类开发和利用“区域”矿产资源，不仅表现为按照承包者的一般做法，向海管局提供保留区以供企业部或其他区域利益共同体开发；还体现在经营合同区的开发业务时将参照并有机衔接《海洋法公约》附件四关于企业部章程的规定，立足我国国情，循序渐进，有选择性地吸收借鉴域外国家相关机构的某些具体职能和良好做法，[3] 适当授予公益企业类机构享有政府担保筹资或免税的特权，[4] 对接“一带一路”行动方案，注重从区域利益共同体其他成员，特别是其中的发展中国家取得业务所需的货物和服务。在此基础上，将企业部作为代表利益共同体其他发展中国家成员与我国进行发展合作的纽带，综合考虑企业部在我国境内开展业务的可行性，强化与海南自由贸易港政策和制度体系的兼容，凸显中国法域外适用的张力，赋能“一带一路”国际合作模式的创新。另一方面，授权公益企业类机构为利益共同体国内成员提供与“区域”矿产资源利益实现密切相关的开发技术装备。就“区域”矿产资源开发项目而言，以五矿集团为代表的竞争性国有企业以及

---

[1] See Zou Keyuan, *China's Efforts in Deep Sea – Bed Mining: Law and Practice*, International Journal of Marine and Coastal Law, Vol. 28:481, p. 491 – 493 (2003).

[2] 参见《北京先驱高技术开发公司主营业务》，载北京先驱高技术开发公司网，http://www.deepseapioneer.com/cn. 最后访问日期：2022 年 8 月 5 日。

[3] 参见姜雅：《日本石油天然气金属矿产资源机构的运作模式及其对我国的启示》，载《国土资源情报》2009 年第 4 期，第 29 页。

[4] See Masanari Koike, Gento Mogi & Waleed H. Albedaiwi, *Overseas Oil – Development Policy of Resource – Poor Countries: A Case Study from Japan*, Energy Policy, Vol. 36:1764, p. 1773 – 1774 (2008).

其他私营企业承包者急需加入与“区域”矿产资源开发项目有关的信息循环系统,而国家海洋行政主管部门囿于“区域”认知局限,独自进行政策规划、科学决策和有效监管,仅依赖于基础研究的深入以掌握资源环境变化的规律、评估开发活动的社会经济影响。考虑到大洋协会开展了多年的“区域”环境研究工作,并已经设立大型研究、数据和科学专门知识的机构,[1]可由其全资设立的北京先驱高技术开发公司聚焦“区域”矿产资源开发高技术装备等相关产品的国内供应,为包括竞争性国有企业等国内其他承包者申请各种项目所必需的技术、环境因素进行可行性论证,对生产的相关产品合理定价,维持日常的生产运营,促进经济效益和社会效益的统一。

二、经济惠益初次分配秩序权益维护精确导向的多元联动制度理念

“精确性”是指深海法律体系有关“区域”矿产资源开发惠益分享的规则清晰地阐明了其所要求、授权或禁止的行为准则。关系理性精确制度导向要求我国“区域”矿产资源开发惠益分享秩序权益维护的输出对我国在利益共同体中的话语权力进行优化,需要通过经济惠益初次分配惯例驱动尽可能多的利益共同体成员行为,[2]以备选制度内容的多元性确保特定制度内容在特定情境下的形成过程成为影响利益共同体成员行为的基本要素之一,在人类共同继承财产原则实现方法模棱两可所催发的具体制度调适方面,[3]指向使维护人类共同利益精确化的多元联动制度理念。该理念体现为政府、国有企业、私有投资者等多元主体在我国经济惠益初次分配的场域内形成联动网络,实现资源共享、优势互补、分工合作、平等的伙伴关系,有效回应我国“区域”矿产

---

〔1〕 参见《国际海底管理局秘书长迈克劳治在多金属结核矿区勘探合同延期协议签字仪式上的讲话》,载中国大洋矿产资源研究开发协会网,http://www.comra.org/2017-05/18/content_9486000.htm。

〔2〕 虽然“区域”大规模商业开发尚未开始,但当前在国家管辖范围内的深海采矿实践表明,承包者在发展中国家建立的特殊目的采矿实体,使该地成为其主要办事机构所在地或者主要营业地,某种程度上也使就业机会创造、基础设施建设和必要援助提供等利益流入并惠及该发展中国家。据此,海管局在决定如何分配海底采矿的后续收益时,可能考虑这些利益所得,以便与其他发展中国家相比,减少为该发展中国家提供的财政再分配比例。此外,人类共同继承财产原则以及人类对防止海洋污染的共同关切,构成旨在有效平衡经济发展和环境保护的制度基础。See Peter Holcombe Henley, *Minerals and Mechanisms: The Legal Significance of the Notion of the Common Heritage of Mankind in the Advisory Opinion of the Seabed Disputes Chamber*, Melbourne Journal of International Law, Vol. 12:373, p. 392-394 (2011).

〔3〕 参见[美]詹姆斯·G. 马奇、[挪威]约翰·P. 奥尔森:《重新发现制度》,张伟译,生活·读书·新知三联书店2011年版,第23页。

资源开发经济惠益初次分配问题和利益共同体成员需求，持续推进我国“区域”矿产资源开发经济惠益初次分配秩序权益维护。[1] 这一输出过程使相关制度设计直面“区域”矿产资源开发惠益分享秩序规范化过程中制度供给能力不足之现状，在类推适用人类共同继承财产原则的基础上重新确定国际合作的原则，[2] 使占据较有利条件的共同体成员在惠益分享的初次分配环节以一种可促进其他成员利益的方式从它可参加的合作体系中获利。[3] 考虑到与海洋命运共同体的关系理性相适应，建议将我国《深海法》的“人类共同利益”解读为“区域”环境资源的总经济价值，并通过多元联合安排激发权益维护与制度性话语权提升的联动效应。

第一，将人类共同利益精确化为“区域”环境资源的总经济价值。“区域”环境资源的总经济价值由使用价值和非使用价值构成，等于直接使用价值、间接使用价值、选择价值与存在价值之和。然而并不能把总经济价值的各组成部分简单地相加。也就是说，在把它们相加之前，这些部分都不能相互排斥。原因在于，在不同形式的使用价值之间及直接使用价值同间接使用价值之间存在互换关系。[4] 因此，我国在深海立法实践中，使用总经济价值方法使人类

---

[1] 参见张开云、叶浣儿、徐玉霞：《多元联动治理：逻辑、困境及其消解》，载《中国行政管理》2017年第6期，第24页。

[2] See Jonathan Sydney Koch, *Institutional Framework for the Province of All Mankind: Lessons from the International Seabed Authority for the Governance of Commercial Space Mining*, Astropolitics: The International Journal of Space Politics & Policy, Vol. 16:1, p. 19 (2018).

[3] 这是因为，没有一个人应得他在自然天赋的分配中所占的优势，正如没有一个人应得他在社会中的最初有利出发点一样。就“应得”的理解而言，在作为一种公开规范体系的合作体制和由它建立的各种期望的条件下，那些希望改善自己的条件，做了这一体制宣布要奖赏的事情的人，有权获得他们的利益并要求更好的状况，这些要求是由社会制度建立的合法期望，社会有义务予以满足。但这种意义之上的应得预先假定了合作体系的存在，它不去问是否从一开始合作体系的设计就要符合差别原则或某一差别的标准问题。参见[美]约翰·罗尔斯：《正义论》，何怀宏、何包钢、廖申白译，中国社会科学出版社1988年版，第98页。

[4] 使用价值可进一步划分为直接使用价值和间接使用价值以及选择价值。直接使用价值是指能直接进入当前的消费和生产活动中的那部分环境资源的价值，如矿产资源等。间接使用价值是指以间接方式参与消费和经济生产过程的那部分环境资源的价值，即环境所提供支撑当今的生产和消费的服务功能，如生态功能、水环境质量等。而选择价值则指当代人为了保证后代人对环境资产的使用而对环境资源所表示的支付意愿，如当代人对保护生物多样性的支付意愿。非使用价值又称存在价值，是指人类的发展将有可能利用的那部分环境资源的价值，也包括那些能满足人类精神文化和道德需求的那部分环境资源的价值，如美丽的风景、濒危物种等。参见胡代光、高鸿业主编：《西方经济学大辞典》，经济科学出版社2000年版，第1048页。

共同利益的法律内涵精确化,源于海洋命运共同体关系理性要求我国"区域"矿产资源开发惠益分享秩序权益维护的输出对我国在利益共同体中的话语权力进行优化,将具有宣示性的人类共同利益解读为可在经济惠益初次分配的场域内驱动尽可能多的利益共同体成员行为的环境资源总经济价值。一方面,"区域"环境资源的总经济价值解读契合海洋命运共同体建设的"利益观"。"海洋命运共同体"建设在操作层面上,不仅要考虑共同体内部各构成部分的自然地理差异,还要考虑人文环境、政治经济基础、科技水平以及历史传统等要素,即将企业分析中的宏观环境(Political, Economic, Social and Technological, PEST)分析法运用到构建"海洋命运共同体"上来,以求共同体内部在追求利益中达到平衡。〔1〕"区域"环境资源的总经济价值包括当代人使用"区域"矿产资源获得的经济效益,〔2〕不仅指向产品分成的参与、就业机会的创造,还指向铜、钴、镍、锰等关键战略性金属元素的更高可用性,有利于我国驱动不同发展水平的利益共同体成员国从事"区域"内活动。〔3〕另一方面,"区域"环境资源的总经济价值解读符合"海洋命运共同体"的方法论要求。"海洋命运共同体"的方法论价值体现在可以超越相互争论的问题,重在关心"区域"内何时形成互动及其互动的方式、方法。〔4〕根据《海洋法公约》的规定,"区域"内活

---

〔1〕使用价值是全部环境价值中最直观也最容易计量的部分,其值可以直接根据市场信息计算得出。参见陈秀武:《"海洋命运共同体"的相关理论问题探讨》,载《亚太安全与海洋研究》2019年第3期,第32-33页。

〔2〕参见胡代光、高鸿业主编:《西方经济学大辞典》,经济科学出版社2000年版,第1056页。

〔3〕比如,"区域"采矿的一个关键驱动因素是金属需求将继续增加,而供应将见顶并下降。此外,只有少数几个国家拥有全球大部分的金属储备,这一现状使全球供应不可靠。即使能力非常有限的最不发达国家也有机会通过担保有财务和技术能力的承包者直接从事"区域"内活动以减轻本国贫困问题。考虑到外大陆架矿产资源开采的现有制度,有理由相信,海管局将设计提供与陆上开采相同或类似矿物相当的具有竞争性的费率。就此而言,从"区域"获得的财政利益份额可能是很有限的,那些关键战略金属的供应增多,虽然对最不发达国家来说几乎不能算作是经济惠益,但对工业化(消费)国家来说却有重要意义。还应看到,在全球范围内,与"区域"矿产资源开发有关的钴、铜、金、铁、铅、锰、镍、银、锌等金属的报废回收率已经相对较高,即报废金属的回收比例超过或接近50%。但是,回收的成分,即废金属在金属生产的全部金属投入中所占的比例,仍然相当低。例如,所有新旧、精炼或重熔的废料中的铜占美国铜供应量的32%。在许多情况下,金属的回收率远低于它们的再利用潜力。投资可以提高收集和处理含金属废弃产品的效率,并改进回收技术。See Rakhyun E. Kim, *Should Deep Seabed Mining Be Allowed*?, Marine Policy, Vol. 82:134, p. 135-136(2017).

〔4〕参见陈秀武:《"海洋命运共同体"的相关理论问题探讨》,载《亚太安全与海洋研究》2019年第3期,第32-33页。

动必须为了全人类的利益而进行，向国际社会充分公开拟议工作计划的成本和效益。但“区域”内活动的高度不确定性增加了社会成本效益分析的难度，[1]这意味着我们需要合理准确地量化与生态环境价值减少有关的经济价值损失，建立一个有效的环境损害赔偿制度。因此，通过在深海法律体系中将全人类利益精确化为“区域”环境资源的总经济价值，将间接使用价值中有关可支撑当代的生产和消费的生态系统服务功能纳入基线数据收集、试点采矿试验和监测方案，有助于计算损失的环境利益的价值，而这些价值可用于建立一个有效的补偿制度，[2]从而科学论证“区域”内采矿较于陆上采矿具有潜在的环境效益以及可行的风险防范措施和应急预案，尽早实现经济惠益初次分配。综上所述，我国惠益分享管理组织根据《深海法》制定政策法规，应把握第1条立法目的有关“……推进深海科学技术研究……保护海洋环境，促进深海海底区域资源可持续利用，维护人类共同利益”规范内容的严密逻辑，借鉴新西兰环境保护局决策委员会对该国《专属经济区和大陆架（环境影响）法案》“目的”一节中经济福祉（economic well - being）范围广泛的理解，[3]将“人类共同利益”解读为“区域”环境资源的总经济价值。

第二，将国际合作共享经济惠益的备选制度精确化为多元联合安排。多元联合安排体现为利益共同体成员为合作开发“区域”内指定矿区的资源，依法订立包括勘探、开采、运输、加工和销售在内的多种国际合作合同形式。[4]合作共享是我国《深海法》确立的基本原则之一，也是《海洋法公约》倡导的基本精神，我国《深海法》第6条所指的国际合作涵盖了所有“区域”内活动。通

---

〔1〕 See Kirsten F. Thompson et al., *Seabed Mining and Approaches to Governance of the Deep Seabed*, Frontiers in Marine Science (Dec. 11, 2018), https://www.frontiersin.org/articles/10.3389/fmars.2018.00480/full.

〔2〕 See Jennifer T. Le, Lisa A. Levin & Richard T. Carson, *Incorporating Ecosystem Services into Environmental Management of Deep - seabed mining*, Deep Sea Research Part Ⅱ: Topical Studies in Oceanography, Vol. 137:486, p. 486 - 499 (2017).

〔3〕 See Donald K. Anton & Rakhyun E. Kim, *The Application of the Precautionary and Adaptive Management Approaches in the Seabed Mining Context: Trans - Tasman Resources Ltd. Marine Consent Decision under New Zealand's Exclusive Economic Zone and Continental Shelf (Environmental Effects) Act* 2012, The International Journal of Marine and Coastal Law, Vol. 30:175, p. 12 (2015).

〔4〕 参见周林森、郑德鹏：《国际石油勘探开发合同模式以及最新变化趋势》，载《国际石油经济》2006年第9期，第23 - 24页。

过利益共同体开展“区域”矿产资源开发经济惠益初次分配的国际合作是实现我国“区域”矿产资源开发惠益分享秩序权益维护的重要途径，不仅意味着我国公民、法人或其他组织可以联合其他国家实体共同成为“区域”内活动的承包者，通过立场协调、技术交流和信息交换等方式学习借鉴其他国家成功的深海实践和管理经验等，而且表明作为可从“区域”取得的各类矿物所产金属的最大消费国，出于提高我国在利益共同体内的制度性话语权之目的，应鼓励国内具有产能优势的企业与国际矿业公司开展务实合作，把控国际金属市场的发展趋势和商业时机，提高资源开发利用的经济效益，更好地对接海管局相关规章与指南，[1]以服务合同和产品分成合同有序引导其他国家实体在不同场域内的行为，有效保障和调节指定矿区资源生产总收益在我国和利益共同体其他成员国之间的合理分配。一方面，联合安排中的服务合同是实现我国“区域”矿产资源消费权益维护的法律保证。在服务合同下，指定矿区的资源利益归我国政府所有，利益共同体其他成员国实体只能根据合同约定以现金形式回收成本并获得一定报酬，契合了“区域”矿产资源之于我国具有的重要战略性资源的法律地位。重要战略性资源是一国国内匮乏但又是经济发展所不可或缺的那一部分战略资源，它不仅关系国家经济安全，而且涉及政治和军事安全。如果缺乏这些资源，在国家现有经济发展方式不作重大调整的情况下，将难以保障经济的平稳发展，在国际竞争中处于被动，军事、科技同样会遭受严重制约，成为发展的羁绊。[2] 并且，服务合同按是否承担风险又分为单纯服务合同和风险服务合同，前者按统一标准获得报酬，后者按风险的大小收取不同的费用。因此，统一收费标准的单纯服务合同与依照风险标准收费的风险服务合同并用，形成巩固合作关系的柔性机制，凸显驱动利益共同体其他成员国参与我国“区域”矿产资源消费权益维护的灵活性和适应性。另一方面，联合安排中的产品分成合同是提高我国在利益共同体内制度性话语权的法定依据。在产品分成合同下，利益共同体其他成员国实体除回收成本外还可获得指定矿区资源产量的分成。在分成比例方面，可对利益共同体其他成员国实

---

〔1〕 参见陆浩主编：《中华人民共和国深海海底区域资源勘探开发法解读》，中国法制出版社 2017 年版，第 52 - 55 页。

〔2〕 参见曾少军、杨来、曾凯超：《促进我国重要战略性资源海外获取的体制机制建议》，载《宏观经济研究》2012 年第 9 期，第 41 页。

体作出适度让步，一定程度上借鉴了争议海域共同开发的经验做法。虽然争议海域共同开发以国家间的条约或协定为基础，超出了私法范畴的契约关系，属于各国政府间的直接合作，但从使国家权益免于遭受侵犯而求同存异、各取所需的角度看，其与“区域”矿产资源开发经济惠益共享都可视为一种事务性合作。这意味着诸如运输加工利润、基础设施建设、就业机会创造等经济利益要素都可能影响资源产量的分成比例。[1] 因此，我国依托矿产选冶工艺上的技术优势，对产品分成比例作出适度让步并不代表国家利益受损，反而可能有利于弥合分歧，获得利益共同体其他成员的认同。当然，这种妥协和让步必须从全局着眼，经充分论证，统筹国内社会成本效益的分析过程，评估利益需求的动态变化。

三、财政惠益再次分配秩序权益维护义务导向的通约互融制度理念

“义务”是指国家或其他行动者受一项(一套)规则或承诺的约束，即因为它们的行为将面临一般规则、程序以及国际法和国内法的审查而使其实际上受到规则或承诺的法律约束。关系理性义务制度导向要求我国在利益共同体内的制度性话语权力优化“区域”矿产资源开发惠益分享秩序权益维护过程，需要通过财政惠益再次分配义务和责任驱动发展中国家引领国身份，[2] 以与权利和利益紧密相连的福利制度内容确保不具备参与初次分配能力的特殊利益群体取得福利，[3] 在具体制度调适方面，指向可体现利益群体赋予权益维护

---

〔1〕 以2002年澳大利亚—东帝汶共同开发案为例，虽然澳大利亚对东帝汶作出妥协，允许对直接从海底开采的石油资源收益由“五五”分成变为“一九”分成，但开采后的资源几乎都将在澳大利亚达尔文市进行精炼或其他形式的工业加工，表明澳大利亚的下游产业收益也非常丰厚。See David M. Ong, *The New Timor Sea Arrangement 2001: Is Joint Development of Common Offshore Oil and Gas Deposits Mandated under International Law?*, International Journal of Marine and Coastal Law, Vol. 17:79, p. 97 (2002).

〔2〕 参见[美]詹姆斯·G. 马奇、[挪威]约翰·P. 奥尔森：《重新发现制度》，张伟译，生活·读书·新知三联书店2011年版，第159页。

〔3〕 《海洋法公约》不允许任何国家自行主张对“区域”拥有所有权，必须公平分享从其矿物开采中获得的任何利益，这包括经济利益以及在世界不同地区之间分享科学知识和技能。落实联合国《2030年可持续发展议程》中关于海洋的可持续发展目标，将要求在使用者的既得利益、利益分享和保护海洋环境及其自然资源之间取得平衡，为今世后代服务。因此，科学咨询机构、非政府组织和一般公众对深海海底管理制度的发展具有合法利益。See Sabine Christiansen et al., *Towards Transparent Governance of Deep Seabed Mining*, IASS Potsdam, https://publications.iass-potsdam.de/rest/items/item_1592897_6/component/file_1592899/content.

制度以适度的独立性的通约互融制度理念。[1] 该理念体现为统筹考虑我国“区域”矿产资源开发惠益分享再次分配秩序权益维护制度与使不具备参与初次分配能力的特殊利益群体取得福利之间的通约关系,以便在二者存在通约关系的基础上寻求融合的路径,缓和二者的矛盾与冲突,用特殊利益群体的信任支撑我国“区域”矿产资源开发惠益分享再次分配秩序权益维护制度。[2] 这种源自利益共同体内制度性话语权的约束具有一种内在合法性,这种内在的命运共同体价值观念能使利益共同体的成员国积极履行制度成员的责任义务,[3] 使不具备参与初次分配能力的共同体成员在惠益分享的再分配环节增加国内社会的福祉和对命运的掌控力。[4] 鉴于与“区域”矿产资源开发有关的财政利益、更好的环境管理和海洋科学知识属于再分配环节可向前述特殊利益群体分享的全人类利益,而不健全的机构和薄弱的公民社会可能会破坏大多数本意良好的惠益分享政策,加之一些国家缺乏健全的政治经济体制和治理机制,难以保证财政利益分配将实际用于人类共同继承财产原则所要求的人民普惠,因此,我国“区域”矿产资源开发财政惠益再次分配秩序权益维护制度理念应有机衔接有关海管局制定财政运行机制的立场选择,践行财政惠益收缴机制运行的贡献者义务,对企业部的独立运作因势利导,从而实现国家利益最大化。同时,对于利益共同体发展中国家成员的福利取得方式,应吸取在 2018 年太平洋岛国论坛上瑙鲁对我方当众“污名化”刁难的教训,针对财政惠益处置机制,履行建设者的义务,主张财政利益分配权与配置权分离,将带有敏感政治因素的官方援助转移至科研基金等《海洋法公约》框架内施行,化遭遇被动为主动谋划的积极作为,方为明智、得体而有力的回应。

---

〔1〕 参见[美]詹姆斯·G. 马奇、[挪威]约翰·P. 奥尔森:《重新发现制度》,张伟译,生活·读书·新知三联书店 2011 年版,第 165 – 166 页。

〔2〕 参见徐忠麟、崔娜娜:《生态文明制度与文化的通约与融合》,载《重庆大学学报(社会科学版)》2016 年第 4 期,第 135 页。

〔3〕 参见[美]詹姆斯·G. 马奇、[挪威]约翰·P. 奥尔森:《重新发现制度》,张伟译,生活·读书·新知三联书店 2011 年版,第 26 页。

〔4〕 缘于人类共同继承财产原则要求从“区域”内活动中产生的利益应分配给全人类。然而,在当前海管局的设置之下,利益一般只能分配到国家层面,这意味着缺乏一种可以被各国用以向国内社会提供“区域”公共资源利益的明确机制,以至于可能使国内某些处境不利的居民丧失权利。因此,如果国内社会不能从公共资源中获益,那么人类共同继承财产原则的主旨将仍然无法实现。See Waseem Ahmad Qureshi, *Protecting the Common Heritage of Mankind beyond National Jurisdiction*, Ariz. J. Int'l & Comp. L., Vol. 36:79, p. 101 (2019).

第一，践行海管局财政惠益收缴机制运行的贡献者义务。我国作为利益共同体内发展中国家的引领国，不宜只从与发达国家相同的参与者视角来权衡海管局制定缴费机制内容的利弊，而更应以贡献者的角色践行义务，推动海管局制定缴费机制的工作重点突破开采环节的局限，为企业部提供与其履行“加工”职能有关的更好的环境管理方法，从而以公平的方式兼容我国的财政鼓励诉求。一方面，推动海管局的工作重点突破开采环节的局限，考虑为陆域的下游加工设计机制。《开发规章草案》的缴费范围涵盖了“区域”矿产资源开发的上、下游在内的整个产业链。根据世界采矿立法的实践，开采等上游环节属于缴费范围，而运输、选冶等下游环节不应归于其列。但这不意味着海管局财政鼓励的应用范围仅限于“区域”矿产资源开发的上游产业链。海底争端分庭的咨询意见曾试图对“‘区域’内活动”的范围加以限制，以排除陆上加工的适用。然而，《海洋法公约》第165条第1款以及第170条等条款均涉及与海管局职能部门有关的“加工”职责。事实上，陆上加工多金属结核的环境影响属于“区域”矿产资源开发所带来的三大主要环境影响之一，加工行业利润竞争加剧将引起国家间环境利益和负担分配不均。虑及将之作为国家担保义务可能会对主权产生冲击，海管局可以在开发合同中插入与开采矿物加工方法和相关实践有关的条款或清单，以对包括企业部在内的承包者间接施以法律约束。[1] 另一方面，以为企业部提供与其履行加工职能有关的更好的环境管理方法使缴费机制兼容我国的财政鼓励诉求。企业部的营业收入是海管局财政收入的重要来源，而企业部又是无法参与初次分配的发展中国家群体代表，其独立运作应遵循成本效益原则、渐进原则、健全的商业原则以及发展中国家优惠待遇原则。为企业部独立运作进行的准备工作包括评估联合企业经营的各种做法、研究企业部在各个不同业务阶段的行政管理上各种可供选择的管理政策等。这就为促进企业部的独立运作，使海管局对环境管理方法等可供分享的全人类利益予以财政鼓励成为可能。前已述及，就地加工与“区域”环境管理和监测计划的关系更加密切，企业部需要相应具备更高的环境风险管理能力。综上所述，我国依托“区域”矿产资源开发海上脱水环节的冶金废水污

---

〔1〕 See Till Markus & Pradeep Singh, *Promoting Consistency in the Deep Seabed: Addressing Regulatory Dimensions in Designing the International Seabed Authority's Exploitation Code*, Review of European, Comparative & International Environmental Law, Vol. 25:347, p. 360 – 361(2016).

染治理的环境管理优势,[1]应当引导财政运行机制予以适当激励并反馈于缴费体系与规则的内容设计中。

第二,履行海管局财政惠益处置机制运行的建设者义务。我国作为利益共同体内发展中国家的引领国,通过海管局的财政惠益处置机制为发展中国家成员国提供财政利益共享的最优方案,特别是有可能使多个国家受益的科研基金用途方案,从而加固利益共同体成员间的信任关系,以合理的方式兼容我国对外援助的预期目的。[2] 一方面,主张分配权与配置权相分离的财政利益共享方案,建设受援国当地的机构,投资人力资本。财政分配过程包括按照国际法对主权国家和非国家行为体的再分配,以及到当地社区成员等多个层面进行的分配。前者由国家集合的海管局主导,利用综合指数对受益国及其人民进行再分配排序;后者主要由受益国及其人民根据国情自行使用调配获得财政利益。对于现金支出和项目资助旨在惠及现有人口的项目之间的选择,时任海管局秘书长的迈克尔·洛奇先生倾向于项目资助,缘于在可用于支付的资金总量相当有限的时期,分配给任何一个申请国的总金额都不足以对该国人民生活水平以及经济社会发展产生重大有益影响。当然,项目资助的缺点是,海管局需要制定资助机制,选择资助哪些项目,并严格监督项目,以确保适当地使用资金并使预期的接受者受益。除了主要为惠及现有人口的项目提供资金外,海管局还应为惠及子孙后代而设计的项目提供资金,例如,对物质和人力资本的投资以及新技术研发投入。这些投资可以提供有利于大量人口福祉和促进经济增长的公共产品,并聚焦于那些需要发展援助的国家。这些项目提供了一种将财富从当代转移到后代的方法,从而有助于"区域"矿产资源开发利益的代际共享。同样,海管局需要机制来优先安排和监督这些项目。[3] 另一方面,主张激活促进有可能使多个国家受益的科研基金用途,将带有敏感政治因素的对外援助转移至科研基金。如前所述,在 2018 年瑙鲁举行

---

〔1〕 参见何宗玉、林景高等:《国际海底区域采矿规章制定的进展与主张》,载《太平洋学报》2016 年第 10 期,第 15 页。

〔2〕 See Maria S. Tysiachniouk & Andrey N. Petrov, *Benefit Sharing in the Arctic Energy Sector: Perspectives on Corporate Policies and Practices in Northern Russia and Alaska*, Energy Research & Social Science, Vol. 39:29, p. 33(2018).

〔3〕 See Michael W. Lodge, Kathleen Segerson & Dale Squires, *Sharing and Preserving the Resources in the Deep Sea: Challenges for the International Seabed Authority*, International Journal of Marine and Coastal Law, Vol. 32:427, p. 440 – 442(2017).

的太平洋岛国论坛上，我国与瑙鲁当局发生摩擦的背后不乏西方势力操弄地缘政治的博弈较量，“五眼联盟”中的澳大利亚和新西兰就将我国在南太平洋地区提供援助和特惠贷款过分解读为意图扩张地区影响力和争夺领导角色。为避免国际事务中催生误解造成外交被动，有必要将具有国家战略意义的官方援助贷款适当转轨至《海洋法公约》体系框架内，在“区域”矿产资源开发惠益分享财政运行机制中体现为响应海管局的规制和号召，以捐助的方式提高该地区国家参与“区域”开发初次分配的能力。我国将官方援助资金注入海洋科研基金，只是将财政利益的分配权交由海管局行使，并未影响承接基金利益的发展中国家的配置权，而且有利于展现负责任大国风范并得到利益共同体成员的认同。在此基础上，根据《海管局捐赠基金的职权范围、指导原则和使用程序》的规定，既然提供科研基金援助的申请通常由海管局的发展中国家成员提出，秘书长也可以接受任何其他国家的申请，只要他确信该申请将有利于发展中国家的科学家的成长作为，那么，结合《海洋法公约》第 143 条第 2 款的规定，我国可利用当前由国家海洋局与海管局协调建立的联合培训和研究中心，[1]聘用小岛屿国家合格的人员来从事“区域”内海洋科学研究，当其研发出具有转让价值的“区域”矿产资源开发技术时，借助海管局在 2017 年联合国海洋大会上承诺设立的“海管局卓越深海研究秘书长奖”，促进其科学成果传播；基于科研基金主要捐赠者以及援助计划（科学合作、训练方案、技术援助等）制定者的双重身份，应大力倡导推动海管局承认在无其他约定时，该成果属于执行本单位的任务或者主要是利用本单位的物质技术条件所完成的职务发明，专利权归于我国援助计划的主办机构，实现促进“区域”矿产资源开发事业的发展共赢。

---

〔1〕 该中心支持履行海管局在能力建设、海洋科学研究和海洋技术开发国际合作方面的责任和义务，并执行 2019—2023 年战略计划中设定的战略方向。主要职能涵盖了提供海洋科学和技术的培训项目以及海洋科学研究的技能，旨在协助发展中国家全面参与“区域”活动，包括在适当情况下参与由承包者与海管局签订的勘探和开发合同而提供的培训项目；开展与“区域”活动最新发展和趋势有关的合作研究项目；与其他国家，特别是与发展中国家开展技术合作等。See Assembly, *Draft Memorandum of Understanding between the International Seabed Authority and the Ministry of Natural Resources (State Oceanic Administration) of China Concerning the Establishment of a Joint Training and ResearchCentre*, International Seabed Authority (Jun. 7, 2019), https://ran-s3.s3.amazonaws.com/isa.org.jm/s3fs-public/files/documents/isba25_a4-e.pdf.

结　论

本书以海洋命运共同体理念为指导，以实现人类共同继承财产原则为目的，进行了“区域”矿产资源开发能力发展和惠益分享保障机制为何构建以及如何构建的创新研究，得出以下结论：

第一，“区域”矿产资源开发基本理论研究表明，“区域”是指邻接沿海国大陆架的深海海底，其中的矿产资源既是由“区域”所提供的自然资源中的一类，也是在当前及未来可被人类利用的现场有形资源。“区域”矿产资源具有生态系统共生性与空间分布差异性的自然属性，社会属性表现为市场经济条件下的商品属性，法律属性为公共财产和占有委托物。“区域”矿产资源开发具有狭义和广义的不同理解，前者仅指从“区域”中获取资源并提取有用矿物等实现其经济价值的开采活动，对应的客体主要是矿产资源。后者还包括了开采前对矿区的价值分析和环境评估等勘探准备活动，以及开采后对矿区资源的养护以及利益分配等重新认识和再开发活动，涉及的是“区域”及其资源的整体价值。“区域”矿产资源开发在理论上存在“无为”模式、“禁入”模式、“准入”模式与“财产权私有”的混合模式，这四种模式之间并不排斥，可以结合适用。立法论意义上的开发制度取舍博弈与理论模式的适用具有内在逻辑性，集中体现为“区域”矿产资源开发的“无为”模式、“禁入”模式以及“准入”与“财产权私有”的混合模式。《海洋法公约》框架下的平行开发制与联合企业制都属于混合模式，联合企业制可以补正平行开发制在混合模式下的瑕疵。“区域”矿产资源开发机制集合了用以解决开发过程中重大法律问题的一系列具有法定性、外在性和可操作性的激励或约束措施。在混合模式框架下，针对海管局政策目标及国际社会制定“区域”开发规章动态，宜从微观技术能力发展的规则谱系到中观融资方式选择的载体关系，再到宏观惠益分享秩序的价值体系这三个层次，审视有待“区域”矿产资源开发机制进行具体制度安排的有技术能力发展、融资方式选择和惠益分享秩序三大法律问题。在海洋命运共同体理念指导下，通过“区域”矿产资源开发的合作平台呈现三个共同体建设的递进性，将“合作”的意涵提升到“共商、共建、共享”高度，明晰了“区域”矿产资源开发法律机制构建的简明模式具有三个理论维度：由利益共同体共商更加公正合理的“区域”开发秩序从而形成善治的法律环境，进而通过责任共同体高效建设并发展“区域”的善治能力，最终依托于命运共同体使国际社会平等共享良法善治的丰硕成果，落实人类共同继承财产原则。

第二，“区域”矿产资源开发技术能力发展制度化研究表明，“区域”矿产资源开发技术能力发展具有技术创新与技术扩散的制度功能，是产生技术发展与转让制度性合作现象的基础，也是制度化合作的起点。责任共同体对技术商业化的特定行为模式产生了正向认同，形成了技术能力发展制度化合作的动力，从而使责任共同体的利益得以更新和扩张，深化了成员间的合作关系，出现了知识产权保护、市场信息公开和联合企业安排等制度化合作的表现形态。首先，“区域”矿产资源开发技术具有系统性以及军民两用性，决定了在公私部门合作研发中，公共部门在对私有组织下放知识产权的同时，应保留介入权、非独占无偿使用权等。雇主（企业）与雇员（发明人）可基于“厚雇主主义”基础上的“折中主义”，约定职务发明的专利权归属。知识产权保护机制需要建立健全合理平衡海管局、担保国及其承包者之间利益关系的新内容，包括国际技术合作创新成果归属的多边协调机制，以及知识产权有效保护与公平合理商业条件的平衡机制。“区域”矿产资源开发技术的性能特点及可获取性信息对技术持有者的排他占有可采用专利保护模式或技术标准保护模式。其次，“区域”矿产资源开发技术的性能特点及可获取性信息作为“公共物品”，专利制度为技术持有人配置了披露技术标的最佳实施方案的义务，管理制度定位了国际组织秘书处应当履行交易信息公开职能。“区域”矿产资源开发技术信息合理公开的义务履行，需要在责任共同体之间形成最佳实施方案披露义务符合各自利益的共识，进而使这种共识成为技术交易双方履行合同义务的行为导向,最终通过强制与激励措施并举,健全并驱动符合“区域”矿产资源开发准入标准要求的专利公开制度。以秘书处为枢纽建立技术市场交易信息平台,主要以促进技术实施能力相近的发展中国家之间转让技术为目标,通过海管局秘书处履行信息公开职能,并赋予秘书长(临时)决策权力。最后,联合企业安排下的技术吸收应是受软法规则约束的行为,不具有约束力体现在联合企业安排并非仅满足于和“从公开市场获得”相同的技术贸易目的,还要求蕴含技术出资与利益分享合作方式选择的便利。确有实际效力表现为企业部及其他发展中国家实体具有通过事前约定的方式实现这一目的的主动性。针对企业部与发展中国家实体吸收技术知识的实际效果不佳的情况,应当构建用以实现发展中国家实体占有并使用技术的联合企业中介集成服务机制。对于发展中国家技术吸收能力发展的效果欠佳的情况,应健全用以实现发展中国家技术吸收能力综合提升的陆海统筹合作机制。

第三,“区域”矿产资源开发融资方式选择法定化研究表明,《海洋法公约》为企业部提供了公共财政正向调节的内源融资、个人和机构投资者支持的市场化融资、合作伙伴支持的联合企业经营这三种法定范式筹措“区域”内活动资金。海管局制定开发规章因应企业承包者在“区域”内活动中的社会责任、缔约国承包者和企业部承包者引领构建可持续的海洋经济融资机制、国际直接投资便利化在“区域”矿产资源开发领域新发展的情势所需,为企业部及其他承包者相继更新了“区域”矿产资源开发风险融资保险、使用开发合同担保的项目融资以及联合企业控制权融资三种新范式。首先,“区域”矿产资源开发风险融资保险是一种隐性强制的海上财产保险,据此,既要建立“区域”海洋环境污染责任保险的第三方主体辅助机制,又要制定“区域”矿产资源开发环境损害的民事赔偿责任法律机制,还要构建平衡保险机构权利义务的事实强制法律机制。其次,“区域”矿产资源开采项目融资的担保权利形成于指定矿区的行为自由权与资源使用权,这一融资方式本质上属于采特许模式的契约型公私合作行为。承包者使用开发合同担保进行项目融资的行为受制于金融机构作为财产负担受益人的潜在市场条件以及担保国事前审批的法律地位。最后,联合企业控制权融资使外国投资者得以在“区域”矿产资源开发国际直接投资便利化的发展趋势下,在其与合作方当地资本相结合并依据当地法律建立联合企业的同时,还将对该联合企业的国籍国产生新一轮冲击,引发国家担保终止的间接征收争端、联合开发违约的商业合同纠纷。考虑到《海洋法公约》体系赋予承包者诸多具有国际投资法制度保障功能的权利，可以从《海洋法公约》第十一部分第5节下设的海底争端分庭职能性强制程序、《海洋法公约》第十五部分第1节下设的争端当事方协议优先程序入手，审视其与国际投资法争端解决程序密切联系的规则元素，勾勒制度协同的争端解决思路。联合企业控制权融资中外国投资者与国家争端解决的策略共振植根于《开发规章草案》在继承《海洋法公约》以往行之有效的争端解决机制的同时所试图进行的一些创新，协同国际投资法争端解决策略，建议海管局可与国际海洋法法庭商定建立法庭之友制度的特别程序规则的可能性，以加快对国家担保终止的间接征收纠纷的审理；倡导法律和技术委员会为联合开发违约的商业合同争端设立非正式的联防联调机制。

第四，"区域"矿产资源开发惠益分享秩序规范化研究表明，"区域"自然资源开发惠益分享秩序框架以《海洋法公约》缔约国为主体，以利益衡平的分配为行为，以国家发展利益为客体。"区域"矿产资源开发惠益分享秩序规范化的架构耦合通过缔约国国内管理组织的主体、统筹产品分成安排与财政再分配的行为、财政运行机制转化货币惠益的客体形成具体的国际分配机制，彰显命运共同体成员的合作优势，推动"区域"矿产资源开发分配过程的国际关系法治化。首先，缔约国国内惠益分享管理模式基本上可分为中央集权型管理模式、中央半集权型管理模式以及地方分治型管理模式。经过规律比较，发现不同缔约国对惠益分享管理的集中度和体制不尽相同，集中表现为管理组织的职能配置差异；但相同的是，都设有全国统一的管理组织，通过立法机关赋予其次级立法权，制定促进相关国家政策目标实现的措施或者规范准则。在此基础上，可以预判惠益分享缔约国管理模式将形成多中心治理的决策结构，中央级海洋自然资源主管型的功能定位渐趋主流。其次，产品分成安排对"区域"矿产资源开发惠益分享初次分配秩序规范化的适用逻辑有联合安排制度化、生产政策市场化以及合作参与扩大化三个层次。根本上，产品分成安排的有效适用需要企业部采矿作业项目适应性管理综合机制，而非联动的商业生产率调控机制只能停留在表面的和谐状态。企业部合作参与自由的双层激励机制是联动的产物，无论是对致力于"区域"矿产资源采掘业合作的发达国家缔约方或由其担保的实体，还是对致力于"区域"矿产资源采矿业中下游合作的发展中国家缔约方实体或由其担保的实体，皆是如此。故而，企业部商业生产率调控的联动机制也必不可少，企业部合作参与自由的双层激励机制也是产品分成安排有效适用的根基。最后，“区域”矿产资源开发惠益分享财政运行机制的构建过程中，绝对地租与级差地租Ⅰ构成缴费种类设计纬度、再分配税制的利益交集优化成为公平厘定缴费数额的经度和“区域”矿产资源开发财政利益用作社会总产品分配提供识别利益需要的风向标。这促进了财政运行机制的合理取向与以权利金为中心的缴费体系、双向促进海管局内部决策公开与外部参与畅通、统筹综合指数与基金功能的对接完善。

第五，我国“区域”矿产资源开发权益维护的机制调适研究表明，深海法律体系以法律适用的空间范围为标准，以“区域”内活动社会关系为调整对象，涉及多个部门法规范，这意味着在中国特有的深海法律文化土壤中简单“嫁接”国际机制“有机体”可能诱发“水土不服”，引起相关权益维护机制与“区域”开发国际法治发展阶段，我国的现实条件和状况，政府机构、承包者、投资者等制度相关人之间的结构性矛盾，需要运用恰适性逻辑和原则的方法论对我国“区域”矿产资源开发权益维护机制进行调适。首先，运用可行性的博弈均衡制度同构理论调适我国“区域”矿产资源开发技术能力发展权益维护规则。深海技术创新能力发展权益维护强制同构的知识产权保护规则源于其运作所处的国家管控优先的深海法律文化期望施加的非正式压力，对这一制度规则的调适主要依靠供给端政府机构的强制力。深海技术引进能力发展权益维护规则的模仿同构源于技术本身及其引进相关立法技术的实效难以把握，借鉴同样具备良好的深海技术基础的域外国家经验做法，有利于提高立法质量。“区域”矿产资源开发技术吸收能力发展权益维护规则的规范同构源于深海科学技术训练方案与中小企业伙伴关系措施的专业化结果，捏合了深海法律体系与相关部门法规则，勾勒了政府和大型企业承包者博弈策略均衡的共有信念。其次，运用协调性的互惠偏好制度协同理论调适我国“区域”矿产资源开发融资方式选择权益的维护载体。开发风险融资方式选择权益维护激励协同的保险保障载体追求制度的设计者与需求者最终目标的一致性，这意味着在深海法律体系框架内探索一种激励相容模式，该模式属于导向型制度协同。开发项目融资方式选择权益维护居间协同的合同担保制度载体追求在具有“区域”矿产资源开发项目融资需求的承包者与融资租赁公司、金融机构等投资者之间构建利益共同体，国家海洋行政主管部门主要具有消费性支出的政府互惠偏好，发挥着“经纪人”的作用：通过勘探合同担保保留租约制度载体降低边际成本；通过开采合同担保下的项目融资事前审批制度载体提供信息，甄别可能的利益共同体结构。联合开发融资方式选择权益维护诱导协同的争端解决制度载体意在发挥联合开发融资方式选择权益维护制度的自我作用，通过深海法体系与外商投资法体系在立法精神上有所承袭，在具体制度规定上合理衔接，诱导争端解决方法偏好转型，激励并接受总体国家安全观，统筹发展和安全，转换诉讼仲裁事后救济理念，激发将外商投资股份有限公司的开发许可行政管制纠纷与联合风险经营合同纠纷"定、止"在国内行政机关系统内部的责任感。最后，运用合法性的关系理性制度导向理论调适我国"区域"矿产资源开发惠益分享秩序权益维护理念。"授权"是指国内惠益分享管理组织授予第三方执行、解释和运用规则、解决争端和(可能)制定进一步规则的权力。在具体制度调适方面，指向授予相关国内组织和单位"第三部门"法律地位的组织分工制度理念，包括授予公共事业类部门承担行业协会的组织协调职能、授权公益企业类机构接受政府委托执行国家申请的项目。"精确性"是指深海法律体系有关"区域"矿产资源开发惠益分享的规则清晰地阐明了其所要求、授权或禁止的行为准则。建议将我国《深海法》目的中的"人类共同利益"解读为"区域"环境资源的总经济价值，并通过多元联合安排激发权益维护与制度性话语权提升的联动效应。"义务"是指国家或其他行动者受一项(一套)规则或承诺的约束，即因为它们的行为将面临一般规则、程序以及国际法和国内法的审查而使其实际上受到规则或承诺的法律约束。我国的"区域"矿产资源开发财政惠益再次分配秩序权益维护制度理念应有机衔接有关海管局制定财政运行机制的立场选择，践行财政惠益收缴机制运行的贡献者义务，对企业部的独立运作因势利导，从而实现国家利益最大化。同时，对于利益共同体发展中国家成员的福利取得方式，应吸取在2018年太平洋岛国论坛上瑙鲁对我方当众"污名化"刁难的教训，针对财政惠益处置机制，履行建设者义务，主张财政利益分配权与配置权的分离，将带有敏感政治因素的官方援助转移至科研基金等《海洋法公约》框架内施行，化被动遭遇为主动谋划的积极作为，方为明智、得体而有力的回应。

参考文献

一、中文文献

（一）中文著作

1. 陈安主编:《国际经济法学》,北京大学出版社 2017 年版。

2. 陈德恭编著:《国际海底资源与海洋法》,海洋出版社 1986 年版。

3. 陈德恭:《现代国际海洋法》,海洋出版社 2009 年版。

4. 陈建宏主编:《矿产资源经济学》,中南大学出版社 2009 年版。

5. 夏征农、陈至立主编:《辞海》,上海辞书出版社 2009 年版。

6. 邓建志:《知识产权专论》,知识产权出版社 2016 年版。

7. 邓正来:《哈耶克法律哲学的研究》,法律出版社 2002 年版。

8. 丁志忠、孟磊:《矿产资源税费改革研究》,知识产权出版社 2016 年版。

9. 杜静、仲伟俊、李启明:《私人主动融资(PFI)模式在公共项目中的应用》,东南大学出版社 2014 年版。

10. 董炳和:《技术创新法律保障制度研究》,知识产权出版社 2006 年版。

11. 杜鹃编著:《海上保险》(第 2 版),上海财经大学出版社 2015 年版。

12. 范愉主编:《多元化纠纷解决机制》,厦门大学出版社 2005 年版。

13. 冯晓青主编:《全球化与知识产权保护》,中国政法大学出版社 2008 年版。

14. 冯雅丽、李浩然编著:《深海矿产资源开发与利用》,海洋出版社 2004 年版。

15. 高健军:《〈联合国海洋法公约〉争端解决机制研究》,中国政法大学出版社 2014 年版。

16. 高之国、张海文主编:《海洋国策研究文集》,海洋出版社 2007 年版。

17. 高之国、贾宇主编:《海洋法精要》,中国民主法制出版社 2015 年版。

18. 高之国、张海文、贾宇主编:《国际海洋法论文集(一)》,海洋出版社 2004 年版。

19. 高之国、贾宇主编:《海洋法动向》,中国民主法制出版社 2015 年版。

20. 戈含锋:《法律责任的立法研究:基于中国立法文本的分析》,经济日报出版社 2015 年版。

21. 胡德胜主编:《环境与资源保护法学》(第 2 版),西安交通大学出版社 2017 年版。

22. 胡代光、高鸿业主编:《西方经济学大辞典》,经济科学出版社 2000 年版。

23. 黄河主编:《一带一路与国际合作》,上海人民出版社 2015 年版。

24. 何俊志、任军锋、朱德米编译:《新制度主义政治学译文精选》,天津人民出版社 2007 年版。

25. 贾宇、高之国主编:《海洋国策研究文集(2017)》,海洋出版社 2017 年版。

26. 贾宇主编:《海洋发展战略时论》,海洋出版社 2017 年版。

27. 蒋先玲:《项目融资法律与实务》,对外经济贸易大学出版社 2004 年版。

28. 李冬梅、高国珍:《跨国并购及其公司治理结构的法理研究》,中国商业出版社 2006 年版。

29. 李光禄主编:《自然资源开发利用与环境保护法律问题研究》,内蒙古科学技术出版社 2002 年版。

30. 李红云:《国际海底与国际法》,现代出版社 1997 年版。

31. 李景光主编:《国外海洋管理与执法体制》,海洋出版社 2014 年版。

32. 李乃胜等编著:《经略海洋》,海洋出版社 2018 年版。

33. 李强、施嘉岳:《财产理论及海洋资源产权冲突的经济学分析》,中国海洋大学出版社 2015 年版。

34. 刘贵杰、严谨、黄桂丛编著:《海洋资源勘探开发技术和装备现状与应用前景》,广东经济出版社 2015 年版。

35. 刘克主编:《财政学》,中国铁道出版社 2017 年版。

36. 刘鸣主编:《国际体系转型与利益共同体构建:理论、路径与政策》,社会科学文献出版社 2017 年版。

37. 刘洋、高雪梅编著:《海洋行政管理》,东南大学出版社 2017 年版。

38. 刘智慧:《占有制度原理》,中国人民大学出版社 2007 年版。

39. 陆浩主编:《中华人民共和国深海海底区域资源勘探开发法解读》,中国法制出版社 2017 年版。

40. 陆寰:《国家豁免中的商业例外问题研究》,武汉大学出版社 2016 年版。

41. 吕世伦、文正邦主编:《法哲学论》,西安交通大学出版社 2016 年版。

42. 梁志文:《论专利公开》,知识产权出版社 2012 年版。

43. 孟庆瑜、刘武朝:《自然资源法基本问题研究》,中国法制出版社 2006 年版。

44. 马秀岩、卢洪升主编:《项目融资》,东北财经大学出版社 2012 年版。

45. 秦天宝:《遗传资源获取与惠益分享的法律问题研究》,武汉大学出版社 2006 年版。

46. 全永波、周鹏、王心:《海洋权益管理与中国之实践》,经济日报出版社 2015 年版。

47. 日本国际法学会编:《国际法辞典》,世界知识出版社 1985 年版。

48. 石佑启、朱最新主编:《软法治理、地方立法与行政法治研究》,广东教育出版社 2016 年版。

49. 王尚宽:《债法总论》,中国政法大学出版社 2000 年版。

50. 史忠良、肖四如:《中国经济资源配置的理论与实践》,中国财政经济出版社 1998 年版。

51. 陶希东等:《共建共享:论社会治理》,上海人民出版社 2017 年版。

52. 田波:《技术市场学》,红旗出版社 2005 年版。

53. 汪立志主编:《强制保险的国际比较研究》,中国金融出版社 2016 年版。

54. 汪同三等:《技术市场》,商务印书馆 1997 年版。

55. 王家庭、曹清峰、孙哲编著:《我国西南地区与东南亚国家跨国区域合作开发研究》,南开大学出版社 2015 年版。

56. 王微、陈春平:《技术市场》,人民出版社 1994 年版。

57. 王玉玲主编:《责任保险》,首都经济贸易大学出版社 2014 年版。

58. 王玉清、赵承璧主编:《国际技术贸易》,对外经济贸易大学出版社 2013 年版。

59. 王子平、冯百侠、徐静珍:《资源论》,河北科学技术出版社 2001 年版。

60. 王文长:《西部资源开发与民族利益关系和谐建构研究》,中央民族大学出版社 2010 年版。

61. 巫文勇:《金融机构市场退出中的国家救助法律制度研究》,中国政法大学出版社 2012 年版。

62. 薛桂芳主编:《海洋法学研究》(第 1 辑),上海交通大学出版社 2017 年版。

63. 薛桂芳、张国斌:《我国深海法律体系的构建研究》,上海交通大学出版社 2019 年版。

64. 吴润生、杨长湧等:《在合作共赢中推动构建人类命运共同体》,中国言实出版社 2018 年版。

65. 徐兰英、刘晓伟主编:《工程项目融资》,东北大学出版社 2015 年版。

66. 辛鸣:《制度论:关于制度哲学的理论建构》,人民出版社 2005 年版。

67. 习近平:《习近平谈治国理政》(第 2 卷),外文出版社 2017 年版。

68. 杨子赓主编:《海洋地质学》,山东教育出版社 2004 年版。

69. 余劲松主编:《国际投资法》(第 4 版),法律出版社 2014 年版。

70. 袁晓东:《激励技术创新的法律制度研究》,华中科技大学出版社 2007 年版。

71. 张伯里主编:《新的发展阶段中效率与公平问题研究》,中共中央党校出版社 2008 年版。

72. 张海文主编:《〈联合国海洋法公约〉释义集》,海洋出版社 2006 年版。

73. 张极井:《项目融资》,中信出版社 2003 年版。

74. 张伟君:《规制知识产权滥用法律制度研究》,知识产权出版社 2008 年版。

75. 张晏瑲:《国际海洋法》,清华大学出版社 2015 年版。

76. 张长利:《政策性农业保险法律问题研究》,中国政法大学出版社 2009 年版。

77. 张康之、张乾友:《共同体的进化》,中国社会科学出版社 2012 年版。

78. 张文显:《法哲学范畴研究》(修订版),中国政法大学出版社 2001 年版。

79. 张屹山等:《资源、权力与经济利益分配通论》,社会科学文献出版社 2013 年版。

80. 张梓太、沈灏、张闻昭:《深海海底资源勘探开发法研究》,复旦大学出版社 2015 年版。

81. 赵红梅:《跨国公司对国际经济法创制和实施的参与》,北京邮电大学出版社 2014 年版。

82. 赵建军等:《自主创新与知识产权保护》,知识产权出版社 2011 年版。

83. 赵威:《股权转让研究》,中国政法大学出版社 2017 年版。

84. 赵哲伟主编:《环境资源法学》,对外经济贸易大学出版社 2017 年版。

85. 韦建桦主编、中共中央马克思恩格斯列宁斯大林著作编译局编译:《马克思恩格斯文集》(第 3 卷),人民出版社 2009 年版。

86. 中国大百科全书总编辑委员会编:《中国大百科全书》(第 13 卷),中国大百科全书出版社 2009 年版。

87. 中国矿产资源税费制度改革研究课题组:《中国矿产资源税费制度改革研究》,中国大地出版社 2008 年版。

88. 钟立国:《区域贸易协定争端解决机制:理论及其条约法实践》,上海人民出版社 2014 年版。

89. 周平轩:《论公平与效率——关于公平与效率的理论分析和历史考察》,山东大学出版社 2014 年版。

90. 周忠海:《海涓集——国际海洋法文集》,中国政法大学出版社 2012 年版。

91. 朱连奇:《自然资源开发与管理》,河南大学出版社 2015 年版。

92. 曾言、李祖全:《医疗责任强制保险制度研究》,湖南师范大学出版社 2009 年版。

93. 朱怀念:《国际项目融资法律问题研究》,武汉大学出版社 2002 年版。

(二)中文译著

1. [德]Thomas Greiber 等:《遗传资源获取与惠益分享的〈名古屋议定书〉诠释》,薛达元、林燕梅校译,中国环境出版社 2013 年版。

2. [斐济]萨切雅·南丹原书主编、毛彬中译本主编:《1982 年〈联合国海洋法公约〉评注》,焦永科等译,海洋出版社 2009 年版。

3. [斐济]萨切雅·南丹、[以]沙卜泰·罗森原书主编,吕文正、毛彬中译本主编:《1982 年〈联合国海洋法公约〉评注》(第 2 卷),海洋出版社 2014 年版。

4. 国际水道测量组织、政府间海洋学委员会编:《海底地名命名标准》(B – 6 出版物 4.1.0 版),国家海洋信息中心译,海洋出版社 2014 年版。

5. [韩]金麟洙、[美]理查德·R. 尼尔森编:《技术、学习与创新:来自新兴工业化经济体的经验》,吴金希、戴德余等译,知识产权出版社 2011 年版。

6. [荷]雨果·格劳秀斯:《论海洋自由或荷兰参与东印度贸易的权利》,马忠法译,上海人民出版社 2013 年版。

7. [美]詹姆斯·G. 马奇、[挪威]约翰·P. 奥尔森:《重新发现制度:政治的组织基础》,张伟译,生活·读书·新知三联书店 2011 年版。

8. [美]爱蒂丝·布朗·魏伊丝:《公平地对待未来人类:国际法、共同遗产与世代间衡平》,汪劲等译,法律出版社 2000 年版。

9. [美]约翰·罗尔斯:《正义论》,何怀宏、何包钢、廖申白译,中国社会科学出版社 1988 年版。

10. [美]万安黎:《担保论:全球金融市场中的法律推理》,江照信等译,中国民主法制出版社 2013 年版。

11. [日]青木昌彦:《比较制度分析》,周黎安译,上海远东出版社 2001 年版。

12. [日]和达清夫主编:《海洋百科辞典》,于夫、吕彩霞主译,海洋出版社 2001 年版。

13. [英]Donald O'May、[英]Juliam Hill:《OMAY 海上保险:法律与保险单》,郭国汀等译,法律出版社 2002 年版。

14. [加拿大]巴里·布赞:《海底政治》,时富鑫译,生活·读书·新知三联书店 1981 年版。

15. [英]约翰·洛克:《政府论》(下篇),叶启芳、瞿菊农译,商务印书馆 1982 年版。

16. [英]朱迪·丽丝:《自然资源:分配、经济学与政策》,蔡运龙等译,商务印书馆

2002 年版。

（三）中文期刊

1. 蔡得久、段鹏飞:《价值、使用价值与交换价值——关于价值的形成与分配》,载《东北财经大学学报》2000 年第 4 期。

2. 蔡冬青、周经:《对外直接投资反向技术外溢的国际经验——基于母国吸收能力的考察》,载《财经科学》2014 年第 3 期。

3. 蔡跃洲:《科技成果转化的内涵边界与统计测度》,载《科学学研究》2015 年第 1 期。

4. 池漫郊:《论国家对商事行为的责任承担》,载《太平洋学报》2007 年第 2 期。

5. 陈业宏、肖蓓:《外资并购对职工劳动就业权的侵害及其对策》,载《上海财经大学学报》2008 年第 2 期。

6. 陈业宏、肖蓓:《论外资并购中职工劳动就业权的法律保护》,载《江海学刊》2008 年第 3 期。

7. 陈驰:《法国的雇员发明制度及其对我国的启示》,载《江西社会科学》2008 年第 2 期。

8. 陈明义:《积极参与国际海底矿产资源的勘探与开发》,载《福建论坛(人文社会科学版)》2015 年第 7 期。

9. 陈万灵:《关于海洋经济的理论界定》,载《海洋开发与管理》1998 年第 3 期。

10. 陈维春:《国际法上的风险预防原则》,载《现代法学》2007 年第 5 期。

11. 陈喜峰、叶锦华、陈秀法:《日本海外矿产资源开发模式及对我国的启示》,载《资源与产业》2014 年第 3 期。

12. 陈秀武:《“海洋命运共同体”的相关理论问题探讨》,载《亚太安全与海洋研究》2019 年第 3 期。

13. 程保志:《北极治理机制的构建与完善:法律与政策层面的思考》,载《国际观察》2011 年第 4 期。

14. 崔建远:《母权—子权结构的理论及其价值》,载《河南财经政法大学学报》2012 年第 2 期。

15. 戴轶:《论人类命运共同体的构建:以联合国改革为视角》,载《法学评论》2018 年第 4 期。

16. 邓正来:《社会秩序规则二元观——哈耶克法律理论的研究》,载《北大法律评论》1999 年第 2 期。

17. 杜萱:《对国家契约非稳定性的探讨》,载《法律科学(西北政法大学学报》2012 年第 3 期。

18. 丁丽柏:《国际海洋技术发展和转让的法律问题》,载《经济法论坛》2005 年第 0 期。

19. 付玉、邹磊磊:《国际海洋环境保护制度发展态势分析》,载《太平洋学报》2012 年第 7 期。

20. 冯大同:《快速解决国际经济贸易争议的新途径——国际商会〈仲裁前公断程序规则〉评述》,载《国际贸易》1991 年第 5 期。

21. 干飞、文志岳:《矿业项目融资浅析》,载《中国矿业》2003 年第 8 期。

22. 高岚君:《"全人类共同利益"与国际法》,载《河北法学》2009 年第 1 期。

23. 高晓露、周振新:《论风险预防原则的国际法律地位》,载《江西社会科学》2012 年第 4 期。

24. 葛艾继、郭鹏:《产品分成合同模式和回购合同模式比较分析》,载《国际石油经济》2001 年第 11 期。

25. 葛红亮:《非传统安全与南海地区国家的策略性互动》,载《国际安全研究》2015 年第 2 期。

26. 顾金亮:《国家科技计划知识产权管理的中美比较》,载《中国软科学》2004 年第 4 期。

27. 郭忠:《自由型法治抑或效能型法治? ——中国变法时代的法治选择》,载《浙江大学学报(人文社会科学版)》2017 年第 1 期。

28. 后小仙、郑田丹:《晋升激励、政府偏好与区域经济增长》,载《财贸研究》2016 年第 4 期。

29. 韩雪晴:《理性偏好、共同体意象与国际制度性话语权的建构》,载《欧洲研究》2020 年第 3 期。

30. 韩兴:《专利制度危机背景下的技术秘密法律制度研究》,载《知识产权》2014 年第 8 期。

31. 韩震:《基于人类命运共同体新理念的中国外交价值观》,载《中国高校社会科学》2017 年第 4 期。

32. 何显明:《非正式关系与权力资源的获取》,载《社会科学家》2003 年第 2 期。

33. 何志鹏:《逆全球化潮流与国际软法的趋势》,载《武汉大学学报(哲学社会科学版)》2017 年第 4 期。

34. 何志鹏:《主权豁免的中国立场》,载《政法论坛》2015 年第 3 期。

35. 何宗玉、林景高等:《国际海底区域采矿规章制定的进展与主张》,载《太平洋学报》2016 年第 10 期。

36. 和育东:《美、德职务发明制度中的"厚雇主主义"趋势及其借鉴》,载《知识产权》2015 年第 11 期。

37. 贺德方:《对科技成果及科技成果转化若干基本概念的辨析与思考》,载《中国软科学》2011 年第 11 期。

38. 侯巍:《善意取得与占有脱离物:价值定位・制度选择》,载《学术论坛》2007 年第 9 期。

39. 华鹰、华劼:《技术创新成果的权利化与技术转移战略研究》,载《中国科技论坛》2008 年第 12 期。

40. 黄芬:《商品化人格权的定限转让》,载《河北法学》2017 年第 1 期。

41. 黄嘉树、王英津:《主权构成:对主权理论的再认识》,载《太平洋学报》2002 年第 4 期。

42. 黄进、曾涛等:《国家及其财产管辖豁免的几个悬而未决的问题》,载《中国法学》2001 年第 4 期。

43. 黄茂兴、陈伟雄:《国内外促进科技成果转化的典型经验及其启示》,载《东南学术》2013 年第 6 期。

44. 黄微、刘郡:《国内外技术市场运行机制比较研究》,载《图书情报工作》2009 年第 22 期。

45. 黄凯南:《偏好与制度的内生互动:基于共同演化的分析视角》,载《江海学刊》2013 年第 2 期。

46. 惠耕田:《制度、制度化与国际合作的再解释》,载《国际论坛》2009 年第 4 期。

47. 江伟钰:《21 世纪深海海底资源开发与海洋环境保护》,载《华东理工大学学报(社会科学版)》2002 年第 4 期。

48. 江伟钰:《深海底资源开发与国际海洋环境保护》,载《甘肃政法学院学报》1995 年第 2 期。

49. 江河:《人类命运共同体与南海安全合作——以国际法价值观的变革为视角》,载《法商研究》2018 年第 3 期。

50. 姜明安:《软法的兴起与软法之治》,载《中国法学》2006 年第 2 期。

51. 姜雅:《日本的海洋管理体制及其发展趋势》,载《国土资源情报》2010 年第 2 期。

52. 姜雅:《日本石油天然气金属矿产资源机构的运作模式及其对我国的启示》,载《国土资源情报》2009 年第 4 期。

53. 金建才:《经略大洋　拓展我国在国际海域的活动空间》,载《海洋开发与管理》2011 年第 4 期。

54. 金建才:《深海底生物多样性与基因资源管理问题》,载《地球科学进展》2005 年第 1 期。

55. 金永明:《国家管辖范围外区域海洋生物多样性养护和可持续利用问题》,载《社会科学》2018 年第 9 期。

56. 金永明:《陆海统筹加快建设海洋强国》,载《检察风云》2018 年第 20 期。

57. 金永明:《人类共同继承财产法律性质研究》,载《社会科学》2005 年第 3 期。

58. 金永明:《论海洋命运共同体理论体系》,载《中国海洋大学学报(社会科学版)》2021 年第 1 期。

59. 孔庆江:《深海资源开发:国际投资法新疆域》,载《人民论坛 · 学术前沿》2017 年第 18 期。

60. 李亚青:《供给侧改革视角下科技保险"供需双冷"困境及其化解》,载《科技进步与对策》2018 年第 15 期。

61. 李军:《外资国家安全审查制度历史考察及我国制度选择》,载《云南大学学报(法学版)》2014 年第 6 期。

62. 李寿双、周双庆:《国际直接投资的政治风险及其法律应对——以国际直接投资保险制度为例》,载《学术论坛》2003 年第 5 期。

63. 李霞:《论特许经营合同的法律性质——以公私合作为背景》,载《行政法学研究》2015 年第 1 期。

64. 李显冬、刘志强:《论矿业权的法律属性》,载《当代法学》2009 年第 2 期。

65. 李艳芳、金铭:《风险预防原则在我国环境法领域的有限适用研究》,载《河北法学》2015 年第 1 期。

66. 李燕妙:《试析人类共同继承财产的概念与基本内涵》,载《中山大学学报论丛》2004 年第 2 期。

67. 李颖虹、任小波:《深海的呼唤——深海技术发展现状及对策思考》,载《中国科学院院刊》2011 年第 5 期。

68. 李玉梅、桑百川:《国际投资规则比较、趋势与中国对策》,载《经济社会体制比较》2014 年第 1 期。

69. 李煜:《反垄断审查中的知识产权强制许可》,载《知识产权》2014 年第 5 期。

70. 李金蓉:《外大陆架划界中涉及洋脊问题的典型案例研究》,载《中国海洋法学评论(中英文版)》2017 年第 2 期。

71. 李海龙:《论中国外交之正确义利观的内涵与实践》,载《理论学刊》2016 年第 5 期。

72. 李裕伟:《基于底土资源管理的俄罗斯矿业权制度》,载《国土资源情报》2018 年第 1 期。

73. 李志文:《国际海底资源之人类共同继承财产的证成》,载《社会科学》2017 年第 6 期。

74. 李志文:《我国国际海底资源开发法律制度中的地位探索》,载《社会科学辑刊》2016年第6期。

75. 梁淑英:《人类共同继承财产原则的含义》,载《政法论坛》1990年第5期。

76. 廖丽、程虹:《法律与标准的契合模式研究——基于硬法与软法的视角及中国实践》,载《中国软科学》2013年第7期。

77. 刘大洪、李华振:《政府失灵语境下的第三部门研究》,载《法学评论》2005年第6期。

78. 刘画洁:《国外深海底矿产资源许可制度比较与借鉴》,载《江苏大学学报(社会科学版)》2015年第2期。

79. 刘淮:《国外深海技术发展研究(上)》,载《船艇》2006年第10期。

80. 刘明江:《论知识产权的权利限制》,载《河南工业大学学报(社会科学版)》2007年第4期。

81. 刘青建:《国家主权理论探析》,载《中国人民大学学报》2004年第6期。

82. 刘薇:《PPP模式理论阐释及其现实例证》,载《改革》2015年第1期。

83. 刘连泰:《法理的救赎——互惠原理在管制性征收案件中的适用》,载《现代法学》2015年第4期。

84. 刘万啸:《国际投资争端的预防机制与中国选择》,载《当代法学》2019年第6期。

85. 刘卫先:《环境保护视野下国家主权管辖范围外之自然资源权研究——以相关国际条约为基础》,载《广西大学学报(哲学社会科学版)》2016年第2期。

86. 刘赐贵:《发展海洋合作伙伴关系　推进21世纪海上丝绸之路建设的若干思考》,载《国际问题研究》2014年第4期。

87. 卢进勇、冯涌:《国际直接投资便利化的动因、形式与效益分析》,载《国际贸易》2006年第9期。

88. 陆浩:《深海海底区域资源勘探开发立法的理论与实践》,载《中国人大》2016年第15期。

89. 骆严、焦洪涛:《政府资助科技项目成果转化中国有资产管理制度的障碍及对策》,载《中国科技论坛》2015年第5期。

90. 马得懿:《海洋航行自由的体系化解析》,载《世界经济与政治》2015年第7期。

91. 马费成、龙鹫:《信息经济学(五)第五讲:信息商品和服务的公共物品理论》,载《情报理论与实践》2002年第5期。

92. 马俊驹:《借鉴大陆法系传统法律框架构建自然资源法律制度》,载《法学研究》2013年第4期。

93. 马忠法:《论国际技术转让的特征及其价格的影响因素》,载《江淮论坛》2007年第 3 期。

94. 门洪华:《构建新型国际关系:中国的责任与担当》,载《世界经济与政治》2016 年第 3 期。

95. 莫凌侠:《论中外合作经营企业的法律性质及法律特征》,载《政法论坛》2000 年第 3 期。

96. 莫莉:《英国 PPP/PFI 项目融资法律的演进及其对中国的借鉴意义》,载《国际商务研究》2016 年第 5 期。

97. 彭建明、鞠成伟:《深海资源开发的全球治理:形势、体制与未来》,载《国外理论动态》2016 年第 11 期。

98. 彭中礼:《论国家政策的矛盾及其规制》,载《法学》2018 年第 5 期。

99. [美]P. S. 菲芮拉:《非洲国家在第三次联合国海洋法会议上对海洋法发展的作用》,罗详文译,载《国外法学》1980 年第 3 期。

100. 漆多俊、沈明宇:《国际石油合作模式演变及合作领域扩张》,载《河北法学》2007 年第 12 期。

101. 秦天宝、周琛:《国际环境技术转让的法律障碍及其克服》,载《江西社会科学》2011 年第 3 期。

102. 秦亚青、魏玲:《新型全球治理观与“一带一路”合作实践》,载《外交评论(外交学院学报)》2018 年第 2 期。

103. 秦国民、高亚林:《恰适性:推进国家治理现代化的制度建设原则》,载《中国行政管理》2015 年第 9 期。

104. 任秋娟、马风成:《国际海底区域矿产开发的生物多样性补偿路径分析》,载《太平洋学报》2016 年第 11 期。

105. 任秋娟:《国际海底区域生物采探惠益分享与知识产权保护的平衡》,载《社会科学辑刊》2017 年第 6 期。

106. 任永菊:《新形势下跨国公司技术转让特点及其启示》,载《科技与经济》2012 年第 4 期。

107. “人类命运共同体与国际法”课题组:《人类命运共同体的国际法构建》,载《武大国际法评论》2019 年第 1 期。

108. 石佑启、陈咏梅:《论法治社会下行政权力的配置与运行》,载《江海学刊》2014 年第 2 期。

109. 宋河发、吴博、吕磊:《促进科技成果转化知识产权实施权制度研究》,载《科学学研究》2016 年第 9 期。

110. 宋华琳:《政府职能配置的合理化与法律化》,载《中国法律评论》2017 年第3 期。

111. 孙晋、张田、孔天悦:《我国深海采矿主体资格制度相关法律问题研究》,载《温州大学学报(社会科学版)》2014 年第 3 期。

112. 孙南申、彭岳:《技术创新的市场失灵与法律保障的制度建构》,载《复旦学报(社会科学版)》2010 年第 1 期。

113. 孙南申:《论技术创新的法律保障》,载《上海财经大学学报》2007 年第 4 期。

114. 谭融、毕宇飞:《论英国的政府官僚制》,载《武汉大学学报(哲学社会科学版)》2012 年第 4 期。

115. 汤蓓:《试析国际组织行政模式对其治理行为的影响》,载《世界经济与政治》2012 年第 7 期。

116. 唐杰英、金钟范:《日本海底矿物资源开发政策实践与启示》,载《亚太经济》2010 年第 4 期。

117. 田湘波:《制度同构理论视角下国家监察体制改革的价值追求》,载《湖湘论坛》2018 年第 2 期。

118. 王斐:《"活法"与"行动中的法"——兼论民间法研究的两条路径》,载《甘肃政法学院学报》2007 年第 3 期。

119. 王岚:《国际海底区域开发中的国家担保制度研究》,载《学术界》2016 年第 12 期。

120. 王岚:《国际海底区域开发中的环境保护立法——域外经验及中国策略》,载《湖南师范大学社会科学学报》2016 年第 4 期。

121. 王理万:《商业性强制保险制度的合宪性分析》,载《法学家》2017 年第 2 期。

122. 王林佳:《绿地投资与跨国并购的比较研究》,载《商场现代化》2007 年第 17 期。

123. 王铁军:《世界政治的法律化:国际制度主义理论的新探索》,载《世界经济与政治》2006 年第 11 期。

124. 王燕:《国际投资条约仲裁审查标准之反思》,载《法学》2013 年第 6 期。

125. 王勇:《国际海底区域开发规章草案的发展演变与中国的因应》,载《当代法学》2019 年第 4 期。

126. 王金强:《制度变革与政策选择——基于国际公共资源分配问题的理论分析》,载《当代亚太》2013 年第 1 期。

127. 韦经建、庞小妹:《论欧洲联盟法的效力及其对于国家主权理论的影响》,载《法制与社会发展》1999 年第 6 期。

128. 吴波、程小明、田超等:《深海采矿系统水动力技术研究综述》,载《中国造船》2016 年第 3 期。

129. 吴汉东:《知识产权的私权与人权属性——以〈知识产权协议〉与〈世界人权公

约〉为对象》，载《法学研究》2003 年第 3 期。

130. 吴汉洪、李秀玉：《外资并购的反垄断审查和国家安全审查的比较》，载《国家行政学院学报》2008 年第 1 期。

131. 吴慧：《美国批准加入〈联合国海洋法公约〉的影响》，载《世界经济与政治论坛》2012 年第 5 期。

132. 魏建国：《现代社会进程中的利益冲突与制度协调》，载《当代世界与社会主义》2005 年第 6 期。

133. 魏姝：《政治学中的新制度主义》，载《南京大学学报（哲学·人文科学·社会科学版）》2002 年第 1 期。

134. 汪品先：《发展深海科技的前景与陷阱》，载《科技导报》2021 年第 3 期。

135. 郗伟明：《当代社会化语境下矿业权法律属性考辨》，载《法学家》2012 年第 4 期。

136. 项雪平：《组织机构视角下国际海底管理局造法活动研究》，载《太平洋学报》2016 年第 5 期。

137. 肖冰：《日本与德国职务发明报酬制度的立法比较及其借鉴》，载《电子知识产权》2012 年第 4 期。

138. 萧汉强：《深海底资源开发的法律争端与商业采矿前景》，载《高科技与产业化》2009 年第 2 期。

139. 徐崇利：《晚近国际投资争端解决实践之评判："全球治理"理论的引入》，载《法学家》2010 年第 3 期。

140. 徐树：《国际投资仲裁庭管辖权扩张的路径、成因及应对》，载《清华法学》2017 年第 3 期。

141. 许健：《论国际法之"人类共同利益"原则》，载《北京理工大学学报（社会科学版）》2011 年第 5 期。

142. 徐靖、郑苗壮等：《国家管辖范围外海域遗传资源获取和惠益分享机制构建建议》，载《生物多样性》2016 年第 1 期。

143. 徐忠麟、崔娜娜：《生态文明制度与文化的通约与融合》，载《重庆大学学报（社会科学版）》2016 年第 4 期。

144. 薛桂芳、徐向欣：《国际海底管理局适应性管理办法的推行及中国的应对》，载《中国海商法研究》2017 年第 2 期。

145. 夏春利：《论人类共同继承财产——兼谈世界资源的公平分享》，载《理论与改革》2014 年第 1 期。

146. 姚莹：《"海洋命运共同体"的国际法意涵：理念创新与制度构建》，载《当代法学》2019 年第 5 期。

147. 阳宁、夏建新:《国际海底资源开发技术及其发展趋势》,载《矿冶工程》2000 年第 1 期。

148. 杨贵生、王璐、舒茂琳:《加拿大矿业投资法律制度概述》,载《矿产勘查》2014 年第 1 期。

149. 杨泽伟:《新时代中国深度参与全球海洋治理体系的变革:理念与路径》,载《法律科学(西北政法大学学报)》2019 年第 6 期。

150. 杨泽伟:《论国际法上的自然资源永久主权及其发展趋势》,载《法商研究》2003 年第 4 期。

151. 杨泽伟:《国际海底区域“开采法典”的制定与中国的应有立场》,载《当代法学》2018 年第 2 期。

152. 杨泽伟、刘丹等:《〈联合国海洋法公约〉与中国(圆桌会议)》,载《中国海洋大学学报(社会科学版)》2019 年第 5 期。

153. 杨震、刘丹:《中国国际海底区域开发的现状、特征与未来战略构想》,载《东北亚论坛》2019 年第 3 期。

154. 易显河、郝雅烨子:《〈联合国海洋法公约〉下的自愿与强制调解》,载《法治研究》2013 年第 4 期。

155. 尹才硚:《对深海矿产资源开发的思考》,载《高科技与产业化》2009 年第 2 期。

156. 于思浩:《海洋强国战略背景下我国海洋管理体制改革》,载《山东大学学报(哲学社会科学版)》2013 年第 6 期。

157. 余民才:《论海洋石油勘探与开发的法律方式》,载《法学家》2000 年第 3 期。

158. 俞风雷、沈宗阳:《规制知识产权滥用的私法路径分析》,载《知识产权》2015 年第 4 期。

159. 俞风雷:《日本职务发明的贡献度问题研究》,载《知识产权》2015 年第 6 期。

160. 翟翠霞、郑文范:《国家技术能力理论研究综述》,载《东北大学学报(社会科学版)》2009 年第 1 期。

161. 翟勇:《各国深海海底资源勘探开发立法情况》,载《中国人大》2016 年第 5 期。

162. 张博、韩复龄:《法律界限、选择标准与融资租赁标的物创新》,载《华东理工大学学报(社会科学版)》2017 年第 5 期。

163. 张丹:《关于国际海底区域法律制度的研究——以保留区及平行开发制为中心》,载《太平洋学报》2014 年第 3 期。

164. 张宏亮、沙景华:《矿产资源的属性及对应权益分析》,载《中国矿业》2014 年第 3 期。

165. 张辉:《论国际海底区域开发担保国责任制度》,载《人民论坛·学术前沿》2017年第18期。

166. 张晖:《在华外商投资企业控制权争夺及资本运作分析》,载《投资研究》2000年第5期。

167. 张军旗:《主权让渡的法律涵义三辨》,载《现代法学》2005年第1期。

168. 张丽娜:《海上强制保险适用范围的合理性解析》,载《武汉理工大学学报(社会科学版)》2009年第5期。

169. 张平:《专利联营之反垄断规制分析》,载《现代法学》2007年第3期。

170. 张庆麟:《国际投资仲裁的第三方参与问题探究》,载《暨南学报(哲学社会科学版)》2014年第11期。

171. 张善宝:《国家管辖范围外深海底生物资源法律制度研究》,载《太原理工大学学报(社会科学版)》2014年第1期。

172. 张善宝:《浅析国际海底生物资源开发制度的构建》,载《太平洋学报》2016年第3期。

173. 张涛、蒋成竹:《深海矿产资源潜力与全球治理探析》,载《中国矿业》2017年第11期。

174. 张铣:《技术转让中信息披露存在的问题及其应对》,载《知识产权》2015年第7期。

175. 张湘兰、李洁:《国家管辖外海域遗传资源惠益分享机制的构建——以知识产权保护为视角》,载《武大国际法评论》2017年第4期。

176. 张小勇、郑苗壮:《论国家管辖范围以外区域海洋遗传资源适用的法律制度——以海洋科学研究制度的可适用性为中心》,载《国际法研究》2018年第5期。

177. 张亚斌:《"一带一路"投资便利化与中国对外直接投资选择——基于跨国面板数据及投资引力模型的实证研究》,载《国际贸易问题》2016年第9期。

178. 张兆国、梁志钢、尹开国:《利益相关者视角下企业社会责任问题研究》,载《中国软科学》2012年第2期。

179. 张志勋、谭雪春:《论人类共同继承财产原则的适用困境及其出路》,载《江西社会科学》2012年第12期。

180. 张梓太:《构建我国深海海底资源勘探开发法律体系的思考》,载《中州学刊》2017年第11期。

181. 张宗新:《中国融资制度创新的模式构建与路径选择》,载《经济研究参考》2002年第91期。

182. 张光:《论东道国的环境措施与间接征收——基于若干国际投资仲裁案例的研

究》,载《法学论坛》2016 年第 4 期。

183. 张晋武、齐守印:《公共物品概念定义的缺陷及其重新建构》,载《财政研究》2016 年第 8 期。

184. 张开云、叶浣儿、徐玉霞:《多元联动治理:逻辑、困境及其消解》,载《中国行政管理》2017 年第 6 期。

185. 张生:《国际投资条约体系下外交保护的空间》,载《中外法学》2017 年第 4 期。

186. 张正怡:《中欧投资协定中"投资"定义的空缺与应对》,载《国际贸易》2021 年第 5 期。

187. 赵海乐:《国家安全还是国家利益——美澳外资审查比较研究对我国的启示》,载《国际经贸探索》2018 年第 6 期。

188. 赵海峰、高立忠:《论国际司法程序中的法庭之友制度》,载《比较法研究》2007 年第 3 期。

189. 赵鹏、曹英志、谭论:《促进我国大洋矿产资源商业化开发的思考》,载《国土资源情报》2015 年第 2 期。

190. 赵晓笛:《国际直接投资理论演变与分类》,载《中国对外贸易》2006 年第 8 期。

191. 郑苗壮、刘岩、裘婉飞:《国家管辖范围以外区域海洋生物多样性焦点问题研究》,载《中国海洋大学学报(社会科学版)》2017 年第 1 期。

192. 周勇:《国际海底"人类共同继承财产"原则的困境与原因》,载《国际论坛》2012 年第 1 期。

193. 周悦、崔维成等:《深渊科学工程技术研究中心建设的探索与实践》,载《实验技术与管理》2016 年第 10 期。

194. 周林森、郑德鹏:《国际石油勘探开发合同模式以及最新变化趋势》,载《国际石油经济》2006 年第 9 期。

195. 周天舒:《中国公司治理法律规则发展模式的再探讨:一个路径依赖的视角》,载《中国法学》2013 年第 4 期。

196. 竺效:《论环境污染责任保险法律体系的构建》,载《法学评论》2015 年第 1 期。

197. 邹克渊:《国际海洋法对构建人类命运共同体的意涵》,载《中国海洋大学学报(社会科学版)》2019 年第 3 期。

198. 邹永生:《矿业资本市场与矿业融资》,载《中国地质矿产经济》2003 年第 5 期。

199. 左凤荣:《俄罗斯海洋战略初探》,载《外交评论(外交学院学报)》2012 年第 5 期。

(四)学位论文

1. 金永明:《国际海底区域的法律地位与资源开发制度研究》,华东政法学院 2005 年博士学位论文。

2. 马旭:《遗传资源获取与惠益分享国际规则研究》,吉林大学 2016 年博士学位论文。

3. 王年平:《国际石油合同模式比较研究》,对外经济贸易大学 2007 年博士学位论文。

4. 杨帆:《技术标准中的专利问题研究》,中国政法大学 2006 年博士学位论文。

(五)中文报纸

1. 卜文瑞:《建立深海样品管理制度,促进深海样品共享利用》,载《中国海洋报》2018 年 4 月 25 日,第 2 版。

2. 高之国:《借鉴国外经验发展我国海洋经济》,载《中国海洋报》2013 年 8 月 30 日,第 1 版。

3. 屈广清:《构建海洋命运共同体的法治进路》,载《福建日报》2020 年 2 月 3 日,第 5 版。

4. 史育龙:《充分发挥陆海统筹的战略引领作用》,载《人民日报》2018 年 7 月 1 日,第 5 版。

5. 乌东峰:《"一带一路"的三个共同体建设》,载《人民日报》2015 年 9 月 22 日,第 7 版。

6. 杨翼荣:《集聚全球资源打造深海产业》,载《今日普陀》2019 年 6 月 20 日,第 1 版。

(六)中文网站

1.《2020 年"创客中国"海洋产业中小企业创新创业大赛圆满落幕》,载即墨政务网 2020 年 9 月 24 日,http://www.jimo.gov.cn/n28356046/n5218/n5234/200929112019302176.html。

2.《反垄断法与知识产权法的关系》,载中国服务贸易指南网 2018 年 5 月 2 日,http://tradeinservices.mofcom.gov.cn/article/zhishi/jichuzs/201805/59590.html。

3.《工银租赁转交"凯旋一号"钻井平台》,载国际船舶网 2014 年 6 月 27 日,http://www.eworldship.com/html/2014/ship_finance_0627/89031.html。

4.《关于多金属结核资源的介绍》,载中华人民共和国常驻国际海底管理局代表处网 2005 年 10 月 30 日,http://china-isa.jm.china-embassy.org/chn/gjhd/hdzy/t218968.htm。

5.《国际海底管理局秘书长迈克劳治在多金属结核矿区勘探合同延期协议签字仪式上的讲话》,载中国大洋矿产资源研究开发协会网,http://www.comra.org/2017-05/18/content_9486000.htm。

6.《国家深海基地管理中心"深海一号"船舶保险、蛟龙号载人潜水器、"SF40K"6000

米级 ROV 及万米 ARV 保险采购项目废标/终止公告》，载中国政府采购网，http://www.ccgp.gov.cn/cggg/dfgg/fblbgg/202001/t20200115_13763573.htm。

7.《海洋命运连结人类命运》，载光明网，https://news.gmw.cn/2019-06/06/content_32899843.htm。

8.《"海洋命运共同体"是中国"认识海洋"的又一里程碑》，载华夏时报网 2019 年 4 月 29 日，https://www.chinatimes.net.cn/article/86165.html。

9.《履行国际义务，促进深海海底区域资源勘探开发》，载中国海洋网 2016 年 3 月 21 日，http://www.china.com.cn/haiyang/2016-03/21/content_38075418.htm。

10.《美国公司退出索瓦拉铜金矿项目》，载中华人民共和国驻巴布亚新几内亚大使馆经济商务参赞处网 2018 年 6 月 12 日，http://pg.mofcom.gov.cn/article/sqfb/nky/201806/20180602754370.shtml。

11.《瑙鲁办峰会刁难中国，一度拒代表团入境并制止特使发言》，载环球网 2018 年 9 月 5 日，http://world.huanqiu.com/exclusive/2018-09/12927415.html? agt=15438。

12.《实施国家海洋督察制度，推进海洋生态文明建设》，载中华人民共和国中央人民政府网，http://www.gov.cn/xinwen/2017-01/23/content_5162609.htm#1。

13.《深海采矿船吹响进军深海号角》，载国际船舶网 2017 年 11 月 6 日，http://www.eworldship.com/html/2017/ship_market_observation_1106/133362.html。

14.《习近平出席"共商共筑人类命运共同体"高级别会议并发表主旨演讲》，载中华人民共和国中央人民政府网，http://www.gov.cn/xinwen/2017-01/19/content_5161087.htm#1。

15.《习近平在第七十届联合国大会一般性辩论时的讲话》，载新华网，http://www.xinhuanet.com/world/2015-09/29/c_1116703645.htm。

16.《中国大洋矿产资源研究开发协会简介》，载中国大洋矿产资源研究开发协会网，http://www.comra.org/2013-09/23/content_6322477.htm。

17.《中华人民共和国政府关于〈"区域"矿产资源开采规章草案〉的评论意见》，载海南大学国际司法与仲裁研究中心网 2018 年 4 月 2 日，https://www.hainanu.edu.cn/stm/lawsfzc/201842/10504044.shtml。

18.《在深海规则制订中贡献中国智慧》，载中国社会科学网，http://www.cssn.cn/bk/bkpd_qklm/bkpd_bkwz/201706/t20170616_3552546_1.shtml。

19.《中国太保成功中标全球级综合科考船"大洋号"一揽子保险》，载新华网，http://www.xinhuanet.com//money/2019-08/29/c_1124937038.htm。

二、英文文献

(一)英文著作

1. Bryan A. Garner, *Black's Law Dictionary*, 8th *edition*, Thomson West, 2004.

2. Barry Buzan, *Seabed Politics*, Praeger Publishers Inc., 1976.

3. Daniel Johnston, *International Petroleum Fiscal Systems and Production Sharing Contracts*, Penn Well Books, 1994.

4. Graham D. Vinter, *Project Finance: A Legal Guide*, Sweet & Maxwell, 1998.

5. Joseph S. Nye & John D. Donahue, *Governance in a Globalizing World*, Brookings Institution Press, 2000.

6. Lila Barrera – Hernández et al., *Sharing the Costs and Benefits of Energy and Resource Activity: Legal Change and Impact on Communities*, Oxford University Press, 2016.

7. Martin Fransman & Kenneth King, *Technological Capability in the Third World*, Palgrave Macmillan UK, 1984.

8. Robert O. Keohane, *After Hegemony: Cooperation and Discord in the World Political Economy*, Princeton University Press, 1984.

9. Roland Portmann, *Legal Personality in International Law*, Cambridge University Press, 2010.

10. Samiul Hasan & Jenny Onyx, *Comparative Third Sector Governance in Asia: Structure, Process, and Political Economy*, Springer(2008).

(二)英文期刊

1. Aaron T. Wolf, *Criteria for Equitable Allocations: The Heart of International Water Conflict*, Natural Resources Forum, Vol. 23:3(1999).

2. Achmad Zen & Umar Purba, *Production Sharing Contract: Is It within Private or Public Domain*, Indonesian Journal of International Law, Vol. 7:21(2009).

3. Ahmed Ahnert & Christian Borowski, *Environmental Risk Assessment of Anthropogenic Activity in the Deep – Sea*, Journal of Aquatic Ecosystem Stress and Recovery, Vol. 7:299 (2000).

4. Alfredo C. Robles Jr., *The 1994 Agreement on Deep Seabed Mining: Universality vs. the Common Heritage of Humanity?*, World Bull., Vol. 12:20(1996).

5. Aline Jaeckel, *Deep Seabed Mining and Adaptive Management: The Procedural Challenges for the International Seabed Authority*, Marine Policy, Vol. 70:205(2016).

6. Aline Jaeckel, Jeff A. Ardron & Kristina M. Gjerde, *Sharing Benefits of the Common Heritage of Mankind – Is the Deep Seabed Mining Regime Ready?*, Marine Policy, Vol. 70:

198(2016).

7. Aline Jaeckel, Kristina M. Gjerde & Jeff A. Ardron, *Conserving the Common Heritage of Humankind - Options for the Deep - Seabed Mining Regime*, Marine Policy, Vol. 78: 150(2017).

8. Alberto Pecoraro, *Law of the Sea and Investment Protection in Deep Seabed Mining*, Melbourne Journal of International Law, Vol. 20:529(2019).

9. Andrew Newcombe, *The Boundaries of Regulatory Expropriation in International Law*, ICSID Review, Vol. 20:1(2005).

10. Andrew Watkins et al., *National Innovation Systems and the Intermediary Role of Industry Associatixcsons in Building Institutional Capacities for Innovation in Developing Countries: A Critical Review of the Literature*, Research Policy, Vol. 44:1407(2015).

11. Ann Sullivan, *Politics, Indigenous Rights and Resource Ownership: Māori Customary Rights to the Foreshore, Seabed and Fresh Water in New Zealand*, Studies in Arts and Humanities, Vol. 3:39(2017).

12. Anna Zalik, *Mining the Seabed, Enclosing the Area: Proprietary Knowledge and the Geopolitics of the Extractive Frontier beyond National Jurisdiction*, International Social Science Journal, Vol. 68:343(2018).

13. Anthony Artuso, *Bioprospecting, Benefit Sharing, and Biotechnological Capacity Building*, World Development, Vol. 30:1355(2002).

14. Arcangelo Travaglini, *Reconciling Natural Law and Legal Positivism in the Deep Seabed Mining Provisions of the Convention on the Law of the Sea*, Temp. Int'l & Comp. L. J., Vol. 15:313(2001).

15. Arie Trouwborst, *Evolution and Status of the Precautionary Principle in International Law*, American Journal of International Law, Vol. 96:1016(2002).

16. Atul Nerkar & Scott Shane, *Determinants of Invention Commercialization: an Empirical Examination of Academically Sourced Inventions*, Strategic Management Journal, Vol. 28: 1155(2007).

17. Baretta - Bekker et al., *Encyclopedia of Marine Sciences*, Springer(1998).

18. Barbara Ellen Heim, *Exploring the Last Frontiers for Mineral Resources: A Comparison of International Law Regarding the Deep Seabed, Outer Space, and Antarctica*, Vand. J. Transnat'l L., Vol. 23:819(1990).

19. Ben Milligan & Michelle O'Keeffe, *Global Governance of Resources and Implications for Resource Efficiency in Europe*, Ecological Economics, Vol. 155:46(2019).

20. Benjamin J. Richardson, *Mandating Environmental Liability Insurance*, Duke Envtl. L. & Pol'y F., Vol. 12:293(2001).

21. Benjamin N. Roin, *The Disclosure Function of the Patent System (or Lack Thereof)*, Harvard Law Review, Vol. 118:2007(2005).

22. B. Kelsey Jack, Carolyn Kousky & Katharine R. E. Sims, *Designing Payments for Ecosystem Services: Lessons from Previous Experience with Incentive – Based Mechanisms*, Proceedings of the National Academy of Sciences, Vol. 105:9465(2008).

23. Carlota Pérez, *Technological Dynamism and Social Inclusion in Latin America: A Resource – Based Production Development Strategy*, Cepal Review, Vol. 100:121(2010).

24. Carol M. Rose, *Rethinking Environmental Controls: Management Strategies for Common Resources*, Duke Law Journal, Vol. 1991:1(1991).

25. Charles Douglas Oliver, *Interim Deep Seabed Mining Legislation: An International Environmental Perspective*, J. Legis., Vol. 8:73(1981).

26. Charmian Barton, *The Status of the Precautionary Principle in Australia: Its Emergence in Legislation and as a Common Law Doctrine*, Harv. Envtl. L. Rev., Vol. 22:509 (1998).

27. Doris Schroeder & Julie Cook Lucas, *Benefit Sharing: From Biodiversity to Human Genetics*, Springer(2013).

28. D. W. Bowett, *Deep Sea – Bed Resources: A Major Challenge*, Cambridge Law Journal, Vol. 31:50(1972).

29. Dale L. Carlson, Katarzyna Przychodzen & Petra Scamborova, *Patent Linchpin for the 21st Century – Best Mode Revisited*, IDEA, Vol. 45:267(2004).

30. David D. Caron, *Municipal Legislation for Exploitation of the Deep Seabed*, Ocean Development & International Law, Vol. 8:259(1980).

31. David L. Larson, *The United States Position on the Deep Seabed*, Suffolk Transnat'l L. J., Vol. 3:1(1979).

32. David L. Larson, *Deep Seabed Mining: A Definition of the Problem*, Ocean Development & International Law, Vol. 17:271(1986).

33. David Leary, *Moving the Marine Genetic Resources Debate Forward: Some Reflections*, International Journal of Marine and Coastal Law, Vol. 27:435(2012).

34. David M. Ong, *The New Timor Sea Arrangement 2001: Is Joint Development of Common Offshore Oil and Gas Deposits Mandated under International Law?*, International Journal of Marine and Coastal Law, Vol. 17:79(2002).

35. David S. Browning, *Exploitation of Submarine Mineral Resources beyond the Continental Shelf*, Tex. Int'l L. F., Vol. 4:1(1968).

36. Dennis W. Arrow, *The Proposed Regime for the Unilateral Exploitation of Deep Seabed Mineral Resources by the United States*, Harv. Int'l. L. J., Vol. 21:337(1980).

37. Donald K. Anton & Rakhyun E. Kim, *The Application of the Precautionary and Adaptive Management Approaches in the Seabed Mining Context: Trans – Tasman Resources Ltd Marine Consent Decision under New Zealand's Exclusive Economic Zone and Continental Shelf (Environmental Effects) Act* 2012, International Journal of Marine and Coastal Law, Vol. 30:175(2015).

38. Doug Bandow, *Developing the Mineral Resources of the Seabed*, Cato J., Vol. 2:793(1982).

39. Douglas M. Johnston, *The New Equity in the Law of the Sea*, International Journal, Vol. 31:79(1976).

40. Edwin Egede, *African States and Participation in Deep Seabed Mining: Problems and Prospects*, International Journal of Marine and Coastal Law, Vol. 24:683(2009).

41. Edwin Egede, *The Common Heritage of Mankind and the Sub – Saharan African Native Land Tenure System: A "Clash of Cultures" in the Interpretation of Concepts in International Law?*, Journal of African Law, Vol. 58:71(2014).

42. Elisa Morgera, *Fair and Equitable Benefit – Sharing: History, Normative Content and Status in International Law*, in E. Orlando and L. Krämer eds., Encyclopedia of Environmental Law: Principles of Environmental Law, SSRN Electronic Journal, 2017.

43. Elisa Morgera, *The Need for an International Legal Concept of Fair and Equitable Benefit Sharing*, European Journal of International Law, Vol. 27:353(2016).

44. Eric A. Posner & Alan O. Sykes, *Economic Foundations of the Law of the Sea*, American Journal of International Law, Vol. 104:569(2010).

45. Euripides L. Evriviades, *The Third World's Approach to the Deep Seabed*, Development & International Law, Vol. 11:201(1982).

46. Francisco Orrego Vicuña, *The Regime for the Exploitation of the Seabed Mineral Resources and the Quest for a New International Economic Order of the Oceans: A Latin – American View*, U. Miami Inter – Am. L. Rev., Vol. 10:774(1978).

47. Günther Jaenicke, *A Joint Venture Agreement for Seabed Mining*, Springer(2013).

48. George Aldrich, *A System of Exploitation*, Syracuse J. Int'l L. & Com., Vol. 6: 245 (1978).

49. Gonzalo Biggs, *Deep Seabed Mining and Unilateral Legislation*, Ocean Development & International Law, Vol. 8:223(1980).

50. Gregory Shaffer, *Can WTO Technical Assistance and Capacity – Building Serve Developing Countries?*, Wis. Int'l L. J., Vol. 23:643(2005).

51. G. J. S. Govett & M. H. Govett, *The Concept and Measurement of Mineral Reserves and Resources*, Resources Policy, Vol. 1:46(1974).

52. Harry M. Collins Jr., *Mineral Exploitation of the Seabed: Problems, Progress, and Alternatives*, Nat. Resources Law, Vol. 12: 599(1979).

53. Helen Franklin, *Irretrievable Breakdown? A Review of Operator/Contractor Relationships in the Offshore Oil and Gas Industry*, Journal of Energy & Natural Resources Law, Vol. 23:1(2005).

54. Holly J. Niner et al., *Deep – Sea Mining with No Net Loss of Biodiversity—an Impossible Aim*, Frontiers in Marine Science, Vol. 5:53(2018).

55. Ian Bezpalko, *The Deep Seabed: Customary Law Codified*, Nat. Resources J., Vol. 44:867(2004).

56. IrinaV. Shugurova & MarkV. Shugurov, *International Technology Transfer*, Envtl. Pol'y & L., Vol. 45:133(2015).

57. Isabel Feichtner, *Sharing the Riches of the Sea: The Redistributive and Fiscal Dimension of Deep Seabed Exploitation*, European Journal of International Law, Vol. 30: 601 (2019).

58. J. D. Nyhart, *Interplay of Law and Technology in Deep Seabed Mining Issues*, Va. J. Int'l L., Vol. 15:827(1974).

59. Joanna Dingwall, *International Investment Protection in Deep Seabed Mining beyond National Jurisdiction*, Journal of World Investment & Trade, Vol. 19:890(2018).

60. Joanna Dingwall, *The International Legal Regime Applicable to the Mineral Resources of the Deep Seabed*, in Marc Bungenberg ed., European Yearbook of International Economic Law 2018, Springer, 2018.

61. Jack N. Barkenbus, *Seabed Negotiations: The Failure of United States Policy*, San Diego Law Review, Vol. 14:623(1976).

62. James Harrison, *International Investment Law and the Regulation of the Seabed*, in Catherine Banet ed., Law of the Seabed, Brill Nijhoff, 2020.

63. Jason Prno & D. Scott Slocombe, *Exploring the Origins of "Social License to Operate" in the Mining Sector: Perspectives from Governance and Sustainability Theories*, Re-

sources Policy, Vol. 37:346(2012).

64. Jeff A. Ardron, *Transparency in the Operations of the International Seabed Authority: An Initial Assessment*, Marine Policy, Vol. 95:324(2018).

65. Jeff A. Ardron, Henry A. Ruhl & Daniel O. B. Jones, *Incorporating Transparency into the Governance of Deep – seabed Mining in the Area beyond National Jurisdiction*, Marine Policy, Vol. 89:58(2018).

66. Jennifer M. Durden et al., *Environmental Impact Assessment Process for Deep – Sea Mining in "the Area"*, Marine Policy, Vol. 87:194(2018).

67. Jennifer M. Durden et al., *A Procedural Framework for Robust Environmental Management of Deep – Sea Mining Projects Using a Conceptual Model*, Marine Policy, Vol. 84:193(2017).

68. Jennifer T. Le, Lisa A. Levin & Richard T. Carson, *Incorporating Ecosystem Services into Environmental Management of Deep – Seabed Mining*, Deep Sea Research Part Ⅱ: Topical Studies in Oceanography, Vol. 137:486(2017).

69. Joel M. Podolny, *Market Uncertainty and the Social Character of Economic Exchange*, Administrative Science Quarterly, Vol. 39:458(1994).

70. Joerg Weber & Catharine Titi, *UNCTAD's Roadmap for IIA Reform of Investment Dispute Settlement*, New Zealand Business Law Quarterly, Vol. 21:319(2015).

71. Johan G. Lammers, *International Responsibility and Liability for Damage Caused by Environmental Interferences*, Envtl. Pol'y & L., Vol. 31:94(2001).

72. John Norton Moore, *Navigational Freedom: The Most Critical Common Heritage*, International Law Studies, Vol. 93:251(2017).

73. John E. Dombroski, *Exploitation of Seabed Mineral Resources Chaos or Legal Order*, Cornell L. Rev., Vol. 58:575(1972).

74. John L. Mero, *Legal Regime for Deep Sea Mining*, San Diego L. Rev., Vol. 7:488(1970).

75. John R. Stevenson & Bernard H. Oxman, *The Future of the United Nations Convention on the Law of the Sea*, American Journal of International Law, Vol. 88:488(1994).

76. John Warren Kindt, *Deep Seabed Exploitation*, U. C. L. A. J. Envtl. L. & Pol'y, Vol. 4:1(1984).

77. John Warren Kindt, *The Environmental Aspects of Deep Seabed Mining*, U. C. L. A. J. Envtl. L. & Pol'y, Vol. 8:125(1989).

78. Jonathan L. Charney, *The Law of the Deep Seabed Post UNCLOS Ⅲ*, Or. L. Rev.,

Vol. 63:19(1984).

79. Jonathan Sydney Koch, *Institutional Framework for the Province of All Mankind: Lessons from the International Seabed Authority for the Governance of Commercial Space Mining*, Astropolitics: the International Journal of Space Politics & Policy, Vol. 16:1(2018).

80. Jordi Molas – Gallart, *Which Way to Go? Defence Technology and the Diversity of "Dual – Use" Technology Transfer*, Research Policy, Vol. 26:367(1997).

81. Julian Aguon & Julie Hunter, *Second Wave Due Diligence: The Case for Incorporating Free, Prior, and Informed Consent into the Deep Sea Mining Regulatory Regime*, Stan. Envtl. L. J., Vol. 38:3(2018).

82. Kamal Saggi, Keith E. Maskus & Bernard Hoekman, *Transfer of Technology to Developing Countries: Unilateral and Multilateral Policy Options*, World Development, Vol. 33: 1587(2005).

83. Kadri Simm, *Benefit – Sharing: An Inquiry Regarding the Meaning and Limits of the Concept in Human Genetic Research*, Genomics, Society & Policy, Vol. 1:1(2005).

84. Kartiko Putranto, Don Stewart & Graham Moore, *International Technology Transfer and Distribution of Technology Capabilities: The Case of Railway Development in Indonesia*, Technology in Society, Vol. 25:43(2003).

85. Katherine W. Schoonover, *The History of Negotiations Concerning the System of Exploitation of the International Seabed*, N. Y. U. J. Int'l L. & Pol., Vol. 9:483(1976).

86. Kato Gogo Kingston & Uzodinma Frank – Igwe, *The Negative Effects of Petroleum Gaming on Nigeria's Institutional and Legal Regimes*, Port Harcourt Journal of Business Law, Vol. 6:158(2019).

87. Kenneth W. Abbott et al., *The Concept of Legalization*, International Organization, Vol. 54:401(2000).

88. Kulve Te Haico & Wim A. Smit, *Civilian – Military Co – Operation Strategies in Developing New Technologies*, Research Policy, Vol. 32:955(2003).

89. Lawrence Juda, *Changing National Approaches to Ocean Governance: The United States, Canada, and Australia*, Ocean Development & International Law, Vol. 34:161(2003).

90. Lisa A. Levin et al., *Defining "Serious Harm" to the Marine Environment in the Context of Deep – Seabed Mining*, Marine Policy, Vol. 74:245(2016).

91. Luz Danielle O. Bolong, *Into the Abyss: Rationalizing Commercial Deep Seabed Mining through Pragmatism and International Law*, Tul. J. Int'l & Comp. L., Vol. 25:127 (2016).

92. Mahdi El – Baghdadi, *The Binding Nature of the Disputes Settlement Procedure in the Third UN Convention on the Law of the Sea: The International Seabed Authority*, J. Min. L. & Pol'y, Vol. 6:173(1990).

93. Malcolm R. Wilkey, *The Deep Ocean Its Potential Mineral Resources and Problems*, International Lawyer, Vol. 3:31(1968).

94. Manjula R. Shyam, *Deep Seabed Mining: an Indian Perspective*, Ocean Development & International Law, Vol. 17:325(1986).

95. Marcus B. Lane & T. H. Morrison, *Public Interest or Private Agenda? —A Meditation on the Role of NGOs in Environmental Policy and Management in Australia*, Journal of Rural Studies, Vol. 22:232(2006).

96. Margaret McInerney, *Tacit Knowledge Transfer with Patent Law: Exploring Clean Technology Transfers*, Fordham Intell. Prop. Media & Ent. L. J., Vol. 21:449(2010).

97. Maria S. Tysiachniouk & Andrey N. Petrov, *Benefit Sharing in the Arctic Energy Sector: Perspectives on Corporate Policies and Practices in Northern Russia and Alaska*, Energy Research & Social Science, Vol. 39:29(2018).

98. Marie Bourrel, Torsten Thiele & Duncan Currie, *The Common of Heritage of Mankind as a Means to Assess and Advance Equity in Deep Sea Mining*, Marine Policy, Vol. 95:311 (2018).

99. Marie Bourrel et al., *Building in – Country Capacity and Expertise to Ensure Good Governance of the Deep Sea Minerals Industry within the Pacific Region*, Marine Policy, Vol. 95:372(2018).

100. Masanari Koike, Gento Mogi & Waleed H. Albedaiwi, *Overseas Oil – Development Policy of Resource – Poor Countries: A Case Study from Japan*, Energy Policy, Vol. 36:1764 (2008).

101. MCW Pinto, *Legal Aspects of North/South Transfer of Marine Technology*, Sri Lanka Journal of International Law, Vol. 2:139(1990).

102. Michael Hardy, *The Implications of Alternative Solutions for Regulating the Exploitation of Seabed Minerals*, International Organization, Vol. 31:313(1977).

103. Michael W. Lodge, Kathleen Segerson & Dale Squires, *Sharing and Preserving the Resources in the Deep Sea: Challenges for the International Seabed Authority*, International Journal of Marine and Coastal Law, Vol. 32:427(2017).

104. Michael W. Lodge, Kathleen Segerson & Dale Squires, *Environmental Policy for Deep Seabed Mining*, in Rahul Sharma ed., Environmental Issues of Deep – Sea Mining,

Springer(2019).

105. Michael W. Lodge, *Current Legal Developments International Seabed Authority*, Int'l J. Marine & Coastal L., Vol. 24:185(2009).

106. Michael W. Lodge, *The Common Heritage of Mankind*, in David Freestone ed., the 1982 Law of the Sea Convention at 30: Successes, Challenges and New Agendas, Brill Nijhoff, 2013.

107. Michael W. Lodge, *The International Seabed Authority and the Exploration and Exploitation of the Deep Seabed*, Rev. BDI, Vol. 47:129(2014).

108. Mikhalien du Bois, *Justificatory Theories for Intellectual Property Viewed through the Constitutional Prism*, PER / PELJ, Vol. 21:1(2018).

109. M. L. C. M. Henckens et al., *The Set – Up of an International Agreement on the Conservation and Sustainable Use of Geologically Scarce Mineral Resources*, Resources Policy, Vol. 49:92(2016).

110. Nawaz Sharif, *Technological Leapfrogging: Implications for Developing Countries*, Technological Forecasting and Social Change, Vol. 36:201(1989).

111. Nawz Sharif, *Project Evaluation Framework for Industrial Technology Capacity Enhancement*, Technology Analysis & Strategic Management, Vol. 6:83(1994).

112. Northcutt Ely, *United States Seabed Minerals Policy*, Natural Resources Lawyer, Vol. 4:597(1971).

113. Nitin Agarwala, *Advances by China in Deep Seabed Mining and Its Security Implications for India*, Australian Journal of Maritime & Ocean Affairs, Vol. 2:94(2021).

114. Oran R. Young, *International Regimes: Problems of Concept Formation*, World Politics, Vol. 32:331(1980).

115. Paola Criscuolo & Rajneesh Narula, *A Novel Approach to National Technological Accumulation and Absorptive Capacity: Aggregating Cohen and Levinthal*, European Journal of Development Research, Vol. 20:56(2008).

116. Paul Collier & Anthony J. Venables, *International Rules for Trade in Natural Resources*, Journal of Globalization and Development, Vol. 1:1(2010).

117. Peter Cameron, *Liability for Catastrophic Risk in the Oil and Gas Industry*, International Energy Law Review, Vol. 6:207(2012).

118. Peter Holcombe Henley, *Minerals and Mechanisms: The Legal Significance of the Notion of the Common Heritage of Mankind in the Advisory Opinion of the Seabed Disputes Chamber*, Melbourne Journal of International Law, Vol. 12:373(2011).

119. Peter Mullins & Lee Burns, *The Fiscal Regime for Deep Sea Mining in the Pacific Region*, Marine Policy, Vol. 95:337(2018).

120. Philip Cooke, *Regional Innovation Systems: Competitive Regulation in the New Europe*, Geoforum, Vol. 23:365(1992).

121. Philip P. E. Weaver, David S. M. Billett & Cindy L. Van Dover, *Environmental Risks of Deep – sea Mining*, in Markus Salomon, Till Markus, Handbook on Marine Environment Protection, Springer(2018).

122. Rafael Leal – Arcas, *Sustainability, Common Concern, and Public Goods*, Geo. Wash. Int'l L. Rev., Vol. 49:801(2016).

123. Rakhyun E. Kim, *Should Deep Seabed Mining Be Allowed?*, Marine Policy, Vol. 82:134(2017).

124. Reji K. Joseph, *International Regime on Access and Benefit Sharing: Where are We Now?*, Asian Biotechnology and Development Review, Vol. 12:77(2010).

125. Robert L. Brooke, *The Current Status of Deep Seabed Mining*, Va. J. Int'l L., Vol. 24:361(1983).

126. Robert O. Keohane, *Multilateralism: An Agenda for Research*, International Journal, Vol. 45:731(1990).

127. Robin Warner, *Oceans beyond Boundaries: Environmental Assessment Frameworks*, International Journal of Marine and Coastal Law, Vol. 27:481(2012).

128. Rudolf Dolzer & Felix Bloch, *Indirect Expropriation: Conceptual Realignments?*, Int'l LFD Int'l, Vol. 5:155(2003).

129. Sazali Abdul Wahab, Raduan Che Rose & Suzana Idayu Wati Osman, *Measuring the Effects of Relationship Quality and Mutual Trust on Degree of Inter – Firm Technology Transfer in International Joint Venture*, International Business Research, Vol. 4:116(2011).

130. Stace E. Beaulieu, T. E. Graedel & Mark D. Hannington, *Should We Mine the Deep Seafloor?*, Earth's Future, Vol. 5:655(2017).

131. Stephan Haggard & Beth A. Simmons, *Theories of International Regimes*, International Organization, Vol. 41:491(1987).

132. Stephen Minas, *Marine Technology Transfer under a BBNJ Treaty: A Case for Transnational Network Cooperation*, AJIL Unbound, Vol. 112: 144(2018).

133. Steven J. Molitor, *The Provisional Understanding Regarding Deep Seabed Matters: An Ill – Conceived Regime for US Deep Seabed Mining*, Cornell Int'l L. J., Vol. 20:223(1987).

134. U. Rashid Sumaila et al. , *Financing a Sustainable Ocean Economy*, Nature Communications, Vol. 12:1(2021).

135. Till Markus & Pradeep Singh, *Promoting Consistency in the Deep Seabed: Addressing Regulatory Dimensions in Designing the International Seabed Authority's Exploitation Code*, Review of European, Comparative & International Environmental Law, Vol. 25:347 (2016).

136. Vincent I. Iwunze, *The International Seabed as Common Heritage of Mankind: How Common for Third World Countries?*, African Journal of Law and Human Rights, Vol. 3:74(2019).

137. Vincent I. Iwunze, *Technology Transfer*, Indian Journal of Law & Public Policy, Vol. 3:48(2016).

138. Vincent J. Nigrelli, *Ocean Mineral Revenue Sharing*, Ocean Development & International Law, Vol. 5:153(1978).

139. Waseem Ahmad Qureshi, *Protecting the Common Heritage of Mankind beyond National Jurisdiction*, Ariz. J. Int'l & Comp. L. , Vol. 36:79(2019).

140. Wayne J. Smith, *International Control of Deep Sea Mineral Resources*, Naval War College Review, Vol. 61:520(1980).

141. William C. Brewer Jr. , *Deep Seabed Mining: Can an Acceptable Regime Ever Be Found*, Ocean Development & International Law, Vol. 11:25(1982).

142. William J. Martin Jr. , *Legal Aspects of Seabed Mineral Exploitation*, Int'l Bus. Law, Vol. 3:148(1975).

143. Zafrul Alam, *Enhancing Regional Institutional Capacity and Technical Capability to Implement International Conventions Relating to Marine Pollution*, Sing. J. Int'l & Comp. L. , Vol. 3:402(1999).

144. Zou Keyuan, *China's Efforts in Deep Sea – Bed Mining: Law and Practice*, International Journal of Marine and Coastal Law, Vol. 28:481(2003).

(三)英文网站

1. Assembly, *Decision of the Assembly of the International Seabed Authority Relating to the Terms of Reference, Guidelines and Procedures for the International Seabed Authority Endowment Fund*, *International* Seabed Authority(Jul. 19, 2007), https://ran – s3. s3. amazonaws. com/isa. org. jm/s3fs – public/files/documents/isba – 13a – 6_1. pdf.

2. Assembly, *Request for Observer Status in Accordance with Rule* 82, *Paragraph* 1 (*e*), *of the Rules of Procedure of the Assembly on Behalf of the African Minerals Development*

Centre, International Seabed Authority (Apr. 28, 2016), https://ran - s3. s3. amazonaws. com/isa. org. jm/s3fs - public/files/documents/isba - 22a - inf2_1. pdf.

3. Assembly, *Letter Dated* 3 *February* 2017 *from the Chair of the Committee Established by the Assembly to Carry out a Periodic Review of the International Regime of the Area Pursuant to Article* 154 *of the United Nations Convention on the Law of the Sea to the Secretary - General of the International Seabed Authority*, International Seabed Authority (Feb. 8, 2017), https://ran - s3. s3. amazonaws. com/isa. org. jm/s3fs - public/files/documents/isba - 23a - 3_1. pdf.

4. Assembly, *Report of the Secretary - General of the International Seabed Authority under Article* 166, *Paragraph* 4, *of the United Nations Convention on the Law of the Sea*, International Seabed Authority (Jun. 5, 2017), https://ran - s3. s3. amazonaws. com/isa. org. jm/s3fs - public/files/documents/isba - 23a - 2_1. pdf.

5. Assembly, *Consideration, with a View to Adoption, of the Draft Strategic Plan of the International Seabed Authority for the Period* 2019 - 2023, International Seabed Authority (May. 21, 2018), https://www. isa. org. jm/sites/default/files/files/documents/isba24_a4 - en. pdf.

6. Assembly, *Draft Memorandum of Understanding between the International Seabed Authority and the Ministry of Natural Resources (State Oceanic Administration) of China Concerning the Establishment of a Joint Training and Research Centre*, International Seabed Authority (Jun. 7, 2019), https://ran - s3. s3. amazonaws. com/isa. org. jm/s3fs - public/files/documents/isba25_a4 - e. pdf.

7. Assembly & Council, *Proposed Budget for the International Seabed Authority for the Financial Period* 2019 - 2020, International Seabed Authority (May 24, 2018), https://ran - s3. s3. amazonaws. com/isa. org. jm/s3fs - public/files/documents/iba24c11 - a5 - en. pdf.

8. Assembly & Council, *Report of the Finance Committee*, International Seabed Authority (Sept. 25, 2020), https://isa. org. jm/files/files/documents/ISBA_26_A_10 - 2012594E. pdf.

9. Council, *Laws, Regulations and Administrative Measures Adopted by Sponsoring States and Other Members of the International Seabed Authority with Respect to the Activities in the Area*, International Seabed Authority (May 4, 2012), https://ran - s3. s3. amazonaws. com/isa. org. jm/s3fs - public/files/documents/isba - 18c - 8_0. pdf.

10. Council, *Statement of the President of the Council of the International Seabed Authority on the Work of the Council during the Nineteenth Session*, International Seabed Author-

ity(Jul. 24, 2013), https://ran - s3. s3. amazonaws. com/isa. org. jm/s3fs - public/files/documents/isba - 19c - 18_0. pdf.

11. Council, *Statement by the President of the Council on the Work of the Council during the First Part of the Twenty - Fourth Session*, International Seabed Authority (Mar. 13, 2018), https://ran - s3. s3. amazonaws. com/isa. org. jm/s3fs - public/files/documents/isba24c - 8 - en. pdf.

12. Council, *Draft Regulations on Exploitation of Mineral Resources in the Area*, International Seabed Authority (Jul. 10, 2018), https://ran - s3. s3. amazonaws. com/isa. org. jm/s3fs - public/files/documents/isba24_c20 - en. pdf.

13. Council, *Comments on the Draft Regulations on the Exploitation of Mineral Resources in the Area*, International Seabed Authority(Dec. 4, 2018), https://ran - s3. s3. amazonaws. com/isa. org. jm/s3fs - public/files/documents/25c - 2 - e_3. pdf.

14. Council, *Implementing an Inspection Mechanism for Activities in the Area*, International Seabed Authority (Dec. 20, 2018), https://isa. org. jm/files/files/documents/25c - 5 - e. pdf.

15. Council, *Delegation of Functions by the Council and Regulatory Efficiency*, International Seabed Authority(Dec. 21, 2018), https://ran - s3. s3. amazonaws. com/isa. org. jm/s3fs - public/files/documents/25c - 6 - e. pdf.

16. Council, *Report of the Special Representative of the Secretary - General of the International Seabed Authority for the Enterprise on the Proposal by the Government of Poland for a Joint Venture with the Enterprise*, International Seabed Authority (Jan. 3, 2019), https://ran - s3. s3. amazonaws. com/isa. org. jm/s3fs - public/files/documents/25c - 7 - e. pdf.

17. Council, *Status of Contracts for Exploration and Related Matters, including Information on the Periodic Review of the Implementation of Approved Plans of Work for Exploration*, International Seabed Authority(Jan. 11, 2019), https://ran - s3. s3. amazonaws. com/isa. org. jm/s3fs - public/files/documents/25c - 9 - e. pdf.

18. Council, *Recommendations on Legal Liability*, International Seabed Authority(Jun. 5, 2019), https://isa. org. jm/files/files/documents/isba_25_c_25 - e_0. pdf.

19. Council, *Issues Relating to the Operation of the Enterprise, in Particular the Legal, Technical and Financial Implications for the International Seabed Authority and for States Parties to the United Nations Convention on the Law of the Sea*, International Seabed Authority(Jun. 12, 2019), https://isa. org. jm/files/files/documents/isba_25c_26 - e_0. pdf.

20. Council, *Report and Recommendations of the Legal and Technical Commission to the*

Council Relating to an Application for Approval of a Plan of Work for Exploration for Polymetallic Nodules by the Beijing Pioneer Hi – Tech Development Corporation, International Seabed Authority(Jun. 28, 2019), https://ran – s3. s3. amazonaws. com/isa. org. jm/s3fs – public/files/documents/isba25_c30 – e. pdf.

21. Council, *Report of the Chair on the Outcome of the Second Meeting of the Open – Ended Working Group of the Council in Respect of the Development and Negotiation of the Financial Terms of a Contract under Article* 13, *Paragraph* 1, *of Annex* Ⅲ *to the United Nations Convention on the Law of the Sea and Section* 8 *of the Annex to the Agreement Relating to the Implementation of Part* Ⅺ *of the United Nations Convention on the Law of the Sea of* 10 *December* 1982, International Seabed Authority(Jul. 15, 2019), https://isa. org. jm/files/files/documents/isba_25_c_32 – 1912014e. pdf.

22. Council, *Comments on the Draft Regulations on the Exploitation of Mineral Resources in the Area*, International Seabed Authority(Dec. 4, 2019), https://isa. org. jm/files/files/documents/26 – c – 2 – en. pdf.

23. Council, *Status of Contracts for Exploration and Related Matters*, *including Information on the Periodic Review of the Implementation of Approved Plans of Work for Exploration*, International Seabed Authority (Dec. 17, 2019), https://isa. org. jm/files/files/documents/isba – 26c – 4 – en. pdf.

24. Council, *Memorandum of Understanding between the Indian Ocean Rim Association and the International Seabed Authority*, International Seabed Authority (May 14, 2020), https://isa. org. jm/files/files/documents/ISBA_26_C_16 – 2006701E. pdf.

25. Council, *Laws, Regulations and Administrative Measures Adopted by Sponsoring States and other Members of the International Seabed Authority with Respect to the Activities in the Area, and Related Matters, including a Comparative Study of Existing National Legislation*, International Seabed Authority(May 22, 2020), https://isa. org. jm/files/files/documents/ISBA_26_C_19 – 2007015E. pdf.

26. Deep – Ocean Stewardship Initiative, *Commentary on "Draft Regulations on Exploitation of Mineral Resources in the Area"*, International Seabed Authority (Mar. 25, 2019), https://isa. org. jm/files/files/documents/DOSI% 20Comment% 20on% 20ISA% 20Draft% 20Exploitation% 20Regulations% 20October% 202019. pdf.

27. Finance Committee, *Rules, Regulations and Procedures on the Equitable Sharing of Financial and Other Economic Benefits Derived from Activities in the Area*, International Seabed Authority (May 18, 2018), https://www. isa. org. jm/sites/default/files/files/docu-

ments/isba24 – fc4 – en. pdf.

28. Fiji's Ministry of Lands and Mineral Resources, *Department of Lands of and Mineral Resources*, Fiji's Ministry of Lands and Mineral Resources, http://www. lands. gov. fj/index. php/department.

29. Henry Lopez – Vega & Wim Vanhaverbeke, *How Innovation Intermediaries are Shaping the Technology Market? An Analysis of Their Business Model*, MPRA (Nov. 7, 2010), https://mpra. ub. uni – muenchen. de/20458/.

30. International Tribunal for the Law of the Sea, *Responsibilities and Obligations of States Sponsoring Persons and Entities with Respect to Activities in the Area (Request for Advisory Opinion Submitted to the Seabed Disputes Chamber) List of Cases: No.* 17, *Advisory Opinion of* 1 *February* 2011, International Tribunal for the Law of the Sea (Feb. 1, 2011), https://www. itlos. org/fileadmin/itlos/documents/cases/case_no_17/17_adv_op_010211_en. pdf.

31. International Seabed Authority, *A Discussion Paper on the Development and Drafting of Regulations on Exploitation for Mineral Resources in the Area (Environmental Matters)*, International Seabed Authority, https://www. isa. org. jm/files/documents/EN/Regs/DraftExpl/DP – EnvRegsDraft25117. pdf.

32. International Seabed Authority, *Workshop on Marine Mineral Resources of Africa's Continental Shelf and Adjacent International Seabed Area*, International Seabed Authority (May 4, 2017), https://ran – s3. s3. amazonaws. com/isa. org. jm/s3fs – public/documents/EN/Workshops/2017/Kampala/ConceptNote. pdf.

33. International Seabed Authority, *Secretary – General of the International Seabed Authority Announces Key Initiatives at World Maritime University Global Ocean Conference* 2018, International Seabed Authority (May 15, 2018), https://www. isa. org. jm/news/secretary – general – international – seabed – authority – announces – key – initiatives – world – maritime.

34. International Seabed Authority, *Comparative Study of the Existing National Legislation on Deep Seabed Mining*, International Seabed Authority, https://isa. org. jm/files/files/documents/Comparative_Study_NL. pdf.

35. James Harrison, *Who Benefits from the Exploitation of Non – Living Resources on the Seabed*, University of Edinburgh (Jul. 1, 2015), https://www. pure. ed. ac. uk/ws/portalfiles/portal/20127911/Operationalizing_the_benefit_sharing_provisions_in_the_UN_Convention_on_the_Law_of_the_Sea_BENELEX. pdf.

36. Kirsten F. Thompson et al. , *Seabed Mining and Approaches to Governance of the Deep Seabed*, Frontiers in Marine Science(Dec. 11, 2018), https://www.frontiersin.org/articles/10.3389/fmars.2018.00480/full.

37. Legal and Technical Commission, *Provision Agenda of the Legal and Technical Commission*, International Seabed Authority (Dec. 15, 2017), https://ran - s3. s3. amazonaws. com/isa. org. jm/s3fs - public/files/documents/ltc - 11 - en. pdf.

38. Legal and Technical Commission, *Issues Related to the Possible Alignment of the Authority's Regulations on Prospecting and Exploration Concerning the Offer of an Equity Interest in a Joint Venture Arrangement*, International Seabed Authority (Feb. 6, 2018), https://ran - s3. s3. amazonaws. com/isa. org. jm/s3fs - public/files/documents/isba24 - ltc4 - e. pdf.

39. Legal and Technical Commission, *Draft Regulations on Exploitation of Mineral Resources in the Area*, International Seabed Authority (Jul. 9, 2018), https://www. isa. org. jm/sites/default/files/files/documents/isba24_ltcwp1rev1 - en_0. pdf.

40. Managing Impacts of Deep - Sea Resource Exploitation, *Discussion Paper on the Development and Implementation of a Payment Mechanism in the Area - MIDAS Comments*, International Seabed Authority(May 29, 2015), https://isa. org. jm/files/midas_input_discussion_paper_on_payment_mechanism_in_the_area_dr_29_may_2015_2. pdf.

41. Ministry of Natural Resources and Environment of the Russian Federation, *The Statute on the Ministry of Natural Resources and Environment of the Russian Federation*, Ministry of Natural Resources and Environment of the Russian Federation, http://www. mnr. gov. ru/en/.

42. Nautilus Minerals Inc, *Nautilus Aims to Resolve Dispute*, Nautilus Minerals (Jul. 17, 2012), http://www. nautilusminerals. com/irm/PDF/1028_0/Nautilusaimstoresolvedisput.

43. Nautilus Minerals Inc. , *Nautilus Minerals Awarded Favourable Arbitration Decision*, Nautilus Minerals (Oct. 3, 2013), http://www. nautilusminerals. com/irm/PDF/1136_0/Nautilus MineralsAwarded Favourable Arbitration Decision.

44. Rajneesh Narula, *Understanding Absorptive Capacities in an "Innovation Systems" Context: Consequences for Economic and Employment Growth*, United Nations University Collections, http://collections. unu. edu/eserv/UNU:1155/rm2004 - 003. pdf.

45. Sabine Christiansen et al. , *Towards Transparent Governance of Deep Seabed Mining*, IASS Potsdam, https://publications. iass - potsdam. de/rest/items/item_1592897_6/component/file_1592899/content.

46. U. S. Department of Justice & Federal Trade Commission, *Antitrust Guidelines for the Licensing of Intellectual Property*, Federal Trade Commission (Aug. 12, 2016), https://www.ftc.gov/system/files/documents/public_statements/1049793/ip_guidelines_2017.pdf.

47. United Nations Division for Ocean Affairs and the Law of the Sea, *Law of the Sea: Marine Scientific Research; a Revised Guide to the Implementation of the Relevant Provisions of the United Nations Convention on the Law of the Sea* (2010), United Nations, https://www.un.org/Depts/los/doalos_publications/publicationstexts/msr_guide%202010_final.pdf.

48. U. Rashid Sumaila et al., *Ocean Finance: Financing the Transition to a Sustainable Ocean Economy*, Mediterranean Blue Economy Stakeholder Platform, https://medblueconomyplatform.org/wp-content/uploads/2020/11/file-library-85582906edbb79cca982.pdf.